제3판

INTRODUCTION TO
HOTEL
MANAGEMENT

호텔경영론

유도재 저

백산출판사

제3판 머리말

지난 몇 년간 전 세계 호텔관광산업은 코로나19 사태라는 생태환경적 상황을 맞이하여 현대판 관광의 암흑기를 경험하였다. 코로나19 여파는 국내 호텔산업에도 큰 상처를 남겼지만 그 이면에는 적자생존의 법칙에 의해 고객 선택을 받는 가장 좋은 기업만이 살아남는다는 점이 더욱 뚜렷해졌으며, 호텔기업이 위기에서 생존하기 위해 신성장과 기업 가치를 창출할 수 있는 새로운 경영전략 구축에도 눈을 돌렸다는 점이다. 이러한 차원에서 호텔산업은 코로나 기간의 그늘지고 어두운 터널을 지나 그 이전보다 더욱 다양하고 확장된 경영전략들을 구축하면서 발전해 나갈 것이다.

2020년에 제2판을 개정한 이후 4년 만에 제3판을 개정하게 되었다. 이번 제3판 개정은 제2판 개정에 비해 제한된 부분 개정에 가깝다. 부분 개정 내용은 독자교수님들의 요구와 4년 동안의 변화내용에 대한 개정이 주를 이루는데 이를 살펴보면 다음과 같다.

첫째, 교재의 내용 중 법규적으로 변화된 내용들을 수정하였다. 특히 제1장에서 호텔업의 등급결정 기관이나 등급결정 대상 등 새롭게 바뀐 부분을 수정하였다.

둘째, 국내외 호텔기업들의 변화된 현황을 업데이트하였다. 특히 제2장에서는 현대의 숙박시설편에서 글로벌호텔그룹 8곳의 변화된 브랜드 티어를 세분화하여 소개하였고, 각 장마다 호텔그룹과 관련된 내용이나 도표 등을 2023년 기준으로 업데이트하였다.

셋째, 교재의 1장에서 14장까지 각 장마다 호텔전문용어와 체크포인트를 새롭게 추가하였다. 호텔전문용어는 각 장에 나오는 호텔용어들을 모아 별도로 설명하여 학생들의 호텔용어에 대한 이해를 더하고, 체크포인트는 학생들이 토론 등을 통해 전략적 사고의 유연성을 높이는 데 도움이 될 수 있는 주제들로 제시하였다.

마지막으로 본 교재가 제3판 개정에 이를 수 있도록 그동안 본 교재를 선택해 주시고 지지해 주신 독자 교수님들께 감사한 마음을 전하고 싶다. 앞으로도 교재의 완성도를 높이기 위해 독자교수님들의 요구와 부족한 부분은 성실히 채워나갈 것이다.
그리고 어려운 출판환경에서도 본 교재출판에 도움을 주신 백산출판사 관계자분들
께도 감사함을 드린다.

저자 유도재

제2판 머리말

이번에 호텔경영론 제2판을 출간하면서 마음속에 기쁨과 설렘이 가득하다. 그동안 몇 권의 교재를 저술했지만 이번 제2판은 왠지 한 계급 승진한 것처럼 설레고, 한편으론 그동안 여러 평계로 미뤄뒀던 숙제들을 한꺼번에 해결한 것처럼 홀가분한 마음으로 기쁘다. 하지만 마음 한편으로는 우수한 교재가 넘쳐나는 시장에서 저자의 교재를 선택해 주시고 지지해 주신 독자 교수님들과 학생들의 요구에 부족함은 없는지 염려스러운 마음도 자리하고 있다.

과거로 잠시 거슬러 올라가 보면 2004년에 호텔경영론을 출간했을 당시 호텔 관련 이론교재로는 처음으로 올컬러로 출간하였다. 호텔을 한번도 가보지 못한 학생들에게 호텔을 좀 더 쉽게 이해시키기 위해서는 장문의 내용보다 한 장의 사진이 더욱 효과적일 때가 있기 때문이다. 그래서 교재에 200여 장의 컬러 사진을 첨부하였다. 물론 교재로 나오기까지 출판사 사장님을 한참이나 설득해야 했지만 출간 후에는 독자분들에게 매우 과분한 사랑을 받았다. 그 후로는 다양한 컬러 교재들이 출간되기 시작하여 지금은 대중화의 길로 들어섰다.

2014년에는 호텔경영론을 전면 개정하여 다시 한 번 신간으로 출간하였다. 집필 초기에는 기존의 교재를 일부 개정하는 정도의 부분수정을 계획했지만 원고를 준비할수록 국내외 호텔산업의 급속한 변화를 부분수정으로 따라가기에는 턱없이 부족함을 느꼈기 때문이다. 이 책에서는 기존의 교재들과 다른 차별화를 시도하였다. 교재 전반에 330여 장의 방대한 관련 사진을 첨부하였고, 전 세계 호텔산업의 발전사를 한눈에 이해할 수 있도록 서양호텔의 발전사와 국내호텔의 발전사로 구분하여 설명하고, 추가로 전 세계 호텔산업을 대표하는 체인호텔그룹 10개사를 선별하여 설명하였다. 그리고 개정판의 전문성과 완성도를 높이기 위해 기존의 교재에서는 좀처럼 다루어지지 않았던 국내외 호텔마케팅 사례와 호텔경영전략의 성공적 사례를 충분히 설명하였다. 특히 호텔경영전략편에서는 세계에서 가장 성공한 기업으로 인정받고 있는 체인호텔그룹 세 곳을 선정하여 그들의 성공적 경영전략에 대해 생생하게 전달하였다.

그리고 5년이 지난 현시점에 제2판을 출간하게 되었다. 이번 제2판은 전면 개정보다는 부분개정에 가깝다. 부분개정의 내용은 크게 다섯 가지로 나뉘는데 이를 살펴보면 다음과 같다.

첫째, 기존의 교재가 전체 12장 구성인 데 반해 제2판은 전체를 14장으로 구성하였다. 추가된 내용은 제1장 2절에 속해 있던 호텔의 발전사를 제2장으로 별도 구성하였고, 제13장에서는 호텔서비스경영을 새롭게 추가하였다. 이는 대학의 한 학기 강의가 최대 16주로 구성되기 때문으로 그중에 중간고사와 기말고사를 제외하면 최대 14주로 강의가 진행되는 기간과도 일치하는 장점이 있다.

둘째, 제1장 2절 호텔의 분류에서는 '숙박업의 법규적 분류'를 추가하였다. 우리나라 숙박업은 적용되는 법규와 담당기관에 따라 크게 4가지 형태로 분류할 수 있는데 이를 구분하고 자세히 설명하였다. 그리고 변화된 「관광진흥법」 개정에 따라 호텔업의 종류를 5가지에서 7가지로 추가하였고, 호텔업의 등급심사도 변화된 내용을 새롭게 설명하였다.

셋째, 제2장 1절 서양호텔의 발전사에서는 세계호텔산업을 대표하는 글로벌 체인호텔그룹 8곳을 새롭게 선별하여 설명하였다. 8개 호텔그룹 중에는 우리나라를 비롯한 아시아 국가에서는 생소한 브랜드이지만 세계 10대 체인호텔그룹에 속하는 윈덤그룹과 초이스호텔그룹을 추가하여 설명하였다. 이외에 거대 체인호텔그룹 간 인수합병(M&A)이 이루어지면서 메리어트호텔그룹이 스타우드호텔그룹을 인수합병하거나, 아코르호텔그룹이 FRHI홀딩스를 인수하면서 그에 속해 있던 페어몬트호텔, 래플즈호텔, 스위소텔 등의 럭셔리호텔들을 보유하게 되면서 상대적으로 약했던 럭셔리 라인을 강화한 내용들을 설명하였다. 이와 더불어 8개 호텔그룹의 변화된 브랜드 포트폴리오를 첨부하여 브랜드에 대한 이해를 도왔다.

넷째, 제13장에서는 호텔서비스경영을 새롭게 추가하여 구성하였다. 호텔경영의 최종목적은 고객만족을 통한 이윤의 극대화이다. 호텔에서 이야기하는 대부분의 서비스도 고객만족 서비스를 의미한다. 따라서 서비스를 통해 고객을 만족시킨다는 것이 무엇인지를 다루었다. 모두 4개 절로 구성하였는데, 제1절에서는 고객만족과 서비스, 제2절에서는 서비스접점과 MOT, 제3절에서는 서비스품질관리, 제4절에서는 고객불만과 서비스회복에 대해 설명하였다.

다섯째, 이외에도 교재 전체에 걸쳐 부분수정을 가하였다. 특히 각종 도표를 통한 통계수치를 최근의 내용으로 전부 수정하였고, 객실이나 식음료 부분에서는 각 호텔의 업장 변화를 조사하여 그에 따라 부분수정하였다.

그러나 이와 같은 노력에도 불구하고 아쉬움과 부족함이 있을 것이다. 부족한 내용은 향후 추가적인 수정과정을 거쳐 모자람을 채울 것이다. 끝으로 본 교재가 호텔경영을 접하고 배우는 미래의 호텔리어들에게 좋은 안내서가 되기를 희망하면서 제2판이 출간되도록 믿고 도와주신 많은 분들에게 감사드린다.

저자 유도재

머리말

12년 전 저자가 대학 강단에 선 뒤 처음으로『호텔경영의 이해』라는 교재를 출간하였다. 출간 후에 많은 교수님들의 지지와 관심으로 부족한 교재임에도 불구하고 과분한 사랑을 받았고, 거기에 저자의 작은 자부심이 더해져 더욱 열심히 강의를 했는지도 모르겠다. 하지만 최근 2~3년 전부터 주변 독자 교수님들의 계속되는 요구에 더 이상 미룰 수 없어 최신 자료를 바탕으로『호텔경영론』을 다시 집필하게 되었다.

집필 초기에는 기존의 교재를 일부 개정하는 정도의 손쉬운 방법을 택했지만 페이지가 늘어날수록 독자에 대한 미안함과 미완성에 그칠 수도 있다는 불안감이 엄습해 왔다. 그럴 수밖에 없던 것이 과거에 비해 현재의 호텔산업이 너무 많이 변해버렸기 때문이다. 국내의 경우만 하더라도 10년 전에는 볼 수 없었던 세계 최고의 럭셔리 브랜드인 파크하얏트, W호텔, 콘래드호텔 등이 들어섰으며, 전국의 대도시에는 노보텔, 홀리데이 인, 베스트웨스턴, 이비스, 라마다 등의 외국계 브랜드들이 대거 상륙하였다. 관광호텔 수도 600여 개에 불과하던 것이 현재는 970여 개에 이르고 있다. 또한 10년 전 교재에 소개되었던 특급호텔들의 객실과 식음료업장 등은 최첨단으로 다시 리뉴얼되어 과거의 추억을 간직한 호텔들을 현재는 찾아볼 수 없게 되었다. 국제적으로는 많은 체인그룹들이 인수합병을 거치면서 브랜드를 변경하거나 다른 그룹에 편입되었으며, 신규 브랜드를 새롭게 론칭(출시)하면서 브랜드를 정리하기가 혼란스러울 정도이다. 결국 그동안의 안일함을 반성하고 나서야 아까운 원고들과 자기방어적인 변명들을 포기하고 다시 시작할 수 있었다.

저자가 본 교재를 새롭게 집필하면서 가장 큰 영향을 받은 것은 포시즌스호텔을 창시한 이사도어 샤프의 자서전『사람을 꿈꾸게 만드는 경영자』에서이다. 이사도어 샤프는 17개의 객실을 건축하는 것에서 시작하여 포시즌스호텔을 30년 만에 세계가 인정하는 최고급 럭셔리 호텔그룹으로 성장시켰다. 포시즌스호텔의 성공비결은 '고객이 중요하게 생각하는 것은 무엇인가?' 즉 '고객이 진정으로 가치 있다고 느끼는 것은 무엇인가?'를 끊임없이 자문하면서 실천한 데 있다. 고객들에게 진정 가치 있는 것을 제공한다면, 고객들은 그들이 생각하기에 타당하다고 생각되는 비용을 아낌없이 지불할 것이기 때문이다. 그것이 포시즌스호텔이 지닌 최고의 전략이었으며, 지금 이 순간까지도 그 전략은 변함없이 실행되고 있다.

이러한 차원에서 본 교재는 '학생들이 중요하게 생각하는 것은 무엇인가?'라는 단 한 줄에 충실하고자 하였다. 호텔리어가 되기 위해 대학에 입학하는 학생들이 호텔 경영론 과목을 배우게 되는 시기는 1학년이나 2학년 때이다. 그러나 이때는 대부분의 학생들이 호텔에서 숙박을 하거나 식사를 해본 경험이 없거나 심지어 호텔에 가본 적도 없는 경우가 대부분이다. 또한 대학교육을 받는 동안 호텔을 체험할 기회가 적고 산학실습의 기회마저 줄어들고 있어 호텔에 대한 사실적인 이해와 전달이 뒤떨어지고 오로지 교재만으로 공부해야 하는 것이 부정할 수 없는 현실이다. 그리하여 이러한 모순적인 현실을 보완해 나가기 위해 이해하기 쉽고 간접적인 경험이 가능하도록 내용을 정리하여 본서를 출간하게 되었다. 본서의 이해를 돕기 위해 몇 가지 특징을 소개하면 다음과 같다.

첫째, 교재 전반에 330장의 관련 사진을 첨부하였다. 학생들이 호텔경영을 쉽게 이해하고 향후 현업에서 적용할 수 있는 능력을 배양하기 위해서는 교재에서부터 이러한 부분들을 충족시켜 주어야 한다. 쉽게 이해하기 위해서는 장문의 내용보다 한 장의 사진이 더욱 효과적일 수 있기 때문에 호텔의 외부 전경부터 내부 업장까지 다양한 사진을 첨부하였다.

둘째, 교재 전반에 관련 도표를 40여 개 첨부하였다. 본론의 내용 중 이론적인 내용이 복잡하거나 추가적인 설명이 필요한 부분은 이해하기 쉽도록 호텔별, 연도별, 내용별로 정리하여 그림이나 도표로 보충설명하였다.

셋째, 전 세계 호텔산업의 시초부터 현재까지의 발전사를 한눈에 이해할 수 있도록 1장에서는 호텔의 발전사를 서양호텔의 발전사와 국내호텔의 발전사로 구분하여 설명하였다. 서양호텔 발전사에서는 시대적인 나열에 그치지 않고 대표적인 체인호텔 그룹 10여 개를 선별하여 설명하였고, 체인그룹의 다양한 브랜드 포트폴리오도 첨부하여 브랜드에 대한 이해를 도왔다. 국내호텔 발전사에서는 호텔의 태동기부터 현대까지 네 단계로 구분하여 설명하고 있기 때문에 국내호텔의 100년사를 손쉽게 이해할 수 있다.

넷째, 객실과 식음료편에서는 학생들이 손쉽게 접근할 수 없는 부서라는 점에 착안하여 관련 사진을 하나하나 첨부하였다. 예를 들면 객실의 경우 싱글 룸부터 스위트 룸까지 모든 객실에 관련된 연관사진을 첨부하였다. 식음료의 경우에도 업장사진부터 메뉴의 종류까지 관련사진을 빠짐없이 첨부하여 호텔의 업장이 어떻게 운영되는지 이해할 수 있도록 돕고 있다.

다섯째, 기존의 교재에서는 좀처럼 다루어지지 않는 국내외 마케팅 사례와 호텔경영의 성공적 사례를 충분히 설명하였다. 10장 호텔마케팅에서는 마케팅의 이론과 함께 실행사례를 충실히 설명하고 있다. 11장 호텔경영전략에서는 세계에서 가장 성공한 호텔기업으로 인정받는 호텔체인그룹 세 곳을 선정하여 그들의 성공적 경영전략을 생생하게 전달하였다. 저자가 오랫동안 가장 심혈을 기울여 저술한 부분이기도 하다.

마지막으로 본 교재의 전문성과 완성도를 높이기 위해 호텔의 홍보실을 직접 방문하여 최근의 호텔경향과 관련 사진 등의 협조를 받았다. 그 외에 별도로 필요한 자료는 관광관련 잡지사나 호텔관광협회로부터 자료를 제공받거나 각사 호텔의 홈페이지를 검색하여 최신자료를 발췌하였다.

그러나 이와 같은 저자의 노력에도 불구하고 미흡한 부분이 있을 수 있다. 부족한 내용은 향후 수정과정을 거쳐 모자람을 채울 것이다. 본 교재가 완성되기까지 많은 분들의 도움과 협조가 뒷받침되었다. 일일이 찾아뵙고 인사드려야 마땅하지만 우선 지면을 통해 감사의 마음을 전한다. 끝으로 본 교재가 호텔경영을 접하고 배우고자 하는 미래의 호텔리어들에게 좋은 안내서가 되기를 희망한다.

저자 유도재

차 례

제1장 호텔의 개요

제1절 호텔의 어원 및 정의 ·· 18
   1. 호텔의 어원 / 18   2. 호텔의 정의 / 19

제2절 호텔의 분류 ·· 21
   1. 숙박업의 법규적 분류 / 21   2. 관광숙박업의 종류 / 25
   3. 호텔업의 등급분류 / 31   4. 숙박장소에 의한 분류 / 42
   5. 숙박목적에 의한 분류 / 47   6. 시설형태에 의한 분류 / 53
   7. 세분시장에 의한 분류 / 56

제3절 호텔산업의 특성 ·· 59
   1. 무형성 / 59   2. 소멸성 / 61
   3. 이질성과 서비스 표준화 / 62   4. 인적서비스 의존성 / 64
   5. 최초 투자비의 고율성 / 65   6. 시설의 조기 노후화 / 65
   7. 성·비수기 존재 / 66   8. 연중무휴의 영업 / 67
   9. 국제적인 분위기 연출 / 67   10. 공공장소적 기능 / 68

제2장 호텔의 발전사

제1절 서양의 호텔 발전사 ·· 72
   1. 고대의 숙박시설 / 72   2. 중세의 숙박시설 / 73
   3. 근대의 숙박시설 / 74   4. 현대의 숙박시설 / 80

제2절 한국의 호텔 발전사 ·· 98
   1. 호텔의 태동기 / 98   2. 철도호텔의 시대 / 100
   3. 상용호텔의 시대 / 101   4. 현대 호텔의 시대 / 102

제3장 호텔경영의 이해

제1절 호텔경영의 유형 ·· 108
    1. 독립경영 / 108   2. 체인경영 / 109
    3. 리퍼럴경영 / 119   4. 합작투자경영 / 120
    5. 임차경영 / 122

제2절 호텔의 경영조직 ·· 123
    1. 호텔 경영조직의 개념 / 123   2. 호텔 경영조직의 필요성 / 123
    3. 호텔의 부서별 경영조직 / 125

제4장 호텔객실의 이해

제1절 호텔객실의 종류 ·· 130
    1. 침대 수에 의한 분류 / 130   2. 품질 및 가격에 의한 분류 / 134
    3. 객실 위치에 의한 분류 / 138

제2절 객실요금의 종류 ·· 140
    1. 공표요금 / 140   2. 특별요금 / 140
    3. 기타 특별요금 / 142   4. 식사 유무에 의한 요금 / 144

제3절 현대 호텔객실의 변화경향 ·· 146
    1. 객실의 대형화 / 147   2. 객실의 표준화 / 147
    3. 객실의 융통성 / 148   4. 객실공간의 효율적 활용 / 148
    5. 객실 내 상품판매 촉진 / 149   6. 컴퓨터 시스템의 설치 / 149
    7. 어메니티류의 다양화 / 150   8. 금연객실 / 151
    9. 여성 전용층 / 151   10. 캐릭터 룸 / 152

제5장 프런트오피스

제1절 프런트오피스의 이해 ·· 156
    1. 프런트오피스의 개요 / 156   2. 프런트오피스의 조직 / 157

제2절 프런트데스크 ·· 158
    1. 체크인 업무 / 158   2. 안내업무 / 162

3. 체크아웃 업무 / 163   4. EFL 업무 / 164

5. 나이트 클럽 업무 / 166

제3절 현관서비스··· 169

1. 도어맨 / 169   2. 벨맨 / 170

3. 컨시어지/GRO / 171

제4절 예약실·· 173

1. 객실예약의 개요 / 173   2. 객실예약 업무 / 174

3. 객실예약 고객의 유형 / 182

제5절 비즈니스센터·전화교환실·피트니스센터 ················ 185

1. 비즈니스센터 / 185   2. 전화교환실 / 186

3. 피트니스센터 / 186

제6장 하우스키핑

제1절 하우스키핑의 이해 ·· 192

1. 하우스키핑의 개념 / 192   2. 하우스키핑의 업무 / 192

제2절 하우스키핑의 조직과 직무 ·· 194

1. 하우스키핑의 조직 / 194   2. 하우스키핑 구성원의 직무 / 195

제7장 식당관리

제1절 호텔식당의 개요 ·· 204

1. 호텔식당의 정의 및 특성 / 204

2. 호텔 식음료부서의 조직 및 직무 / 206

3. 호텔식당의 운영절차 / 208

제2절 식당의 종류 ··· 211

1. 프렌치 레스토랑 / 211   2. 이탈리안 레스토랑 / 212

3. 그릴 / 213   4. 한식당 / 214

5. 중식당 / 215   6. 일식당 / 216

7. 뷔페식당 / 217   8. 카페 / 218

9. 델리커테슨 / 219   10. 룸서비스 / 220

제3절 식음료 서비스의 종류⋯⋯⋯⋯⋯⋯⋯⋯⋯⋯⋯⋯⋯⋯⋯⋯⋯⋯⋯221

　　1. 서비스 방식의 종류 / 221　　2. 서비스 시스템의 종류 / 224

제8장　메뉴관리

제1절 메뉴의 개요 ⋯⋯⋯⋯⋯⋯⋯⋯⋯⋯⋯⋯⋯⋯⋯⋯⋯⋯⋯⋯⋯⋯⋯228

　　1. 메뉴의 개념 / 228　　　　2. 메뉴의 중요성 / 228

제2절 메뉴의 분류⋯⋯⋯⋯⋯⋯⋯⋯⋯⋯⋯⋯⋯⋯⋯⋯⋯⋯⋯⋯⋯⋯⋯229

　　1. 식사시간에 의한 분류 / 229　　2. 차림에 의한 분류 / 234

　　3. 일시적 특별 메뉴 / 236

제3절 양식메뉴의 이해⋯⋯⋯⋯⋯⋯⋯⋯⋯⋯⋯⋯⋯⋯⋯⋯⋯⋯⋯⋯239

　　1. 애피타이저 / 239　　　　2. 수프 / 240

　　3. 생선요리 / 241　　　　　4. 셔벗 / 242

　　5. 육류요리 / 242　　　　　6. 샐러드 / 246

　　7. 디저트 / 247　　　　　　8. 식후음료 / 248

제4절 메뉴의 가격결정⋯⋯⋯⋯⋯⋯⋯⋯⋯⋯⋯⋯⋯⋯⋯⋯⋯⋯⋯⋯248

　　1. 경쟁지향적 가격결정 / 248　　2. 비용지향적 가격결정 / 249

　　3. 마케팅지향적 가격결정 / 250

제9장　연회관리

제1절 연회의 개요 ⋯⋯⋯⋯⋯⋯⋯⋯⋯⋯⋯⋯⋯⋯⋯⋯⋯⋯⋯⋯⋯⋯⋯256

　　1. 연회의 개념 / 256　　　　2. 연회의 특성 / 256

　　3. 연회부서의 조직과 직무 / 259

제2절 연회의 분류⋯⋯⋯⋯⋯⋯⋯⋯⋯⋯⋯⋯⋯⋯⋯⋯⋯⋯⋯⋯⋯⋯⋯260

　　1. 연회의 분류 / 260　　　　2. 회의의 종류 / 260

　　3. 연회파티의 종류 / 263

제3절 연회행사의 진행 ⋯⋯⋯⋯⋯⋯⋯⋯⋯⋯⋯⋯⋯⋯⋯⋯⋯⋯⋯⋯267

　　1. 연회예약 / 267　　　　　2. 연회행사장 세팅 / 270

　　3. 행사진행 / 273　　　　　4. 행사 후 서비스 / 275

제10장 음료관리

제1절 호텔음료의 이해 ·· 278
　　1. 음료의 정의 / 278　　　　2. 음료업장의 종류 / 280

제2절 알코올성 음료 ·· 284
　　1. 양조주 / 284　　　　　　2. 증류주 / 300
　　3. 혼성주 / 306　　　　　　4. 조주(칵테일) / 310

제3절 비알코올성 음료 ·· 312
　　1. 커피 / 312　　　　　　　2. 차 / 323

제11장 호텔마케팅

제1절 호텔마케팅의 이해 ·· 328
　　1. 호텔마케팅의 개념 / 328
　　2. 호텔 마케팅부서의 조직과 직무 / 329

제2절 호텔마케팅 믹스전략 ·· 331
　　1. 관계마케팅 / 331　　　　2. 제품전략 / 337
　　3. 브랜드 전략 / 341　　　　4. 연출믹스 / 345
　　5. 촉진전략 / 353

제12장 호텔경영전략

제1절 호텔경영의 거시적 환경 ······································ 368
　　1. 기술적 환경 / 368　　　　2. 인구통계적 환경 / 369
　　3. 경제적 환경 / 370　　　　4. 정치적·법적 환경 / 372
　　5. 사회·문화적 환경 / 374　　6. 생태적 환경 / 375

제2절 호텔의 경영전략 ·· 378
　　1. 경영전략의 개념 / 378　　2. 호텔의 경영전략 / 379

제3절 호텔기업의 성공적 경영전략 ·································· 381
　　1. 메리어트호텔 / 381　　　　2. 포시즌스호텔 / 387
　　3. 리츠칼튼호텔 / 397

제13장 호텔서비스경영

제1절 고객만족과 서비스··408
    1. 서비스의 개념 / 408   2. 고객만족의 개념 / 409
    3. 고객만족을 위한 서비스의 중요성 / 410

제2절 서비스접점과 MOT··411
    1. 서비스접점과 MOT의 개념 / 411
    2. 호텔서비스 흐름에 따른 MOT / 412
    3. 서비스접점에서 MOT관리 / 413

제3절 서비스품질관리··417
    1. 서비스품질의 개요 / 417   2. 서비스품질평가 / 418
    3. 서비스품질 개선 / 420

제4절 고객불만과 서비스회복··423
    1. 고객불만의 확산경로 / 423
    2. 고객이 불만을 말하지 않는 이유 / 424
    3. 고객불평의 중요성 / 425
    4. 서비스회복 / 427
    5. 고객불평 처리 / 428

제14장 관리부서

제1절 인사관리··434
    1. 인사관리의 개요 / 434   2. 인사관리의 주요 업무 / 434

제2절 안전관리··444
    1. 안전관리의 개념 / 444   2. 안전관리부서의 조직 / 445
    3. 안전관리부서의 주요 업무 / 445

제3절 회계관리··450
    1. 회계의 개념 / 450   2. 호텔의 영업회계 / 450

■ 참고문헌 / 456

■ 찾아보기 / 460

제1장

호텔의 개요

제1절 호텔의 어원 및 정의
제2절 호텔의 분류
제3절 호텔산업의 특성

제1절 호텔의 어원 및 정의

1. 호텔의 어원

호텔(Hotel)의 어원은 '나그네'라는 뜻을 가진 라틴어 호스페스(Hospes)에서 유래되었다. 호텔의 어원을 이해하기 위해서는 먼저 라틴어에 대해 살펴볼 필요가 있다. 라틴어(Latin Language)는 인도유럽어족의 이탈리어어파(語派)에 속하는 로마인의 공용어로서 로마제국의 광대한 판도 안에서 널리 사용되었고, 로마제국이 붕괴된 뒤에도 중세유럽의 공통된 문어(文語)로 널리 사용되었다. 그런 의미에서 오늘날의 이탈리아·프랑스·에스파냐·포르투갈 등의 언어는 모두 라틴어의 근원어라 할 수 있으며, 현대 유럽의 모든 언어에서 그 흔적을 찾아볼 수 있다. 따라서 호텔 발달사의 기원 역시 로마시대와 중세시대부터 시작하다 보니 자연히 그 시대에 사용되던 라틴어에서 호텔의 어원을 유추하는 것은 당연하다고 할 수 있다.

고대시대의 호스페스(Hospes)는 교회 등 종교단체가 무료로 운영하던 보호시설의 형태였다. 그 당시 'Hospes' 시설은 주로 두 가지 역할을 수행하는 장소로 사용되었는데, 하나는 성지순례자나 여행자들이 하룻밤을 쉬어가는 숙박소(宿泊所)이고, 다른 하나는 여행 중에 발생한 부상자나 환자들을 수용하여 수녀들이 직접 병자를 치료하는 요양소로 운영되었다.

전자의 경우는 순례자나 여행자를 따뜻하게 환대한다는 의미로 '호스피탈레(Hospitale)'로 파생되었고, 그 성격이 발전하면서 숙소의 뜻을 지닌 Hostel(여인숙), Inn(여관) 등으로 변천되어 오다가 18세기 중엽 이후부터 현대적 개념의 Hotel로 발전한 것이다. Inn의 경우는 전치사 in과 관계가 있는데 14세기 영어에 동사로 '숙박시키다'는 의미로 쓰이다가 명사화되어 '숙박시설'이란 뜻을 지니게 되었다. 'Hostel' 역시 Inn의 뜻으로 현재는 청소년들을 위한 저렴한 숙박시설인 유스호스텔(Youth Hostel) 등의 명칭으로 사용되고 있다. 호텔산업을 환대산업(Hospitality Industry)이라고 하는 것도 이러한 어원에서 기인한다.

후자의 경우는 환자나 부상자를 돌봐주고 병원과 같은 간호 서비스를 제공하였으며, 때로는 환자들이 이곳에서 임종을 맞이하였다. 그래서 후자의 경우는 현재 두 가지 뜻으로 변화되었는데, 하나는 오늘날 병원이라는 뜻의 '호스피털(Hospital)'로, 다른 하나는 임종을 맞이하는 사람들의 안식처라는 뜻의 '호스피스(Hospice)'로 사용되고 있다.

이와 같은 호텔의 어원을 근거로 할 때 호텔은 '숙박고객을 정중하고 예의바르게 환대하고 안전하게 보호하는 장소이면서 병원에서 환자를 간호하고 돌봐주듯이 고객의 욕구를 세심하게 보살피고 해결해 주는 곳'이라 할 수 있다.

2. 호텔의 정의

호텔의 어원에 이어 호텔의 정의를 함께 살펴볼 필요가 있다. 과거부터 기원한 호텔의 어원이 현대에 이르러 어떻게 정의되고 있는가를 선제적으로 이해하는 것이 이후 제2절부터 시작되는 호텔의 발전사를 이해하는 데 좀 더 수월하기 때문이다. 호텔의 정의는 여러 문헌에서 쉽게 찾아볼 수 있으나 그 뜻이 거의 비슷하게 표현되고 있어, 본서에서는 사전적 정의와 법규적 정의로 구분하여 살펴보기로 한다.

1) 사전적 정의

두산백과사전의 정의　두산백과사전에서는 호텔을 '숙소와 식음료 등 종합적인 서비스를 제공하고 일정한 대가를 받는 서비스 업체'로 정의하고 있다.

한국민족문화대백과사전의 정의　한국민족문화대백과사전에서는 호텔을 '시설이 좋고 규모가 큰 서양식 고급숙박업소'로 정의하고 있다.

웹스터사전(Webster's Dictionary)의 정의　미국의 웹스터사전에서는 호텔이란 '대중을 위하여 숙박, 식사, 오락과 다양한 인적서비스를 제공하는 건물이나 시설(A building or an institution providing lodging, meals and service for the public)'로 정의하고 있다.

옥스퍼드사전(Oxford Dictionary)의 정의　영국의 옥스퍼드사전에서는 호텔을 '여행자에게 숙박을 제공하거나 식당, 회의실 등을 갖추어 일반 대중에게 이용하게 하는 상업적 시설'로 정의하고 있다.

2) 법규적 정의

한국 관광진흥법의 정의　우리나라 「관광진흥법」에서는 호텔을 '관광객의 숙박에 적합한 시설을 갖추어 관광객에게 이용하게 하고 숙박에 딸린 음식, 운동, 오락, 휴양, 공연 또는 연수에 적합한 시설 등을 함께 갖추어 관광객에게 이용하게 하는 사업체'로 규정하고 있다(1986년 제정, 제3조 제1항 제2호).

일본 국제관광호텔정비법의 정의　일본의 국제관광호텔정비법에서는 '호텔은 외래객의 숙박에 적합하도록 서양식의 구조 및 설비로 만들어진 숙박과 음식을 제공하는 영업체'로 정의하고 있다(1971년 제정, 제2조 1항).

중국 관광발전조례법의 정의　중국의 관광발전조례법에서는 '관광호텔이란 관광호텔을 경영함에 있어 관광객을 접대하고, 숙박 및 서비스를 제공하는 사업'으로 정의하고 있다(1969년 제정, 제2조 7항).

이탈리아 관광법의 정의　관광선진국인 이탈리아의 관광법에서는 '호텔은 일정한 관리하에 일반인에게 개방되어 있고, 하나 이상의 건물 또는 일부분 내의 객실에서 숙박을 제공하며, 경우에 따라서는 음식과 기타 부대 서비스도 제공하는 수용시설'로 정의하고 있다(1953년 제정, 제6조 2항).

위와 같이 호텔의 정의는 사전적 정의와 법규적 정의에 따라 조금씩 차이를 보이고 있다. 하지만 본서에서는 호텔의 공통적인 특징들을 도출하여 호텔업을 다음과 같이 정의한다. 호텔업이란 '고급스러운 분위기를 연출할 수 있는 객실과 식당 및 연회장, 기타 부대업장 등의 수준 높은 시설을 갖추고, 이를 필요로 하는 고객들에게 숙련된 종사원을 통해 서비스 상품을 제공함으로써 고객의 욕구를 충족시키고 그에 대한 대가로 이익을 창출하는 환대사업'이다.

제 2 절 호텔의 분류

1. 숙박업의 법규적 분류

우리나라 숙박업은 적용되는 법규와 담당기관에 따라 크게 4가지로 분류할 수 있다. 이들 4개 숙박업 형태는 적용되는 법과 담당하는 정부기관도 다르다. 이에 따라 본 장에서는 우리나라 숙박업의 4가지 형태에 대해 살펴보기로 한다.

1) 관광숙박업

- **숙박형태** 관광호텔업, 콘도미니엄업
- **적용법** 「관광진흥법」(문화체육관광부)
- **수용여부** 내국인, 외국인 수용 가능
- **제한규정** 상업지역 내, 학교환경위생 정화구역 외, 일정 객실 수, 면적 등 적용
- **취사여부** 불가
- **건물용도** 숙박업 건물

「관광진흥법」(문화체육부 담당)의 적용을 받는 관광숙박업에는 호텔업과 콘도미니엄업이 있으며, 호텔업은 다시 7가지 형태의 관광호텔업, 한국전통호텔업, 소형호텔업, 의료관광호텔업, 수상관광호텔업, 가족호텔업, 호스텔업으로 구분한다. 그중 호텔업의 핵심이라 할 수 있는 것은 관광호텔업이며 본 교재의 구성도 관광호텔에 초점이 맞추어져 있다. 대표적으로 우리가 알고 있는 관광호텔들은 신라호텔, 롯데호텔, 하얏트호텔 등이 있으며 주요 고객은 관광객이나 비즈니스 고객 등이다.

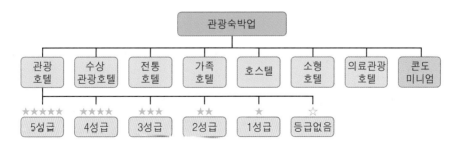

▲ 숙박업의 종류(「관광진흥법」 적용)

2) 일반숙박업

- **숙박형태** 일반호텔, 모텔, 여관, 여인숙, 레지던스 등
- **적용법** 공중위생관리법(보건복지부)
- **수용여부** 내국인, 외국인 수용 가능
- **제한규정** 상업지역 내, 학교환경위생 정화구역 외 등 적용
- **취사여부** 불가(레지던스는 가능)
- **건물용도** 숙박업 건물

공중위생관리법에서는 숙박업을 '손님이 잠을 자고 머물 수 있도록 시설 및 설비 등의 서비스를 제공하는 업을 말한다. 공중위생관리법의 적용을 받는 숙박업은 일반숙박업과 생활숙박업으로 나뉜다. 일반숙박업은 우리가 잘 알고 있는 일반호텔, 모텔, 여관, 여인숙 등을 말하며, 생활숙박업에는 레지던스가 해당된다. 일반숙박업과 달리 생활숙박업은 음식을 조리할 수 있는 취사시설이 갖추어져 있으며, 객실에 주방과 싱크대가 마련되어 있다. 공중위생관리법에서 생활숙박업이 추가적으로 도입된 배경은 과거 업무용 시설로 허가를 받은 업자들이 불법으로 숙박영업을 펼치면서 사회적으로 문제가 컸던 레지던스 때문이었다. 최근에는 레지던스가 관광호텔업의 강력한 경쟁업체로 성장하고 있으며 주요 고객으로는 장기투숙자나 가족을 동반한 비즈니스 고객 등이다.

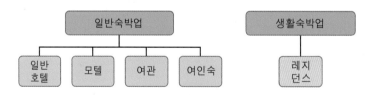

▲ 숙박업의 종류(공중위생관리법 적용)

3) 농어촌민박업

- **숙박형태** 농어촌지역에서만 운영할 수 있는 민박, 펜션, 게스트하우스 등
- **적용법** 농어촌정비법(농림축산식품부)

- **수용여부** 내국인, 외국인 수용 가능
- **제한규정** 농어촌지역, 준농어촌지역만 가능, 연면적 230㎡ 미만, 주인이 해당 주택에서 실거주해야 함
- **취사여부** 가능
- **건물용도** 단독, 다세대 등의 주택
- **도입목적** 농어촌지역의 소득 증대를 목적으로 1995년에 도입됨

농어촌민박업이란 농어촌지역과 준농어촌지역의 주민이 자신이 거주하고 있는 단독주택과 다가구주택을 이용하여 소득을 늘릴 목적으로 투숙객에게 숙박·취사시설·조식 등을 제공하는 민박사업을 말한다. 즉 자신의 집 중 일부를 숙박시설로 이용하는 영업으로 이렇게 관리되는 숙박시설을 민박집이라고 한다. 민박업에는 민박이나 펜션, 게스트하우스 등이 있다.

이러한 유형은 모두 농어촌민박업으로 등록하지만 운영형태에 따라 조금씩 차이가 있다. 민박의 경우 집주인이 거주하는 여러 개의 방 중에서 남는 방을 빌려주는 형식이며, 펜션은 집 한 채를 빌려주는 개념으로 화장실, 주방 등 모두 독자적으로 사용한다. 게스트하우스는 셰어하우스(sharehouse) 개념으로 숙소의 일부 혹은 전체를 같이 공유하며 욕실이나 주방도 공동으로 사용한다.

4) 외국인관광도시민박업

- **숙박형태** 도심형 게스트하우스, 에어비앤비와 같은 공유민박업 형태
- **적용법** 「관광진흥법」(문화체육관광부)
- **수용여부** 외국인만 수용 가능(내국인 수용 불가)
- **제한규정** 연면적 230㎡ 미만, 주인이 신고한 곳에서 실거주해야 함
- **취사여부** 가능
- **건물용도** 도심지역의 단독, 다세대 등의 주택
- **도입목적** 외국인 관광객들의 급증으로 숙박 수요를 맞추기 위해 2012년에 도입됨

「관광진흥법」의 '관광객 이용시설업' 중 '외국인관광도시민박업'이 있다. 외국인도시민박업(도심지 게스트하우스)은 외국인만 수용할 수 있는 시설로서 외국인 관광객 증가에 따라 숙박 수요를 해결하고 한국 문화를 체험할 수 있도록 2012년에 도입되었다. 외국인도시민박업의 영업은 주로 '에어비앤비(Airbnb)'와 같은 온라인 민박 중개 플랫폼을 통해 이루어지고 있는데, 앞으로는 외국인뿐만 아니라 내국인도 함께 수용할 수 있는 '공유민박'으로 발전할 가능성이 크다.

▲ 숙박 공유업체인 에어비앤비에 등록된 서울 명동의 한 숙소 전경

표 1-1 「관광진흥법」에서 규정하고 있는 관광사업의 종류

여행업	일반여행업, 국외여행업, 국내여행업	
관광숙박업	호텔업	관광호텔업, 수상관광호텔업, 한국전통호텔업, 가족호텔업, 호스텔업, 소형호텔업, 의료관광호텔업
	휴양콘도미니엄업	
관광객이용시설업	전문휴양업, 종합휴양업, 야영장업, 관광유람선업, 관광공연장업, 외국인관광도시민박업	
국제회의업	국제회의시설업, 국제회의기획업	
카지노업	외국인전용 카지노, 내국인도 입장이 가능한 카지노	
유원시설업	종합유원시설업, 일반유원시설업, 기타유원시설업	
관광편의시설업	관광유흥음식점업, 관광극장유흥업, 외국인전용유흥음식점업, 관광식당업, 관광순환버스업, 관광사진업, 여객자동차터미널시설업, 관광펜션업, 관광궤도업, 한옥체험업, 관광면세점업	

* 관광사업의 종류(「관광진흥법 시행령」 제2조)

2. 관광숙박업의 종류

2012년까지 「관광진흥법」에서 규정해 오던 호텔업의 종류는 5가지(관광호텔업, 한국전통호텔업, 수상관광호텔업, 가족호텔업, 호스텔업)였으나, 2013년 11월에 「관광진흥법 시행령」이 개정되면서 2가지(소형호텔업, 의료관광호텔업)가 추가로 신설되어 호텔업의 종류는 총 7가지가 되었다. 호텔업의 7가지 유형을 종류별로 살펴보면 다음과 같다.

1) 호텔업

(1) 관광호텔업

관광호텔업이란 '관광객의 숙박에 적합한 시설을 갖추어 관광객에게 이용하게 하고 숙박에 딸린 음식·운동·오락·휴양·공연 또는 연수에 적합한 시설 등(이하 "부대시설"이라 한다)을 함께 갖추어 관광객에게 이용하게 하는 업'이다. 관광호텔업의 주요 등록기준은 다음과 같다.

① 욕실이나 샤워시설을 갖춘 객실을 30실 이상 갖추고 있을 것
② 외국인에게 서비스를 제공할 수 있는 체제를 갖추고 있을 것
③ 대지 및 건물의 소유권 또는 사용권을 확보하고 있을 것. 다만, 회원을 모집하는 경우에는 소유권을 확보하여야 한다.

(2) 수상관광호텔업

수상관광호텔업이란 '수상에 구조물 또는 선박을 고정하거나 매어 놓고 관광객의 숙박에 적합한 시설을 갖추거나 부대시설을 함께 갖추어 관광객에게 이용하게 하는 업'이다. 수상관광호텔업의 주요 등록기준은 다음과 같다.

① 수상관광호텔이 위치하는 수면은 「공유수면 관리 및 매립에 관한 법률」 또는 「하천법」에 따라 관리청으로부터 점용허가를 받을 것
② 욕실이나 샤워시설을 갖춘 객실이 30실 이상일 것

③ 외국인에게 서비스를 제공할 수 있는 체제를 갖추고 있을 것

④ 수상 오염을 방지하기 위한 오수 저장·처리시설과 폐기물처리시설을 갖추고 있을 것

⑤ 구조물 및 선박의 소유권 또는 사용권을 확보하고 있을 것. 다만, 회원을 모집하는 경우는 소유권을 확보하여야 함

(3) 한국전통호텔업

한국전통호텔업이란 '한국전통의 건축물에 관광객의 숙박에 적합한 시설을 갖추거나 부대시설을 함께 갖추어 이를 관광객에게 이용하게 하는 업'이다. 한국전통호텔업의 주요 등록기준은 다음과 같다.

① 건축물의 외관은 전통가옥의 형태를 갖추고 있을 것

② 이용자의 불편이 없도록 욕실이나 샤워시설을 갖추고 있을 것

③ 외국인에게 서비스를 제공할 수 있는 체제를 갖추고 있을 것

④ 대지 및 건물의 소유권 또는 사용권을 확보하고 있을 것. 다만, 회원을 모집하는 경우는 소유권을 확보하여야 함

(4) 가족호텔업

가족호텔업이란 '가족단위 관광객들이 저렴한 비용으로 건전한 가족관광을 영위할 수 있도록 객실별로 취사시설을 갖추거나 층별로 공동취사장을 설치하고, 숙박에 딸린 음식·운동·휴양 또는 연수에 적합한 시설을 함께 갖추어 관광객에게 이용하게 하는 업'이다. 가족호텔업의 장점은 콘도미니엄과 같이 호텔 내에서 취사를 할 수 있다는 점이며 주요 등록기준은 다음과 같다.

① 가족단위 관광객이 이용할 수 있는 취사시설이 객실별로 설치되어 있거나 층별로 공동취사장이 설치되어 있을 것

② 욕실이나 샤워시설을 갖춘 객실이 30실 이상일 것

③ 객실별 면적이 19㎡ 이상일 것

④ 외국인에게 서비스를 제공할 수 있는 체제를 갖추고 있을 것

⑤ 대지 및 건물의 소유권 또는 사용권을 확보하고 있을 것. 다만, 회원을 모집하는 경우는 소유권을 확보하여야 함

(5) 호스텔업

호스텔업은 '배낭여행객 등 개별 관광객의 숙박에 적합한 시설로서 샤워장, 취사장 등의 편의시설과 외국인 및 내국인 관광객을 위한 문화정보 교류시설 등을 함께 갖추어 이용하게 하는 업'이다. 호스텔업은 2009년 10월 「관광진흥법」이 개정되면서 호텔업의 한 종류로 신설되었으며 주요 등록기준은 다음과 같다.

① 배낭여행객 등 개별 관광객의 숙박에 적합한 객실을 갖추고 있을 것
② 이용자의 불편이 없도록 화장실, 샤워장, 취사장 등의 편의시설을 갖추고 있을 것. 다만, 이러한 편의시설은 공동으로 이용하게 할 수 있다.
③ 외국인 및 내국인 관광객에게 서비스를 제공할 수 있는 문화·정보 교류시설을 갖추고 있을 것
④ 대지 및 건물의 소유권 또는 사용권을 확보하고 있을 것. 다만, 회원을 모집하는 경우는 소유권을 확보하여야 함

(6) 소형호텔업

소형호텔업이란 '관광객의 숙박에 적합한 시설을 소규모로 갖추고 숙박에 딸린 음식·운동·휴양 또는 연수에 적합한 시설을 함께 갖추어 관광객에게 이용하게 하는 업'이다. 소형호텔업의 주요 등록기준은 다음과 같다.

① 욕실이나 샤워시설을 갖춘 객실을 20실 이상 30실 미만으로 갖추고 있을 것
② 부대시설의 면적 합계가 건축 연면적의 50퍼센트 이하일 것
③ 두 종류 이상의 부대시설을 갖출 것(단란주점 및 사행행위 시설은 제외)
④ 조식 제공, 외국어 구사 인력 고용 등 외국인에게 서비스를 제공할 수 있는 체제를 갖추고 있을 것
⑤ 대지 및 건물의 소유권 또는 사용권을 확보하고 있을 것. 다만, 회원을 모집하는 경우는 소유권을 확보하여야 함

(7) 의료관광호텔업

의료관광호텔업이란 '의료관광객의 숙박에 적합한 시설 및 취사도구를 갖추거나 숙박에 딸린 음식, 운동 또는 연수에 적합한 시설을 함께 갖추어 관광객에게 이용하게 하는 업'이다. 의료관광호텔업의 주요 등록기준은 다음과 같다.

① 의료관광객이 이용할 수 있는 취사시설이 객실별로 설치되어 있거나 층별로 공동 취사장이 설치되어 있을 것
② 욕실이나 샤워시설을 갖춘 객실이 20실 이상일 것
③ 객실면적이 19㎡ 이상일 것
④ 교육환경보호법에 따른 유해시설을 부대시설로 두지 않을 것
⑤ 의료관광객의 출입이 편리한 체계를 갖추고 있을 것
⑥ 외국어 구사인력 고용 등 외국인에게 서비스를 제공할 수 있는 체제를 갖추고 있을 것
⑦ 의료관광호텔 시설은 의료기관 시설과 분리될 것
⑧ 대지 및 건물의 소유권 또는 사용권을 확보하고 있을 것
⑨ 의료관광호텔업을 등록하려는 자는 전년도 또는 직전 1년간의 환자 수가 1,000명(서울지역은 3,000명)을 초과한 의료기관의 개설자이거나 유치업자일 것

2) 휴양콘도미니엄업

휴양콘도미니엄이란 '관광객의 숙박과 취사에 적합한 시설을 갖추어 이를 당해 시설의 회원공유자 및 기타 관광객에게 제공하거나 숙박에 부수되는 음식·운동·오락·휴양·공연 또는 연수에 적합한 시설 등을 함께 갖추어 이를 이용하게 하는 업'이다.

가족호텔과 휴양콘도미니엄의 차이점을 좀 더 자세히 살펴보면 다음과 같다. 이 두 업종의 공통점은 취사시설을 갖춘다는 점과 회원모집을 할 수 있다는 점이다. 다만 가족호텔은 취사시설을 객실이나 각 층별(공동취사장)로 갖출 수 있으나, 콘도는 모든 객실에 개별적인 취사시설을 갖추어야 한다는 점이 다르다. 회원모집의 경우 가족호텔도 회원모집은 가능하나 휴양콘도미니엄과 같이 자기 지분으로 등기를 할 수

있는 분양은 할 수 없다. 국내 관광숙박업의 등록현황을 전체적으로 살펴보면 〈표 1-2〉와 같다.

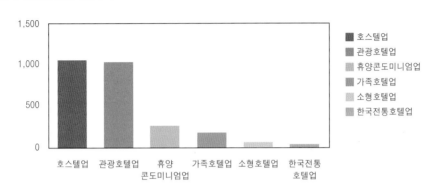

전국 업종별 관광사업체 수

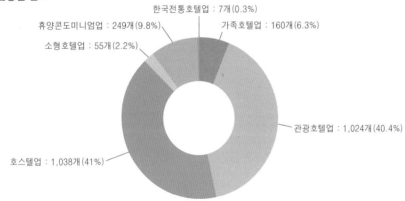

* 자료 : 한국관광공사(2023년 기준 2,533개 업체 수)

그림 1-1 전국 관광숙박업 사업체 수 현황

표 1-2 국내 관광숙박업 등록현황

구 분		서울	부산	대구	인천	광주	대전	울산	세종	경기	강원	충북	충남	전북	전남	경북	경남	제주	소계
관광호텔업	5성급 (특급) 업체 수	24	8	1	5	–		1	–	1	4	1	–	–	1	2	2	14	64
	5성급 (특급) 객실 수	10,832	2,883	325	2,484	–		200	–	826	799	328	–	–	311	754	332	6,116	26,190
	4성급 (특2급) 업체 수	39	4	3	5	2	2	2	–	9	11	–	–	4	4	4	4	12	105
	4성급 (특2급) 객실 수	11,061	1,360	354	1,295	325	510	403	–	1,982	2,539	–	–	469	541	1,022	664	2,086	24,611
	3성급 (1등급) 업체 수	81	12	4	8	4	6	4	–	20	12	5	4	4	7	9	18	21	219
	3성급 (1등급) 객실 수	14,899	1,634	211	970	339	608	1,105	–	2,505	1,104	485	721	412	475	710	1,485	1,722	29,385
	2성급 (2등급) 업체 수	57	34	10	23	4	3	4	–	37	9	10	5	7	13	16	21	8	261
	2성급 (2등급) 객실 수	4,862	2,879	694	1,964	271	159	478	–	2,431	460	683	249	411	626	875	979	402	18,423
	1성급 (3등급) 업체 수	42	13	1	25	1		4	–	20	1	1	1	1	9	4	14	4	141
	1성급 (3등급) 객실 수	2,239	601	44	1,316	59		159	–	1,277	35	60	53	65	657	154	732	225	7,676
	등급 없음 업체 수	83	26	9	18	3	8	3	–	44	11	4	5	13	42	11	26	66	372
	등급 없음 객실 수	10,780	3,041	990	1,179	182	775	252	–	4,093	967	170	391	832	1,732	687	1,610	5,508	33,189
	소계 업체 수	326	97	28	84	14	19	18	0	131	48	21	15	29	76	46	85	125	1,162
	소계 객실 수	54,673	12,398	2,618	9,208	1,176	2,052	2,597	0	13,114	5,904	1,726	1,414	2,189	4,342	4,202	5,802	16,059	139,474
수상관광호텔업	업체 수	–	–	–	–	–	–	–	–	–	–	–	–	–	–	–	–	–	0
	객실 수	–	–	–	–	–	–	–	–	–	–	–	–	–	–	–	–	–	0
전통호텔업	업체 수	–	–	2	–	–	–	–	–	1	–	–	1	1	1	–	1	7
	객실 수	–	–	74	–	–	–	–	–	16	–	–	20	21	16	–	26	173
가족호텔업	업체 수	20	1	–	3		1	1	–	15	15	1	4	6	12	1	27	62	169
	객실 수	2,997	37	–	492		80	35	–	850	967	52	211	2,172	763	30	1,619	4,058	14,363
호스텔업	업체 수	108	92	5		–	–	1	–	19	56	5	2	8	240	30	36	170	772
	객실 수	3,586	907	71		–	–	7	–	640	543	68	17	145	2,148	447	527	4,338	13,444
소형호텔업	업체 수	9	4	–	2	–	–	–	–	6	7	–	1	3	1	4	4	4	45
	객실 수	227	111	–	41	–	–	–	–	154	170	–	24	61	29	95	92	92	1,096
의료관광호텔업	업체 수	–	–	–	–	–	–	–	–	–	–	–	–	–	–	–	–	–	0
	객실 수	–	–	–	–	–	–	–	–	–	–	–	–	–	–	–	–	–	0
소계(관광호텔업외)	업체 수	137	97	5	7	0	1	2	0	40	79	6	7	18	254	36	67	237	993
	객실 수	6,810	1,055	71	607	0	80	42	0	1,644	1,696	120	252	2,398	2,961	588	2,238	8,514	29,076
호텔업 합계	업체 수	463	194	33	91	14	20	20	0	171	127	27	22	47	330	82	152	362	2,155
	객실 수	61,483	13,453	2,689	9,815	1,176	2,132	2,639	0	14,758	7,600	1,846	1,666	4,587	7,303	4,790	8,040	24,573	168,550
휴양 콘도미니엄업	업체 수	1	6		2		–		–	19	79	8	15	6	12	14	17	60	239
	객실 수	334	1,678	–	334	–	–	–	–	3,418	21,255	2,096	2,860	714	1,651	3,106	2,889	9,089	49,424
총계	업체 수	464	200	33	93	14	20	20	0	190	206	35	37	53	342	96	169	422	2,394
	객실 수	61,817	15,131	2,689	10,149	1,176	2,132	2,639	0	18,176	28,855	3,942	4,526	5,301	8,954	7,896	10,929	33,662	217,974

* 자료 : 문화체육관광부(2023년 기준)

3. 호텔업의 등급분류

등급결정 목적 우리나라에서 숙박업을 경영하고자 하는 자는 정부(문화체육관광부, 한국관광공사)로부터 공정하고 객관적인 국가품질인증을 받을 수 있다. 하나는 관광진흥법에서 다루고 있는 관광호텔업을 대상으로 한 '호텔업 등급결정'(별등급 표시) 제도이고, 다른 하나는 공중위생관리법의 숙박업(일반, 생활) 업소를 대상으로 한 '한국관광품질인증제' 제도이다. 본서에서는 주로 관광호텔업의 등급결정에 대해 살펴보기로 한다.

관광호텔업의 등급결정은 전 세계적으로 공통된 현상이며 우리나라에서도 1971년부터 호텔업 등급제도를 시행해 오고 있다. 호텔업 등급제도를 시행하는 주요 이유는 호텔기업들로 하여금 자사의 서비스품질과 시설유지를 위한 노력을 유도하고, 소비자들에게는 호텔의 수준이나 가격 측면에서 의사결정에 도움을 줄 수 있는 합리적인 정보를 제공하기 위해서이다.

등급결정 대상 「관광진흥법」 개정에 따라 2014년 9월 12일부터 호텔업은 3년마다 등급평가를 의무적으로 받아야 한다. 호텔업의 7개 유형 중 관광호텔업, 한국전통호텔업, 가족호텔업, 소형호텔업, 수상관광호텔업, 의료관광호텔업은 등급결정 의무대상이고, 예외적으로 호스텔업은 등급결정 비대상 호텔로서 등급신청을 하지 않을 수 있다.

이와 같이 호스텔업에 예외 규정을 신설한 것은 업종의 성격상 등급결정의 실질적인 구별효과가 크지 않고, 해당 호텔업자의 부담을 덜어주어 활성화를 유도하려는 의도에 기인한다. 등급결정 의무화 호텔은 다음 각 호의 구분에 따른 기간 이내에 호텔업의 등급 중 희망하는 등급을 정하여 등급결정을 신청하여야 한다.

그림 1-2 호텔업 등급결정 대상

| 호텔을 신규 등록한 경우
호텔업 등록을 한 날부터 60일 | 등급결정의 유효기간이
만료되는 경우
유효기간 만료 전 150일부터 90일까지 | 시설의 증·개축 또는 서비스 및 운영실태 등의
변경에 따른 등급 조정사유가 발생한 경우
등급 조정사유가 발생한 날부터 60일 |

그림 1-3 호텔업 등급결정 신청 대상

등급결정 기관　호텔업 등급결정 업무는 1999년 이전까지는 정부기관인 문화체육관광부 및 지방자치단체에서 직접 수행하였으나, 1999년 이후부터는 민간위탁 정책에 따라 2개의 민간단체(한국관광협회중앙회, 한국관광호텔업협회)에서 공동으로 시행하였다. 그러나 2개의 민간단체로 이원화가 진행되면서 등급결정의 일관성이 확보되지 못한다는 제도상의 문제점이 꾸준히 제기되면서 2015년부터는 한국관광공사에서 위탁하여 시행하였다. 이후 2021년 1월 1일부터는 다시 '한국관광협회중앙회'가 문화체육관광부로부터 호텔업 등급결정 업무 수탁기관으로 지정되어 호텔업 등급결정 업무를 수행하고 있다. 제주도의 경우는 예외적으로 호텔업 등급결정을 제주특별자치도관광협회에서 자체적으로 시행하고 있다.

등급분류와 표식　우리나라 호텔업의 등급결정은 '5성급·4성급·3성급·2성급·1성급'의 5가지로 구분하고 있으며, 등급의 표식은 국제 표준에 맞는 '별등급(Star Rating)' 문양을 사용하고 있다. 등급의 표식은 1971년 이후 지난 40여 년간 '무궁화' 등급이 사용되어 왔으나, 한국을 방문하는 외국인 관광객이 급증함에 따라 2014년 말에 외국인 관광객이 알아보기 쉽도록 국제적으로 통용되는 '별등급' 체계로 변경되었다.

　전 세계적으로 호텔등급은 주로 별 표식을 사용하고 있지만 국가마다 약간의 차이는 있다. 미국의 경우 호텔의 등급평가를 두 개의 민간기관에서 위탁경영하고 있는데, 그중 '전미자동차협회(AAA)'에서는 다이아몬드(◊ : 1~5개) 표식을 부여하고 있으며, '모빌여행가이드(Mobil Travel Guide)'에서는 별(☆ : 1~5개) 표식을 사용하고 있다. 유럽지역 대부분의 국가들도 호텔을 5등급으로 분류하고 있으며, 등급의 상징은 주로 별 표식을 사용하고 있다. 그러나 예외적으로 영국은 왕관 표식을 사용하고 있으며, 대만의 경우는 매화 표식을 사용한다.

또한 특급호텔에 대해서만 별 5개(5성급)를 부여하는 것이 정석이지만, 호텔에 따라 마케팅 차원에서 자사 호텔을 6성급 또는 7성급으로 표현하는 호텔들도 있다. 예를 들어 '포시즌호텔' '파크하얏트호텔' 'W호텔' 등은 마케팅 차원에서 자사 호텔을 6성(星)급의 초특급 호텔로 표현하고 있으며, 두바이에 위치한 '버즈 알 아랍호텔'은 자사 호텔을 7성(星)급의 초호화 호텔로 표현하여 타사와의 차별화를 꾀하고 있다.

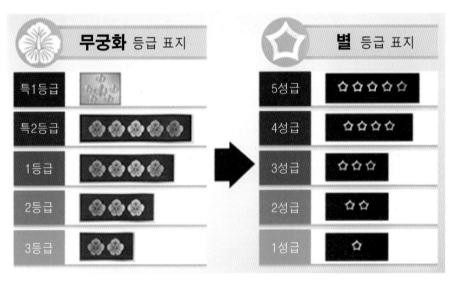

*2014년까지 무궁화 등급 표지 사용/ 2015년부터 별 등급 표지 사용

그림 1-4 우리나라 호텔업의 등급분류와 표식

관광호텔 Tourist Hotel

소형호텔 Boutique Hotel

수상관광호텔 Floating Hotel

의료관광호텔 Medical Hotel

한국전통호텔 Korean Traditional Hotel

● 호텔업 업종별 분류는 별 문양 밑에 한글로 관광호텔, 소형호텔, 수상관광호텔, 의료관광호텔, 한국전통호텔 등으로 표기하여 분류하고 있다.

그림 1-5 호텔업 업종별 분류 표식

등급결정 기준   호텔업의 등급은 〈표 1-4〉에서 보는 바와 같이 문화체육부장관이 따로 정하여 고시한 호텔업 등급평가기준에 따라 결정된다. 5성급 호텔의 경우 현장평가 700점과 암행불시평가 300점으로 평가되며 총배점은 1,000점 만점으로 한다. 이에 따라 각 등급별 평가항목의 만점을 기준으로 5성급은 90% 이상, 4성급은 80% 이상, 3성급은 70% 이상, 2성급은 60% 이상, 1성급은 50% 이상의 점수를 획득하여야 한다. 5성급 호텔의 현장평가와 암행불시평가의 세부기준을 살펴보면 〈표 1-5〉, 〈표 1-6〉과 같다. 하지만 예외적으로 한국전통호텔업 및 소형호텔업의 등급평가 기준은 등급에 상관없이 현장평가 400점과 불시평가 200점을 합산하여 총배점을 600점으로 하되 상기 표의 결정기준에 따라 등급을 부여한다.

표 1-3 등급별 호텔서비스 기준

호텔등급	등급별 호텔서비스 기준 정의
5성급 ★★★★★	• 최상급 수준의 시설과 서비스를 제공하는 호텔로, 고객에게 최고의 맞춤 서비스를 제공 • 로비는 품격 있고, 객실엔 품위 있는 가구와 뛰어난 품질의 침구와 편의용품을 완비 • 비즈니스센터, 고급 메뉴와 최상의 서비스를 제공하는 3개 이상(직영·임대 포함)의 레스토랑/대형 연회장/국제회의장을 갖추고, 24시간 룸서비스가 가능하며 피트니스센터 등 부대시설과 편의시설을 갖춤
4성급 ★★★★	• 고급 수준의 시설과 서비스를 제공하는 호텔로, 고객에게 맞춤 서비스를 제공 • 로비는 품격 있고, 객실엔 품위 있는 가구와 우수한 품질의 침구와 편의용품을 완비 • 비즈니스센터, 고급 메뉴와 서비스를 제공하는 2개 이상(직영·임대 포함)의 레스토랑/연회장/국제회의장을 갖추고, 12시간 이상 룸서비스가 가능하며 피트니스센터 등 부대시설과 편의시설을 갖춤
3성급 ★★★	• 청결한 시설과 서비스를 제공하는 호텔로, 고객의 수면과 청결유지에 문제가 없도록 깨끗한 객실과 욕실을 갖춤 • 다양하게 식사를 해결할 수 있는 1개 이상(직영·임대 포함)의 레스토랑을 운영하며, 로비, 라운지 및 안락한 휴식을 취할 수 있는 부대시설을 갖춰 고객이 편안하고 안전하게 이용할 수 있는 호텔
2성급 ★★	• 고객의 수면과 청결유지에 문제가 없도록 깨끗한 객실과 욕실을 갖추며, 식사를 해결할 수 있는 (최소한) F&B 부대시설을 갖추고 운영되는 안전한 호텔
1성급 ★	• 고객의 수면과 청결유지에 문제가 없도록 깨끗한 객실과 욕실을 갖추고 있는, 조식이 가능한 안전한 호텔

* 자료 : 한국관광공사, 호텔업 등급결정사업(www.hotelrating.or.kr) 재구성

표 1-4 호텔업 등급결정 기준

구분		5성	4성	3성	2성	1성
등급 평가 기준	현장평가	700	585	500	400	400
	암행평가/ 불시평가	300 (암행평가)	265 (암행평가)	200 (불시평가)	200 (불시평가)	200 (불시평가)
	총배점	1,000	850	700	600	600
결정기준	등급별 기준	총배점의 90% 이상	총배점의 80% 이상	총배점의 70% 이상	총배점의 60% 이상	총배점의 50% 이상

표 1-5 5성급 현장평가 기준(700점)

□ 호텔명	□ 평가요원	□ 평가일 : . . .

평가항목	배점	결과점수	현장평가 내용 및 배점
1. 공용 공간 서비스부문(167)			
가. 호텔안내, 옥외조경시설, 주차 및 보안시설	30		1) 호텔 안내 정보(6) 2) 옥외조경시설(12) 3) 주차의 편리성(6) 4) 보안시설 설치 및 관리(필수)(6)
나. 현관 및 로비	54		1) 로비공간, 분위기와 조화성, 청결상태(24) 2) 현관 및 로비 종사원의 운영(필수)(12) 3) 고객 수화물 보관 서비스(6) 4) 문화행사 및 교통시설 예약 서비스(12)
다. 프런트데스크	55		1) 프런트데스크 기능을 위한 적정 인력 확보(6) 2) 환전서비스 여부(필수)(6) 3) 고객에 대한 서비스 기록관리 상태(15) 4) 프런트 근무자의 능력 및 서비스 수준(필수)(16) 5) 프런트데스크의 서비스 수준(6) 6) 안전금고 설치 및 운영(6)
라. 복도 및 계단관리	18		1) 복도 및 계단의 관리 및 청결상태(12) 2) 복도 및 계단의 실내장식 및 분위기(6)
마. 종사원교육	10		1) 종사원 교육실시 현황(10)
2. 객실 및 욕실부문(294)			
가. 객실 수, 다양성 및 면적	44		1) 객실 수(20) 2) 객실의 다양성(12) 3) 객실 면적(12)
나. 객실청결 및 관리	91		1) 객실관리 및 환경상태(필수)(21) 2) 객실 내 가구구비 및 품질상태(필수)(24) 3) 객실의 편의용품 구비여부 및 품질상태(필수)(16) 4) 침대 및 침구류 관리상태(필수)(15) 5) 객실 청결상태(필수)(15)
다. 객실안락도 및 편의성	68		1) 객실의 냉·난방 상태(필수)(12) 2) 객실의 방음상태(12) 3) 객실의 차양 및 관리상태(8) 4) 객실의 보안시설 및 설치여부(필수)(12) 5) 객실 내 비상시 안내지침서 구비 여부 및 비상 대피 안내도 부착여부(필수)(6) 6) 객실 내 호텔의 제반서비스에 대한 안내물 제공 수준(필수)(12) 7) 고객 모니터링 시스템(필수)(6)

라. 객실 내 통신 · 비상시설	24	1) 객실 인터넷 연결 및 이용의 편리성(6) 2) 컴퓨터 제공 여부(6) 3) 비상장비 제공 및 관리상태(6) 4) 종사원의 비상대처 매뉴얼 숙지능력(6)
마. 욕실부문	67	1) 욕실 면적(12) 2) 욕실 청결상태(필수)(15) 3) 욕실시설, 편의용품, 품질상태(24) 4) 욕실환기 및 배수상태(필수)(16)
3. 식음료 및 부대시설 부문(239)		
가. 식음료시설	78	1) 식음료업장 설치 유무(필수)(36) 2) 식음료업장의 분위기, 동선과 공간의 활용상태(12) 3) 테이블과 의자의 품질상태(6) 4) 종사원의 서비스 상태(12) 5) 식음료업장 청결 및 관리상태(필수)(12)
나. 주방시설	36	1) 주방의 업장에 대한 면적점유율(6) 2) 주방에서 조리한 음식의 고객 전달체계(6) 3) 주방 청결 및 분리수거 상태(필수)(12) 4) 식재료 보관 및 관리상태 등(필수)(12)
다. 부대시설 및 편의시설	42	1) 부대시설 제공수준(필수)(24) 2) 편의시설 제공수준(12) 3) 종사원의 외국어 구사능력(6)
라. 연회 및 회의시설	48	1) 연회시설 확보여부(필수)(24) 2) 회의시설 확보여부(필수)(12) 3) 연회, 회의시설 내 조명, 음향, 시청각 시설(6) 4) 연회, 회의시설의 서비스 상태(6)
마. 비즈니스센터	14	1) 비즈니스센터 운영상태(필수)(6) 2) 비즈니스센터 내 지원시설의 비치 및 운영 · 관리상태(8)
바. 장애인 편의시설	21	1) 호텔 내 장애인 시설 이용 여부(18) 2) 장애인 이동의 가능 여부(3)
4. 부가점수		
4-1. 가점항목	30	가. 에너지 절감 경영(10) 나. 전문 한식당 운영 여부(10) 다. 유자격자 고용(10)

4-2 감점항목(접수일 기준 최근 3년간)	–
	130
		가. 호텔 내 화재 발생 여부(-10)
		나. 호텔 내 범죄 발생 여부
		  1) 호텔 내 도난 등 범죄 발생 여부(-10)
		  2) 호텔 경영주 및 종사원의 불법행위(-10)

4-2 감점항목(접수일 기준 최근 3년간)		다. 영업상 행정조치 여부(-10) 라. 고객 불편신고 처리 상태 　1) 시설 및 위생관리(-10) 　2) 부당요금징수, 서비스불만, 예약 조건 　　불이행(-10) 마. 대테러 예방 및 대비 관련 　1) 임직원 대테러·안전마인드 소지 및 안전 　　관리 전담조직 운영(-5) 　2) 출입통제 시스템 운영, 시설물 외곽 관리 　　및 감시 시스템 구축(-15) 바. 투숙객의 예약취소 시 과도한 수수료 요구 　적발 시(-10) 사. 호텔등급표지 미부착, 허위표시 또는 허위 　광고 적발 시(-20) 아. 풍속을 저해하는 입·퇴실 시간에 따른 　차등요금제 실시 적발 시(-20)
총점	700	
총평		

* 자료: 한국관광공사, 호텔업 등급결정사업(www.hotelrating.or.kr) 재구성

표 1-6 5성급 암행평가 기준

평가항목	배점	결과 점수	현장 평가 내용
1. 예약서비스			
가. 전화응대	19		평가개요 : 호텔직원은 고객을 환영하는 친절한 목소리로 전화를 받아야 한다.
나. 예약상담	14		평가개요 : 예약상담이 편리하고, 쉽고 명확해야 한다.
평가자 의견			
2. 현관 및 주차서비스			
가. 호텔 도착	8		평가개요 : 호텔의 외관(건물의 전면, 간판, 조경)은 고객들에게 매력적인 이미지를 제공해야 한다.
나. 현관 주차 서비스	13		평가개요 : 고객이 호텔에 도착하면 호텔직원은 신속하고 정중하게 고객을 환영해야 한다.
평가자 의견			
3. 로비환경 및 프런트데스크 서비스(체크인)			
가. 로비환경 및 서비스	19		평가개요 : 호텔은 로비에서부터 고객이 안락함을 느낄 수 있도록 친근하고 환영하는 분위기를 조성해야 한다.
나. 프런트데스크 　　서비스(체크인)	16		평가개요 : 프런트 직원들은 고객을 반갑게 맞이하고 체크인하며, 고객의 예약사항을 확인해야 한다.
평가자 의견			
4. 객실서비스			
가. 입실서비스	9		평가개요 : 호텔은 고객이 편하고 쉽게 입실할 수 있도록 편리하고 친절한 서비스를 제공해야 한다.
나. 객실서비스	79		평가개요 : 숙박기간 동안 고객에게 안락함을 보장할 수 있도록 객실과 욕실의 모든 기능은 적절해야 한다.
다. 야간근무 서비스	8		평가개요 : 호텔직원은 고객의 숙박기간 동안 밤낮의 제약 없이 고객의 요구에 항상 주의를 기울이고 응대해야 한다.
라. 미니바	12		평가개요 : 고객은 객실 미니바를 편리하게 이용할 수 있어야 한다.
마. 세탁서비스로 평가	5		평가개요 : 호텔의 세탁서비스는 믿을 만하고 편리하게 제공해야 한다. ※ 세탁서비스가 없는 경우 세부 평가항목은 0점
바. 하우스 키핑	4		평가개요 : 호텔서비스는 고객요청 시 신속하게 조치되어 고객을 안심시켜 주어야 한다.

사. 객실 부가서비스	7		평가개요 : 호텔은 고객들이 편히 쉴 수 있도록 객실 부가 서비스를 제공해야 한다.
아. 객실보안 및 안전	10		평가개요 : 객실은 고객이 안전하고 편리하게 이용할 수 있어야 한다.
평가자 의견			
5. 룸서비스	25		평가개요 : 고객은 언제든지 객실에서 룸서비스를 제공받을 수 있어야 한다. ※ 룸서비스가 없는 경우 세부 평가항목은 0점으로 평가
평가자 의견			
6. 비즈니스센터	9		평가개요 : 호텔은 고객이 효율적으로 업무를 진행할 수 있도록 장비를 갖추어 적절한 업무환경을 제공해야 한다.
평가자 의견			
7. 식음료업장			※ 식당이 없는 경우 세부 평가항목은 0점으로 평가
가. 식음료업장 환경 및 고객환대	15		평가개요 : 호텔 식당의 환경과 고객환대를 평가한다.
나. 식당메뉴	9		평가개요 : 호텔 식당 메뉴는 다양하게 준비되어 있고, 음식은 정갈하게 제공되어야 한다.
다. 음식 및 음료제공 서비스	7		평가개요 : 호텔 식당 서비스는 정중하며 고객의 선호도에 맞추어 제공되어야 한다.
8. 체크아웃	10		평가개요 : 호텔직원은 고객에게 친절하고 따뜻한 인사를 건네야 한다. 체크아웃은 신속하고 편리하게 이루어져야 한다.
평가자 의견			
9. 배웅	2		평가개요 : 호텔 직원은 고객이 편안하게 가실 수 있도록 필요한 지원서비스를 친절하게 제공해야 한다.
평가자 의견			
합계	300		

* 자료 : 한국관광공사, 호텔업 등급결정사업(www.hotelrating.or.kr) 재구성

표 1-7 전국 5성급 관광호텔 현황

지역	호 텔 명	소계	호 텔 명	소계
서울 (27)	그랜드하얏트	607	롯데호텔월드	482
	파크하얏트 서울	185	시그니엘서울호텔	235
	안다즈 서울 강남	241	메이필드호텔	239
	그랜드 머큐어 앰배서더 용산	202	그랜드 워커힐호텔	930
	노보텔 앰배서더 강남	335	비스타 워커힐호텔	250
	노보텔 앰배서더 동대문	523	신라호텔	461
	노보텔 스위트 앰배서더 용산	286	웨스틴조선호텔	453
	노보텔 앰배서더 용산	621	인터컨티넨탈 코엑스	654
	몬트리안 서울 이태원	297	인터컨티넨탈 파르나스	546
	소피텔 앰배서더 서울	560	콘래드서울	434
	페어몬트 앰배서더 서울	308	포시즌스호텔	317
	앰배서더 풀만	409	JW메리어트 서울	497
	더플라자호텔	415	JW메리어트 동대문	170
	롯데호텔서울	1,151		
경기	소노캄 고양	365		
인천 (6)	경원재 앰배서더 인천	30	쉐라톤그랜드 인천	321
	그랜드 하얏트 인천	1,024	파라다이스시티	711
	네스트호텔 인천	370	아트파라디소 파라다이스시티	58
강원 (4)	씨마크호텔	150	켄싱턴호텔 평창	253
	인컨티넨탈 알펜시아	238	하이원그랜드호텔	250
울산	롯데호텔 울산	211		
부산 (8)	농심호텔	240	웨스틴조선호텔	453
	롯데호텔 부산	682	파라다이스호텔	528
	시그니엘 부산	260	파크하얏트 부산	269
	그랜드조선 부산	290	아난티 힐튼	311
충북	그랜드플라자 청주	328		
대구(2)	대구 메리어트	200	인터불고 대구	325
전남(2)	소노캄 여수	289	라마다프라자 여수	378
경남	거제삼성호텔	166		
경북(2)	힐튼 경주	324	라한셀렉트경주	430
제주 (21)	라마다프라자	380	WE호텔 제주	103
	신화월드(메리어트관)	572	오리엔탈호텔	313
	신화월드(서머셋)	342	제주 썬호텔	203
	신화월드(신화관)	533	해비치호텔&리조트	288
	신화월드(랜딩관)	615	히든클리프호텔	250
	롯데호텔	500	파르나스호텔 제주	307
	메리어트 신화월드	500	라마다프라자 제주	380
	메종글래드 제주	513	그랜드조선 제주	271
	서귀포 칼호텔	225	부영호텔&리조트	440
	스위트호텔	90	씨에스호텔	29
	신라호텔	429		

* 자료 : 한국관광공사(2023년 기준)

4. 숙박장소에 의한 분류

1) 다운타운호텔

다운타운호텔(Downtown Hotel)은 대도시의 중심부에 위치한 호텔들을 통칭하는 의미이다. 다른 말로는 '시티호텔' '도심지호텔'이라 표현하기도 한다. 또한 비즈니스 활동이 활발한 금융 중심지나 쇼핑중심가 등에 위치하며, 사업목적의 비즈니스 고객들을 주요 표적시장으로 하기 때문에 마케팅 측면에서는 '비즈니스호텔(Business Hotel)'을 표방하고 있다.

도심지호텔은 대도시에 위치하는 특성으로 인해 교통 혼잡과 주차시설의 부족, 지가상승으로 인해 부지확장 등에 어려움이 존재하지만, 이러한 제한에도 불구하고 각종 컨벤션, 연회, 결혼식, 콘서트 등 그 역할이 다양하고 도시의 사교중심지로서 인기가 높다.

▲ 대도시의 중심부에 위치한 '콘래드 두바이호텔' 전경

▲ 메리어트 상하이 시티센터호텔의 광고에서는 대도시의 중심부에 위치한 다운타운 호텔이라는 자사호텔의 위치를 부각시키고 있다.

2) 리조트호텔

현대 호텔산업의 가장 큰 변화 두 가지를 꼽는다면 첫 번째는 '비즈니스호텔'로의 전환이고, 두 번째는 '리조트호텔(Resort Hotel)'로의 변화를 꼽을 수 있다. 과거에는 리조트호텔이라 하면 바닷가나 온천, 산악, 휴양지 등에 위치하면서 수영장이나 스파, 그 외 간단한 레포츠시설 등을 갖추는 정도면 충분하였다. 그러나 현대의 리조트호텔은 과거와 달리 혁신적으로 변화하고 있는데, 그 특징을 세 가지로 요약할 수 있다.

▲ 힐튼그룹 최고의 럭셔리 브랜드인 콘래드는 방콕에서 비행기로 1시간 거리인 사무이섬에 '콘래드 코 사무이 리조트'를 운영하고 있다.

첫째는 리조트의 체인화이다. 예를 들어 클럽메드나 PIC리조트 등과 같은 전통적인 리조트기업들도 리조트의 체인화를 통해 전 세계에 몇 백 개의 리조트체인을 거느리는 거대 리조트기업으로 성장하고 있다는 점이다.

둘째는 대규모 호화호텔들이 리조트호텔로 변신하고 있다는 것이다. 예를 들어 라스베이거스의 대형 카지노호텔들은 하나같이 '카지노&리조트호텔'로 변화하고 있는데, 호텔 내에 대규모 워터파크나 테마파크 등의 놀이시설들을 복합적으로 갖추면서 가족여행객들에게 자사를 리조트호텔로 포지셔닝하는 것이 그 예이다.

셋째는 힐튼, 하얏트, 메리어트호텔 등과 같은 전통적인 호텔기업들이 리조트 시장으로 빠르게 진출하고 있다는 것이다. 예를 들어 힐튼그룹은 전 세계 27개국에서 70여 개의 'Hilton Resorts'를 운영하고 있으며, 하얏트그룹은 휴양지에 위치하는 리조트풍의 고급호텔로서 'Hyatt Hotels & Resorts' 브랜드를 별도로 운영하고 있다. 메리어트그룹 역시 전 세계 유명 휴양지에 'Marriott Hotels and Resorts' 브랜드를 운영하고 있다.

3) 공항호텔

공항호텔(Airport Hotel)은 국제공항 근처에 위치하면서 항공여행자들이나 승무원들을 주요 고객으로 하는 에어포트호텔을 의미한다. 약칭하여 '에어텔(Airtel)'이라고 한다. 공항호텔의 발전요인은 무엇보다 항공여행이 대중화되면서 자연히 승객과 승무원이 증가하기 때문이다.

최초의 공항호텔은 1929년 미국 오클랜드 공항에 위치한 '오클랜드 공항호텔(Oakland Airport Hotel)'인데, 현재는 전 세계 주요 공항마다 공항호텔들이 위치하고 있다. 대표적으로 미국에는 '하얏트샌프란시스코 공항호텔'이 있으며, 프랑스에는 '샤를드골공항에 인접한 '쉐라톤공항호텔'이 있다. 일본에는 '간사이 공항호텔' 등이 있으며, 우리나라에는 인천국제공항 청사 내에 쉐라톤워커힐호텔이 '인천공항환승호텔'을 직영하고 있으며, 5분 거리에 '그랜드하얏트인천호텔'과 '베스트웨스턴인천에어포트호텔' 등이 위치하고 있다.

▲ (좌)프랑스 샤를드골공항에 위치한 쉐라톤공항호텔, (우)인천공항에서 5분 거리에 위치한 베스트웨스턴인천에어포트호텔 전경

4) 터미널호텔

터미널호텔(Terminal Hotel)은 철도역이나 공항터미널, 버스터미널, 항구 근처에 위치한 호텔들을 통칭한다. 이처럼 교통의 거점지역에 위치한 호텔들은 교통수단에 따라 철도역 인근에 위치한 철도호텔(Station Hotel), 대형 항구 주변에 위치한 시포트 호텔(Seaport Hotel) 등으로 구분한다.

세계 각국의 주요 대도시에는 교통의 요지라 할 수 있는 대형터미널이나 기차역 등과 연결되어 있거나 매우 근접하여 위치한 호텔들이 있는데 타 호텔과의 경쟁력 차원에서 상당한 우위를 점할 수 있기 때문에 인기가 높다. 터미널호텔의 좋은 사례는 태국 방콕에 위치한 '그랑데센터포인트 터미널21호텔'을 들 수 있다. 이 호텔은 기차와 지하철이 모두 교차하는 아속역(Asok Station)과 연결되어 있으며 호텔의 아래층에는 대형쇼핑몰이 위치하고 있어 관광객들에게 인기가 높은 터미널호텔이다. 국내에서는 JW메리어트서울호텔이 강남고속터미널과 지하철역이 모두 연결되어 있어 접근성이 편리하고, 단지 내에는 백화점, 면세점, 영화관 등의 쇼핑센터가 위치하여 복합형 터미널호텔의 유형에 해당된다.

▲ (좌) 방콕 아속역에 위치한 '그랑데센터포인트 터미널21호텔' 전경, (우) 강남고속터미널과 연결된 JW메리어트 서울호텔 전경

5. 숙박목적에 의한 분류

1) 비즈니스호텔

비즈니스호텔(Business Hotel)은 21세기 전 세계 호텔산업을 대표하는 가장 일반적이면서 복합적인 스타일의 호텔이다. 주로 상용고객(비즈니스고객)을 표적시장으로 하기 때문에 '상용호텔(Commercial Hotel)'이라고도 한다. 비즈니스호텔은 대도시에 위치하므로 시티호텔(City Hotel)의 특성과 대규모 회의장 등을 갖춘 컨벤션호텔(Convention Hotel)의 특성을 모두 지니고 있다.

이와 같이 비즈니스호텔은 기존의 호텔들이 가지고 있던 다양한 콘셉트(Concept)를 통합한 가장 현대적인 개념의 호텔이다. 실제로 세계적인 특급호텔일수록 자사 호텔을 비즈니스호텔로 표현하거나 포지셔닝하고 있으며, 호텔 내에 비즈니스고객을 위한 편의시설로 '비즈니스센터'나 '비즈니스 플로어' 등을 기본적으로 운영하고 있다.

이처럼 현대로 접어들면서 대다수의 특급호텔들이 자사를 비즈니스호텔로 변화시키는 이유는 호텔기업의 생존과 직결되기 때문이다. 21세기는 인터넷과 교통수단이 최첨단으로 발달하고, 각 나라 간 무역장벽을 허무는 FTA 협정 등으로 전 세계가 하나의 시장으로 변해가고 있다. 이러한 환경으로 인해 무역과 비즈니스가 성행하게 되었고, 자연히 비즈니스 여행자들의 수가 급격히 증가하여 이들을 수용할 수 있는 호텔들이 시장에서 우선적으로 선택받기 때문이다. 이것은 1930년대 미국 대공황 시기에 수많은 호텔들이 파산하였지만, 스타틀러 호텔만은 비즈니스 고객들을 대상으로 하는 상용호텔을 표방하였기 때문에 성장을 거듭했던 교훈과도 일치하고 있다.

▲ 서울 웨스틴조선호텔은 인터넷 여행 잡지 스마트 트래블 아시아가 주관한 '아시아 최고의 비즈니스호텔 25'에 4년 연속 선정됐다. 또한 아일랜드 샹그릴라 홍콩이 아시아 최고의 비즈니스호텔로 꼽혔으며, 플라톤호텔 싱가포르가 2위, 포시즌스 홍콩이 3위를 차지했다. 국내에서는 조선호텔 외에 서울 신라호텔, 그랜드하얏트 서울, 파크하얏트 서울 등 모두 4개 호텔이 포함됐다(사진 : 웨스틴조선호텔 전경과 이그제큐티브 스위트 객실 전경).

2) 컨벤션호텔

컨벤션호텔(Convention Hotel)을 '컨퍼런스호텔(Conference Hotel)'이라 부르기도 하는데, 국제회의(Convention)를 유치하는 데 유리한 대도시나 교통의 요지에 위치하는 것이 일반적이며, 1,000실 이상의 객실과 1~2,000명 이상을 수용할 수 있는 대형 컨벤션 홀과 다용도 연회장, 전시장 등을 기본적으로 갖추고 있다. 이외에도 6개국 이상의 동시통역시설과 컴퓨터조명, 대형스크린, 레이저 빔 등의 첨단시설도 완비하고 있다. 국내의 주요 특급호텔들도 호텔 내에 1,000명 규모의 컨벤션 홀을 보유하고 있다.

최근에는 도심에서 멀리 위치한 국내의 리조트기업들도 단지 내에 별도의 컨벤션호텔이나 컨벤션 홀을 운영하는 추세이다. 대표적으로 강원도에 위치한 하이원리조트는 기존에 2개의 특급호텔을 운영하고 있었지만, 2011년에 특1급의 컨벤션호텔(250실)을 별도로 개관하였다. 평창 알펜시아리조트에서도 2,000명이 동시에 입장가능한

다목적 컨벤션 홀을 운영하고 있으며, 대명비발디파크에서도 2,000명 이상을 수용할 수 있는 컨벤션 홀을 운영하고 있다.

이와 같이 대형호텔과 리조트 기업들이 컨벤션시설을 갖추고 컨벤션호텔로의 변화를 시도하는 것은 컨벤션 유치의 파급효과 때문이다. 호텔에서 국제적인 컨벤션 행사를 성공적으로 유치할 경우, 호텔의 인지도와 명성은 자연적으로 높아지게 된다. 또한 국제회의 유치 시, 객실수입 외에도 식음, 연회, 쇼핑, 부대시설 매출이 동반 상승하여 호텔 매출수익에 상당한 흑자요인으로 작용한다. 국제회의 참가자들의 경우, 일반 외래관광객의 관광지출 비용보다 훨씬 높은 소비성향을 보이기 때문에 외화가득률 면에서도 국제회의 유치는 중요한 국가적 사업이기도 하다. 그래서 컨벤션산업은 미래의 총성 없는 전쟁에 비유되곤 한다. 이러한 현상은 앞으로도 컨벤션호텔의 발달을 지속시켜 나갈 것이다.

▲ 인터넷 여행 잡지 스마트 트래블러지는 2012 아시아 최고의 컨퍼런스호텔에 신라호텔(15위)과 그랜드하얏트 서울(28위)을 선정했다. 신라호텔은 2012 서울 핵안보정상회의 특별만찬, G20 정상 배우자 만찬, APEC 등 주요 국제행사를 대거 유치해 성공적인 컨퍼런스를 진행시켰다(사진 : 신라호텔과 컨벤션 그랜드볼룸 전경).

3) 카지노호텔

카지노호텔(Casino Hotel)이란 호텔 내에 주된 부대시설로서 카지노시설을 갖춘 호텔을 말한다. 즉 카지노호텔은 일종의 갬블링(Gambling) 시설을 갖추어 놓고 다른 호텔의 경우보다 여기서 발생되는 수입이 훨씬 큰 비중을 차지하는 것이 특징이며, 도박을 즐기려는 갬블러(Gambler)들을 주요 고객으로 하는 호텔이다.

카지노 중심의 호텔들이 생겨나기 시작한 것은 미국 라스베이거스의 카지노호텔들이 시초이다. 이후 아시아에서는 2020년대에 마카오에서만 40여 개의 카지노호텔들이 영업하면서 라스베이거스 카지노 매출액의 4~6배를 뛰어넘고 있다. 이때부터 카지노호텔은 황금알을 낳는 미래형 고부가가치산업으로 인식되어 아시아 각국의 카지노리조트 경쟁을 촉발시켰다. 특히 우리나라를 비롯해 일본, 싱가포르, 베트남, 대만, 필리핀 등 아시아권 국가는 카지노리조트 시장을 놓고 경쟁이 치열하다.

21세기 들어 카지노호텔들은 생존을 위해 과거와 달리 카지노 외에도 다양한 관광 콘텐츠가 결합된 카지노복합리조트(Integrated Resort)로 변모하고 있다. 객실 규모만 하더라도 몇 백 실에서 몇 천 실을 갖추고, 카지노시설 외에도 대형 컨벤션센터, 쇼핑몰, 극장, 박물관, 테마파크 등을 주요 시설로 갖추어 대중 관광객들의 건전한 여가활동 공간으로 탈바꿈하고 있다.

▲ 서울 워커힐호텔카지노는 1968년에 개장하여 현재까지 운영되고 있다. (좌)워커힐호텔의 파라다이스 카지노 외부 전경. (우)카지노 업장 전경

4) 레지던스호텔

레지던스호텔(Residence Hotel)은 호텔과 아파트의 두 가지 장점을 모두 가지고 있는 아파트 형태의 호텔로서 다른 말로는 '아파트먼트호텔(Apartment Hotel)'이라고도 한다. 우리에게는 다소 생소한 형태이지만 장기투숙형 레지던스호텔은 전 세계에서 가장 빠르게 성장하는 호텔시장 중 하나이다. 메리어트나 하얏트, 힐튼 같은 호텔그룹에서도 레지던스 브랜드를 새롭게 론칭하여 시장에 진입하고 있으며, 오크우드프리미어(Ockwood Premier)나 프레이저스위트(Fraser Suites) 같은 레지던스호텔그룹은 레지던스 시장에서 막강한 시장지배력을 확보하고 있다.

레지던스호텔의 주요 고객은 장기투숙이 목적인 상사주재원이나 외교관, 그리고 그 가족들이다. 최소 몇 개월에서 몇 년 동안 외국이나 타 도시에서 생활해야 하는 장기투숙고객들이 자기 집처럼 편안하게 사용할 수 있다는 것이 가장 큰 장점이다. 그래서 레지던스의 객실은 아파트처럼 2~4개의 베드룸이 있으며 주방, 거실, 욕실 등을 모두 갖추고 있다. 서비스 측면에서는 룸메이드 서비스가 제공되고, 최소한의 식음료부서가 운영된다.

국내에서 레지던스호텔의 법적 등록 근거에는 두 가지 경우가 있는데, '가족호텔업'이나 '생활숙박업'으로 등록하는 것이다. 그중 생활숙박업은 관광숙박업의 종류는 아니지만 새로운 형태의 숙박업이다. 보건복지부가 2011년 4월에 레지던스를 공중위생관리법 시행령에 생활숙박업으로 추가하면서 레지던스를 새로운 형태의 숙박업으로 인정한 것이다. 생활숙박업이란 '취사시설을 갖추고 손님이 잠을 자고 머물 수 있도록 시설과 설비 등의 서비스를 제공하는 숙박업'으로 정의하고 있다.

국내에서는 1988년에 그랜드힐튼호텔이 88서울올림픽을 겨냥해 일부 객실을 아파트형으로 개조한 '그랜드 스위츠 레지던스'를 운영한 것이 시작이다. 이를 기점으로 2002년부터 세계적인 전문 레지던스 기업으로 유명한 '오크우드프리미어코엑스'나 '프레이저스위츠' 같은 외국계 레지던스 호텔들이 국내에 대거 상륙하여 운영 중에 있다. 글로벌호텔기업들도 레지던스 시장에 활발히 진출하고 있는데, 메리어트그룹에서는 '메리어트 아파트먼트(Marriott Apartment)' '레지던스 인 메리어트(Residence Inn Marriott)' 등을 운영하고 있으며, 하얏트그룹에서는 '하얏트 하우스(Hyatt House)' 같은 레지던스호텔을 운영 중에 있다.

▲ 오크우드프리미어코엑스센터의 레지던스 객실 내부 전경

5) 메디텔

메디텔(Meditel)은 숙박시설과 의료시설을 동시에 갖춘 호텔을 의미하는데, 주요 고객은 의료목적으로 해당 국가를 방문하는 환자와 그 가족들을 대상으로 하기 때문에 '의료호텔'이라고도 한다. 우리나라에서는 아직까지 생소한 개념이지만 의료선진국에서는 이미 시행하고 있는 사업이며, 국내에서는 2013년에 「관광진흥법 시행령」이 개정되면서 호텔업의 한 유형으로 '의료관광호텔업'이 도입되었다. 2023년 기준으로 국내에서는 의료관광호텔업으로 운영되는 곳이 한 곳도 없는 상태이지만 메디텔과 비슷한 형태로 운영되는 호텔이 몇 곳 있다.

대표적으로 '이비스 앰배서더 부산 호텔'과 제주도에 위치한 'THE WE 헬스리조트' 등이 메디텔의 형태를 띠고 있다. 이비스앰배서더 부산 호텔의 경우를 살펴보면 2~8층에 성형외과 등의 병원들이 위치하고, 9~17층까지는 호텔이 위치하고 있어 숙박과 성형 등 이미용 치료를 함께할 수 있다는 장점에 고객들로부터 인기가 높은 편이다.

THE WE 헬스리조트의 경우에도 103실의 객실을 갖춘 5성급 호텔로서 호텔단지 내에 성형센터, 건강증진센터, 웰니스&메디컬센터 등 최고의 의료시설과 숙박시설을 갖추고 있어 이곳 성형센터 등에서 수술을 한 고객들의 대부분은 WE호텔에서 숙박하면서 치료를 받고 있다.

▲ (좌)이비스앰배서더호텔부산 전경, (우)호텔 내 메디컬클리닉센터 전경. 이비스앰배서더호텔의 경우 3~9층에는 병원이 위치하고, 10~17층에는 호텔이 위치하여 메디텔의 형태로 운영되고 있다.

6. 시설형태에 의한 분류

1) B&B

베드 앤 브렉퍼스트(Bed & Breakfast)는 주로 영국 등 영어권 국가에서 20실 미만으로 운영되는 소규모 민박형태의 호텔이다. 객실시설 외에 다른 편의시설은 없으며 아침식사는 주인이 직접 제공하고, 주인과 편하게 대화할 수 있다는 것이 특징이다. 펜션과 비슷한 형태이지만 차이점이 있다면 B&B는 주변에 레스토랑이나 상점들이 많은 도심지에 위치하는 경우가 대부분이라는 것이다.

▲ 유럽지역의 B&B호텔 전경

2) 펜션

펜션(Pension)은 원래 연금(年金)의 뜻으로 유럽에서 노인들이 여생을 연금과 민박 경영으로 보내는 데서 유래되었다. 따라서 펜션은 호텔의 합리성과 민박의 가정집 분위기를 갖춘 숙박시설로서 가족경영에 의한 가족 서비스가 특징이다.

국내에서는 2004년 「관광진흥법」상에 관광편의시설업으로 지정되면서 급속히 확산되고 있다. 대부분 관광지나 전원지역에 위치하며 객실은 30실 미만으로 전체적인 분위기는 유럽풍 민박분위기를 연출하고 있다.

▲ 펜션은 휴양지나 경치가 좋은 한적한 곳에 위치하면서 숙박과 취사가 동시에 가능하여 소규모 단체나 가족단위 관광객들에게 인기가 좋다.

3) 모텔/모터호텔/모터인/모터로지

모텔(Motel)은 'Motor'와 'Hotel'의 합성어로 자동차 여행객을 위하여 고속도로나 국도 주변에 위치한 소규모 호텔을 말한다. 객실 외에 다른 편의시설은 없으며 특별한 인적서비스도 없는 편이어서 가격이 저렴하다. 현대에는 도심지에 많이 생겨났는데, 객실예약이 불필요하고 노팁이며 체크인·체크아웃이 자유로운 것이 장점이다.

모터호텔(Motor Hotel)은 모텔과 유사하지만 모텔보다는 고급스러우며 객실규모는 50실 이상이고, 커피숍이나 편의시설을 1개 이상 갖추고 있는 것이 모텔과의 차이점이다. 그러나 식당이 없는 호텔들이 대부분이다.

모터인(Motor Inn)은 모터호텔과 매우 유사한 형태의 호텔로서 고속도로나 대도시의 도로변에 위치한다. 모터인 역시 일반적인 저가요금 모텔과는 다른 보통 호텔에 가까운 설비와 분위기를 가진 고급 모텔이다.

모터로지(Motor Lodge)는 일시적인 작은 숙소를 의미하는데, 도심지보다는 한적한 휴양지에 위치한 소규모 숙박시설을 말한다. 로지(Lodge)의 원래 뜻이 사냥을 위한 작은 오두막이나 천막집, 산막 등을 의미하는 데서 유래하였다.

▲ (좌)유럽지역의 모터로지와 (우)모터인 전경

4) 유스호스텔

유스호스텔(Youth Hostel)은 청소년들의 여행과 야외활동을 장려하기 위해 저렴한 요금으로 운영되는 청소년 숙박시설이다. 유스호스텔은 철저히 셀프서비스 방식에 의하여 운영되는데 식사준비 및 식후 설거지, 객실 침구정리, 청소 등은 스스로 해야 한다. 그러나 최근에는 유스호스텔에 투숙하는 청소년 단체들도 호텔과 마찬가지로 유스호스텔 측에서 제공하는 식사와 객실청소 등 일체의 호텔 서비스를 제공받고 있다. 객실의 형태는 1~2인용보다는 다인용 형태가 일반적이다.

우리나라에서는 1967년에 한국유스호스텔연맹이 생겨났는데, 1991년 「관광진흥법」이 개정되면서 종전의 유스호스텔업이 폐지되고, 단체관광객의 수용에 적합한 시설을 갖춘 '국민호텔업'으로 개정되었다. 이에 따라 각 유스호스텔들은 국제유스호스텔연맹의 상표권은 그대로 사용하면서 국제적인 숙박호텔로 인정받게 되었다.

▲ 하이서울유스호스텔의 객실 전경(사진 : (좌)4인실 쿼드 룸, (우)6인실 룸)

7. 세분시장에 의한 분류

호텔의 등급을 분류하는 방법에는 두 가지가 있다. 한 가지는 국가별로 공인된 기관의 등급 심사를 통해 호텔의 등급을 결정하는 방법으로 1~5성급으로 구분된다. 다른 한 가지는 브랜드를 세분시장에 따라 티어(Tier)로 분류하는 방법이 있다. 티어(Tier)는 '몇 단계 또는 몇 개의 레벨 중 하나'라는 뜻으로 호텔그룹에서 브랜드의 레벨 체계를 구분할 때 사용하고 있다.

실제 10~20개 이상의 다중브랜드를 소유한 호텔그룹의 경우 브랜드 티어를 구분하는 명칭에서는 조금씩 차이가 있지만, 브랜드 레벨을 시장세분화에 따라 3~6개 정도의 티어 구간으로 구분하는 점에서는 비슷하다.

미국의 세계적인 호텔리서치 및 컨설팅 기업인 'Smith Travel Research'에서는 세분시장에 의해 호텔을 Luxury, Upscale, Mid-Price, Economy, Budget 등의 5가지 등급으로 세분하고 있지만, 윈덤호텔그룹은 Luxury, Upper Upscale, Upscale, Upper Midscale, Midscale, Economy의 6가지 등급으로 세분하고 있다. 또한 메리어트그룹의 경우 자사의 30개 브랜드를 Luxury, Primiun, Select, Longer Stays의 4가지 등급으로 세분하고 있으며, 힐튼그룹은 Luxury, Upscale, Midscale의 3가지 등급으로, 아코르의 경우 Luxury, Premium, Midscale, Economy로 구분하고 있다.

이처럼 호텔마다 브랜드 티어의 사용명칭과 범위는 규정에 정해져 있는 것이 아니라 기업마다 세분시장에 따라 자유롭게 사용하고 있으며, 브랜드의 레벨도 지역마다 차이를 보이고 있다. '코트야드 바이 메리어트'를 보더라도 미주지역에서는 Economy~Midscale(2~3급)급에 해당되더라도 국내에서는 Upscale(4성)급에 해당되는 경우가 그렇다.

호텔그룹사 입장에서 브랜드 등급을 티어로 나누는 이유를 살펴보면 우선 고객 입장에서는 호텔의 가격과 선호하는 브랜드에 대한 구분이 용이해지고, 호텔그룹사 입장에서도 고객군을 명확히 구분하면 호텔의 포지셔닝과 마케팅 측면에 도움이 되기 때문이다.

따라서 호텔마다 다양하게 사용되고 있는 브랜드 티어의 용어들을 8가지로 정리하여 살펴보고자 한다. 다만 아래에 제시된 8가지 용어의 내용은 사용범위와 기준 측면에서 사용호텔마다 차이가 있을 수 있으며, 모든 호텔에 동일하게 적용하기에는 모호한 측면이 있다는 점을 참고하기 바란다.

Luxury 럭셔리의 경우 브랜드 티어(Tier)에서 5성급의 최상위 고급브랜드에 붙여지는 명칭이다.

Premium 프리미엄의 경우 럭셔리급에는 속하지 않지만, 풀서비스 호텔로서 고급호텔에 붙여지는 명칭이다. 프리미엄 브랜드의 경우에도 성(별)급 기준으로 보면 5성급에 속하는 경우가 많다.

Upper Upscale 럭셔리호텔보다는 한 단계 낮은 4~5성급에 해당되는 고급호텔로서 Premium과 동급명칭으로 사용하는 경우가 많다.

Upscale 호텔의 등급을 분류할 때 200~300실 정도의 객실 규모를 가진 3~4성급 정도에 해당되는 호텔이다. 호텔에 따라 4성급 이상에 적용되는 경우도 있다.

Midscale 호텔의 등급을 분류할 때 200실 정도의 객실 규모를 가진 2~3성급 정도에 해당되는 호텔이다.

Select 셀렉트 브랜드는 200실 전후의 객실 규모에 식음료 업장이 제한적이고 연회장이 없으며 한국의 성급 기준으로 보면 2~3성급 정도에 해당되는 호텔이다. 호텔에 따라 Midscale이나 Upscale 등과 동급으로 사용하는 호텔들이 있다.

Economy 호텔의 등급을 분류할 때 100실 정도의 객실 규모를 가진 2성급 정도에 해당되는 중저가형 호텔이다.

Budget 호텔의 등급을 분류할 때 50실 정도의 객실 규모를 가진 저가형 호텔로서 1성급 정도에 해당되는 호텔이다.

▲ 소피텔은 아코르그룹의 최고급 럭셔리 브랜드이다.

제 3 절 호텔산업의 특성

호텔산업은 보기 드물게 유형적 제품과 무형적 서비스가 결합된 상품으로서 타 산업의 제품적 특성과 차이가 있으며 여러 가지 특성을 내포하고 있다. 따라서 호텔산업의 여러 가지 특성을 이해하고 그에 따른 전략적 대응방안을 학습하는 것이 필요하다.

1. 무형성

호텔상품은 자문, 컨설팅, 강의 등 완전한 무형적 서비스를 제외하면 유형적 제품 중 가장 무형적(Intangibility)이라 할 수 있다. 호텔산업의 제품 및 서비스들은 소유하지 못하고 단지 경험할 수밖에 없기 때문에 무형성은 더욱 가중되고, 기계적 자동화에 대한 한계가 존재하여 이는 인적서비스에 대한 의존도를 높이는 특징이 있다. 따라서 호텔산업에서는 이러한 무형성을 극복하는 것이 무엇보다 중요하며, 이를 극복하기 위해서는 다음과 같은 두 가지 방식이 주로 사용되고 있다.

첫 번째로 가장 많이 사용하는 방법은 유형적 단서를 제공하여 무형성을 감소시키는 것이다. 즉 서비스의 무형성이 소비자의 구매결정을 억제하는 요인으로 작용하므로, 이러한 무형성을 낮출 수 있는 유형적 근거를 제시하는 것이다.

예를 들어 특급호텔에서는 호텔의 우아하고 고급스러운 이미지를 전달하기 위해 호텔의 외형이나 로비를 고급스럽고 우아하게 설비하여 물질적 단서를 직접적으로 제시하는 방법이 있으며, 이외에도 종사원의 화려한 유니폼이나 종사원의 깔끔한 외형적 태도를 통해 유형적 단서를 제공한다. 또한 호텔의 정문 앞에 고급 승용차를 주차시켜 놓음으로써 고급 서비스의 메시지를 의도적으로 전달하는 방법 등이 사용되고 있다.

외식산업에서도 무형성을 극복하기 위해 유형적 단서를 제공하고 있다. 예를 들어 맥도날드, TGIF, 베니건스 등에서는 소비자들이 좋은 이미지로 기억할 수 있는 상호

▲ 베스트웨스턴호텔은 자사 호텔을 방문하면 아름다운 자연 속에서 평화로운 휴식을 즐길 수 있다는 무형적 즐거움을 가시적으로 표현하고 있다.

를 크게 디자인하여 레스토랑 주변에 설치하거나, 큰 통유리창을 통해 내부를 쉽게 들여다볼 수 있도록 함으로써 그 레스토랑이 얼마나 잘 운영되고 있는지를 판단하게 하거나 서비스과정을 관찰할 수 있도록 하고 있다. 또한 빨간색과 녹색, 흰색 등을 배합한 디자인을 레스토랑 주변에 설치함으로써 밝고 캐주얼하다는 무형적 이미지를 가시화시키고 있다.

두 번째는 즐거움이나 낭만적인 경험의 가치를 가시화해서 보여주는 것이다. 즉 호텔에서 제공하는 브로슈어의 디자인을 시각적으로 돋보이게 하거나, 매력적이고 낭만적인 이미지 사진을 통해 호텔상품에 대한 소비자의 기대감을 부풀리거나, 경험의 가치를 떠올리게 함으로써 유형적 단서를 제공하는 것이다. 예를 들어 베스트웨스턴 호텔의 광고에서는 베스트웨스턴호텔을 방문했을 때 경험할 수 있는 무형적 즐거움 등을 가시적으로 잘 보여주고 있는데, 광고지에는 아름답고 평화로운 전경사진을 게재함으로써 광고지를 보는 여행자들이 나도 그곳에 가면 저렇게 평화로운 휴식과 즐거움을 경험할 수 있을 것이라는 연상작용을 하게 만드는 방식이다.

2. 소멸성

호텔산업에서 서비스는 저장할 수 없으며 구매와 동시에 즉시 소비되어 소멸되는 특성이 있다. 예를 들어 500객실을 보유한 호텔이 어느 날 300실밖에 판매하지 못하였더라도 이것을 저장하여 다음날 합쳐서 700객실을 판매할 수는 없다. 그날 판매하지 못한 200실의 판매기회는 사라지고, 그날 판매하지 못한 수익은 영원히 소멸되는 것이다. 따라서 호텔산업에서는 이러한 소멸적 특성을 적절히 관리하는 것이 중요하다. 이를 위해서는 수요를 관리하는 방법이 주로 사용되고 있는데 이를 살펴보면 다음과 같다.

첫째는 소멸성을 줄이기 위해 초과예약을 받는 방법이 있다. 예를 들어 호텔에서 성수기 객실예약을 받으면서 노쇼(No Show) 고객으로 인한 손실을 줄이기 위해 약 10% 정도의 초과예약을 받거나 별도의 예약금을 받는 것이다. 최근에는 특급호텔을 중심으로 노쇼 고객으로 인한 손실을 근본적으로 차단하기 위해 예약과 동시에 객실료를 전액 입금토록 하고, 입금 확인 후에 고객에게 예약번호를 부여하기도 한다.

둘째는 그날 판매하지 못한 상품을 재고로 이월할 수 없기 때문에 마감 1~2일 전에 할인을 통해 상품판매를 촉진하는 방법이다. 이러한 방법은 클럽메드의 사례가 대표적이다. **ClubMed ♥.** 클럽메드는 전 세계에 수백 개의 리조트를 운영하고 있어 특정 기간에 객실과 항공패키지 상품을 판매하지 못하면 상품의 소멸성으로 인해 손해를 보게 된다. 이로 인해 클럽메드는 상품판매 마감 1~2일 전에 판매하지 못한 상품에 대해 30~40% 할인된 가격으로 고객 데이터베이스에 있는 5,000여 명의 주요 고객들에게 이메일을 보낸다. 고객들은 특정 여행일의 잔여객실과 항공좌석의 정보를 받게 되며 이에 대한 구매를 선택하게 된다. 평균적으로 1.2%의 구매율을 보이는데 기업은 골칫거리인 재고를 이메일로 판매하여 매달 3만 달러 정도의 매출을 올리고 있다.

셋째는 일회성 고객보다는 지속성이 가능한 상용고객(비즈니스고객)을 유치하는 방법이 있다. 호텔에서는 상용고객을 유치하기 위해 카드회원제 등을 운영하는 것이 대표적이다. 호텔의 카드회원제는 고객이 일정금액(약 30만 원)을 내고 연회원으로 가입하면 가입과 동시에 객실무료숙박권 1매와 무료식사권 1매 등을 제공하고, 호텔의 객실과 식음료를 이용할 때마다 10~20% 정도의 할인을 해주는 방식이다. 이처럼 호텔기업이 상용고객을 선호하는 이유는 상용고객의 경우 비용지출이 상대적으로 자유로운 편이어서 체리피커(Cherry Picker)의 비율이 적고, 호텔입장에서는 상용고객뿐만 아니라 그와 관련하여 기업의 각종 연회나 숙박, 그리고 친인척의 숙박까지도 촉진시킬 수 있기 때문이다.

3. 이질성과 서비스 표준화

호텔산업은 서로 다른 이질적 인간들을 대상으로 서로 다른 이질적 인간들이 서비스를 제공하는 특성이 있다. 즉 서비스제공자인 종사자의 심리상태와 감정이 매일 다른 만큼 서비스품질의 표준화가 확보되기 어려운 이질성의 특성을 보이는 것이다. 또한 동일한 서비스라도 고객에 따라 차이가 발생하는 것은 고객이 서비스를 어떻게 인지하는가, 혹은 서비스에 대한 기대가 무엇인가에 따라 다르기 때문이다. 따라서 서비스의 이질성은 호텔산업에서 고객을 실망시키는 주요 원인으로 작용하고 있다.

이와 같은 이질적 특성을 극복하기 위해 호텔산업에서는 '서비스 표준화(Service Standardization)'를 통해 서비스의 일관성을 유지하고 있다. 서비스 표준화의 가장 큰 목적은 고객이 어느 종사원을 만나더라도 기대하는 동일한 서비스를 제공받으며, 원하지 않은 뜻밖의 일들이 발생하지 않도록 하는 데 있다. 즉 종사자들의 특성과 그날의 감정상태에 따라 달라질 수 있는 서비스를 하나의 구체적인 규칙과 기준으로 표준화하여 동일한 서비스를 제공하는 것이다.

서비스의 일관성을 극복하기 위한 웨스틴조선호텔의 서비스 표준화는 좋은 사례이다. THE WESTIN CHOSUN 웨스틴조선호텔은 모든 직원들에게 전화벨이 3번 울리기 전 또는 20초 안에 전화를 받도록 하고 있으며, 레스토랑에서는 고객이 좌석에 앉은 다음 2분 내에 주문을 받도록 하고 있다. 또한 모든 직원들은 고객과 인사를 나누기 전에 '10보 5보 규칙'을 실천하도록 하고 있다. 고객이 10걸음 앞으로 다가오면 적절한 눈 맞춤과 함께 미소를 보내고, 다섯 걸음 앞으로 다가오면 반갑게 인사를 건네도록 하는 것이다. 고객이 위치를 물어볼 때는 고객과 함께 그 방향으로 다섯 걸음 이상 함께 걸으며 안내하도록 서비스 방식을 표준화하고 있다.

이와 같이 서비스의 표준화를 통해 이질성을 극복하는 방법도 있지만, 맥도날드처럼 제품의 표준화를 통해 이질성을 극복하는 경우도 있다. 맥도날드는 전 세계 3만 1,600여 개의 체인점 어디에서나 햄버거를 만드는 과정을 철저하게 표준화함으로써 누가 오더라도 30분만 배우면 똑같은 햄버거가 표준화 공정에 의해 생산되도록 하였으며, 어느 매장에서나 똑같은 맛을 느끼게 하였다. 즉 맥도날드 체인점은 다른 음식점들과 달리 주방장이 바뀌어도 그 맛이 변하지 않는다는 고객의 믿음을 얻는 데 성공했으며, 솜씨 좋은 주방장에 의해 고객을 끄는 것이 아니라 표준화된 매뉴얼에 의해 고객을 유치하는 것이다.

4. 인적서비스 의존성

호텔산업은 건축물을 통해 연출하는 분위기도 중요하게 작용하지만, 인적서비스는 더없이 중요하다. 물적 서비스의 효과는 경비가 막대하게 소요되기 때문에 그 실행에 많은 요건들이 필요하다. 인적서비스는 잘 훈련되고 교육받은 종사원에 의해 호텔상품이 생산되고 판매될 때 고객으로부터 높은 만족감을 이끌어낼 수 있는 장점이 있다. 언제나 세련되고 예절바르게 고객의 취향에 맞도록 서비스한다는 것은 잘 훈련된 종사자로서도 어려운 일이지만 기업의 경영자는 최상의 서비스품질을 유지해야 한다.

그러나 다양한 취향의 고객들을 대상으로 수준 높은 서비스와 천차만별의 서비스를 제공하는 것은 자동화된 기계설비에 의해서는 바랄 수 없다. 따라서 호텔산업에서는 직원을 최초의 고객으로 보고 그들에게 서비스 마인드나 고객지향적 사고를 심어주며 더 좋은 성과를 낼 수 있도록 동기를 부여하는 것이 중요하다. 즉 외부고객에게 양질의 서비스를 제공하려면 먼저 내부고객에게 양질의 서비스를 제공할 수 있는 체제를 구축해야 하는 것이다.

특히 호텔산업에서는 직원들에 의한 서비스 제공이 다른 어떤 산업보다도 중요하다. 그 이유는 종사원 자체가 서비스이기 때문이다. 서비스기업처럼 고객과의 접촉이 많은 업무는 주로 현장 종사원에 의해 이루어지기 때문에, 그들은 고객의 눈에 비치는 조직 그 자체이며 기업의 이미지이다.

▲ 스위스 Grand Hotel Zermatterhof. 호텔종사원의 마차서비스는 방문객들의 즐거움과 만족감을 높여주고 있다.

5. 최초 투자비의 고율성

호텔산업은 호텔시설 자체가 하나의 제품으로 판매되어야 한다. 그래서 토지의 확보, 건축물, 내부설비, 비품 및 집기 등을 완전히 갖추어 놓아야만 호텔상품으로서의 상품가치를 지니게 된다.

호텔건설 시 무엇보다도 위치의 선정이 가장 중요하고 최초 투자액에 대한 토지와 건물의 비중이 80%를 차지하는 것이 특징이다. 일반적으로 총 투자액 중 토지구입비가 30%, 건축비 50%, 가구와 설비가 20%에 상당하여 어느 산업시설에 비해 최초 투자비가 막대하다.

6. 시설의 조기 노후화

호텔의 시설 그 자체는 고객이 이용하는 상품이기 때문에 훼손이나 마모가 빠르게 진행되며, 연중무휴 영업의 특성으로 인해 사용횟수가 많아 일반 제품에 비해 내구연한이 짧은 것이 특징이다. 또한 가구나 비품 등이 온전하더라도 시대적 유행에 따라 전체적인 분위기나 디자인 등이 고객들에게는 시설이 노후화되어 보일 수 있다.

일반적으로 호텔건물의 수익성이 가능시되는 사용연한은 20~30년으로 보고 있으며, 호텔건물의 내수연한은 40년 전후로 보고 있다. 실제로 1880년에 개관하여 호화호텔의 대명사로 불리던 리츠호텔도 불과 30년 이 못 되어 하급호텔로 전락하였다. 국내에서는 1936년에 최초의 상용호텔로 개관한 반도호텔이 40년이 못 되어 헐리고 그 자리에 롯데호텔이 들어서게 되었다.

그러나 실제적으로는 호텔 간의 시설경쟁이 심화되면서 시설의 노후화는 이보다 더 빠르게 진행되고 있다. 이러한 주요 이유는 호텔의 호화시설이 그 호텔의 상품가치를 판단하는 기준으로 작용하기 때문이다. 그래서 주요 특급호텔들이 막대한 자금을 투자하여 주기적으로(10~15년 단위) 리노베이션(Renovation)을 실시하는 것이다.

7. 성·비수기 존재

대부분의 호텔관광상품은 계절에 따라 성수기와 비수기가 뚜렷하게 구분되고 있으며, 계절에 따라 방문객 격차가 심해서 매출에 미치는 영향이 기업의 생존을 좌우할 정도이다. 성수기에는 비이동성과 비저장성의 특성으로 인해 상품공급이 절대적으로 부족하고, 비수기에는 수요가 급격히 줄어들어 수지의 불균형을 초래하기 마련이다. 따라서 호텔기업의 입장에서는 성수기를 더 오래 지속시키면서 비수기를 성수기로 전환할 수 있는 마케팅이 절실히 필요하다.

또한 성수기와 비수기는 계절성에 따라 존재하기도 하지만, 수요의 변동에 따라 요일이나 시간대에 따라 존재하기도 한다. 예를 들어 대도시에 위치한 호텔의 경우, 주중의 객실점유율은 높은 데 반해 주말의 객실점유율은 현저히 떨어지는 문제점이 있다. 이러한 문제를 해결하기 위해 호텔에서는 주말의 객실점유율을 높이기 위한 방안으로, 가족이나 연인들을 대상으로 하는 주말 객실패키지 상품을 상시적으로 판매하고 있다.

산악지형에 위치한 스키리조트의 경우에도 겨울철 성수기를 제외하면 나머지 9개월 정도가 비수기에 해당되므로 비수기를 극복하는 것이 기업의 생존을 좌우한다. 전통적으로 비수기를 극복하기 위해 할인마케팅을 실시하지만 할인마케팅은 경쟁기업 간 과다한 출혈경쟁을 촉발시키는 단점이 있어 한계점을 보인다.

이에 따라 스키리조트에서는 일시적인 할인마케팅보다는 역발상적 마케팅으로 비수기를 성수기로 전환시키고 있다. 예를 들어 VIVALDI PARK 비발디파크는 강원도에 위치한 대표적인 스키리조트이지만, 2006년에 이집트 룩소르 신전을 테마로 한 워터파크 '오션월드(Ocean World)'를 개장하면서 비수기인 여름시즌을 연중 최대의 성수기로 전환시키는 데 성공하였다. 비발디파크의 성공사례는 공사경비가 막대하게 소요되는 문제가 있지만 기업의 가장 골칫거리인 비수기를 최대의 성수기로 전환시킨 모범적 사례이다.

8. 연중무휴의 영업

호텔기업은 주요 고객이 외국인이나 관광객들이기 때문에 이들을 대상으로 단 하루도 휴업을 할 수 없는 특성이 있다. 즉 고객이 원하는 날짜에 언제든지 이용할 수 있도록 일 년 365일 하루도 쉬지 않고 영업을 한다. 특히 객실부서는 하루 24시간 영업이 이루어지고 있어 직원들이 8시간씩 3교대로 근무하는 것이 특징이다.

연중무휴 영업을 통해 매출발생 기회가 높은 것은 하나의 장점이지만, 이로 인해 종사원들의 각종 수당(야간근무수당, 휴일근무수당, 초과근무수당 등) 지급이 높아져 인건비가 상승하는 것은 경영자 입장에서 부담으로 작용한다. 반대로 종사원 입장에서는 불규칙한 근무조건(교대근무, 주말근무, 공휴일근무 등)으로 작용하는 것이 단점이다.

9. 국제적인 분위기 연출

무형적 특성이 강한 호텔산업에서 독특하고 웅장하며 화려한 물적 설비는 그 호텔의 수준과 품격을 대변하는 유형적 단서로 작용한다. 세계적인 호텔일수록 다른 호텔기업이 흉내낼 수 없는 물질적 설비와 독특한 국제적 분위기를 연출하고 있다.

물질적 설비는 인간이 창조한 건물·시설·제품 등으로 고객의 관심을 끌어 모으고 유인하는 데 필수적인 요소이다. 건물의 독특한 외형적 디자인과 화려한 조명 등으로 연출된 국제적 분위기는 그 자체만으로도 경쟁사와 차별화되는 강력한 마케팅 요소로 작용하고 있다.

특히 호텔산업에서는 웅장함, 화려함, 경이로움 등의 분위기를 연출하기 위해 여러 요소들이 복합적으로 사용되고 있다. 호텔이나 리조트산업에서는 이벤트·쇼·테마·상징물 등을 이용하여 타사에서 복제할 수 없는 독특한 분위기를 연출하고 있으며, 이러한 분위기 연출은 경쟁사와 자사를 차별화하는 강력한 마케팅 요소로 작용한다.

전 세계 호텔 중 국제적 분위기를 연출하여 가장 성공한 호텔을 꼽는다면 단연 '버즈 알 아랍호텔'을 꼽을 수 있다. 버즈 알 아랍호텔은 페르시아만 해안으로부터 280m 떨어진 인공 섬 위에 아라비아의 전통목선인 다우(Dhow)의 돛 모양을 형상화해서 지어졌다. 202개의 객실은 모두 해변을 바라보는 전망에 2층 구조의 스위트룸으로 멋진 전경을 자랑하고 있으며, 레스토랑, 로비 등은 화려함의 진수를 보여주고 있다.

이외에도 라스베이거스의 많은 호텔들은 독특한 물질적 설비와 함께 획기적인 이벤트를 통해서 흉내낼 수 없는 차별화된 분위기를 연출하고 있다. 무명의 사막도시인 라스베이거스가 전 세계에서 가장 유명한 관광도시로 알려지게 된 원인 중 하나도 도시 전체가 뿜어내는 화려하고도 휘황찬란한 국제적 분위기 연출이 크게 작용하였다.

10. 공공장소적 기능

인류문명이 발전함에 따라 호텔의 기능도 단순적 기능에서 탈피하여 공공장소로서의 기능으로 변화하고 있다. 급변하는 시대적 필요성에 변화하지 못하는 호텔들은 도태되어 왔으며 경쟁력을 갖춘 호텔들만이 발전을 거듭하고 있다. 어쩌면 호텔기업이 스스로의 생존을 위해 영업형태의 변화를 꾀하여 왔다고 하는 것이 더 옳다고 할 수 있다.

과거와 달리 현대의 호텔은 숙박기능, 음식제공, 집회공간, 문화행사, 상업공간, 스포츠·레저 등의 건강센터 운영 등의 개인생활 공간뿐만 아니라 지역사회의 정치, 경제, 사회, 문화, 예술, 커뮤니케이션 공간으로 활용되는 공공장소의 역할을 수행하고 있다. 1999년에는 특2급 호텔에 이어 특1급 호텔에서도 예식사업이 허용되면서 호텔이 지역주민들의 만남의 공간으로 폭넓게 활용되고 있다.

▲ 아부다비 주메이라호텔 광고. 주메이리호텔은 자사 호텔의 화려하고 웅장한 분위기를 광고에 노출시킴으로써 국제적인 호텔로서의 이미지를 부각시키고 있다.

Hospes   고대시대 교회 등 종교단체가 운영하던 보호시설의 형태로 성지순례자나 여행자들이 하룻밤을 쉬어가던 숙소의 형태이다.

Hospitality   친절하고 환대한다는 의미로 프랑스어 'hospitalité'에서 비롯되었다. 현재는 주로 서비스업에서 고객을 환대하는 것과 관련된 의미로 사용된다.

Hospitality Industry   서비스산업의 동의어 개념으로 사용되며, 호텔산업, 관광산업, 외식산업, 항공산업을 포괄하는 의미로 사용된다.

Integrated Resort   복합리조트라는 뜻으로 리조트 단지 내에 특급호텔, 카지노, 컨벤션센터, 테마파크, 쇼핑몰, 영화관 등의 복합적 기능을 갖춘 대형 복합리조트를 의미한다.

Brand Tier   티어(Tier)는 '몇 단계 또는 몇 개의 레벨 중 하나'라는 뜻으로 호텔그룹에서 브랜드의 레벨 체계를 구분할 때 사용하고 있다. 호텔 수준을 성(별)급으로 분류할 수도 있지만 브랜드 티어로 구분하는 것도 일반적이다.

Luxury   호텔의 브랜드를 분류할 때 최고급 브랜드에 붙여지는 명칭이다.

Premium   프리미엄 브랜드는 럭셔리 티어에는 속하지 않지만, 한국의 성(별)급 기준으로 보면 5성급에 속한다고 볼 수 있다.

Upper Upscale   럭셔리호텔보다는 한 단계 낮은 호텔로 4~5성급 정도의 호텔이다.

Upscale   3~4등급 정도의 호텔이다.

Select   셀렉트 브랜드는 한국의 성(별)급 기준으로 보면 3급 전후의 호텔이다.

Mid-Price   2~3성급 정도의 호텔이다. 호텔을 등급별로 분류할 때 가장 많은 수의 호텔들이 분포되는 등급이다.

Economy   2성급 정도로 알맞은 가격대의 절약형 중저가 호텔이다.

Budget   1성급 정도의 가장 저렴한 가격대의 저가 호텔이다.

Renovation   호텔의 오래된 객실이나 식음료시설 등을 새롭게 수리하는 공사를 일컫는 말이다.

Checkpoint

● 관광숙박업의 유형을 분류하여 설명해 보세요.

● 고객들이 호텔을 이용하는 이유는 무엇일까요?

● 호텔업에서 등급결정을 시행하는 이유는 무엇일까요?

● 호텔의 장소(위치)나 숙박목적, 시설형태 등으로 분류하는 것은 호텔경영에서 어떤 의미가 있을까요?

제2장

호텔의 발전사

제1절 서양의 호텔 발전사
제2절 한국의 호텔 발전사

제 1 절 서양의 호텔 발전사

인류문명과 함께 여행과 숙박의 관계는 상호 필연적으로 존재한다. 그러나 언제 어디서 여행자들을 위한 숙박시설이 제일 먼저 생겨났는지는 아무도 단정지을 수 없다. 다만 문헌상의 기록이나 구전, 역사적인 유물들을 근거로 호텔의 발전사를 추정할 수밖에 없다. 이에 따라 본서에서는 서양 호텔의 발전사를 이해하기 쉽도록 고대, 중세, 근대, 현대로 구분하여 살펴보기로 한다.

1. 고대의 숙박시설

일반적으로 고대(Ancient, BC 3000년~AD 476년)를 지칭하면 유사 이래, 즉 역사가 기록된 시기부터 로마제국이 주역으로 활동하던 시대를 지나 서로마제국이 멸망하는 시기까지를 의미한다. 이 시대는 문자가 만들어지고 지식이 축적되어 문명의 토대가 만들어짐으로써 선사시대와 구분된다.

고대 이집트나 그리스 시대에는 도시 사이를 연결하는 교통의 요지에 사막지대의 대상(隊商)이나 여행자 무리를 위한 숙박시설로서 포장마차 형태의 이동식 숙박시설인 캐러밴(Caravans)이 생겨나기 시작하였다. 또한 이들 여행객들과 짐을 실어 나르는 동물에게 휴식과 음식을 제공할 수 있는 휴식처가 생겨났으며, 휴식처 주변에는 천막과 같은 임의 숙소 형태인 캐러밴서리(Caravansaries)도 존재하였다. 이러한 휴식처가 생겨난 곳은 샘물 근처거나 물을 쉽게 얻을 수 있는 장소로서 볼품없고 넓지도 않은 상황이었다.

고대 로마시대에는 거대한 영토지배와 세력 확대를 통해 지중해 연안을 중심으로 교역이 성행하였고, 각 지방도시에서는 정기적인 시장이 열려 각처로부터 몰려드는 상인들로 성시를 이루었다. 이러한 현상으로 도로변에는 이용하기는 불편하지만 나름대로의 숙박업체들이 생겨나기 시작했고, 도시의 상업지구나 관광지에는 대상들이나 부유층들이 이용하는 숙박시설로서 '호스피티움(Hospitium)'이 발달하기 시작하였다. 특히 무역목적에 따른 중산층의 여행 증가는 종교, 위락, 요양 등의 목적으로 더욱 성행하였다.

이러한 여행객들의 이동에 따라 자연히 숙박시설도 민박형태에서 나폴리를 중심으로 해변이나 경치가 좋은 산언덕 또는 온천을 무대로 건립되기 시작하였다. 귀족들은 손님을 접대하기 위해 자신의 영토 내에 객실을 직접 건축하고 침대, 식당, 욕실, 화장실 등을 구비하여 귀빈을 맞이하기도 하였다. 고대 오스티아(Ostia) 유적지에서 발견된 여관의 흔적에서는 4층 건물로 내부에 안내소나 상점까지 갖춰진 것으로 추정되고 있다.

이처럼 로마시대는 제국주의(Imperialism) 제도하에서 군사적으로는 물론 정치·문화적으로 서양문명에 지대한 영향을 미쳤으며, 지중해 연안의 분쟁 속에서도 대체로 여행의 안전과 자유는 오랫동안 보장되고 여행이 성행하던 시기였다.

2. 중세의 숙박시설

서로마제국이 멸망하면서 유럽은 중세라는 새로운 시대를 맞이하게 된다. 중세는 서양사에서 5세기 게르만 민족의 대이동 때부터 14세기까지로 규정한다. 이 시대는 문명의 충돌로 십자군전쟁을 겪었으며 기독교가 유럽을 지배하였던 시대로 정의할 수 있다.

관광의 역사에서도 중세시대는 로마제국 멸망부터 약 1천 년 동안 관광의 암흑시대로 볼 수 있으며, 십자군전쟁으로 군인들의 대이동과 성지순례자들의 이동만이 여행의 명맥을 이어가던 시대였다.

중세유럽은 로마교황을 중심으로 한 기독교문화의 공동체였기 때문에 로마 교회가 번창하였고, 세속적인 향락은 금지되었으며 성지순례가 중시되었다. 그래서 중세시대의 관광은 성지순례(Pilgrim)의 형태가 대부분이고, 수도원이나 교회 등지에서는 종교적 봉사정신으로 이들에게 잠자리와 식사를 제공하였다. 당시의 수도원에서는 순례여행자들을 숙박시키기 위한 재원이 충분하여 저렴한 가격이나 무료로 잠자리를 제공할 수 있었다. 따라서 중세시대는 수도원들이 거의 유일한 숙박시설이었다고 할 수 있다.

암울했던 중세시대를 더욱 잔인하게 물들였던 200년간의 십자군전쟁은 문명의 파괴를 가져왔지만, 뜻하지 않게 전쟁사의 이면에는 또 다른 유산을 남기는 계기가 되었다. 특히 무역과 국제교류에서 아시아와 유럽의 교류는 십자군전쟁 이전과는 비교도 안 될 정도로 활발해졌으며, 동방의 문물이 유럽으로 퍼져가면서 무역의 중심에선 베네치아, 제노바 등의 도시문명이 부흥하였다.

이와 더불어 도시인구의 증가와 무역을 위한 상인들의 이동이 많아졌으며, 십자군을 통한 모험심과 종교 활동은 동방에 대한 여행 욕구를 일으켜 여행활동의 증가를 촉진시켰다. 이러한 현상으로 여행수요가 증가하면서 과거 수도원을 중심으로 했던 숙박시설이 부족해지면서 민박이나 초기형태의 인(Inn) 등이 다시 생겨나기 시작하였다.

▲ 프랑스 생미셸드 쿡사 수도원(878~11C) 전경. 중세시대의 수도원에서는 교회기능 외에도 수도원의 한편에 순례객들을 위한 숙소가 마련되어 있어 잠자리를 제공하였다.

3. 근대의 숙박시설

1760년대 영국에서 시작된 산업혁명은 종전의 근세를 근대시대로 변화시키는 데 결정적인 영향을 미쳤다. 산업혁명으로 종전의 농업사회가 공업사회로 전환되었고,

자본주의가 전개되면서 자본가와 신흥중산계급이 형성되어 여행과 호텔산업의 발전을 촉진시켰다. 본서에서는 근대 숙박시설의 발전사를 '호텔의 출현' '호화호텔의 시대' '상용호텔의 시대'로 구분하여 살펴보기로 한다.

1) 호텔의 출현

프랑스에서는 17세기까지 귀족들의 고급 저택을 'Hotel de Ville' 또는 'Hotel de la Monnaie'라고 불렸는데, 프랑스 대혁명을 거치면서 이런 고급 주택들이 공공건물로 변모하면서 자연스럽게 이런 건물들을 'Hotel'이라 부르게 되었다. 1760년경에는 프랑스에 'Hotel Garni'가 생겨났으며, 이러한 호텔들은 왕족과 귀족들의 사교장소로 이용되었고 잘 훈련된 종사원들에 의해 객실 및 식당 서비스가 제공되었다.

독일에서는 1807년에 독일 최초의 호텔이라 할 수 있는 '바디세 호프(Der Badische Hof)'가 유명 온천지역인 바덴바덴에 건립되었다. Hof는 '광대한 저택'의 뜻으로, Inn에서 Hotel로 변천하는 과정에서 과도기적인 명칭으로 사용되었다. 이 호텔은 초기의 Inn에 비하여 대단히 호화스러운 숙박시설로 건물구조도 크고 응접실, 발코니, 오락실, 독서실, 식당, 침실 및 욕실 등이 잘 설비되어 있었으며, 냉수와 온수의 공급이 원활하여 현대적 리조트호텔들의 롤 모델(Role Model)이 되었다. 이 같은 의미에서 바디세 호프는 여인숙에서 근대호텔로 발전하는 데 가교역할을 했으며 스위스를 비롯한 다른 여러 나라의 호텔산업에도 큰 영향을 미쳤다.

미국에서는 1783년 영국으로부터 아메리카 13주의 독립을 승인받은 후 자연히 국민들의 이동과 여행이 빈번해지고, 그에 따른 숙박시설의 수요가 급증하고 있었다. 이렇게 급증하는 여행자들을 여인숙(Inn) 형태의 숙박시설들이 수용하고 있었는데, 1794년에는 73실의 객실을 보유한 '시티호텔(City Hotel)'이 뉴욕에 등장하였다. 그 당시 시티호텔은 미국 최초의 호텔로서 인구 3만 명의 뉴욕 지역에서 사교의 중심지로 인기가 높았다. 또한 이 시기는 미국에서 주류 판매를 금지하는 기간이었지만 예외적으로 시티호텔의 홀에서는 주류를 판매하였으며, 그 후 호텔들이 호텔 자체에서 술을 판매하는 바(Bar)를 운영하게 되었다.

이후 35년 뒤인 1829년에는 미국 보스턴에 '근대호텔의 원조'라고 불리는 '트레몬트하우스(Tremont House)'가 출현하였다. 트레몬트하우스는 그 당시에 170실의 거대한 객실뿐만 아니라 경영적 측면에서도 근대호텔의 롤 모델이 되기에 충분하였다. 예를 들어 종전의 전통적인 호텔들은 한방에 침대를 여러 개 놓고 최소한 두 사람 이상이 투숙해야 채산성이 맞는다고 생각하였지만, 트레몬트하우스 호텔은 오늘날과 같이 고객의 프라이버시를 중시하여 객실전용 열쇠가 부착된 1인용 객실과 2인용 객실 등을 운영하였다. 트레몬트하우스 호텔은 65년간 세계적인 호텔로 명성을 누리며 19세기에 호텔경영자들에게 가장 많은 영향을 준 역사적인 호텔로 기록되고 있다.

이와 같이 근대시대 초기에 비슷하게 생겨난 호텔들은 이후 유럽과 미국 두 대륙의 지역적 특성에 따라 다르게 발전하였는데, 유럽지역 호텔들은 왕족과 귀족들의 전유물로서 화려하고 품격을 강조한 호화호텔로 발전하였고, 미국의 호텔들은 개척정신과 실용적 생활양식에 따라 일반대중과 상용여행자들을 대상으로 한 상용호텔로 발전하였다.

▲ 트레몬트하우스(Tremont House)는 '근대 호텔의 원조'이며, 19세기 초반에 미국이나 유럽의 호텔경영자들에게 가장 많은 영향을 끼친 역사적인 호텔이다.

2) 호화호텔의 시대

19세기에 접어들면서 유럽지역에서는 프랑스를 시작으로 호화호텔(Grand Hotel)
의 구체적인 형태가 나타나기 시작했는데, 이때 등장하기 시작한 호텔은 지난날 프랑
스 베르사유 궁전에서 펼쳐졌던 상류계급의 생활양식을 기초로 한 호화스러운 시설
과 서비스가 주된 특징이다. 오늘날 호화로운 건물의 외장과 내장, 사치스러운 프랑
스 요리와 기물, 종사원의 화려한 복장 등은 당시의 호텔에서 채택하여 상업화했던
양식이 지금도 내려오고 있다.

호화호텔의 시대에 고급 호텔서비스의 개념을 창안하여 성공한 인물이 등장하였는
데, 그가 바로 '세자르 리츠(Cesar Ritz : 1850~1918)'이다. 리츠는 고객의 욕구를 충족
시켜 주기 위한 부단한 노력으로 '고객은 항상 옳다(Guest is always right)'라는 슬로
건을 최초로 창안하여 모든 서비스의 초점을 고객에게 맞추었으며, 왕족 및 귀족을
대상으로 품격 높은 서비스를 제공함으로써 오늘날 고급호텔 경영의 서비스 철학과
이념을 확립한 주인공이기도 하다. 또한 리츠의 탁월한 재능은 서양요리사상 가장 위
대한 조리사 '조르주 에스코피에(George A. Escoffier)'와의 동업으로 더 큰 성공을
이루었는데, 두 사람은 1889년 런던에 위치한 사보이호텔(Savoy Hotel)을 인수하면서
에스코피에는 부가가치가 높은 '정식요리(Table D'Hote)' 메뉴를 개발하였으며, 리츠
는 정장차림의 디너파티를 정착시켰고, 여성고객의 중요성을 부각시켰다.

리츠는 사보이호텔의 성공에 이어 1898년에는 파리 방돔광장(Place Vendome)에
호텔서비스의 원형을 탄생시킨 '리츠파리호텔(Ritz Paris Hotel)'을 개관하였다. 이때
호텔 역사상 최초로 객실에 전기조명과 전화기를 설치하였고, 전등갓커버, 욕실커
튼, 욕실용품 등을 비치하였다. 객실의 조명분위기는 사람이 아름다워 보이는 복숭
아 색깔을 연출하여 통일했다. 1902년에는 런던에 '칼튼호텔(Carlton Hotel)'을 개관
하였는데, 칼튼호텔은 업계 최초로 전 객실에 욕실이 딸린 객실을 건축하였다. 1906
년에는 런던의 피카딜리 거리에 '리츠호텔 런던(Ritz Hotel London)'을 개관하였고,
이외에도 로마와 스페인의 마드리드 등지에서 총 18개의 리츠칼튼호텔(Ritz Carlton
Hotel)을 경영하였다.

이와 같이 리츠가 경영한 18개의 호텔들은 규모의 경제를 목표로 체인호텔(Chain Hotel)을 결성하여 오늘날 체인호텔시스템의 효시가 되었다. 이러한 공로로 세자르 리츠는 에드워드 7세로부터 '왕들의 호텔리어, 호텔리어의 왕'이란 칭호를 받았으며, 체인화를 추진한 최초의 선구적 호텔경영자로서 근대 호텔산업 발전은 물론이고 호텔의 외식산업 발전에도 크게 공헌하였다.

호화호텔의 신축 붐은 태평양을 넘어 미국에도 영향을 미쳤는데, 1860년대에는 당시 세계 최고 높이라 할 수 있는 8층 규모의 '컨티넨탈호텔(Continental Hotel)'이 건립되었으며, 이 호텔에서 링컨 대통령이 체류했다는 기록도 전해진다. 뒤이어 1875년에는 샌프란시스코에 800실 규모의 '팔래스호텔(Palace Hotel)'을 개관하였으며, 1893년에는 뉴욕 맨해튼에 아스토어(Astor) 가문이 1,000개의 객실을 보유한 '월도프 아스토리아호텔(Waldorf Astoria Hotel)'을 개관하였다.

▲ 세자르 리츠는 프랑스 방돔광장에 18세기에 지어진 맨션을 개조하여 '리츠파리호텔'을 개관하였다. 이 호텔은 지금까지 프랑스 최고의 호텔로서 명성을 이어가고 있다(사진 : (좌)세자르 리츠, (우)리츠파리호텔).

3) 상용호텔의 시대

호텔사에서 19세기 중엽 이후가 유럽을 중심으로 한 호화호텔의 시대였다면, 20세기는 미국을 중심으로 한 상용호텔(Commercial Hotel)의 시대라고 정의할 수 있다.

이러한 시기에 미국에서 합리적 가격으로 호텔의 대중화를 선도한 인물이 등장하였는데, 그가 바로 '근대호텔의 혁명 왕'으로 불리는 '엘스워스 밀턴 스타틀러(Ellsworth Milton Statler : 1863~1928)'이다. 스타틀러는 1908년 미국의 뉴욕주 버펄로

(Buffalo)시에 전 객실 300실에 개인욕실을 완비한 '스타틀러호텔(Statler Hotel)'을 탄생시켰는데, 이 호텔이 상업호텔의 시초가 되었다. 이때 스타틀러는 기존의 상류층만을 대상으로 하던 호화호텔들의 경영방식에서 과감히 탈피하여 새로운 서비스를 개발하고 합리적인 경영방식을 도입하였다. 특히 호텔사에 길이 남을 "1.5달러로 욕실이 딸린 객실을(A room and a bath for a dollar and a half), 25센트에 식사를(All you can eat for 25 cents)"이라는 파격적인 마케팅 슬로건을 창안하여 중산층 고객을 대량으로 흡수하였다.

이후 스타틀러는 총 11개의 스타틀러 체인호텔을 세계적인 호텔로 성장시켰으며, 다른 사업자들에게도 지대한 영향을 미쳐 미국 주요 도시에 1,000실 이상의 대규모 상용호텔들이 경쟁적으로 등장하기 시작하였다. 이 시대에 개관한 대표적 호텔들로는 1919년에 '펜실베이니아호텔(Pennsylvania Hotel)'이 22층 높이에 2,200객실로 개관하였고, 1931년에는 '월도프 아스토리아' 가문이 뉴욕 맨해튼에 44층 높이의 2,150객실을 보유한 '월도프 아스토리아호텔(New Waldorf Astoria Hotel)'을 새로이 개관하였다. 이러한 호텔들은 오랫동안 세계 최대의 호텔로 명성을 이어왔으며, 특히 뉴욕 맨해튼에 위치한 '월도프 아스토리아호텔'은 아직까지도 뉴욕을 방문하는 전 세계 정상들의 숙소로 사랑과 존경을 받고 있다.

다른 한편 미국 고속도로의 발달은 자연히 자동차 여행객들의 증가로 이어져 1925년에는 캘리포니아 센루이스 고속도로 주변에 최초의 모텔(Motel)이 등장하였으며, 이후 고속도로 주변에 가격이 저렴한 모텔업의 발달을 촉발시켰다. 1929년에는 오클랜드 공항에 '오클랜드 공항호텔(Oakland Airport Hotel)'을 개관하면서 이후 공항호텔(Airport Hotel)의 개념적 모델이 되어 공항 주변에도 호텔들이 생겨나기 시작하였다. 이처럼 1920년대 후반까지 미국의 호텔산업은 혁신적 경영기법과 양적 팽창으로 호텔산업의 황금기를 구가하게 된다.

1928년에는 상용호텔 시대를 대표하던 스타틀러가 사망하면서 그의 호텔은 부인인 앨리스 스타틀러(Alice Statler)에게 계승되어 발전하다가 1945년 콘래드 힐튼(Conrad N. Hilton)에게 총 11개의 체인호텔을 1억 1,100만 달러에 모두 매각하게 된다. 이 당시 스타틀러호텔의 매가가격은 호텔산업에서 그동안 전례가 없었던 천문

학적인 거래가격이었다. 이로써 스타틀러로 대표되는 상용호텔의 시대는 막을 내리고 현대 호텔의 시대를 맞이하게 된다.

▲ 스타틀러는 합리적 가격으로 호텔의 대중화를 선도했으며, 미국 내에서 11개의 스타틀러 체인호텔을 경영하였다(사진 : ① E. M. 스타틀러, ② 버펄로 스타틀러호텔(1907년), ③ 디트로이트 스타틀러호텔(1915년)).

4. 현대의 숙박시설

본서에서는 현대(現代)를 제2차 세계대전(1939~1945)이 종전되는 시점부터 현재까지로 규정하여 설명한다. 현대를 구분하는 시점에 대해서는 그 견해가 다양하지만 필자의 견해는 제2차 세계대전 이후 제국주의 열강과 식민지배가 종식되고, 호텔사에서도 새로운 숙박혁명의 시작점이기 때문이다.

현대 호텔사를 대표하는 가장 큰 특징은 힐튼이나 핸더슨, 메리어트와 같은 체인경영의 거장들이 등장한다는 것이다. 과거와 같이 한 개의 호텔을 독립적으로 경영하는 소규모 경영형태에서 탈피하여 수십 또는 수백 개의 호텔을 하나의 체인시스템으로 관리하는 체인경영이 본격적으로 도래한 것이다. 따라서 현대의 숙박시설은 세계 최고의 다국적 체인호텔그룹이라 할 수 있는 8곳을 중심으로 살펴보기로 한다.

1) 힐튼호텔

힐튼호텔(Hilton Hotel)의 창시자인 콘래드 니콜슨 힐튼(Conrad Nicholson Hilton : 1887~1979)은 뉴멕시코주 산안토니오의 가난한 일용잡화상 집 아들로 태어났다. 성장해서는 아버지가 시작한 역전호텔을 가족이 경영했던 것이 인연이 되어 호텔업에 뛰어들게 된다. 그는 1919년 32세에 처음으로 미국 텍사스주에서 40실의 모블리호텔을 시작하면서 호텔사업에 뛰어들었고, 1925년에는 처음으로 '힐튼'이라는 이름으로 호텔을 오픈하였다. 1946년에는 힐튼호텔 그룹이 만들어져 호텔기업으로는 최초로 뉴욕 증권거래소에 상장됐다.

힐튼은 호텔을 새롭게 건축하기보다는 기존의 유명호텔을 저가에 인수·합병하는 방식으로 체인호텔을 확장시켜 나갔다. 힐튼이 인수한 대표적 호텔로는 1943년 뉴욕의 플라자호텔(Plaza Hotel), 1945년 스타틀러의 16개 체인호텔(Statler Hotels), 스티븐스호텔(Stevens Hotel), 팔머하우스(Palmer House), 1949년에는 뉴욕의 월도프 아스토리아호텔(Waldorf Astoria Hotel) 등이 있다.

1963년에는 공동출자 형식으로 '뉴욕힐튼(New York Hilton)'을 개관하였는데, 46층 높이에 2,000실을 보유한 이 호텔이 컨벤션호텔의 효시라고 할 수 있다. 1964년에는 힐튼 인터내셔널(Hilton International Co.)을 설립하여 해외체인호텔만을 전담하도록 함으로써 세계적인 체인망을 구축시켜 나갔다. 1980년대 말에는 미국 내에서 270개 이상의 호텔들이 힐튼의 이름으로 운영되었다. 이후 성장을 계속하다가 2009년 미국 사모펀드인 블랙스톤그룹(The Blackstone Group)에 260억 달러에 매각되면서 이름과 로고를 '힐튼 월드와이드(Hilton Worldwide)'로 변경하였다.

힐튼월드와이드는 2023년 기준 전 세계 120여 개 국가에서 18개 힐튼브랜드를 사용하는 호텔들만 6,550여 개를 거느리는 세계 최대의 호텔그룹 중 하나로 성장하였다. 국내에서 힐튼 계열의 대표적인 호텔로는 콘래드서울호텔, 더블트리 바이 힐튼 서울 판교, 힐튼호텔 경주, 아난티 힐튼 부산 등이 있다. 힐튼호텔의 브랜드 포트폴리오를 살펴보면 다음과 같다.

힐튼 월드와이드의 브랜드 포트폴리오

Hilton

	Classic		Collection	Life Style	Extended Stay
LUXURY	WALDORF ASTORIA HOTELS & RESORTS	CONRAD HOTELS & RESORTS	L X R HOTELS & RESORTS		
UPPER UPSCALE	Hilton HOTELS & RESORTS	Signia by Hilton	CURIO COLLECTION by Hilton	canopy BY HILTON	EMBASSY SUITES by HILTON
UPSCALE	DOUBLETREE by Hilton	Hilton Garden Inn	TAPESTRY COLLECTION by Hilton	TEMPO by Hilton	HOMEWOOD SUITES by hilton
UPPER MIDSCALE		Hampton by HILTON		MOTTO by Hilton	HOME2 SUITES BY HILTON
MIDSCALE				tru by Hilton	
TIMESHARE					Hilton Grand Vacations

▲ 힐튼호텔의 창시자 콘래드 힐튼　▲ 더블트리 바이 힐튼 서울 판교(5성급) 전경

2) 메리어트호텔

 메리어트호텔(Marriott Hotel)의 창시자인 윌러드 메리어트(J. Willard Marriott : 1901~1985)는 1927년 워싱턴 D.C.에서 9석의 루트비어 스탠드(음료 가판대)의 개업을 시작으로, 1930년대부터는 아메리칸항공을 비롯한 항공사에 단체급식을 납품하는 사업에 진출했다. 1950년에는 자동차 여행객 대상의 트윈 브리지스 모터 호텔(Twin Bridges Motor hotel)을 개장하면서 호텔업에 진출했으며, 1959년에는 그의 나이 57세에 처음으로 미국 버지니아에 키브리지 메리어트(Key Bridge Marriott) 체인호텔 1호점을 개관하였다.

이후 발전을 거듭하면서 1970년에는 호텔 위탁경영 사업을 시작하였으며, 1990년대부터는 본격적으로 호텔체인사업에 초점을 두고 새로운 브랜드 개발과 함께 타사 호텔의 인수합병을 통해 외형적 성장을 이루었다. 특히 메리어트 인터내셔널은 세계적 명성을 갖춘 거대 브랜드호텔의 인수합병 등을 통해 성장하였는데, 대표적으로 1997년에 르네상스 체인을 인수하였고, 1998년에는 호화호텔의 대명사인 리츠칼튼 체인을 인수하였다. 이뿐 아니라 2004년에는 이탈리아 명품 브랜드인 불가리와 제휴하여 만든 불가리호텔 밀라노(Bulgari Hotel Milano)를 이탈리아 밀라노에 개장하면서 부티크호텔(Boutique Hotel)에 대한 확장도 시작하였다.

하지만 메리어트가 세계 최대의 호텔체인그룹으로 우뚝 선 계기는 강력한 경쟁기업 중 하나였던 스타우드호텔 & 리조트(Starwood Hotels & Resorts) 그룹을 인수합병한 것이다. 그전까지 19개 브랜드를 운영 중이던 메리어트는 2016년 136억 달러(약 15조 2,800억 원)에 스타우드 호텔 & 리조트를 인수하면서 보유 브랜드를 30개로 늘렸다. 이로써 메리어트는 힐튼을 제치고 세계 1위 호텔그룹으로 도약했다.

메리어트호텔은 지리적 위치와 디자인 측면에서 독특하여 인기도 높았지만, 창시자인 윌러드 메리어트는 경영자로서도 고객의 욕구와 필요를 이해하는 최고의 지식을 가지고 있었다. 그리고 메리어트는 다른 호텔경영자들과 달리 고객과 직원을 매우 중요시하였다. 그는 호텔의 가장 중요한 자산이 고객이라고 생각하여 고객의 욕구를 충족시키는 데 중점을 두었으며, 두 번째 자산은 직원이라고 생각하여 종사자들의 욕구를 이해하고 만족시키기 위해 항상 노력하였다. 이러한 열정과 지식은 메리어트호텔이 최고의 호텔로 성장하는 데 원동력으로 작용하였다.

메리어트 인터내셔널은 2023년 기준 전 세계 138개 국가에서 30개 브랜드를 사용하는 호텔들만 7,700개 이상을 경영하는 세계 최대의 호텔그룹으로 성장하였다. 국내에서도 메리어트 계열의 다양한 브랜드 호텔들이 운영되고 있는데, 대표적으로 JW메리어트 서울, JW메리어트 동대문 스퀘어, 쉐라톤 서울 디큐브시티, 웨스틴조선 서울, 코트야드 메리어트 남대문, 포포인츠 바이 쉐라톤 명동, 알로프트 서울 강남 등이 있다.

Luxury(완벽한 서비스의 최상급 럭셔리호텔) JW Marriott, W호텔, 리츠칼튼(Ritz-Carlton), 불가리(Bvlgari), 에디션(Edition), 럭셔리컬렉션(Luxury Collection), 세인트레지스(St. Regis)

Premium(세련된 비즈니스형 프리미엄 고급호텔) 메리어트(Marriott), 쉐라톤(Sheraton), 웨스틴(Westin), 르네상스(Renaissance), 메리어트베케이션클럽(Marriott Vacation Club), 델타(Delta), 르메르디앙(Le Meridien), 게이로드(Gaylord)

Select(스마트하고 편리한 초이스 스타일의 호텔) 코트야드(Courtyard), 포포인츠(Four&Points), 스프링힐스위트(Springhill Suits), 프로테아(Protea), 페어필드인 & 스위트(Fairfield Inn & Suits), AC호텔, 알로프트(Aloft), 목시(Moxy)

Longer Stay(중장기 투숙객을 위한 장기체류형 호텔) 메리어트 이그제큐티브 아파트먼트(Marriott Executive Apartment), 레지던스 인 메리어트(Residence Inn Marriott), 엘레멘트(Element), 타운플레이스 스위트(Towne Place Suits)

Collections(개성 넘치는 디자인으로 차별화한 컬렉션 호텔) 오토그래프 컬렉션(Autograph Collection), 디자인(Design), 트리뷰트포트폴리오(Tribute Portfolio)

▲ 메리어트호텔의 창시자 윌러드 메리어트   ▲ JW 메리어트호텔 서울전경

3) 인터컨티넨탈호텔

인터컨티넨탈호텔은 미국 최대 항공사였던 팬암(Panam) 항공사에 의해 만들어졌다. 팬암 항공사 창립자인 주안 테리 트립은 승무

원들을 위한 숙박시설로 사용하기 위해 브라질의 벨렘(Belem)에 1949년 첫 번째 인터컨티넨탈호텔을 오픈하였으며, 1956년에는 세계 최초로 30만 개 객실을 돌파한 호텔기업으로 기록된다. 1980년대 들어 팬암항공사의 경영난으로 인해 1981년에 인터컨티넨탈호텔 법인이 영국계 회사 그랜드 메트로폴리탄에 매각되었다가 1998년에는 다시 영국의 바스(Bass) 가문이 경영하는 '바스기업(Bass Company)'에 매각된다.

바스기업은 윌리엄 바스(William Bass)가 양조사업을 시작하면서 사업의 토대를 마련하였다. 하지만 1980년대 중반 들어 영국 정부가 양조가들이 직영하는 술집의 수를 제한하자 호텔사업에 눈을 돌리고, 1988년에 '홀리데이 인 인터내셔널(Holiday Inn International)'을 인수하면서 호텔사업에 뛰어들었다. 1994년에는 자체적으로 '크라운 플라자(Crown Plaza)'라는 업스케일 브랜드를 출시하여 브랜드 포트폴리오를 다양화하기 시작한다. 1998년에는 고급호텔로 영역을 넓히면서 인터컨티넨탈컴퍼니(IHC)를 인수하면서 북아메리카로 입지를 확장하게 된다.

2003년에는 바스그룹이 '인터컨티넨탈'과 '홀리데이인'을 모두 포함하는 '인터컨티넨탈호텔그룹(IHG : Inter-Continental Hotels Group)'이라는 이름을 가진 독립적인 호텔그룹으로 다시 태어난다. 이후 인터컨티넨탈호텔그룹(IHG)은 자사의 호텔브랜드를 북미, 남미, 유럽, 아시아 등 전 세계로 확장하고 있다. IHG그룹은 호텔경영에 있어 당시로서는 혁신적인 경영기법들을 도입하였는데, 1965년에 IBM과 기술협약으로 세계 최초의 호텔 예약 전산시스템(CRS: Computerised Hotel Reservation System)인 홀리덱스(Holidex)를 출시하였으며, 1995년에는 홀리데이 인 호텔에서 세계 최초로 인터넷으로 호텔 예약을 받기 시작하였다. 2010년에는 IHG의 모든 플랫폼에서 예약 앱(App Booking)을 제공함으로써 당시에는 생소한 개념이던 온라인 객실 예약이라는 패러다임으로 전환시켰다.

신시장 공략에도 새로운 방법으로 도전하였는데, 2012년에는 중국시장 공략을 위해 현지 맞춤형 호텔 브랜드인 '화럭스(HUALUXE)'를 새롭게 론칭하였다. 화럭스는 빛날 '화'(HUA)와 디럭스(Deluxe)의 '럭스'를 합성한 고급브랜드이다. 중국만을 대상으로 만들어진 브랜드이기 때문에 다른 지역에서는 볼 수 없으며 2020년대 이후 중국에서만 12개의 화럭스호텔이 운영 중에 있다.

이후에도 인터컨티넨탈호텔그룹(IHG)은 인수합병과 새로운 브랜드 출시 등을 통해 사세를 확장하여 2023년 기준 전 세계 100개국 이상에서 16개의 브랜드를 사용하는 호텔들만 6,000여 개에 달하고 있다. IHG의 경영방식은 대부분이 프랜차이즈 경영방식을 택하고 있는데, 전체 호텔 중 83%의 호텔들이 프랜차이즈 방식이며, 위탁경영방식이 16%, 나머지 1~2% 정도가 직접 소유(Owner)로 운영되고 있다.

IHG의 브랜드 경영방식은 18개의 브랜드를 크게 5가지 유형으로 구분하고 있는데, Luxury & Lifestyle, Premium, Essentials, Suites, 독점파트너 계열이다. 5개 계열 중 호텔 수가 가장 많은 브랜드는 중저가 Essential 계열의 Holiday Inn Express 호텔이 약 3,000여 개이고, Holiday Inn 호텔이 약 1,300개로 많다.

국내에서 IHG 계열의 대표적인 호텔들을 살펴보면 그랜드 인터컨티넨탈 서울 파르나스, 인터컨티넨탈 서울 코엑스, 평창 알펜시아리조트 내에 위치한 5성급 호텔로서 인터컨티넨탈호텔, 홀리데이 인 리조트호텔 등이 있다. 인터컨티넨탈호텔그룹의 브랜드 포트폴리오를 살펴보면 다음과 같다.

▲ 국내에서 인터컨티넨탈그룹(IHG) 계열의 브랜드로서 인터컨티넨탈, 홀리데이인 등의 호텔들이 여러 곳에서 운영되고 있다(사진 : (좌)인터컨티넨탈호텔 서울파르나스 전경, (우)인터컨티넨탈호텔 코엑스 전경).

인터컨티넨탈호텔그룹 브랜드 포트폴리오

4) 하얏트호텔

하얏트호텔(Hyatt Hotel)의 설립자인 제이 프리츠커(Jay Pritz-ker)는 1957년에 로스앤젤레스 국제공항 인근의 '하얏트 하우스 모텔'을 인수하면서 처음으로 호텔사업에 뛰어들었다. 그 후 제이 프리츠커와 그의 형제 도널드 프리츠커는 수십 년간 호텔사업을 확장시켰으며, 1968년에는 하얏트인 터내셔널을 출범시켰다. 1982년에는 하얏트인터내셔널이 '하얏트 코퍼레이션(Hyatt Hotels Corp.)'과 '하얏트 인터내셔널 코퍼레이션(Hyatt International Corp.)'의 두 기업으로 분리되어 운영되다가, 2004년에는 프리츠커 가문의 모든 숙박업소 자산이

'하얏트호텔 코퍼레이션(Hyatt Hotels Corporation)'이라 불리는 하나의 기업으로 합병됐다.

50년이라는 비교적 짧은 기간 동안 하얏트는 우수한 경쟁력과 브랜드 인지도를 갖춘 호텔기업으로 빠르게 성장했다. 하얏트는 호텔을 찾는 고객들이 환대의 진수를 느낄 수 있도록 정성을 다해 서비스하는 것이 목표이다. 이것은 하얏트호텔의 "해 뜰 때부터 해질 때까지 최상의 호텔경험을 선사해 드린다"라는 로고(HYATT : Helf Yourself and Team Training)에 담긴 의미에서 알 수 있다.

오늘날 하얏트호텔 코퍼레이션은 확고한 명성과 업계 최고의 브랜드를 확립한 전통과 혁신의 다국적 호텔기업이다. 1980년대부터는 최고급 비즈니스호텔 시장이 포화상태에 이르고 경쟁이 심해지자 하얏트기업은 다중시장을 공략하기 위해 호텔브랜드를 확장하는 브랜드확장 전략에도 성공하였다. 하얏트의 확장된 브랜드 포트폴리오 유형을 살펴보면 럭셔리, 웰빙, 프리미엄, 라이프스타일, 모던 에센셜, 올인클루시브, 베케이션 오너십 등으로 다양하게 구성하였고, 새롭게 성장하는 신규 시장 공략을 위해서는 공격적인 브랜드 전략을 전개하였다.

특히 젊은 비즈니스 여행객 시장이 크게 성장하면서 X세대를 표적시장으로 겨냥한 부티크 브랜드인 '안다즈호텔(Andas Hotel)'을 새롭게 론칭하면서 '하얏트'가 붙지 않은 브랜드로 독자적인 성공을 거두었다. 이외에도 급속하게 성장하는 '올 인클루시브 리조트' 분야에 진출하기 위해서는 '하얏트 질라라(Hyatt Zilara) & 하얏트 지바(Hyatt Ziva)' 브랜드를 론칭하고, 중국 시장을 공략하기 위해서는 중국에만 분포하는 '유어코브(UrCove)' 브랜드를 론칭하여 중국에서만 6개의 호텔이 운영 중에 있다.

이와 같은 브랜드 확장 전략으로 인해 하얏트그룹은 2023년 기준 전 세계 70개국에서 26개의 브랜드를 사용하는 호텔들이 1,150여 개에 이르는 글로벌 체인호텔그룹으로 성장을 거듭하고 있다. 경영형태를 기준으로 살펴보면 위탁경영방식이 가장 많은 58%를 점유하고 있으며, 프랜차이즈 방식이 35%, 나머지는 직영 소유와 임대방식(Owned & Leased)이 7% 정도를 차지하고 있다. 하얏트호텔의 브랜드 유형과 포트폴리오를 살펴보면 다음과 같다.

- Park Hyatt : 유럽풍의 부티크호텔을 지향하는 최상급 호텔
- Grand Hyatt : 대규모 컨벤션은 물론 비즈니스 고객을 위한 도심지 고급호텔

- Hyatt Regency : 주로 휴양지나 도심, 공항 주변에 위치한 고급호텔

- Hyatt Place : 주로 도시·공항 교회지역에 위치한 중급규모의 비즈니스호텔

- Hyatt House : 장기투숙, 레지던스 호텔로 객실에 주방이 완비된 호텔

- Andaz : 부티크 스타일에 캐주얼한 느낌을 더한 고급 비즈니스호텔

하얏트호텔그룹 브랜드 포트폴리오

▲ 파크하얏트서울호텔 전경

▲ 그랜드하얏트서울호텔 전경

5) 아코르 그룹

 아코르(Accor)는 프랑스계 호텔기업으로 프랑스나 유럽지역에서는 매우 유명하고 강한 기업이다. 아코르의 공동 설립자인 폴 듀브롤(Paul Dubrule)과 제라드 펠리송(Gerard Pelisson)은 미국에서 호텔체인 경영을 경험했으며 1960년대 중반부터 프랑스에서 여행 붐이 일자 이를 새로운 기회로 보고 함께 호텔사업을 시작하였다. 두 사람은 1967년에 공동으로 프랑스에서 첫 번째 '노보텔'을 오픈했다. 이후 노보텔을 시작으로 호텔사업을 전 세계로 확장해 나갔으며, 1983년에는 정식으로 아코르호텔그룹이 탄생하였다.

유럽지역에서 경쟁력이 막강했던 아코르호텔이 다시 한 번 크게 도약할 수 있었던 것은 2015년에 세계 10위권 호텔체인그룹인 FRHI홀딩스를 인수하면서부터이다. FRHI홀딩스는 페어몬트(Fairmont), 래플즈(Raffles), 스위소텔(Swissotel) 등의 럭셔리호텔을 보유하고 있다. 이로써 아코르는 FRHI홀딩스를 인수하면서 페어몬트, 래플즈 등이 전 세계에 보유한 최고급호텔 115개를 포함한 총 500개의 호텔을 추가로 확보하게 되고, 상대적으로 약했던 럭셔리 라인을 강화하였다.

호텔기업들이 이처럼 적극적으로 인수합병(M&A)에 나서는 이유는 호텔기업 간 생존경쟁이 치열해지면서 위기감을 느낀 기업들이 글로벌 기반으로 경쟁하기 위해 몸집을 키울 필요가 있고, 에어비앤비 등 숙박 공유업체가 빠른 속도로 성장하기 때문이다. 또한 익스피디아나 부킹닷컴 등 온라인 예약사이트와의 수수료 협상에서 우위를 점할 수 있기 때문이다.

이에 따라 아코르의 브랜드 포트폴리오는 소피텔(Sofitel), 페어몬트(Fairmont) 등의 럭셔리 브랜드에서부터 이비스(Ibis), 포뮬 1(Formule 1) 등의 절약형 중저가 브랜드까지 고객의 기호와 경제력에 맞는 다양한 브랜드 포트폴리오를 구성하는 데 성공하였다.

이로써 아코르 그룹은 2023년 기준 전 세계 110개 국가에서 40개의 브랜드를 사용하는 호텔들만 5,400개 이상을 운영하고 있다. 스타우드 그룹과의 인수합병으로 브랜드 수가 대폭 늘어난 메리어트 그룹의 30개 브랜드와 비교하더라도 10개나 많은 숫자이다. 아코르의 호텔사업은 한 달에 한 개꼴로 호텔이 오픈하고 있을 정도로 전 세계적으로 빠르게 성장하고 있는 글로벌 호텔그룹 중 하나이다.

국내에서는 1987년에 한국의 앰배서더기업이 아코르그룹과 합작투자계약을 체결하고 풀만, 노보텔, 머큐어, 이비스 등의 호텔 브랜드를 국내에 도입하였다. 이후에도 양사의 성공적인 협력관계를 바탕으로 2006년에는 한국형 호텔 매니지먼트사인 AAK(Accor-Ambassador Korea Hotel Management)를 공동 설립하여 호텔 네트워크 확장에 박차를 가하고 있으며, 서울, 인천, 부산, 대구, 창원, 수원 등 전국 주요 도시에 26개의 호텔을 경영하면서 사업영역을 확장하고 있다. 아코르그룹의 브랜드 포트폴리오를 살펴보면 다음과 같다.

아코르의 브랜드 포트폴리오

ACCOR

Luxury & Premium

RAFFLES   ORIENT EXPRESS   BANYAN TREE

SOFITEL LEGEND   Fairmont   SO   SOFITEL

RIXOS   mantis   M GALLERY

pullman   swissôtel   ANGSANA

25h twenty five hours hotels   Art Series   MÖVENPICK

GRAND MERCURE   PEPPERS   THE SEBEL

Midscale & Economy

mantra   NOVOTEL   Mercure

adagio   MAMA SHELTER   BreakFree

ibis   ibis STYLES   ibis budget   JO&JOE

hotelF1

▲ (좌)아코르 설립자인 제라드 펠리송과 폴 듀브룰, (우)용산드레곤시티 외부 전경. 용산드레곤시티 타운 내에는 아코르 계열의 5성급 호텔 3곳과 4성급 호텔 1곳이 운영 중에 있다.

6) 윈덤그룹

윈덤그룹(Wyndham Worldwide)은 우리나라를 비롯한 아시아 국가에서는 생소한 브랜드이지만 짧은 역사에 비해 전 세계에서 가장 많은 체인호텔을 거느리는 호텔그룹 중 하나로 성장하였다. 윈덤그룹의 첫 브랜드는 트라멜크로우가 1981년에 미국 댈러스 지역에서 윈덤호텔(Wyndham Hotel)을 처음으로 설립한 것에서 시작된다. 이후 성장을 거듭하여 1996년에 뉴욕증권거래소에 상장됐으며, 1999년에는 호텔전문그룹인 윈덤인터내셔널(Wyndham International)로 우뚝 섰다.

특히 윈덤그룹이 세계적인 호텔그룹으로 급성장한 배경에는 무엇보다 '라마다 월드와이드(Ramada Worldwide)'의 인수합병이 큰 역할을 하였다. 라마다 호텔(Ramada Hotel)은 미국의 한 투자그룹이 1954년에 모터호텔을 설립한 것에서 시작하였지만 윈덤그룹에 인수되는 2004년에만 전 세계 22개국에서 6개 브랜드로 890개 프랜차이즈호텔을 운영하는 거대 체인호텔그룹이었다. 이로써 윈덤은 다양한 포트폴리오와 세계에서 가장 큰 호텔그룹으로서 마켓별, 브랜드별 시스템을 갖추어 호텔 프랜차이즈의 매력을 충분히 가지고 있지만 브랜드 인지도 문제는 해결해야 할 과제이다. 즉 고객들이 '라마다'는 알지만 '윈덤'은 생소하게 느끼는 것이다.

윈덤그룹은 2023년 기준 전 세계 98개 국가에서 21개 브랜드를 사용하는 호텔들만 9,000개에 달하고 있으며, 총 6개의 카테고리로 브랜드를 분류하고 등급이 높은 순으로 Distinctive, Upscale, Lifestyle, Midscale, Economy, Extended Stay로 나뉜다. 여행자들 입장에서는 여러 등급에 따른 호텔들을 세계 어디에서든 선택하여 즐길 수 있다.

호텔의 대부분은 풀서비스(Full Service) 호텔이 아닌 제한된 서비스(Select Service)를 제공하는 중저가 호텔들이 99%에 이르며 프랜차이즈 경영의 비율은 97%에 이르는 점은 중요한 특징이다. 메리어트그룹의 경우 풀서비스의 비중이 71%인 점과 비교해 볼 때 큰 차이가 있다. 국내에서는 2015년 첫 라마다 브랜드 론칭 이후로 라마다, 라마다 앙코르, 라마다 프라자, 데이즈, 하워드존슨까지 5개의 브랜드로 전국에 35개의 호텔들이 운영되고 있다.

▲ 라마다플라자 제주 윈덤 호텔 전경. 라마다플라자는 라마다의 최상급 럭셔리 브랜드이다.

7) 초이스호텔

초이스호텔그룹(Choice Hotels)은 미국 메릴랜드에 본사를 둔 세계 10대 체인그룹 중 하나이다. 북미지역과 유럽지역을 기반으로 하는 호텔그룹이기 때문에 우리나라를 비롯한 아시아 지역에서는 생소한 브랜드이지만 80년의 역사를 가지고 있으며 2019년 현재 세계 7위의 체인그룹으로 자리하고 있다.

초이스호텔은 1939년에 미국 남부지역의 모텔업자 여러 명이 모텔에 대한 대중들의 부정적인 시각을 없애기 위해 새로운 공동 브랜드를 만들기로 하면서 시작된다. 1년 뒤인 1940년에 회의에 참가한 모텔업주들은 '퀄리티 코트 유나이티드(Quality

Courts United Inc.)'라는 회사를 창설하고 운영에 들어가게 된다. 이후 경영회사는 퀄리티 코트 유나이티드 브랜드에 멤버로 가입한 모텔업주들이 똑같은 운영 스탠더드를 만들어 이에 맞는 서비스를 제공하기 시작하였다.

이후 가맹점들이 늘어나면서 미국 내에서 유명 숙박업체 브랜드로 자리 잡은 퀄리티 코트 유나이티드는 1962년부터는 프랜차이즈 경영형태로 전환했다. 이후 고속 성장을 거듭하다가 1990년에 현재의 '초이스 인터내셔널(Choice Hotels Inc.)'로 사명을 변경하여 운영하고 있다. 브랜드 경영에 있어서도 컴포트(Comfort), 퀄리티 인(Quality Inn), 클래리온(Clarion), 이코노로지(Econo Lodge), 로드웨이(Rodeway), 슬립 인(Sleep Inn) 등 다양한 모텔 브랜드를 보유하고 있다.

초이스 인터내셔널(Choice Hotels International, Inc.)은 2023년 기준 전 세계 42개국에서 11개 브랜드를 사용하는 호텔만 7,100개에 달하고 60만 실의 객실을 보유하고 있다. 초이스 인터내셔널의 브랜드 포트폴리오를 살펴보면 다음과 같다.

초이스 인터내셔널의 브랜드 포트폴리오

8) 베스트웨스턴호텔

베스트웨스턴호텔(Best Western Hotel)은 미국 애리조나주 피닉스에 본사를 둔 세계 10대 체인그룹이다. 베스트웨스턴의 첫 브랜드는 호텔리어 출신이었던 게르틴(M. K. Guertin)이 23년간의 호텔리어 경력을 바탕으로 1946년에 최초의 베스트웨스턴모텔(Best Western Motel)을 설립한 것에서 시작된다.

이후 체계적인 발전을 거듭하여 1960년에 전 세계 프랜차이즈 적용시설 및 서비스 기준을 정하여 미주, 캐나다 전역을 커버하는 체인시스템을 구축하였으며, 1963년에는 699개의 체인호텔과 3만 5,000개의 객실을 가진 업계 최대의 호텔체인이 되었다. 이후에도 발전을 거듭하여 1976년에 호주, 멕시코, 뉴질랜드 등의 해외시장에 진출했으며, 1978년에는 유럽시장으로, 1993년에는 러시아, 리투아니아, 일본, 극동 지역에 진출하였다. 그리고 1999년에는 베스트웨스턴 전용 예약시스템을 구축하였고, 2002년에는 기존의 중저가 브랜드 의존도에서 탈피하고 럭셔리 라인을 강화하기 위하여 베스트웨스턴의 최상급 브랜드인 '베스트웨스턴 프리미어(Best Western Premier)'를 새롭게 론칭하였다.

2016년에는 '슈어스테이호텔그룹(SureStay Hotel Group)'을 인수하였으며, 2019년에는 전 세계 최고의 호텔과 리조트 컬렉션을 소유한 '월드호텔스 컬렉션(WORLDHOTELS Collection)'을 인수하여 360여 개의 호텔을 추가하였다. 이로써 베스트웨스턴의 브랜드 포트폴리오는 베스트웨스턴그룹에 속한 10개의 브랜드와 '월드호텔스에 속한 4개 브랜드, 슈어스테이그룹에 속한 4개의 브랜드를 합하여 총 18개의 브랜드를 보유하게 되었다.

베스트웨스턴호텔은 하룻밤 숙박비가 수십 달러에서 수백 달러까지 다양한 형태의 중·고가 체인호텔을 표방하면서, 노보텔, 라마다와 함께 세계 3대 호텔체인으로 손꼽히고 있다. 베스트웨스턴은 각 체인호텔 소유주(owner)의 운영방식과 경영철학, 특징 및 개성을 중시하는 리퍼럴(Referral) 경영방식으로 운영되는 대표적인 체인그룹이다. 베스트웨스턴은 체인호텔들을 '멤버'라고 지칭한다. 즉, 각 멤버들이 모두 모여서 베스트웨스턴이라는 브랜드를 형성하게 되지만 그들 각 멤버들은 각자 다른 개성과 특색을 가진 존재로 인정받고 각 호텔들은 독립적인 기업으로 운영되고 있다. 또한 타 체인호텔과 비교했을 때도 1/3 수준의 저렴한 로열티만 받고 있어 낮은 프랜차이즈 비용으로 인한 가맹호텔들의 부담을 최소화하고 있으며, 체인계약 기간도 업계 평균보다 짧고 자유로운 편이어서 매년 체인호텔 수가 꾸준히 증가하고 있다.

이로써 베스트웨스턴그룹은 2023년 기준 전 세계 100개국에서 18개의 브랜드를 사용하는 호텔만 4,700개에 달한다. 이후 서울과 인천, 제주 등지에서 30개의 체인호텔이 운영되고 있다.

▲ 베스트웨스턴 프리미어 인천에어포트호텔 전경

▲ 베스트웨스턴 프리미어 구로호텔 전경

제 2 절 한국의 호텔 발전사

우리나라의 호텔 발전사는 한국사에 내재하는 특수성을 감안하여 '호텔의 태동 기' '철도호텔의 시대' '상용호텔의 시대' '현대 호텔의 시대'로 구분하여 살펴보기 로 한다.

1. 호텔의 태동기

우리나라에서 최초의 호텔이 등장한 시기는 역사적으로 개항기[1]에 해당된다. 1876년 우리나라는 일본의 강압에 의해 강화도조약을 체결하면서 12개 조약문에 서 약하게 되는데, 그중 하나가 국내의 주요 항구 세 곳을 개항한다는 조항이었다. 조항 의 이행으로 부산항(1876년), 원산항(1880년), 인천항(1883년)을 차례로 개항하였고, 이에 따라 각국의 공사관이 들어서면서 조선을 방문하는 외국인의 수도 꾸준히 증 가하였다.

이러한 시기에 우리나라 최초의 호텔인 '대불(大佛)호텔'이 인천 서린동에 등장하였 다. 1888년에 설립된 대불호텔은 일본인에 의해 벽돌로 지어진 3층 건물로 객실 11실 에 침대를 갖추었다. 이 당시 외국인들을 위한 숙박시설이 전무한 상태여서 대불호 텔은 개점하자마자 큰 성황을 이루었다. 한편 대불호텔의 성공에 영향을 받은 청나 라 이태(怡泰)라는 사람은 대불호텔의 맞은편에 객실 8실의 2층짜리 '스튜어드호텔 (Steward Hotel)'을 개관하였다.

1902년에는 대불호텔에 비해 더 고급스럽고 세련된 호텔로서 '손탁호텔(Sontag Hotel)'이 서울에서 개관하였다. 손탁호텔[2]의 2층은 귀빈을 모시는 객실로 사용하였

---

1) 개항기 : 1876년(고종 13년) 일본과 강화도조약을 체결함으로써 쇄국의 문이 열리자 그 후 다른 나라와도 잇달아 통상조약이 체결되면서 종래의 봉건적인 사회질서를 타파하고 근대적 사회를 지향해 가던 시기를 말한다.

2) 손탁호텔 : 당시 러시아 공사의 처제였던 손탁은 궁중에서 서양문화를 소개하는 기회를 자주 갖 게 되었는데, 그 과정에서 고종의 신임을 얻어 왕실 소유의 대지 184평을 하사받아 그곳에 2층

고, 1층은 일반객실과 회의장, 레스토랑을 갖추었다. 또한 레스토랑에서는 처음으로 프랑스요리를 선보였으며, 객실의 가구를 비롯한 장식품, 악기, 의류 및 요리 등이 서양식으로 제공되어 인기가 높았다. 그러나 1908년 손탁이 우리나라를 떠나면서 손탁호텔은 문을 닫고 그 자리에 이화학당이 들어서게 된다.

손탁호텔은 우리나라 호텔사에 두 가지 측면으로 영향을 미쳤는데, 첫째는 기존의 숙박시설이 여관형태를 벗어나 근대호텔로 전환되는 계기를 가져왔으며, 두 번째는 서양식 레스토랑에서 프랑스요리를 판매함으로써 이후 우리나라 서양요리 발전에 선구적 역할을 하였다는 점이다.

▲ 우리나라 최초의 대불호텔 전경

▲ 대불호텔과 인천 시가지 전경

▲ 손탁호텔(1902년) 전경

▲ 손탁호텔 내부 전경

짜리 손탁호텔을 건축하였다.

2. 철도호텔의 시대

1910년 일본은 한일합병조약을 체결함으로써 대한제국을 완전한 식민지로 만들었으며, 중국대륙까지 침략하기 위해 한반도를 교두보 삼아 남북을 종단하는 철도를 건설하게 된다. 이러한 목적으로 1905년에 경부선 철도를 개통하고, 1906년에는 경의선 철도를 서둘러 개통하였으며, 철도의 관리는 총독부 철도국에서 관리하도록 하였다. 또한 철도이용객들의 편의를 위해 철도역에 역사를 세우고 1층은 대합실로 2층은 호텔로 사용하였는데, 이것이 바로 철도호텔의 효시가 되었다.

이로써 1912년에 우리나라 최초의 철도호텔인 신의주철도호텔이 생겨났고, 동년 12월에는 부산철도호텔이 등장하였다. 이후 1914년에는 서울에 조선철도호텔(조선호텔)이 건립되었다. 당시의 조선철도호텔은 69실의 객실을 갖추고 서양식 레스토랑에서 프랑스요리를 판매하였으며, 국제회의장도 갖추어 사교의 중심지로 인기가 높았다. 이외에도 조선호텔은 '최초의 아이스크림' '최초의 엘리베이터' '최초의 댄스파티' 등 한국 서구문화의 근원뿐만 아니라 수많은 '한국 최초'의 신화를 남기며 일제시대부터 현대에 이르기까지 한국의 정치, 경제, 문화의 중심지로 발전하게 된다.

이후에도 총독부 철도국에서는 금강산 온정리에 금강산철도호텔(1915), 장안사호텔(1918), 온양온천철도호텔(1920), 평양철도호텔(1925) 등을 순차적으로 개관하면서 우리나라 철도호텔의 시대를 열게 된다.

▲ 부산철도호텔(1912년) 전경

▲ 조선철도호텔(1914년) 전경

3. 상용호텔의 시대

일제의 식민통치하에서 우리나라 최초의 상용호텔(Commercial Hotel)인 '반도호텔'이 1938년 서울에서 개관하였다. 반도호텔의 브랜드는 조선반도(한반도)에서 유래되었고, 일본인 사업가 노구치(野口)에 의해 세워졌으며, 지상 8층, 지하 1층, 객실 111실 규모로 조선철도호텔(69실)을 압도하는 규모였다.

1914년에 세워진 조선철도호텔이 관(철도국)에서 주도했던 반면, 1938년에 개관한 반도호텔은 비록 일본인이었지만 민간인이 주도한 순수한 상업호텔로서 조선호텔보다 더 크고 현대적이고 화려하게 지어졌다. 또한 반도호텔은 상용호텔을 표방하면서 근대적 경영방식을 도입하여 우리나라 호텔산업에 일대 전환기를 불러왔다.

반도호텔은 기존의 철도호텔들과 달리 경영방식에 있어서는 철저하게 미국식 상용호텔을 롤 모델로 삼았다. 스타틀러호텔에 간부급 종사원을 파견하여 호텔서비스에 대한 전문교육을 받게 하였으며, 로비에는 프런트업무와 현관서비스 업무를 제공하였다. 식음료업장으로 커피숍, 바, 레스토랑 등을 운영하였으며, 대규모 연회장도 갖추어 사교모임의 중심지로도 각광받았다.

우리나라 근대 호텔사에서 조선호텔과 반도호텔의 등장은 숙박시설의 역할뿐만 아니라, 한국에 외래문화가 들어오고 집결되어 퍼져나가는 상징적 장소로도 존재하였고, 해방 후 현대 호텔의 발전에도 지대한 영향을 미쳤다.

▲ 1938년에 개관한 반도호텔 선경

▲ 반도호텔과 서울시청 앞 광장(1965년) 전경

4. 현대 호텔의 시대

본서에서는 우리나라의 현대시대를 1960년대 이후부터 현재까지로 규정하고, 현대 호텔의 발전사를 '국제관광공사 주도의 호텔시대'와 '호텔의 국제화시대'로 구분하여 살펴보기로 한다.

국제관광공사 주도의 호텔시대 1960년대는 경제개발이라는 시대적 요청에 직면하면서 외화획득 수단의 일환으로 관광산업의 중요성이 인식되고, 각종 관광진흥정책들이 생겨나기 시작하는 시기이다. 이에 따라 1961년에 「관광사업진흥법」이 제정·공포되고, 1962년에는 한국관광공사의 전신인 '국제관광공사'가 설립되면서 기존의 근대호텔이 현대호텔로 발전하는 계기가 된다. 따라서 한국의 호텔사에서 1960년대는 국제관광공사가 주도하는 호텔시대로 설명할 수 있다.

국제관광공사는 1963년에 우선적으로 기존의 조선철도호텔과 반도호텔을 인수하여 두 개의 호텔을 직접 경영하는 것을 시작으로, 전국의 주요 호텔들을 인수하거나 직접 건축하여 경영하게 된다. 이때 불국사관광호텔, 설악산관광호텔, 온양관광호텔 등 8개의 호텔을 공사경영체제로 편입하여 경영하게 된다.

특히 1963년 4월에는 국제관광공사가 워커힐호텔을 개관하였는데, 워커힐호텔은 주한UN군을 대상으로 한 외화획득 목적의 호텔로서 동양 최대의 시설로 개관하였다. 당시의 워커힐호텔은 지상 17층에 객실 254개를 구비하였고, 부대시설로는 카지노, 가야금 극장식당, 대연회장, 실내수영장, 나이트클럽, 승마장, 사격장, 볼링장, 쇼핑센터 등을 갖추었다.

1965년에는 한·일 국교정상화가 체결되고, 제도적으로 「관광호텔 육성자금지원법」이 실시되면서 전국적으로 민간 주도의 대형호텔들이 생겨나기 시작하였다. 이때 개관한 호텔들이 인천 올림포스호텔(1965년, 200실), 세종호텔(1966년, 322실), 타워호텔(1967년, 245실), 뉴서울호텔(1969년, 100실) 등이다.

이와 같이 1960년대부터는 우리나라의 호텔산업 발전에 국제관광공사가 주도적으로 참여하였으며, 1970년대 이후의 호텔산업 발전에도 상당한 공헌을 하였다.

▲ 1963년 4월에 국제관광공사는 서울 광장동에 254실의 워커힐호텔을 개관하여 직접 운영하였다.

호텔의 국제화시대　우리나라에서 1970년대부터는 대기업들의 호텔사업 참여가 활발해지고 호텔의 대형화와 국제화가 이루어진다. 대표적으로 1970년에 한국관광공사와 미국 아메리칸 항공사(American Airline)가 합작으로 조선호텔을 450실 규모로 재건축하였다. 롯데그룹에서는 1973년에 반도호텔을 인수하고 그 자리에 1,000실 규모의 롯데호텔을 개관하였다.

　1973년에는 정부가 경영난에 허덕이던 두 개의 국영호텔인 '영빈관'과 '워커힐호텔'을 민간기업에 매각하면서 삼성그룹과 선경그룹이 호텔사업에 참여하게 된다. 삼성그룹은 정부로부터 영빈관을 인수하여 신라호텔로 브랜드를 변경하고 운영하다가 1979년 3월에 현재의 신라호텔로 전관을 새롭게 개관하였다. 선경그룹(현 SK그룹)에서는 워커힐호텔을 인수하여 운영하다가 1978년에 미국의 쉐라톤(Sheraton)사와 프랜차이즈 계약을 맺고 '쉐라톤워커힐호텔'로 브랜드를 변경하였다. 1976년에는 한화그룹도 호텔사업에 진출하여 410실의 플라자호텔(Plaza Hotel)을 개관하였으며, 한진그룹은 제주도에 KAL호텔을 개관하였다. 1978년에는 600실의 하얏트호텔이 개관하였는데, 하얏트체인그룹과의 위탁경영(Management Contract) 형태로 개관하면서 현재까지 운영되고 있다.

1980년대는 대규모 국제회의 유치와 86아시안게임·88서울올림픽 등의 영향으로 글로벌 체인호텔들이 대거 국내에 진출하는 시기이며, 1990년대는 관광산업이 지속적으로 활성화되면서 대규모 국제적 호텔들이 휴양지와 대도시를 중심으로 꾸준히 건설되었다.

2000년대부터는 국내 호텔산업이 역사 이래 최고의 호황기를 맞이하게 되는데, 이러한 배경에는 2001년 인천국제공항의 개항과 함께 2002년 한일월드컵, 세계적 규모의 컨벤션 유치(2005년 APEC정상회담, 2010년 G20정상회담, 2012년 서울 핵안보 정상회담 등), 세계 13위권의 경제대국, 한류열풍 등의 영향으로 국가적 품격이 높아지면서 더욱 뚜렷해지고 있다. 이에 맞춰 국내 호텔업계에서는 2000년부터 서울지역에 JW메리어트호텔, 2004년에 W호텔, 2005년에 파크하얏트호텔 등의 럭셔리호텔들이 차례로 개관하였고, 2012년에는 힐튼호텔 최고급 럭셔리 브랜드인 콘래드호텔이 개관하였다. 2016년에는 호화호텔의 대표격인 포시즌스호텔이 오픈하고, 2017년에도 JW메리어트동대문, 그랜드머큐어앰배서더, 노보텔스위트앰배서더, 롯데시그니엘호텔이 개관하였고, 2019년에 안다즈호텔 강남, 2021년에 페어몬트 앰배서더 서울 호텔이 연이어 개관하였다.

이와 같이 우리나라의 호텔산업은 근대 개항기에 객실 11실의 대불호텔로 시작하여 135년이 지난 현시점에서는 전국에 2,369개(2024년 기준)의 관광숙박업소와 217,600실의 객실을 보유한 미래의 핵심 동력산업으로 발전하고 있다.

▲ 현재 국내의 호텔산업은 최고급 럭셔리 브랜드인 W호텔, 콘래드호텔 등의 체인호텔들을 비롯하여 전국적으로 966개의 호텔들이 영업 중에 있다(사진 : (좌)시그니엘서울호텔(시그니엘호텔은 롯데월드타워의 76∼101층에 위치), (우)콘래드서울호텔 전경).

Hof 독일에서 호텔의 뜻으로 사용됨. 건물 등에 둘러싸인 장소 또는 광대한 저택을 뜻하는데 Inn 으로부터 Hotel로 발전하는 과정에서 과도기적인 명칭으로 쓰였다.

Inn 중세시대 숙식이 가능한 여인숙 형태의 숙소를 말한다. 현대에는 호텔 등의 브랜드에 쓰이고 있다(예: Holiday Inn Hotel).

Grand Hotel 19세기 무렵 유럽 상류층 자녀들의 호화여행(Grand Tour)에서 유래된 말로 호화 호텔을 뜻하는 명사처럼 사용되었다.

Cesar Ritz 호화호텔의 시대에 고급호텔의 원형을 탄생시킨 호텔경영자로서 '호텔리어의 왕'으로 칭송받는 인물이다.

George A. Escoffier 조르주 에스코피에는 세자르 리츠의 호텔 동업자이자 서양 요리사에서 가장 위대한 조리사로 칭송받는다. 당시 부가가치가 높은 정식요리(Table D'hote) 메뉴를 개발하였으며 호텔에 정장 차림의 디너 파티문화를 정착시켰다.

Table D'Hote 서양 요리에서 여러 요리(코스)로 구성된 정찬을 이르는 말이다. 즉 여러 음식이 일정한 순서로 짜여 차례로 나오는 요리로 최소한 전채요리-메인메뉴-디저트의 3단계 이상을 갖추어야 한다.

Limited Service Hotel 한정서비스 호텔은 객실 및 식음료, 연회장 등에서 제한된 서비스가 제공되는 중저가 호텔로서 호텔에는 1개 정도의 식당만을 운영하거나, 객실 수는 100실 미만인 곳이 대부분이다. 중저가호텔은 다시 중급호텔(Midscale, Select), 경제적 호텔(Economy), 저가호텔(Budget)로 세분된다.

Full Service Hotel 풀 서비스호텔은 고급호텔을 일컫는 의미로 객실 및 식음료 부문에서 고품질의 서비스가 제공된다. 고급 서비스호텔은 다시 최고급호텔(Luxury, Premium), 고급호텔(Up-scale)로 구분된다.

- 서양호텔의 발전사에서 세자르 리츠가 미친 영향은 무엇일까요?
- 호화호텔의 시초는 유럽에서 시작하였지만 글로벌 체인호텔들이 미국을 중심으로 세계화된 이유는 무엇일까요?
- 국내 호텔산업의 시대별 발전과정을 살펴보고 2000년대 이후 최고의 호황기를 맞이하고 있는 원인과 배경들에 대해 생각해 보세요.
- 세계적인 체인호텔그룹들이 호텔사업을 확장시키는 데 가장 큰 원동력이 되는 경영전략은 무엇인지 생각해 보세요.

제3장

호텔경영의 이해

제1절 호텔경영의 유형
제2절 호텔의 경영조직

제 1 절 호텔경영의 유형

호텔경영방식의 유형은 누가 소유하고 누가 경영하느냐에 따라 구분되는데, 호텔기업이 어떤 경영방식을 선택하느냐에 따라 기업 생존이 좌우되므로 그 유형과 내용을 이해할 필요가 있다. 따라서 본 절에서는 호텔경영방식의 대표적 유형 다섯 가지를 살펴보기로 한다.

1. 독립경영

독립경영(Independent Management)이란 호텔 소유주가 다른 호텔들과 어떠한 관계도 맺지 않은 상태에서 타인의 간섭을 받지 않고 독자적 방식으로 자유롭게 운영하는 경영방식이다. 즉 체인계약이나 프랜차이즈 등에 가입하지 않고 단독으로 운영하는 형태이며, 다른 말로는 '단독경영'이라고도 한다. 이러한 경영방식으로 운영되는 호텔들을 '단독경영호텔' 또는 '독립경영호텔'이라고 칭한다.

20세기 초 '리츠호텔'이나 '스타틀러호텔'이 등장하기 이전까지 세계 대부분의 호텔들은 개인소유로 운영되는 독립경영방식이었다. 현재 국내에서도 대도시에 위치한 체인호텔들을 제외하면 대부분의 호텔들이 독립경영방식으로 운영되고 있다. 예를 들어 신라호텔, 롯데호텔, 현대호텔, 세종호텔 등이 독립경영호텔의 대표적 사례이다.

그러나 초기에는 독립경영으로 출발하였지만 시간이 지나면서 호텔의 브랜드 명성이 높아지고 경영노하우가 쌓이면서 자사의 동일 브랜드로 각 지역에 체인호텔 수를 늘려나가는 형태로 발전하기도 한다. 대표적으로 롯데호텔의 경우 1979년에 서울명동에 롯데호텔을 개관하였지만, 이후 잠실, 부산, 제주, 울산 등지에 자사가 직영하는 롯데호텔들을 건립함으로써 체인경영체제로 전환되었다. 이외에도 신라호텔, 현대호텔, 파라다이스호텔 등이 독립경영으로 운영되지만 자사 브랜드의 직영 체인을 거느리고 있는 대표적 사례이다.

독립경영의 장점 독립경영의 장점은 체인본사의 제약이 없으므로 타인의 경영간섭을 받지 않고 자사 고유의 경영기법을 개발할 수 있으며, 그 지역만의 독창적인 환경변화에 신속히 대응할 수 있다는 점이다. 또한 체인계약으로 인한 가입비나 상표사용료 등에 대한 비용지급이 없기 때문에 비용절감의 장점이 있다.

독립경영의 단점 단독경영호텔은 호텔경영에 대한 노하우가 없기 때문에 스스로 시장 확대 및 경영기술을 개발해야 한다. 특히 체인호텔에 비해 공동예약망이나 호텔건설 및 경영노하우 등을 조기에 축적하기가 어렵다. 그리고 체인호텔에 비해 브랜드 명성이나 이미지가 약하기 때문에 고객유치가 불리하고, 그에 따른 경쟁력 확보를 위해 단독으로 마케팅 비용을 부담해야 하는 어려움 등이 있다.

이러한 어려움을 극복하기 위해 단독경영호텔들은 비슷한 처지의 호텔 간에 공동마케팅을 통한 전략적 제휴나 리퍼럴경영을 전개하거나, 아니면 글로벌 호텔기업과의 체인계약을 통해 위탁경영이나 프랜차이즈 경영으로 전환하기도 한다.

2. 체인경영

호텔의 체인화는 이미 세계적인 추세이며 호텔산업 발전에도 지대한 영향을 미치고 있다. 체인(Chain)이라는 용어에서 알 수 있듯이 체인경영이란 고리가 연결된 체인과 같이 2개 이상의 여러 호텔들이 체인본사와 표준화된 계약을 체결하고, 그에 따라 체인본사의 브랜드 사용과 경영지원을 받으면서 그에 상응하는 로열티를 지급하고, 체인본사는 많은 곳에 분점형태의 호텔을 구축하여 브랜드 확장 및 대량생산을 통한 규모의 경제를 실현하는 '다입지영업전략(Multi-Location Operations)' 형태의 경영방식이다.

체인경영의 효시는 1907년 '리츠개발회사'가 뉴욕시에 '리츠칼튼호텔'을 개관하면서 '리츠'라는 이름을 프랜차이즈 형태로 사용한 것이 시초이다. 이후 1910년부터는 스타틀러에 의해 자사가 소유하고 직영하는 19개의 모든 호텔에 '스타틀러호텔'이라는 단일 브랜드로 본사 직영 체인호텔을 운영하였다.

1950년대 이후에는 홀리데이 인(Holiday Inns), 쉐라톤(Sheraton), 라마다 인(Ramada Inns) 등의 호텔이 프랜차이즈(Franchise) 시스템이라는 새로운 경영방식으로 자사 브랜드 확장을 시작하였다.

1960년대 이후에는 힐튼(Hilton), 웨스틴(Westin), 하얏트(Hyatt), 메리어트(Marriott), 리츠칼튼(Litz Carlton) 등의 글로벌 호텔기업들이 세계 여러 곳에 위탁경영(Management Contract) 형태의 체인경영을 시작하면서 체인호텔들이 대거 등장하게 되었다.

현재는 미국 내 호텔객실의 70% 이상이 체인호텔들이 운영하는 객실이며, 메리어트호텔그룹의 경우에도 전 세계 6,300여 개의 체인호텔 중 자사 소유의 직영 호텔은 10여 개에 불과하고, 인터컨티넨탈호텔그룹도 전 세계 5,348개의 체인호텔 중 자사 소유의 직영호텔은 8곳에 불과하다. 이처럼 대부분의 체인호텔그룹들은 자사에 가맹된 몇천 개의 호텔들을 위탁경영이나 프랜차이즈 형태의 체인경영으로 운영하고 있는 것이 일반적이다. 그러나 모든 체인그룹이 단 한 가지 체인경영방식만을 고수하거나 정형화된 것은 아니며, 최근에는 체인그룹이 시장상황에 따라 본사직영체인, 위탁경영, 프랜차이즈 등을 혼용하여 경영하기도 한다.

이와 같이 체인경영이 발달하게 된 배경에는 체인본사와 체인가맹호텔 간에 핵심이익이 일치하기 때문이다. 체인본사는 오랜 기간 축적된 브랜드 명성과 경영기술을 가맹호텔에 제공함으로써 그에 상응하는 경영수수료나 로열티를 받을 수 있으며, 세계 여러 곳에 자사 체인호텔을 확장할 수 있다. 반면에 가맹호텔은 체인호텔의 브랜드와 경영기술을 전수받음으로써 초기에 신뢰감과 안정감을 구축하여 시장진입이 수월하다는 점이다. 이러한 이유로 가맹호텔들은 자사가 지불하는 로열티보다 체인경영으로 얻어지는 이익이 더 크다고 판단하여 체인호텔을 선호하는 것이다.

이와 같은 이론적 내용들을 살펴볼 때 체인경영이라 함은 다음과 같은 기본적인 특징들을 충족해야 한다. 첫째는 가맹호텔들이 체인그룹에서 제공하는 단 하나의 동일한 브랜드를 사용해야 하며, 두 번째는 가맹호텔들이 체인그룹에서 제공하는 예약시스템을 공동으로 사용해야 한다. 세 번째는 체인그룹의 영업기준을 성실히 이행하고 브랜드 사용과 경영기술에 대한 로열티를 지급해야 한다. 이러한 세 가지 기준을 충족할 경우 체인경영이라 할 수 있다.

이러한 측면에서 위탁경영과 프랜차이즈 방식은 위 세 가지 기준을 모두 충족하고 있으며, 본사직영체인의 경우 로열티를 지급하지 않는다는 점 외에 체인경영과 동일한 특징을 보이고 있다.

따라서 본서에서는 체인경영의 유형을 위탁경영, 프랜차이즈, 본사직영체인의 세 가지 방식으로 구분하고 이를 구체적으로 살펴본다. 세계 Top 10 체인호텔그룹의 현황은 〈표 3-1〉과 같다.

표 3-1 세계 Top 10 체인호텔그룹 현황(2023년 기준)

순위	호텔그룹	본사	호텔 수	객실 수
1	Wyndham Hotels & Resorts	USA	9,300	1,250,000
2	Marriott International	USA	7,500	1,400,000
3	Choice Hotels International	USA	7,100	600,000
4	Hilton International	USA	6,200	980,000
5	IHG(Intercontinental Hotels Group)	England	5,700	880,000
6	Accor	France	4,800	700,000
7	Best Western Hotels & Resorts	USA	4,700	400,000
8	G6 Hospitality	USA	1,500	100,000
9	Red Lion Hotels(RLH)	USA	1,400	200,000
10	Radisson Hotels Group	USA	1,100	200,000

1) 위탁경영

위탁경영(Management Contract)의 시초는 1940년대 초 힐튼호텔(Hilton Hotel)의 창시자인 콘래드 힐튼(Conrad N. Hilton)에 의해 시작되었다. 콘래드 힐튼의 경우, 초기에는 호텔을 새롭게 건축하거나 기존의 호텔을 저가에 인수·합병하는 방식으로 자사 직영체인을 확대시켜 나갔다. 특히 1945년에 16개의 스타틀러호텔 인수를 시작으로 플라자호텔, 스티븐스호텔, 팔머하우스, 월도프 아스토리아호텔 등을 차례로 인수하면서 체인호텔 수를 승가시켰다.

그러나 1960년대부터는 체인경영방식을 혁신적으로 전환하였는데, 체인그룹에서 타사 호텔기업을 전문적으로 위탁경영하는 방식으로 체인호텔 수를 늘려나가는 방식이었다. 이러한 경영방식으로 1980년대에는 미국 내에서 270개 이상의 힐튼호텔들이 생겨났으며, 오늘날에는 전 세계에서 3,800여 개의 체인호텔들을 거느리고 있다. 그중 대부분은 위탁경영을 통한 체인호텔로 운영되고 있다.

국내에서는 1969년 웨스틴조선호텔이 위탁경영을 시작하였으며, 이후에 그랜드하얏트서울호텔, 웨스틴조선호텔, 인터컨티넨탈호텔, 르네상스서울호텔, 리츠칼튼호텔, JW메리어트호텔, 밀레니엄힐튼호텔 등의 위탁경영호텔들이 등장하여 운영되고 있다.

위탁경영은 호텔의 소유주가 호텔경영에 대한 경험이 부족하거나 호텔의 규모가 커서 단독으로 경영하기가 어려울 때 다국적 체인호텔그룹과의 체인계약을 통해 호텔의 인사권이나 경영권 일체를 위탁하여 맡기는 경영방식이다. 즉 체인호텔그룹은 상표 사용권과 위탁경영을 제공하고, 호텔 소유주는 그에 대한 대가로 경영수수료를 지불하는 방식이다. 계약기간 동안 호텔 소유주의 경영권이 상실되므로 소유와 경영이 완전히 분리되는 형태이고, 이러한 위탁계약에 의해 경영되는 호텔을 '위탁경영호텔'이라고 한다.

위탁경영의 가장 큰 특징은 경영계약 기간 동안(보통 20~50년) 체인호텔그룹에서는 자사 고유의 동일성(상호, 로고, 표준화된 건축양식, 인테리어 등)을 의무적으로 적용시키고, 호텔 소유주의 간섭 없이 총지배인 등 핵심 전문경영인을 파견하여 재무·회계·마케팅·영업·관리 등 전 분야에서 호텔을 자유롭게 경영한다. 또한 체인본사의 경영노하우나 공동예약시스템 및 공동광고 등을 활용하여 체인호텔의 영업이익을 극대화시킨 후, 그에 따른 일정이익을 경영수수료로 받는다는 점이다. 체인호텔그룹이 받는 경영수수료는 체인호텔마다 약간의 차이는 있지만 일반적으로 총 매출액(GRO)의 2~5%와 영업이익(GOP)의 8~10%를 경영수수료로 지급받는다. 이러한 위탁경영의 장단점을 살펴보면 다음과 같다.

위탁경영의 장점 체인호텔그룹 입장에서는 대규모 자본지출 없이 자사 체인호텔을 증가시킬 수 있으며, 경영 결과에 대한 책임이 없기 때문에 위험부담이 적은 상태에서 자유롭게 경영을 한다는 점이다.

호텔 소유주 입장에서는 호텔경영에 대한 노하우가 없어도 호텔의 건설에서부터 경영까지 체인호텔그룹의 도움을 받을 수 있다는 점과 계약기간 동안 선진호텔의 경영기법을 전수받을 수 있다. 특히 호텔 개관 전에는 각종 시장조사와 건설계획, 실내 디자인, 운영 매뉴얼 등을 지원받을 수 있으며, 개관 후에는 브랜드 사용과 함께 경영전문가, 종사원교육, 물품조달, 마케팅지원, 체인예약망 공동사용 등을 지원받을 수 있다. 이러한 측면에서 체인호텔은 단독경영호텔보다 비용 및 경영기법에서 효과적이라 할 수 있다.

위탁경영의 단점 체인호텔그룹 입장에서는 호텔가치가 상승해도 그에 대한 별도의 보상을 받을 수 없다는 점과, 호텔 소유주의 재정문제로 계약이 파기될 경우 브랜드 이미지에 손상을 가져올 수 있다는 점이다. 호텔 소유주 입장에서는 계약기간 동안 경영권이 완전히 상실된다는 점과, 경영의 부실로 발생한 손실을 부담해야 하고 그에 따른 법적 책임을 물을 수 없다는 점이다.

2) 프랜차이즈경영

호텔산업에서 프랜차이즈(Franchise)의 시초는 1952년 미국의 홀리데이인(Holiday Inn)호텔의 창시자인 케몬스 윌슨(Kemmons Wilson)에 의해 시작되었다. 케몬스 윌슨은 그의 첫 번째 홀리데이인호텔을 테네시에 개업하고 큰 성공을 거두자 동일한 브랜드로 호텔 수를 확장시키려는 계획을 세우게 된다. 이후 홀리데이인호텔과 비슷한 호텔경영을 원하는 투자자들에게 브랜드 사용권과 경영노하우를 제공하면서 체인호텔 수를 확장시켜 나갔다. 그 후 10년이 지난 1962년에는 400번째 프랜차이즈호텔이 생겨났고, 오늘날에는 전 세계에서 2,500여 개의 홀리데이인 체인호텔들이 프랜차이즈 경영방식으로 운영되고 있다.

국내에서는 1970년에 쉐라톤워커힐호텔이 프랜차이즈경영을 최초로 시작하였으며, 이후 래디슨프라자호텔, 홀리데이인호텔, 크라운프라자호텔, 베스트웨스턴호텔, 라마다호텔 등이 프랜차이즈 방식으로 운영되고 있다.

프랜자이즈 경영이란 체인호텔그룹과 가맹호텔 간에 프랜차이즈 계약을 체결하고,

체인그룹에서는 상표 사용권, 예약시스템, 경영자문 등을 제공하고, 가맹호텔에서는 그에 따른 가입비와 수수료를 지불하는 방식이다. 체인호텔그룹의 브랜드와 공동예약망을 사용하는 대가로 로열티를 지급한다는 점에서는 위탁경영과 유사하지만, 호텔 소유주가 경영권을 위탁하지 않고 자체적으로 호텔을 직접 경영한다는 측면에서는 위탁경영과 크게 다르다.

이러한 측면에서 프랜차이즈호텔그룹(Franchisor)과 가맹호텔(Franchisee) 간의 관계는 예속이기보다는 동등한 지원관계라 할 수 있으며, 경영권과 경영결과에 대한 책임공방으로 인한 분쟁이 위탁경영보다 적은 편이다.

따라서 프랜차이즈 경영이 성공하기 위해서는 프랜차이즈호텔그룹과 가맹호텔 간에 계약내용을 성실히 이행하는 것이 중요하다. 프랜차이즈호텔그룹 측에서는 프랜차이즈 가맹호텔에 브랜드 사용권, 공동마케팅, 체인예약망 등을 지원해야 한다. 이밖에도 프랜차이즈 본사의 대량구매로 인한 비용절감과 경영지도, 종사원의 교육훈련 프로그램 등을 공유해야 한다.

반면에 프랜차이즈 체인에 가입한 가맹호텔은 프랜차이즈 본사의 명성에 손실을 끼치지 않도록 영업기준을 성실히 이행해야 하며 영업결과에 따른 수수료를 지급해야 한다.

프랜차이즈 가맹호텔의 가입비와 경영수수료는 체인호텔마다 차이가 있지만 일반적으로 최초 가입비(1실당 200~300불), 경영수수료(연간 총매출액의 1~5%), 연간 광고비(총수입의 1~3%), 예약수수료(1건당 1~3%) 등을 지급한다. 이렇게 과다한 로열티 지급에도 불구하고 대부분의 경우에는 프랜차이즈로 인한 마케팅 능력과 브랜드 파워 상승으로 매출액 증가율이 경영수수료 지급액을 초과하는 경우가 대부분이다.

프랜차이즈의 장점 프랜차이즈호텔그룹 입장에서는 자사 브랜드를 사용하는 호텔 수가 증가하므로 브랜드 가치가 상승하고, 전체 매출 규모와 수수료 수입이 증가하여 규모의 경제를 달성할 수 있다는 점이다. 프랜차이즈 가맹호텔 입장에서는 자사 호텔에 유명 브랜드를 접목하면서 자산가치가 상승하고, 마케팅 능력이 강화된다는 점이다. 또한 프랜차이즈 본사의 체인예약망(GDS : Global Distribution System)을 활용하여 객실예약이 증가하고, 각종 연수지원과 경영노하우를 지원받을 수 있으며, 대량구매로 인해 구매비용을 절감할 수 있다.

프랜차이즈의 단점 프랜차이즈호텔그룹 입장에서는 가맹호텔들이 영업기준(브랜드 네임과 로고, 객실의 크기, 영업시간, 식음료 판매시설, 가구의 규격, 종사원 교육 등)을 성실히 준수하지 않을 경우 품질관리가 어려워지고, 브랜드 이미지가 손상될 수 있다는 점이다. 가맹호텔 입장에서는 체인본사의 지나친 경영간섭이 있을 수 있으며 과다한 로열티를 지급해야 한다. 또한 체인그룹의 브랜드 파워가 약해질 경우 영업력이 저하되고 동일 지역 내에서 가맹점이 남발될 우려가 있다.

표 3-2 세계 유명 호텔의 프랜차이즈 계약 조건

호텔체인	기본 수수료	운영 수수료	광고 · 마케팅 수수료	예약 수수료
Ramada	객실당 350불(3만 5천 불이 최저)	객실매출의 4%	객실매출의 4.5%	
Days Inn	객실당 350불(3만 5천 불이 최저)	객실매출의 6.5%	객실매출의 2.3% + 기본수수료 객실당 100불 혹은 만 불	
Holiday Inn	객실 100실당 3만 불, Crown Plaza는 7만 5천 불	총매출의 5%	총매출의 1.5%, Crown Plaza는 2%	총매출의 1%
Best Western	객실 100실당 2만 5천 불	객실 100실당 2만 2천 불	객실 100실당 3,000불	객실당 하루 5센트(첫 해) + 전년 실적에 의해 다시 조정
Choice Hotels	객실당 300불(4만 불이 최저)	객실매출의 5%	객실매출의 1.3% + 객실당 하루 28센트	객실 매출의 1% + 예약객실당 1불
Embassy Suites	Suite룸 1실당 500불(10만 불이 최저)	객실매출의 4%	–	–

3) 본사직영체인

본사직영체인(Ownership Chain)이란 한 개의 모기업이 2개 이상의 자사 호텔을 직영점 형태로 직접 경영하는 방식이다. 본사직영체인의 경우에도 본사와 지사의 호텔들이 동일한 브랜드를 사용하며, 예약시스템을 공동으로 사용한다. 경영방식에 있어서도 본사와 지사가 동일한 방식으로 운영되며, 본사에서는 각 지사에 총지배인과 주요 간부들을 파견하여 운영하고 있다.

이러한 방식은 미국의 '스타틀러호텔'이 그 시초이다. 스타틀러는 버펄로에 최초의 스타틀러호텔을 개관하고 그 호텔이 크게 성공하자, 미국 주요 지역에 스타틀러호텔을 건설하여 운영하기 시작하였으며, 1940년대에는 19개의 스타틀러호텔을 본사직영체인 방식으로 운영하였다.

국내의 경우 롯데호텔, 신라호텔, 현대호텔 등이 처음에는 호텔산업에 단독으로 진출하였지만, 시간이 지나면서 호텔경영에 대한 노하우가 축적되고 경영에 성공하면서 전국 각지에 자사의 직영호텔들을 건립하게 되었다. 국내 본사직영체인호텔 현황을 살펴보면 〈표 3-3〉과 같다.

표 3-3 국내 본사 직영 체인호텔 현황

기업명	소재지	호텔명		
롯데호텔 & 리조트	한국(20개)	시그니엘	시그니엘 서울	시그니엘 부산
		롯데호텔	롯데호텔 서울 롯데호텔 부산 롯데호텔 제주	롯데호텔 월드 롯데호텔 울산
		L7호텔	L7호텔 명동 L7호텔 강남	L7호텔 홍대
		롯데시티호텔	롯데시티 제주 롯데시티 마포 롯데시티 울산 롯데시티 김포공항	롯데시티 구로 롯데시티 대전 롯데시티 명동
		롯데리조트	롯데리조트 부여 롯데리조트 제주	롯데리조트 속초
	미국(3개)	롯데뉴욕팰리스호텔 롯데호텔 시애틀	롯데호텔 괌	
	러시아(4개)	롯데호텔 모스크바 롯데호텔 시마라	롯데호텔 상트페테르부르크 롯데호텔 블라디보스토크	
	일본(2개)	롯데아라이리조트	롯데시티호텔 긴시초	
	베트남(3개)	롯데호텔 하노이 L7 웨스트레이크 하노이	롯데호텔 사이공	
	미얀마(1개)	롯데호텔 양곤		
	우즈베키스탄(1개)	롯데시티호텔 슈켄트팰리스		
신라호텔 & 리조트	한국(16개)	신라호텔	서울신라호텔	제주신라호텔
		신라모노그램 신라스테이	신라스테이 서대문 신라스테이 역삼 신라스테이 마포 신라스테이 해운대 신라스테이 천안 신라스테이 구로 신라스테이 삼성	신라스테이 동탄 신라스테이 광화문 신라스테이 제주 신라스테이 울산 신라스테이 서부산 신라스테이 서초 신라스테이 여수
	베트남(1개)	신라모노그램	신라모노그램 다낭	
조선호텔 & 리조트	한국(9개)	조선팰리스호텔 웨스틴조선부산 그랜드조선제주 그래비티서울판교 포포인츠바이쉐라톤명동	웨스틴조선서울 그랜드조선부산 스케이프호텔 포포인츠바이쉐라톤서울역	

* 자료 : 각사 홈페이지(2023년 기준)

▲ 롯데호텔은 자사를 32개의 직영체인을 거느린 글로벌 호텔그룹으로 포지셔닝하고 있다.

3. 리퍼럴경영

리퍼럴경영(Referral Management)은 독립경영호텔들이 체인호텔들에 대항하기 위하여 독립경영호텔들끼리 서로 동맹을 맺어 연합하는 경영방식이다. 즉 체인호텔의 증가로 호텔경영에 위협을 느낀 독립호텔들이 자사의 소유권과 독립성은 그대로 유지하면서 체인방식의 장점을 살리기 위해 회원사를 조직하여 체인화하는 방식이다.

리퍼럴그룹에 가입한 가맹호텔(Member Hotel)들은 체인호텔처럼 상호 협력하여 공동마케팅, 공동예약서비스, 정보교환 등을 통해 서로 협력하고 이에 대한 공동비용은 회원사들의 정기회비나 객실판매비율로 회비를 징수하여 운영한다. 이러한 리퍼럴그룹의 회원사가 되기 위해서는 시설이나 서비스 면에서 일정한 자격기준을 갖추어야 한다. 그러나 리퍼럴경영은 체인경영에 비해 회원호텔들을 결집시킬 수 있는 강제력이 약하고, 회원사들이 중도에 이탈하는 것을 막을 수 있는 억제력이 약한 것이 단점이다.

세계적인 리퍼럴경영기업으로는 LHW, UTELL, SRS, PHW, NIKKO 등이 있는데, 국내에서는 LHW(The Leading Hotels of The World)에 신라호텔과 롯데시그니엘호텔, 파라다이스부산호텔 3곳이 가입하여 LHW의 공동예약시스템을 활용하여 외국인 고객을 유치하고 있다. LHW는 세계 최고의 럭셔리호텔들만이 회원사로 가입할 수 있는 자격이 있으며 전 세계 80개국에서 400개 이상의 회원호텔들이 가입되어 있다.

하지만 이러한 대형 리퍼럴기업들은 회원가입 기준을 럭셔리호텔에 한정하거나 심사가 까다롭기 때문에 국내의 중소형호텔들은 가입이 어려운 것이 현실이다. 이러한 문제에 대응하기 위해 한국관광공사에서는 2012년부터 국내 중소형 독립경영호텔들을 위한 '베니키아(Benikiea: Best Night in Korea)'라는 체인형 리퍼럴경영조직을 만들어 운영하고 있다. 베니키아에 가입한 호텔들은 초기 가입비(1백만 원)와 브랜드 사용료(2백만 원) 등을 납부하고 베니키아의 브랜드와 중앙예약시스템(CRS)을 사용하고 공동마케팅으로 경쟁력을 높이고 있다.

베니키아에 회원사로 가입한 호텔들은 가입비 등을 납부하고 베니키아의 브랜드와 중앙예약시스템을 사용하는 측면에서는 체인형태를 띠기도 하지만, 독립경영호텔들이 거대 체인호텔에 대항하여 공동 마케팅과 공동중앙예약시스템을 사용하고 기업경영은 독립적으로 운영된다는 측면에서는 리퍼럴경영에 해당된다. 따라서 베니키아의 경우는 체인형태를 띤 리퍼럴경영에 해당된다고 볼 수 있으며, 2023년 기준 전국에 24개의 중소형 독립호텔들이 회원사로 가입되어 운영 중에 있다.

'BENIKEA' 브랜드 종류

 BENIKEA
관광호텔업
30실 이상 호텔

 BENIKEA Premier
관광호텔업
100실 이상 호텔

 BENIKEA Home
가족호텔업
30실 이상 호텔

▲ (좌)베니키아씨스타호텔 전경, (우)베니키아 프리미어동대문호텔 전경. 한국관광공사에서는 2012년부터 국내 독립경영호텔들을 대상으로 '베니키아'라는 리퍼럴경영조직을 만들어 직접 운영하다가, 현재는 민간기업에 이양하여 운영하고 있다.

4. 합작투자경영

합작투자경영(Joint Venture Management)은 호텔소유회사와 경영회사가 자본과 경영을 공동으로 합작하여 경영하는 방식이다. 위탁경영이나 프랜차이즈가 경영을 위한 체인이라면, 합작투자는 호텔건설시점부터 자본과 경영을 동시에 합작하여 체인화하는 경우이다.

최근에는 체인호텔그룹과 가맹호텔들 간에 위탁경영을 체결하면서 동시에 일정비율로 자본을 공동으로 투자하는 합작투자경영이 선호되고 있으며, 합작투자 형태의 비즈니스 모델은 미래 호텔사업의 추세가 될 것이나. 신규시장에 진출하려는 호텔기업에게 합작투자경영은 가장 빠르고 저렴하며, 어떤 경우에는 해외시장 진출 시 직면하게 되는 사회적·정치적 장벽을 무너뜨릴 수 있는 방법이다.

예를 들어 어느 다국적 호텔기업이 신규시장에 단독으로 진출하더라도 그 시장에서 스스로의 힘만으로 성공할 확률은 매우 희박하다. 현지어를 구사하는 직원들이 많더라도 너무도 복잡한 문화적인 문제점들이 뒤따르기 때문이다. 호텔에 적합한 납품업자를 찾는 일부터 직원고용, 광고문제 등이 그러하다. 이러한 이유와 추가적인 문제점들 때문에 해외시장을 개척하기 위한 가장 신중한 방법으로 현지 동업자를 통하는 방법으로 합작투자경영이 선호되는 것이다.

합작투자경영을 통한 가장 성공적인 시장진입 사례는 일본 도쿄의 친잔소 지역에 위치한 5성급의 '포시즌스 친잔소호텔(Four Seasons Chinzan-so Hotel)'이다. 포시즌스 친잔소호텔은 1992년 1월에 리조트 분위기를 지닌 도심호텔로 포시즌스기업과 일본상업은행(IBJ)이 합작투자경영으로 오픈했다. 그리고 오픈한 지 1년 만에 일본의 저명한 비즈니스 저널인 〈니케이리포트〉지가 도쿄의 랜드마크인 '제국호텔(Imperial Hotel)'을 제치고 '일본 최고의 호텔'이라는 타이틀을 수여했다.

아무리 북미지역 최고의 호텔그룹으로 인정받는 포시즌스라도 아시아의 경제 중심지인 도쿄 한복판에 단독으로 특급호텔을 진출시키는 것은 절대 불가능한 일이었다. 당시 도쿄 지역의 평당 가격은 거의 1억 1,700만 엔(한화로 약 16억 원)에 달하여서 도쿄의 상업용지 비용을 포시즌스그룹이 혼자서 감당하는 것은 자살행위에 가까웠고 단독으로는 절대로 성공시킬 수 없었을 것이다. 이 당시 일본의 살인적인 물가는 도쿄 중심부의 왕궁이 위치한 지역 일대의 땅값이 캘리포니아 전체의 땅값과 동일하게 매겨질 정도였다.

그래서 포시즌스그룹은 일본상업은행과 자본제휴를 통한 합작투자방식으로 40년간의 위탁경영계약을 체결하였으며, 포시즌스그룹이 극동지역에서 사세를 확장하는 계기가 되었다. 이뿐만 아니라 포시즌스그룹은 '포시즌스 친잔소호텔'의 성공을 통해 불모지나 다름없던 동유럽과 환태평양 지역으로 호텔 수를 늘려가기 시작하였다.

합작투자경영은 이러한 장점 외에도 계약기간 동안 양사 모두에게 신뢰감을 형성하는 데에도 도움이 된다. 호텔 소유회사 입장에서는 위탁경영을 하는 체인그룹이 일정한 자본을 투자하였기 때문에 주인의식을 가지고 최선의 노력을 다할 것이라는 점에서 안심할 수 있으며, 위탁경영을 하는 체인그룹 측에서도 일정 자본을 투자하였기 때문에 호텔의 가치가 높아졌을 때 그에 대한 지분확보가 가능하여 안심할 수 있다.

5. 임차경영

임차경영(Lease Management)이란 호텔경영전문 회사가 호텔 소유회사의 호텔을 일정기간 임차하여 운영하는 경영방식이다. 일반적으로 새로운 호텔을 개관하기 위해서는 부지매입과 건설기간 등 상당한 시간과 경비가 소요되므로, 호텔경영전문회사에서는 짧은 시간 안에 체인 확장을 위해 기존의 호텔을 임대하여 경영하는 방식이다.

임대차계약에서 임대인(호텔 소유주)은 호텔 내·외부 시설과 비품 가구 등을 그대로 제공하고, 임차인(호텔 경영회사)은 그에 대한 대가로 임차료를 지불하게 된다.

임차경영의 장점으로 호텔경영회사에서는 과다한 호텔건설 비용을 들이지 않고 제3자의 호텔건물을 그대로 임대하여 짧은 기간 안에 호텔경영을 시작할 수 있으며, 호텔 소유주 입장에서는 호텔경영능력이 부족하거나 사정이 생겼을 때 호텔을 매도하지 않고도 고정된 임대료 수입을 보장받을 수 있다.

임차료의 지급방식은 세 가지가 있는데, 첫째는 영업실적과 관계없이 일정 금액을 매월 임차료로 지급하는 방식, 둘째는 영업실적에 따라 일정비율로 지급하는 방식, 셋째는 임차료와 영업실적에 따른 일정비율을 혼용하여 지급하는 방식이 있다.

제 2 절 호텔의 경영조직

1. 호텔 경영조직의 개념

호텔의 경영조직이란 '호텔의 경영목표를 달성하기 위해 다수인 종사원들의 직무체계를 합리적이고 능률적으로 구성하고 배치한 경영조직'을 말한다. 즉 한 조직이 요하는 여러 직무의 흐름과 지휘·조정 등을 그림으로 명료하게 나타낸 것으로서 '누가' '무엇'을 하는가를 보여주는 조직화된 시스템을 의미한다. 특히 호텔기업은 인적 서비스 의존도가 높은 산업이기 때문에 많은 인력을 필요로 하므로 이러한 인력을 제대로 조직하느냐의 여부에 따라 호텔의 운명이 달라질 수 있다. 그러므로 각각의 구성단위인 직무체계를 어떻게 구성하고, 그에 따른 종사원들의 합리적인 배치가 호텔경영의 핵심을 차지하고 있다.

2. 호텔 경영조직의 필요성

호텔기업을 경영하기 위해서는 여러 가지 경영활동이 필요하다. 이러한 경영활동을 합리적으로 수행하기 위해서는 여러 가지 활동을 그 성질에 따라 정리하고, 일정한 기준에 의해 분류함으로써 각 종사원의 직무를 명확하고 뚜렷하게 지정해야 한다. 이에 따라 기업에서는 각 종사원들의 성공적인 업무수행을 위해 많은 부서를 조직화함으로써 경영목적을 달성할 수 있다.

따라서 호텔기업은 호텔의 경영목적인 고객만족을 달성하기 위해서 호텔의 경영자 및 종사자가 수행할 직무 및 상호 간의 관계를 규정하고 이를 체계적으로 조직화하는 것이 반드시 필요하다. 호텔의 전체적인 조직도를 살펴보면 〈그림 3-1〉과 같다.

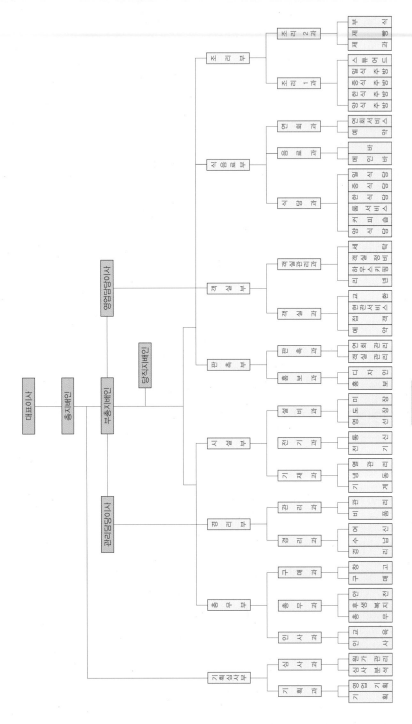

그림 3-1 호텔의 전체 조직도

3. 호텔의 부서별 경영조직

호텔의 경영조직은 현장경험이 풍부한 전문경영인(총지배인)을 중심으로 크게 객실부서, 식음료부서, 마케팅부서, 조리부서, 관리부서로 구분할 수 있다. 이를 다시 업무기능에 따라 영업부서(Front of the House)와 지원부서(Back of the House)로 나눌 수 있다. 영업부서는 일선에서 직접 호텔고객에게 상품을 제공하고 판매하는 부서로서 객실부서, 식음료부서, 마케팅부서, 조리부서 등이다. 지원부서는 호텔경영 관리에 필요한 지원부서로서 총무부, 경리부, 시설부 등을 말한다. 본서에서는 호텔의 주요부서를 업무기능에 따라 5개 부서로 구분하여 이를 살펴보기로 한다.

1) 총지배인

총지배인(GM : General Manager)은 주주나 오너(Owner)로부터 호텔경영에 대한 책임을 위임받은 최고 책임자로서 호텔경영의 중요한 정책결정에 참여하고 최고경영진에서 결정한 정책들을 각 부서에서 잘 수행하도록 호텔경영 전반에 대하여 총괄지휘하고 감독하는 전문경영인이다.

2) 부총지배인

부총지배인(AGM : Assistant General Manager)은 총지배인을 보좌하고 부재시에는 총지배인의 업무를 대행한다. 대형호텔에서는 이사나 부장급이 겸직하기도 하지만, 중소형호텔에서는 직제 자체가 없는 경우도 있다.

3) 당직지배인

당직지배인(Duty Manager)은 호텔의 모든 간부들이 퇴근하여 다음날 출근할 때까지 호텔의 로비에 자리하면서 야간 총지배인업무를 대행하는 간부직원이다. 당직지배인의 근무 위치는 프런트데스크와 엘리베이터 등이 잘 보이고, 현관종사원들의 업무수행 활동이 한눈에 잘 들어오는 현관로비외 가장자리에 위치한다 대규모 호텔에서는 4~5명의 당직지배인을 두어 3교대로 운영하며, 중·소규모 호텔에서는 1~2명의 당직지배인을 두어 야간근무만 담당하게 한다.

4) 객실부서

객실부서(Room Division)는 크게 '객실영업'과 '객실관리'로 구분할 수 있다. 객실영업은 프런트데스크, 현관서비스, 예약실, 교환실, 비즈니스센터, GRO 등으로 구성되고, 객실관리과는 하우스키핑, 룸메이드, 리넨실, 세탁실, 피트니스센터 등으로 구성된다.

호텔마다 차이는 있지만 도심지호텔의 경우 전체매출에서 객실매출이 차지하는 비중은 40~50% 정도이거나 이를 상회하는 가장 핵심적인 부서이다.

5) 식음료부서

식음료부서(Food & Beverage Division)는 주로 음식과 음료를 판매하는 부서이다. 식음료부서는 크게 음식을 판매하는 식당과, 음료를 판매하는 음료과, 연회행사를 담당하는 연회과로 구분된다. 과거에는 식음료부서의 주 이용고객이 투숙고객 대상이었지만 최근에는 투숙객 이외에도 일반고객의 비중이 점차적으로 높아지는 추세이다. 식음료부서가 호텔 전체매출에서 차지하는 매출비중은 평균적으로 50% 정도를 상회하고 있다.

국내 호텔산업의 경우 1990년대 초반까지 호텔수입의 80% 정도를 객실매출에 의존하였으나, 2000년대 이후부터는 생활수준의 향상과 외식문화의 확산, 식음료사업의 영업 다각화로 인해 식음료매출의 비중이 점차 증가하고 있다. 특히 연회문화의 확산으로 각종 연회행사의 중요성이 대두되면서 특급 호텔일수록 식음료부서에서 연회과(Banquet)를 중요 부서 가운데 한 부서로 운영하고 있다.

6) 마케팅부서

호텔의 상품판매를 촉진시키고 광고 및 홍보를 담당하는 주요 부서이다. 주요 업

무는 호텔의 객실판매를 위한 객실판촉 업무와 연회 및 세미나를 유치하는 연회판
촉 업무이다. 이외에도 대외홍보업무와 인쇄물 제작 등을 담당하는 광고업무 등이
있다. 특급호텔일수록 마케팅부서를 별도의 중요 부서로 운영하고 있다.

7) 조리부서

각 식당에서 고객이 주문한 음식을 만들어서 제공하는 부서이다. 각 식당 종류별
로 주방이 있으며, 제과제빵을 만드는 베이커리 주방, 기본적인 아이템을 조리하여
각 주방에 공급하는 메인 주방, 기본적인 찬 음식을 각 주방에 공급하는 콜드키친,
모든 주방에 육류를 다듬어 제공하는 부처(Butcher) 그리고 접시 등의 기물을 관리
하고 세척하는 기물관리실로 구성되어 있다.

8) 관리부서

관리부서(Administration Division)는 크게 직원채용과 교육을 담당하는 인사부,
경비·공무·후생복지를 담당하는 총무부, 호텔회계를 담당하는 경리부, 구매 및 창
고를 담당하는 구매부, 전산망을 담당하는 전산실 그리고 기계·시설·안전을 담당하
는 시설부 등으로 구분한다. 규모가 작은 호텔에서는 총무부 산하에서 모든 업무를
담당하고 있지만, 규모가 큰 특급호텔일수록 별도의 부서로 운영되고 있다.

호텔용어

Chain(체인경영) 체인이란 고리가 연결된 체인과 같이 2개 이상의 여러 호텔들이 체인 본사와 표준화된 계약을 체결하고, 그에 따라 체인 본사의 브랜드나 경영지원을 받으면서 그에 상응하는 로열티를 제공하는 경영방식이다.

Management Contract 체인호텔그룹(Franchisor)과 가맹호텔(Franchisee) 간의 위탁경영을 말한다. 가맹호텔에서는 체인본사에 호텔의 인사권을 비롯해 경영권 전부를 위탁하여 맡기는 경영방식이다.

Franchise Management 체인호텔그룹과 가맹호텔 간의 프랜차이즈 계약을 말한다. 위탁경영과 다른 점은 가맹호텔 측에서 인사권이나 경영권을 직접 행사한다는 점이다.

Benikiea(베니키아) 한국관광공사에서 주축이 되어 만들어진 국내 독립경영호텔들의 체인형 리퍼럴경영조직 브랜드이다.

CRS(Computer Reservation System) 컴퓨터 좌석 예약시스템의 뜻으로 호텔이나 항공사, 철도, 렌터카, 해운업 등에서 여행객이 좌석 예약을 할 수 있도록 만든 전산시스템이다.

GDS(Global Distribution System) 프랜차이즈 본사에서 체인호텔 간에 객실 예약을 할 수 있도록 운영하는 체인 예약시스템을 뜻한다.

Front Of The House 상품을 제공하고 판매하는 영업부서로서 객실부서, 식음료부서, 마케팅부서, 조리부서 등을 통칭한다.

Back Of The House 호텔의 관리부서로서 총무부, 인사부, 구매부, 시설관리부 등을 말한다.

GM(General Manager) 호텔의 총지배인으로 호텔경영의 전반을 총괄 지휘하고 감독하는 전문 경영인이다.

Duty Manager 호텔의 당직지배인으로 호텔의 로비에 위치하면서 모든 간부들이 퇴근하여 다음 날 출근할 때까지 야간에 총지배인 업무를 대행하는 간부 직원을 말한다.

Checkpoint

- 호텔을 누가 소유하고 누가 경영하느냐에 따른 경영방식의 유형을 설명해 보세요.
- 위탁경영, 프랜차이즈경영, 독립경영의 장단점에 대해 생각해 보세요.
- 본인이 50~100실 정도의 호텔을 건설하여 경영하게 된다는 가정하에 다음에 제시된 주제에 맞게 기획해 보세요(호텔 위치, 호텔업의 유형, 경영방식, 호텔 콘셉트, 식음료부서 수, 호텔등급, 직원수, 초임직원 연봉, 주요 차별화 마케팅 등).

제4장

호텔객실의 이해

제1절 호텔객실의 종류
제2절 객실요금의 종류
제3절 현대 호텔객실의 변화경향

제 1 절 호텔객실의 종류

시대의 변천에 따라 호텔의 상품도 객실 위주에서 식음료, 연회, 컨벤션, 엔터테인먼트 등 여러 가지 서비스상품으로 다양화되고 있다. 그러나 호텔의 객실상품은 여전히 호텔의 전체 매출뿐만 아니라 호텔의 부대시설 영업에도 큰 영향을 미치는 호텔의 핵심상품이다. 이에 따라 본 장에서는 호텔객실의 종류와 요금, 현대 호텔객실의 변화 등을 살펴보기로 한다.

1. 침대 수에 의한 분류

호텔기업은 방문고객의 유형에 따라 침대의 종류를 적절하게 설치하여 영업의 효율성을 높인다. 예를 들어 저렴한 숙박을 원하는 개인여행자가 많은 호텔에서는 싱글베드 룸을 많이 설치하고, 배낭여행객들이 많은 호텔에서는 트리플 룸을 많이 설치한다. 반면에 비즈니스 고객이나 신혼여행객들이 많은 호텔에서는 킹사이즈의 더블 룸을 많이 설치하고, 가족여행자들이 많은 리조트호텔에서는 싱글-더블베드 룸이나 더블-더블베드 룸을 많이 설치한다. 침대 수에 따른 객실의 유형을 살펴보면 다음과 같다.

1) 싱글 룸

싱글 룸(Single Room)은 객실에 1인용 베드 1개가 설치되어 한 사람의 고객만이 투숙할 수 있는 객실을 말한다. 국내의 경우 싱글 베드(Single Bed) 크기를 90cm× 195cm 이상으로 추천하고, 객실의 크기는 13m² 이상으로 제도화하고 있다. 그러나 대부분의 호텔에서는 싱글베드 대신에 더블베드를 설치하는 경우가 대부분이다. 더블베드는 1인이나 2인 고객 모두를 유치할 수 있기 때문이다.

▲ 싱글 룸 전경

2) 더블 룸

더블 룸(Double Room)은 2인용 더블베드가 1개 설치되어 있는 객실을 말한다. 흔히 부부가 사용하기 편리한 객실이며 객실의 크기는 19m² 이상으로 규정하고 있다. 더블 룸의 장점은 1인 고객이나 2인 고객 모두에게 판매할 수 있다는 것이다.

▲ 더블 룸 전경

3) 트윈 룸

트윈 룸(Twin Room)은 1인용 침대 2개를 나란히 설치한 객실이다. 주로 두 명의 동성 간 친구나 동료가 사용하기 편리한 객실이며, 객실의 크기는 19m²를 확보해야 한다.

▲ 트윈 룸 전경

4) 트리플 룸

트리플 룸(Triple Room)은 1인용 침대 3개가 설치된 객실을 말한다. 일반적으로 트윈 룸에 보조침대(Extra Bed) 하나를 추가 설치하여 세 사람이 각자의 침대에서 숙박할 수 있도록 한 객실이다. 이는 주로 가족용으로 사용되거나 알뜰 관광객들이 비용을 절감하기 위해 사용한다.

최근에는 보조침대의 설치시간이나 인원투입으로 인한 경비절감과 보조침대의 고객불평을 해소하기 위해 아예 트리플 룸을 만들어 판매하는 추세이다. 한 개의 층을 전부 트리플 룸으로 만들어 트리플 층으로 운영하는 호텔도 있다.

▲ 트리플 룸 전경

5) 싱글-더블베드 트윈 룸

싱글-더블베드 트윈 룸(Single-Double Bed Twin Room)은 트윈 룸을 좀 더 크게 변형한 객실 형태로서, 1인용 싱글베드와 2인용 더블베드를 설치하여 3명까지 숙박할 수 있도록 한 객실이다. 트윈 룸과 다른 점은 두 개의 침대 중 한 개는 2인용 침대를 설치한 것이다.

최근에 호텔에서는 단체나 가족고객을 위하여 이러한 형태의 트윈 룸을 많이 설치하는 추세이며, 2인 고객 투숙 시에도 편리하게 판매할 수 있는 장점이 있다.

▲ 싱글-더블베드 트윈 룸 전경

6) 더블-더블베드 트윈 룸

더블-더블베드 트윈 룸(Double-Double Bed Twin Roon)은 더블베드를 2개 설치하여 모두 4명까지 투숙할 수 있도록 한 더블 트윈 객실이다. 호텔에서는 디럭스 트윈(Deluxe Twin) 또는 패밀리 트윈(Family Twin)으로 칭하여 판매하고 있다. 단체고객이나 가족고객들에게 선호되는 객실이다. 호텔에 따라서는 어린이를 동반한 가족고객을 위하여 더블침대와 2층 침대를 설치하는 경우도 있다.

▲ (좌)더블 트윈 룸 전경 (우)2층 침대가 설치된 패밀리 트윈 룸 전경

7) 온돌 룸

온돌 룸(Ondol Room)은 한국식 전통 온돌객실이다. 온돌 룸은 객실의 면적이나 욕실의 구조 및 객실의 비품 등에 있어서는 양실과 차이가 없으나 침대 대신에 요, 이불, 한국식 가구 등을 구비하였다. 대부분의 이용자는 한국인이라고 할 수 있다.

▲ 온돌 룸 전경

2. 품질 및 가격에 의한 분류

침대 수에 의한 분류는 호텔객실 판매의 기본적인 분류방법이지만, 객실의 품질과 가격에 의한 분류는 고객의 욕구와 요구(Wants & Needs)에 기초한 고객지향적 경영방법이라고 할 수 있다. 이에 따라 최근에는 특급호텔들이 객실의 종류를 많게는 10종 이상씩 운영하는 것이 보편화되었다. 하지만 본서에서는 객실의 종류를 가장 기본적 형태인 4가지로 분류하여 살펴보기로 한다.

1) 스탠더드 룸

스탠더드 룸(Standard Room)은 보통수준의 객실로서 호텔에서 가장 많은 객실 수를 보유하고 있으며, 가격대가 상대적으로 저렴한 일반실에 해당한다. 그러나 최근에는 특급호텔을 중심으로 스탠더드 룸의 시설과 서비스를 한 단계 더 고급화시키면서 전 객실을 디럭스(Deluxe)화하는 추세이다.

▲ 그랜드하얏트서울호텔의 스탠더드 룸 전경(그랜드하얏트호텔의 스탠더드 룸은 객실 면적이 30㎡로서 다른 호텔에서는 디럭스급에 해당된다)

2) 디럭스 룸

디럭스 룸(Deluxe Room)은 스탠더드 룸보다 한 단계 더 고급스러운 객실로서 평수가 더 넓고 조망이나 위치가 좋은 편이다. 최근에는 특급호텔들이 스탠더드 룸을 한 단계 더 고급화시키면서 가격을 높게 책정하여 판매하는 추세이다. 호텔에 따라 차이가 있지만 서울 리츠칼튼호텔에서는 디럭스 룸을 다시 발코니디럭스, 클럽디럭스, 슈페리어 디럭스의 3가지 종류로 분류하여 판매하고 있다.

▲ 그랜드하얏트서울호텔의 디럭스 룸 전경(그랜드하얏트호텔의 디럭스 룸은 객실 면적이 45㎡로서 스탠더드 룸보다 더 넓고 여유로움을 즐길 수 있다)

3) 이그제큐티브 룸

전 세계 호텔산업은 비즈니스 고객을 유치하기 위한 경쟁이 날로 치열해지고 있으며 자사 호텔을 비즈니스호텔로 새롭게 포지셔닝하는 추세이다. 이러한 차원에서 특급호텔들은 경치가 좋은 3~4개 층을 고급객실로 변형시켜 비즈니스 고객만을 위한 비즈니스 전용층으로 운영하고 있다. 이렇게 만들어진 전용층을 호텔용어로 '이그제큐티브 플로어(Executive Floor)'라고 하며, 다른 말로는 '비즈니스 플로어(Business Floor)' '클럽플로어(Club Floor)' '귀빈층' 등으로 부른다. 이러한 이그제큐티브 플로어에 위치한 객실을 '이그제큐티브 플로어 룸(Executive Floor Room)'이라고 하며, 귀빈층을 운영하는 모든 호텔들은 반드시 '귀빈층 전용라운지(EFL : Executive Floor Lounge)'도 운영하고 있다.

고급호텔일수록 이그제큐티브 룸을 다시 이그제큐티브 디럭스와 한 단계 더 고급인 이그제큐티브 스위트 등으로 구분하여 판매한다. 또한 호텔에 따라 차이가 있지만 이그제큐티브 룸은 넓은 공간의 응접실과 침실이 분리되어 기능성과 실용성을 겸비한 것이 특징이다. 이그제큐티브 룸에 투숙하는 고객들은 만족도가 높은 편으로 재방문 고객이 많으며, 호텔입장에서는 객실단가가 높기 때문에 안정적인 객실운영에도 중요한 역할을 담당한다.

▲ 그랜드하얏트서울호텔의 이그제큐티브 룸 전경(그랜드하얏트호텔의 이그제큐티브 룸 객실 면적은 60㎡로서 응접실과 침실이 분리되어 있어 기능성과 실용성을 겸비하고 있다)

4) 스위트 룸

스위트 룸(Suite Room)은 호텔에서 가장 고급스럽고 호화로운 특실이다. 스위트 룸의 경우 호텔마다 3~4가지 등급으로 분류되는데, 주니어 스위트 룸(Junior Suite Room)에서부터 최고급 프레지덴셜 스위트 룸까지 다양하다. 최고급 프레지덴셜 스위트 룸은 객실, 응접실, 회의실, 집무실, 식당, 주방, 바, 사우나, 비서 및 경호원의 객실까지 갖추어져 있으며 호화로운 인테리어와 함께 최고급 제품이나 기물을 구비하고 있다.

일반적으로 프레지덴셜 스위트 룸의 객실점유율은 연 10~20% 정도이다. 이는 일반객실의 점유율이 80~90%인 점을 감안하면 상당히 낮은 편이다. 그러나 이러한 점유율에도 불구하고 특급호텔들이 스위트 룸을 운영하는 이유는, 최고급 스위트 룸이 그 호텔의 품격을 상징하기 때문이다. 또한 외국정상이나 세계적인 VIP고객을 유치할 경우 상당한 홍보효과를 기대할 수도 있다. 각 호텔마다 스위트 룸의 명칭은 고급스러움과 품격을 높이기 위해 Royal Suite, Presidential Suite 등으로 부르는 것도

▲ 그랜드하얏트서울호텔의 프레지덴셜 스위트 룸 전경(그랜드하얏트호텔의 프레지덴셜 스위트 룸은 세계 유수의 국빈 및 유명인사들이 방문한 곳으로 객실 면적 337㎡의 최고급 스위트 호텔이다. 스위트 룸은 현관, 서재, 리빙 룸, 드레스 룸, 침실, 욕실, 다이닝 룸, 주방 등 모두 8개의 공간으로 이루어져 있다)

하나의 특징이다. 서울지역 특1급 호텔의 스위트 룸 현황은 〈표 4-1〉과 같다.

표 4-1 서울시내 주요 5성급 호텔의 스위트 룸 현황

호 텔	스위트 룸 명칭	1일 객실료(원)
롯데서울호텔	로열스위트	22,000,000
시그니엘호텔	로열스위트	20,000,000
포시즌스호텔	프레지덴셜 스위트	15,000,000
그랜드워커힐호텔	프레지덴셜 스위트	14,000,000
신라호텔	프레지덴셜 스위트	14,000,000
그랜드하얏트호텔	프레지덴셜 스위트	10,000,000
인터컨티넨탈 파르나스	로열스위트	6,000,000
임피리얼팰리스호텔	로열스위트	5,000,000

* VAT, 세금·봉사료 제외 금액

3. 객실 위치에 의한 분류

1) 아웃사이드 룸

아웃사이드 룸(Outside Room)은 호텔건물의 앞쪽에 위치하고 있어 외부의 아름다운 경관을 볼 수 있는 전망이 좋은 객실을 말하다. 비즈니스 목적이든 휴양목적이든 호텔에 투숙하는 대부분의 고객들은 체재하는 동안 안락하고 편안한 휴식을 원하며, 내부시설이 같더라도 외부 전망이 좋은 객실을 선호하게 된다.

아웃사이드 룸은 호텔마다 하버 뷰(Harber View), 오션뷰(Ocean View), 비치사이드(Beach Side), 마운틴사이드(Mountain Side) 등으로 칭하고 전망에 따라 가격도 5만 원 정도 높게 책정한다.

▲ 홍콩의 최고급호텔 아일랜드 샹그릴라호텔은 빅토리아 하버를 한눈에 감상할 수 있는 '하버 뷰' 객실과 화려한 도시의 야경을 감상할 수 있는 '시티 뷰' 객실을 자랑하고 있다.

2) 인사이드 룸

인사이드 룸(Inside Room)은 아웃사이드 룸의 반대쪽에 위치하며 전망이 좋지 않은 객실을 말한다. 그래서 대부분의 호텔들은 아웃사이드 룸을 많이 확보하는 쪽으로 객실을 설계하고 있다. 객실판매 시에는 고객들의 선호도가 떨어지기 때문에 호텔의 임직원 숙소나 여행사 가이드, 무료객실 등으로 먼저 배정하고, 리조트의 경우에는 아웃사이드 룸보다 조금 더 저렴한 가격에 판매하는 경우가 일반적이다.

3) 커넥팅 룸

커넥팅 룸(Connecting Room)은 객실과 객실 사이에 통용문이 있어 외부의 문을 통하지 않고도 객실 사이를 자유롭게 왕래할 수 있도록 설계된 객실이다. 주로 자녀를 동반한 가족단위 고객이나 단체여행자들에게 선호되는 객실로서 한쪽의 객실에는 더블베드 룸이 설치되고, 다른 한쪽 객실에는 트윈베드 룸이 설치되는 경우가 많다. 침대가 부족한 경우에 대비하여 엑스트라베드(Extra Bed)를 별도로 준비하는 호텔들도 있다.

4) 어드조이닝 룸

어드조이닝 룸(Adjoining Room)은 객실이 나란히 붙어 있는 형태인데 객실 간에 통용문이 없다는 점에서 커넥팅 룸과는 차이가 있다. 호텔에서는 단체고객의 객실을 배정할 때 같은 층 같은 방향에 일렬로 위치한 어드조이닝 룸을 배치한다.

제 2 절 객실요금의 종류

호텔에서는 전략적으로 다양한 객실요금을 가지고 있으며, 고객의 유형이나 영업상황에 따라 다양한 객실요금을 적용한다. 객실요금의 종류는 외부에 공표하는 정상요금에서부터 할인요금, 특별요금, 식사유무에 따른 객실요금 등이 있다. 본 절에서는 객실요금의 종류를 살펴본다.

1. 공표요금

공표요금(Tariff)이란 할인되지 않은 정상요금으로 객실가격표(Room Tariff)에 명시되어 있는 요금을 말한다. 공표요금은 호텔 측에서 경쟁호텔의 객실가격, 판매성장률, 인건비, 물가상승 등 여러 가지 요인을 참고하여 적정가격을 결정한 후, 주무관청의 승인을 받고 대내외에 공시하는 공표요금이다. 다른 말로는 '풀차지(Full Charge)' 혹은 '풀레이트(Full Rate)'라고 한다.

2. 특별요금

특별요금(Special Rate)이란 호텔의 정책에 따라 객실요금을 무료로 제공하거나 정상요금에서 할인해 주는 요금을 말한다. 특별요금을 적용하는 이유는 객실매출 증대에 기여한 고객이나 협회, 장기체류고객, 세미나단체, 여행사 등에게 할인혜택을 주기 위해서이다.

특별요금 적용은 주로 프런트나 마케팅부서에서 필요하다고 판단될 경우 총지배인이나 객실담당 임원에게 보고한 후 적용하는 것이 일반적이다. 특별요금을 크게 할인요금과 무료요금으로 나누어 살펴보면 다음과 같다.

1) 단체 할인요금

세미나 단체 할인요금 기업체, 관공서, 각종 협회 등은 호텔에서 컨벤션이나 세미나 등을 진행할 경우 객실을 수십 실에서 수백 실까지 사용하게 된다. 이럴 경우 호텔에서는 단체객실에 특별히 할인요금을 적용하여 판매하는데, 단체할인의 폭은 총 행사금액을 고려하여 10~30%선에서 책정된다.

여행사 할인요금 호텔에서 여행사에 제공하는 할인된 객실요금이다. 여행사는 연중 지속적으로 호텔객실을 사용하므로 호텔입장에서는 안정적으로 객실점유율을 높일 수 있는 장점이 있어 여행사에 할인된 가격을 제공한다. 할인의 폭은 세미나 단체보다 크고 경우에 따라서는 60% 이상의 파격적인 할인가격을 제공하기도 한다.

2) 커머셜 요금

호텔은 장기간 객실 사용을 원하는 기업체와 송객계약을 맺고, 계약에 따라 할인된 객실요금을 제공하는데 이것을 커머셜요금(Commercial Rate)이라고 한다. 기업체는 계약기간 동안 저렴한 가격으로 객실을 이용할 수 있으며, 호텔은 연중 지속적으로 고객을 확보할 수 있다는 장점이 있다.

호텔은 일반적으로 연간 이용실적에 따라 등급을 나누어 20~40% 정도의 할인율을 적용하는데, 예외적으로 장기투숙객이나 항공사와의 특별계약은 40~60% 정도의 커머셜 요금을 적용한다. 커머셜 요금 적용 시에는 객실료 외에도 부대시설이나 세탁비 등도 함께 할인을 적용하는 것이 일반적이다.

3) 비수기 요금(Season-Off Rate)

호텔은 연중 영업기간을 성수기(On Season)와 비수기(Off Season)로 나누며, 성·비수기에 따라 객실판매 전략을 다르게 적용한다. 성수기에는 정상가격으로 객실을 판매하고, 비수기에는 객실점유율을 높이기 위해 대폭 할인된 비수기 특별요금으로 객실을 판매한다. 그러나 비수기 기간이라도 주말이나 연휴 등은 정상요금을 받는 것이 일반적이다.

4) 패키지 요금

패키지 요금(Package Rate)은 판매촉진을 목적으로 객실과 식당 및 다양한 부대시설을 묶어서 판매하는 요금이다. 호텔입장에서는 객실 외에도 식당과 부대시설을 활성화시키고, 고객입장에서는 할인된 가격으로 여러 시설을 이용할 수 있다는 것이 장점이다.

5) 무료요금

호텔에서는 판매촉진을 목적으로 객실을 무료(Comp : Complimentary)로 제공하기도 한다. 호텔의 영업전략상 접대가 필요한 고객이나 여행사가이드, 단체진행자, 무료숙박권 소지자 등에게 제공된다. 일반적으로 단체에게는 15실 기준에 1실을 무료로 제공하는 것이 일반적인데, 협상상황에 따라 조금씩 달라질 수 있다.

3. 기타 특별요금

1) 미드나이트 요금

미드나이트 요금(Midnight Charge)이란 밤 12시 이후에 투숙하는 고객에게 할인해 주는 요금이다. 그러나 예약한 고객이 교통편이나 개인적 사정에 의하여 밤 12시를 넘어 새벽이나 아침에 도착하는 경우 1박 요금을 적용한다. 호텔은 그 고객을 위하여 전날부터 객실을 판매하지 않고 기다렸으므로 1일 요금을 받는 것이다.

2) 홀드 룸 요금

홀드 룸 요금(Hold Room Charge)이란 일반적으로 두 가지 경우가 있는데, 한 가지는 이미 숙박을 하고 있는 고객이 단기간의 여행을 떠나면서 수하물을 객실에 남겨두면, 고객이 그 객실을 계속해서 사용하는 것이 되므로 객실료가 정상적으로 청구되는 경우이다. 다른 하나는 호텔에서 보안 등의 이유로 특정한 고객을 위해 객실을 다른 고객에게 판매할 수 없을 경우에도 홀드 룸 차지를 적용한다.

3) 초과요금

초과요금(Over Charge)이란 호텔이 정하고 있는 퇴숙시간(Check Out)을 넘겨 객실을 사용할 때, 시간당 부과되는 초과요금이다. 그러나 호텔의 판매정책에 따라 체크아웃 시간을 2시간 정도 연장해 주거나 특별한 고객들에게 초과요금을 부과하지 않는 경우도 있다.

4) 취소요금

취소요금(Cancellation Charge)이란 개인이나 단체가 사전에 예약금을 입금하고 객실예약을 하였는데, 사정에 의해 당일 혹은 하루 전에 객실예약을 취소할 경우 호텔은 취소요금을 적용하여 예약금을 돌려주지 않게 된다. 또 다른 경우는 어느 단체가 20실을 예약했으나 도착 당일 5실을 취소하고 15실만 사용하더라도 5실에 대한 객실요금을 징수한다. 이러한 경우 호텔에서는 취소요금 즉 '캔슬차지(Cancel Charge)'를 징수하게 된다. 이러한 규정은 호텔마다 차이가 있으며 호텔의 숙박약관에서 정하고 있다. 그러나 고객과의 분쟁소지가 있어 그대로 적용하기에는 어려움이 따르는 것이 현실이다.

5) 옵셔널 요금

옵셔널 요금(Optional Rate)이란 고객이 호텔 예약을 하는 시점에서 호텔의 내부사정으로 정확한 요금을 결정할 수 없을 때 사용하는 요금이다. 예를 들면 고객이 1년 뒤의 객실예약을 원할 경우 호텔에서는 1년 뒤의 객실요금이 인상될 경우에 대비하여 객실예약만 해주고 객실가격은 1년 뒤의 객실가격을 적용하는 요금을 말한다.

6) 업그레이드 요금

업그레이드 요금(Up-Grade Rate)이란 호텔이 고객과의 약속을 이행하지 못할 경우 고객을 예우하는 차원에서 예약한 객실보다 가격이 높은 객실을 제공하되 객실요금은 최초에 예약했던 객실요금을 적용하는 요금을 말한다.

7) 분할요금

분할요금(Part Day Charge)이란 다른 말로는 'Day Use'라고 하는데, 낮시간 동안 6시간 이내에서 사용할 경우 징수하는 대실요금을 말한다. 6시간 이상 사용할 때는 풀차지(Full Charge)가 적용된다. Day Use는 일반적으로 정상가격의 50%선에서 요금을 책정하며 18:00 이전까지만 판매한다.

8) 하우스 유즈

하우스 유즈(House Use)란 임원의 객실로 사용하거나 호텔 내 사무실이나 창고가 부족할 경우 호텔 자체에서 사용하는 객실이기 때문에 객실요금이 부과되지 않는 경우이다. 이러한 객실을 하우스 유즈 룸(House Use Room)이라고 한다.

4. 식사 유무에 의한 요금

호텔은 경영전략에 따라 객실요금에 식사요금이 포함된 호텔이 있는가 하면, 객실요금과 식사요금을 별도로 계산하는 호텔들도 있다. 이와 같이 식사 유무에 의한 객실요금의 종류를 살펴보면 다음과 같다.

1) 유러피언 플랜

유러피언 플랜(European Plan)은 객실요금에 식사가 포함되지 않은 요금이며, 주로 도심지에 위치한 호텔들이 적용하는 객실요금제도이다. 도심지 상용호텔에 투숙하는 비즈니스 고객들은 바쁜 시간에 쫓겨 호텔에서 식사하기 어려운 경우가 빈번하고, 호텔 주변의 다양한 전문식당에서 식사하는 경우가 많기 때문이다. 유럽식 요금제도가 유럽에서 성행하고 있다고 생각하기 쉬우나 사실상 유럽지역에서는 콘티넨탈 플랜을 주로 적용하고 있다.

2) 콘티넨탈 플랜

콘티넨탈 플랜(Continental Plan)은 객실료에 조식이 포함된 1박 1식의 객실요금제도이다. 이 요금제도는 유럽지역에서 성행하였고, 조식메뉴로는 '콘티넨탈 브렉퍼스트(Continental Breakfast)'를 제공하였다. 콘티넨탈 브렉퍼스트는 계란요리가 없이 롤빵에 버터와 잼 그리고 음료(Coffee, Tea, Milk) 중 한 가지를 선택하여 간단히 먹는 아침식사를 말한다.

호텔 입장에서는 원가가 그리 비싸지 않은 콘티넨탈 브렉퍼스트를 객실료에 포함시킴으로써 고객에게 큰 부담을 주지 않으면서 조식만큼은 호텔 내에서 식사하도록 유도하여 매출액을 증진시킬 수 있는 제도이다. 고객 입장에서는 조식서비스를 호텔에서 제공받는다는 느낌을 받을 수 있다. 최근에는 콘티넨탈 브렉퍼스트 대신에 조식뷔페를 제공하는 경우가 대부분이다.

3) 아메리칸 플랜

아메리칸 플랜(American Plan)은 객실요금에 조식·중식·석식이 포함된 1박 3식의 객실요금제도이다. 다른 말로는 풀 팡숑(Full Pension)이라고 한다. 이러한 요금제도는 크루즈 여행이나 유람선 호텔(Floatel)에 적합한 요금제도이다.

아메리칸 플랜의 시초는 미국의 서부개척 시대에 호텔숙소 주변에 레스토랑들이 없었기 때문에 호텔에서 3식을 제공하는 풍습에서 생겨났다. 하지만 오늘날에는 호텔 주변에 다양한 전문식당들이 즐비한 상황이어서 이러한 요금제도는 급격한 감소 추세에 있다.

4) 수정식 아메리칸 플랜

아메리칸 플랜에서 약간 변형된 '수정식 아메리칸 플랜(Modified American Plan)'은 1박 2식 요금제도이다. 주로 휴양지에 위치한 호텔에 적합한 요금제도이다. 고객들이 호텔에서 조식을 하고 낮에는 관광을 하고 돌아와 저녁은 호텔에서 먹는 경우이다. 이러한 객실요금을 다른 말로는 '데미 팡숑(Demi Pension)'이라고 한다.

제 3 절 현대 호텔객실의 변화경향

최근에 급변하는 환경변화 속에서 과거의 호텔경영방식으로는 고객의 다양한 기호와 욕구를 충족시키는 데 한계성을 보이고 있다. 따라서 호텔의 핵심상품인 객실의 시설 및 경영방식도 급변하는 시장환경에 따라 고객지향적인 방향으로 변모시켜 나가지 않으면 심화되는 경쟁상황에서 도태되는 엄연한 현실 앞에 놓이게 된다.

불과 20년 전의 호텔객실과 현재의 호텔객실을 비교해 보더라도 상상을 초월하는 변화된 객실형태를 보이고 있다. 이에 따라 현대 호텔객실의 변화과정을 살펴보기로 한다.

1. 객실의 대형화

호텔의 객실면적이 넓어지고 있다. 일반적으로 스탠더드 룸의 객실면적이 23~ 26m²(7~8평)이던 것이 최근에는 33~40m²(10~12평)로 그 규모가 상향되는 추세이다. 객실의 형태도 종래의 싱글 룸(Single Room)과 더블 룸(Double Room)의 구성비율이 최소화되고, 고객의 기호성향에 맞는 트윈 룸(Twin Room)과 더블더블 룸(Double-Double Room)으로 구성비율이 증대되고 있다.

이러한 형태의 침대배치는 자연적으로 객실의 면적을 크게 요구하게 되며, 침대의 사이즈도 점점 커지는 경향으로 객실의 대형화는 필연적이라 하겠다. 또한 객실의 형태도 스탠더드 룸이 주를 이루던 구조에서 디럭스 룸, 비즈니스 룸, 스위트 룸의 구성비율이 더 많아지는 추세에서도 기인하고 있다.

▲ 콘래드 서울의 넓고 세련된 디럭스 룸은 서울지역 동급 호텔 중 가장 넓은 객실로서 48m²의 럭셔리한 객실 공간을 자랑하고 있다.

2. 객실의 표준화

호텔객실상품의 표준화와 규격화는 경영의 합리화에서 기인하고 있다. 과거에는 동일한 크기의 객실에서도 침대, 가구배치, 실내장식 등이 각기 다르고, 각 층의 객실배치와 분위기도 조금씩 달랐다. 그러나 최근에는 객실의 규격이 표준화되고 동일한 비품 및 가구를 사용하며, 가구의 배치와 디자인도 똑같은 형식으로 배열되는 객실의 표준화 경향이 뚜렷하다.

객실의 표준화 및 균일화는 호텔의 프랜차이즈(Franchise) 경영방식에서 기인하기도 한다. 프랜차이즈 호텔들은 동일한 제품의 자재를 대량 구입함으로써 원가의 절감을 가져올 수 있고, 동일한 규격과 제품, 단일 브랜드를 사용함으로써 규모의 경제성과 체인호텔의 이미지를 부각시키려는 전략으로 표준화를 시도하기 때문이다.

3. 객실의 융통성

현대의 호텔기업들은 객실의 융통성을 발휘하고 있다. 예를 들면 스위트 룸의 경우, 침실과 거실의 문을 열고 연결하면 소회의장으로 활용할 수 있고, 반대로 객실이 필요한 경우에는 거실을 객실로 판매할 수 있도록 연결된 문을 밀폐시키고 베드를 투입하여 또 하나의 객실로 판매할 수 있다.

리조트호텔 등에서는 대형 세미나 단체 등을 유치하여 소규모 분임토의장을 필요로 할 때, 한실(온돌방)에 테이블 및 의자를 투입하여 소회의장으로 사용하기도 하는데, 이러한 경우 객실을 융통성 있게 사용하는 예로 볼 수 있다.

4. 객실공간의 효율적 활용

호텔객실 하나가 완성되기까지는 막대한 건축비가 투자되기 때문에 이러한 고가의 객실공간을 최대로 활용하는 것은 호텔경영의 비결이 되지 않을 수 없다. 하나의 객실을 가지고 낮에는 사무실로 사용하고, 야간에는 침실로 사용할 수 있는 스튜디오 룸(Studio Room)식의 활용법이라든지, 좁은 공간을 최대한으로 사용할 수 있도록 화장대와 라이팅 테이블(Writting Table)의 겸용이라든지, TV와 냉장고를 벽 속으로 넣을 수 있도록 설치한다든지, 수하물 받침대(Baggage Stand)를 의자로 겸용하도록 하여 객실을 최대한 효율적으로 활용하는 추세이다. 이렇게 객실의 스페이스를 효과적으로 활용하면 공간면적을 늘릴 수 있으며, 냉·난방에 소모되는 에너지도 절감하는 장점이 있다.

5. 객실 내 상품판매 촉진

고급호텔에서는 숙박고객을 대상으로 상품판매를 촉진하기 위해 객실에 미니바(Mini Bar), 면도기, 치약, 칫솔, 양말 등을 비치하고 편리하게 구매할 수 있도록 하고 있다. 이렇게 판매된 미니바 매출은 전체 객실매출의 2~3%를 점유하고 있다. 그러나 상품가격이 비싸다는 고객의 불만이 발생되는 경우도 있으며, 도심지 호텔의 경우는 숙박고객이 호텔 주변의 슈퍼마켓에서 물품을 직접 구매하는 경우도 많다.

하지만 호텔기업의 객실 내 상품판매 촉진은 더욱 발전하는 추세이다. 일부 특급 호텔에서는 미니바 외에도 객실 내 온라인 쇼핑을 추가하고 있다. 면세점에 직접 방문하지 않고도 객실 내에서 인터넷을 통해 면세점의 상품들을 쇼핑할 수 있도록 객실 내 온라인 쇼핑 판매를 시도하고 있다. 이러한 판매촉진 전략은 고객을 대상으로 편리함을 제공함과 동시에 호텔의 매출 증대를 위한 전략으로 다양하게 시도되고 있다.

6. 컴퓨터 시스템의 설치

현대 호텔의 가장 두드러진 경영혁신은 객실 내 컴퓨터 시스템의 개발과 도입이라고 할 수 있다. 경쟁호텔과의 차별화 전략으로 각 호텔에서 가장 많은 투자를 하고 있는 분야이기도 하다.

호텔객실 내 컴퓨터 시스템의 적용분야는 초고속 인터넷 설치, 객실 내 자동 온도 관리, 룸 인디케이터(Room Indicator)[1], 메시지 서비스(Message Service), 유료TV,

---

1) 룸 인디케이터 : 호텔 하우스키핑부서로부터 객실정비가 완료된 후, 프런트에 객실정비가 완료된 것을 알리는 시스템이다.

비상호출, 도난방지, 자동계산식 냉장고, 자동 국제전화, TV를 통한 식사주문, TV를 통한 체크아웃, 무인 체크인 시스템 등 다양한 시스템을 도입하여 활용할 수 있게 되었다. 그러나 이러한 컴퓨터 시스템의 도입은 호텔입장에서는 인건비 및 운영비의 획기적인 절감효과를 가져오지만, 한편으로는 호텔산업이 인적서비스 산업이라는 특성을 고려할 때 최고의 대안이라고 말하기는 어려울 것이다.

7. 어메니티류의 다양화

어메니티(Amenity)의 사전적 의미는 '기분좋음, 쾌적한, 사람을 유쾌하게 하는 일' 등으로 해석된다. 호텔에서 사용하는 어메니티의 의미는 '고객에게 추가적으로 제공하는 매력물로서 일반적인 서비스 외에 부가적인 서비스의 제공'을 의미한다. 즉 객실과 욕실에 비치하는 소품류를 의미하는 것으로 고급호텔일수록 다양한 종류의 고급 어메니티가 제공된다.

호텔에서 제공하는 어메니티의 종류로는 객실비품과 욕실비품이 있다. 객실비품으로는 바느질함, 운동기구, 구두닦이천, 구두솔, 구두약, 구둣주걱, 옷솔 등이 있으며, 욕실비품으로는 비누, 샴푸, 린스, 샤워젤리, 스킨로션, 밀크로션, 면도기, 칫솔, 치약, 헤어드라이기, 빗, 헤어캡, 귀이개 등이 있다. 이와 같이 현대의 호텔들은 고객이 필요로 하는 다양한 종류의 어메니티류를 비치하여 섬세하고 고객지향적인 서비스를 제공하고 있다.

▲ 객실에서 고객에게 추가적으로 제공하는 어메니티 비품들

8. 금연객실

호텔기업은 객실을 금연객실과 흡연객실로 구분하여 판매한다. 최근에는 호텔의 전 객실을 금연객실(Non-Smoking Room)로 운영하는 호텔들도 생겨나고 있다. 즉 비흡연 고객만이 이용할 수 있는 객실이다. 반대로 담배를 피우는 흡연자들은 흡연 객실을 이용하면 된다. 이러한 배경에는 전 세계적으로 금연운동이 활발히 진행되고 있는 상황에서 호텔업계가 비흡연 고객에 대한 서비스의 일환으로 금연객실을 운영하는 것이다.

9. 여성 전용층

시대적으로 여성비즈니스 여행자들이 증가하면서 호텔에서는 여성 비즈니스고객을 유치하기 위하여 여성 전용층을 운영하고 있다. 국내에서는 서울롯데호텔이 국내 최초로 여성 전용층 '레이디스 플로어'를 운영하고 있다.

롯데호텔의 레이디스 플로어는 20개의 객실로 이루어져 있으며, 여성고객의 취향에 따라 객실은 그린(Green)과 레드(Red) 분위기의 두 가지 컬러를 선택할 수 있다. 객실 내에는 여성용 헤어관리세트와 전신거울, 여성취향의 객실용품 등을 비치하였고 다림질서비스를 제공하고 있다. 고객이 원할 경우 미용스팀기, 화장품냉장고, 족욕기 등은 유료로 대여해 주고 있다. 또한 복도 입구에는 여성 전용층 투숙객만 출입이 가능하도록 투명 유리문을 설치하였고, 여성전용 라운지도 운영하고 있다.

▲ 롯네호넬 서울 본관 22층에 위치한 국내 최초의 여성 전용층인 '레이디스 플로어'는 유럽의 자연을 그대로 옮겨 놓은 듯한 컬러와 인테리어가 특징이며 별도의 여성전용 라운지도 운영하고 있다.

10. 캐릭터 룸

호텔기업은 증가하는 가족단위 고객들을 유치하기 위하여 캐릭터 룸을 확대하여 운영하는 추세이다. 호텔기업이 캐릭터 룸을 운영하는 주요 이유는 다양한 엔터테인먼트가 늘 함께하는 호텔이라는 이미지로 가족단위 여행객에 대한 차별화 마케팅을 수행하기 위해서이다.

대표적으로 롯데호텔월드에서는 롯데월드 어드벤처 캐릭터인 '로티'와 '로리'를 활용한 독특한 인테리어를 갖춘 캐릭터 룸을 선보이고 있다. 2007년 오픈한 캐릭터 룸은 호텔의 7~8층 캐릭터 전용층에 위치하며 총 30실 규모로 운영되고 있다. 캐릭터 룸은 가족단위 고객을 표적시장으로 한 객실인 만큼 기존 객실과는 달리 일반침대에 서랍식 보조침대 또는 소파형 침대 등을 배치하여 가족끼리 안락하게 투숙할 수 있도록 하였다. 이 밖에도 어린이 고객을 위해 플레이스테이션 게임과 어린이용 세면대 및 좌변기 등을 갖추고, 어린이용 치약·칫솔세트, 어린이용 목욕가운, 캐릭터 컵까지 작은 객실소품에도 신경을 썼다.

▲ 롯데호텔월드의 캐릭터 룸은 롯데월드 어드벤처의 '로티'와 '로리'를 테마로 꾸며진 객실이다. 침대와 소파 그리고 욕실까지 모두 어린이들이 좋아하는 컬러풀한 컬러와 캐릭터용품으로 장식되어 있으며, 어린이들을 위한 편의시설과 서비스를 제공하고 있다.

호텔용어

Room Type 객실타입의 종류는 스탠더드(Standard) → 슈페리어(superior) → 디럭스(deluxe) → 스위트(Suite)로 나뉘고, 스위트 룸은 크기와 구성에 따라 주니어, 프리미어, 로열 등으로 분류한다.

Executive Floor 이그제큐티브 플로어는 호텔 속의 호텔이라 불리며 비즈니스 고객을 유치하기 위해 특별히 만들어진 귀빈층을 의미한다.

Executive Floor Room 클럽 룸(club room)으로 불리며 클럽 라운지를 편하게 사용할 수 있도록 클럽 라운지가 위치한 같은 층의 룸을 말한다.

EFL(Executive Floor Lounge) 이그제큐티브 플로어에서 운영하는 귀빈층 전용라운지를 말한다. 조식이나 스낵, 간식, 음료, 과일 등을 무료로 제공하며, 컴퓨터, 팩스, 복사기 등도 무료로 이용할 수 있다.

On Season/Off Season 관광시즌 중 성수기/비수기를 뜻한다.

Package 패키지는 여러 상품을 하나로 묶어 판매하는 방식이다.

Cancel Charge 고객이 예약을 취소할 경우 호텔 측은 취소요금을 적용하여 예약금을 반환해 주지 않는데 이러한 요금을 캔슬차지(취소요금)라고 한다.

Up-Grade Rate 호텔이 고객과의 약속을 지키지 못한 경우 예약한 것보다 우대하여 상품을 제공하고 가격은 최초 예약 가격을 받는 것을 말한다.

Part Day Charge (Day Use) 낮 시간 6시간 이내에서 판매하는 대실요금을 말한다.

Room Indicator 하우스키핑 부서로부터 객실 정비가 완료된 후 프런트에 객실 정비가 완료된 것을 알리는 시스템이다.

Comp(Complimentary) 무료로 제공하는 객실요금이나 물품 등을 말한다.

Amenity 호텔에서 투숙 고객의 편의를 위해 무료로 제공하는 소모품 등의 비품을 말한다. 어메니티에는 샴푸, 비누, 바디용품, 타월, 커피, 티, 생수 등이 있다.

All Inclusive 올 인클루시브는 숙박패키지 가격에 숙박뿐만 아니라 객실 내 미니바는 물론 식음료, 엔터테인먼트 이용비용까지 모두 포함되어 있는 요금을 말한다.

Checkpoint

- 호텔경영에 있어 객실에 침대 수를 다양하게 배치하는 이유는 무엇일까요?
- 호텔객실을 가격이나 품질 기준으로 5~10여 개 종류로 다양하게 분류하여 판매하는 이유는 무엇일까요?
- 5성급 호텔의 가장 비싼 프레지덴셜 스위트 룸의 연평균 객실점유율은 10~20% 정도밖에 되지 않지만 할인하지 않고 운영하는 이유는 무엇일까요?
- 호텔 객실 고객들은 경치가 좋은 아웃사이드 룸을 선호하기 때문에 인사이드 룸을 배정받은 고객들의 컴플레인이 발생하게 되는데, 이런 상황을 해결하기 위한 좋은 방안에는 무엇이 있을까요?

제5장

프런트오피스

제1절 프런트오피스의 이해
제2절 프런트데스크
제3절 현관서비스
제4절 예약실
제5절 비즈니스센터 · 전화교환실 · 피트니스센터

제 1 절 프런트오피스의 이해

1. 프런트오피스의 개요

프런트오피스(Front Office)란 호텔의 1층에 위치하면서 객실영업을 담당하는 여러 관련 부서를 총괄하는 명칭이다. 즉 프런트오피스에는 프런트데스크, 예약실, 도어·벨·컨시어지 등의 현관서비스, 비즈니스센터, 교환실, 피트니스센터 등이 모두 해당된다.

프런트오피스는 고객을 최초로 맞이하고 마지막으로 환송하는 부서이며, 고객이 체재하는 동안 편안하고 안전하게 모든 시설을 이용할 수 있도록 정보 및 서비스를 제공하는 호텔의 핵심부서이다. 또한 고객을 직접적으로 가장 많이 접하는 부서이므로 다른 어느 부서보다도 세련된 매너와 성실한 마음자세가 요구된다.

프런트오피스 부서의 가장 중요한 업무는 객실판매이다. 예를 들어 어느 고객이 예약실을 통해 객실예약을 하고, 예약 당일 호텔의 현관부서에 도착하면 도어맨과 벨맨이 환대하여 프런트데스크로 안내한다. 프런트데스크에서는 고객의 예약상황을 확인하고 객실을 배정한다. 객실에 투숙한 고객은 호텔에 체류하는 동안 프런트오피스의 직원들에게 호텔안내 및 주변 관광지를 안내받을 수 있으며, 로비에 위치한 비즈니스센터에서는 자유롭게 업무를 볼 수 있다. 체류기간이 끝나고 체크아웃하는 고객은 프런트데스크에서 체크아웃 절차를 안내받고 마지막으로 벨맨이나 도어맨의 환송인사를 받으며 만족스럽게 출발한다. 이와 같이 호텔의 프런트오피스는 고객을 대상으로 객실을 판매하고, 고객의 예약에서부터 출발까지의 업무를 포괄적으로 수행한다.

따라서 객실영업을 총괄적으로 담당하는 프런트오피스는 호텔경영을 대표하는 부서라고 할 수 있으며, 호텔의 심장부서와도 같은 핵심업무를 담당하고 있다.

2. 프런트오피스의 조직

호텔의 경영조직은 크게 객실부서, 식음료부서, 마케팅부서, 관리부서로 구분할 수 있다. 그중에서 객실부서(Room Division)는 다시 객실영업을 담당하는 프런트오피스(Front Office)와 객실관리를 담당하는 하우스키핑(Housekeeping)으로 구분한다. 호텔의 프런트오피스는 객실판매와 관련된 다양한 업무를 수행하는데, 수행하는 업무에 따라 예약실, 프런트데스크, 현관서비스, 기타 서비스 등으로 구분할 수 있다. 따라서 본서에서는 프런트오피스의 조직구성을 〈그림 5-1〉에서 제시하고, 제2절부터는 객실영업을 담당하는 프런트오피스의 주요 업무를 세부적으로 살펴보기로 한다.

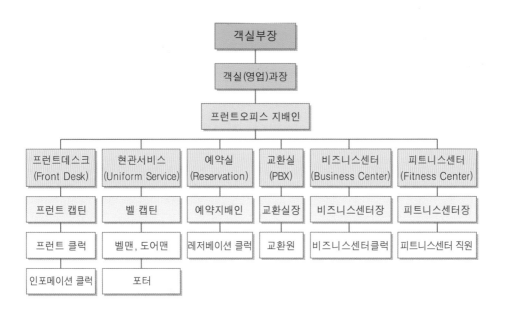

그림 5-1 프런트오피스의 조직도

제 2 절 프런트데스크

프런트오피스 부서에서 프런트데스크(Front Desk)는 가장 중요한 부서이며, 호텔의 두뇌와도 같은 주요 업무를 수행하는 곳이다. 프런트데스크는 호텔의 1층 로비에 위치하면서 호텔의 투숙고객을 최초로 영접하고, 최후로 환송하는 곳으로 호텔의 얼굴이라 할 수 있다. 또한 호텔 내부의 모든 부서와 서비스를 연계시키는 가장 핵심적인 역할을 담당하는 부서이다.

프런트데스크의 주요 업무는 크게 체크인, 체크아웃, 안내, EFL, 나이트클럭 업무의 5가지로 분류할 수 있으며, 이를 본 절에서 차례로 살펴보기로 한다.

그림 5-2 프런트데스크의 주요 기능

1. 체크인 업무

프런트데스크의 첫 번째 주요 업무는 등록업무로서 체크인(Check In) 업무이다. 등록업무는 체크인을 담당하는 곳이라 하여 레지스트레이션(Registration) 또는 고객을 영접하고 환송하는 곳이라 하여 리셉션(Reception)이라고 칭한다.

프런트데스크에서 체크인 업무를 담당하는 직원을 프런트 클럭(Front Clerk) 또는 룸 클럭(Room Clerk)이라고 하며, 프런트데스크의 체크인 업무는 예약확인, 숙박등록카드 작성, 객실배정 순으로 나눌 수 있으며, 이를 순서대로 살펴보면 아래와 같다.

▲ 프런트데스크에서 근무 중인 프런트 클럭의 모습(사진 : 그랜드하얏트서울호텔)

1) 예약확인

객실투숙고객이 프런트데스크에 도착하면 룸 클럭(Room Clerk)은 가장 먼저 고객이 사전에 객실예약을 했는지 확인해야 하며, 예약고객일 경우 컴퓨터에 고객의 성명이나 예약번호를 입력하여 예약을 확인한다. 재방문 고객에게는 고객의 호텔 이용내역을 참조하면서 우리 호텔을 다시 이용한 데 대하여 감사한 마음을 전한다.

귀빈층(Executive Floor) 이용고객일 경우에는 귀빈층 라운지에서도 체크인이 가능함을 알려주어 스페셜 체크인 장소를 이용하도록 안내한다. 예약을 하지 않고 당일에 도착하는 고객(Walk in Guest)일 경우에는 잔여객실 확인 후, 객실요금을 안내하고 객실을 판매한다.

2) 숙박등록카드 작성

객실고객의 예약확인이 끝나면 두 번째로 고객이 숙박등록카드(Registration

Card)를 작성하도록 한다. 고객에게 숙박등록카드를 드리고 고객이 등록카드에 성명, 주소, 연락처, 여권번호(내국인은 주민등록번호) 등을 기재하고 서명하도록 부탁한다. 재방문 고객(Repeat Guest)일 경우는 고객의 편의를 위해 고객 프로파일(Profile)의 내용과 변경사항이 없는지 확인하고 등록카드에 서명만 받고 나머지는 프런트에서 기재한다.

고객이 등록카드 작성을 완료하면 직원은 다음으로 고객이 사용할 객실형태, 흡연실/비흡연실, 투숙기간, 출발일, 객실료 등의 내용을 확인한다. 최근에는 스키퍼를 방지하기 위해 객실요금을 선불로 받거나, 고객의 신용카드를 미리 받아 이지체크(Easy Check)[1]에 등록시켜 놓는 것이 일반적이다. 호텔에서 고객의 숙박등록카드를 작성하는 주요 목적은 다음과 같다.

- 스키퍼(Skipper)[2] 발생 시, 고객의 등록카드를 통해 추적할 수 있다.
- 안전 및 도난사고에 대비하기 위해 작성한다.
- 고객정보수집과 각종 통계 등의 관리목적으로 사용할 수 있다.

3) 객실배정 및 키 제공

숙박등록카드 작성이 끝나면 다음으로 고객의 객실을 배정한다. 객실을 배정할 때는 고객이 선호하는 객실타입의 배정이 가능한지를 확인하고, 가능하다면 우선적으로 고객이 선호하는 객실을 배정한다. 고객이 귀중품과 현금보관을 요청할 경우에는 귀중품보관함(Safe Deposit Boxes)[3]에 보관한다.

최종적으로 고객에게 객실 키를 전달하기 전에 고객의 신용카드를 미리 받아 이지체크(Easy Check)에 등록시키고, 직원은 준비된 객실의 카드키와 조식권을 키포켓(Key Pocket)에 넣어 고객에게 전달한다. 그리고 벨맨에게 고객을 객실까지 안내하

---

1) 이지체크 : 신용카드조회기, 이것은 카드회사와 한국정보통신 그리고 가맹점이 On-Line으로 연결되어 불량카드 여부를 컴퓨터에 의해서 체크하는 시스템이다.

2) 스키퍼 : 호텔, 레스토랑, 기타 부대시설의 사용요금을 지불하지 않고 비밀리에 도망가는 경우를 말한다.

3) 귀중품보관함(Safe Deposit Boxes) : 호텔객실에 투숙하는 고객의 귀중품을 보관해 두기 위해 프런트에서 별도로 비치하고 있는 금고로서 보통 프런트 캐셔(Front Cashier)가 관리한다.

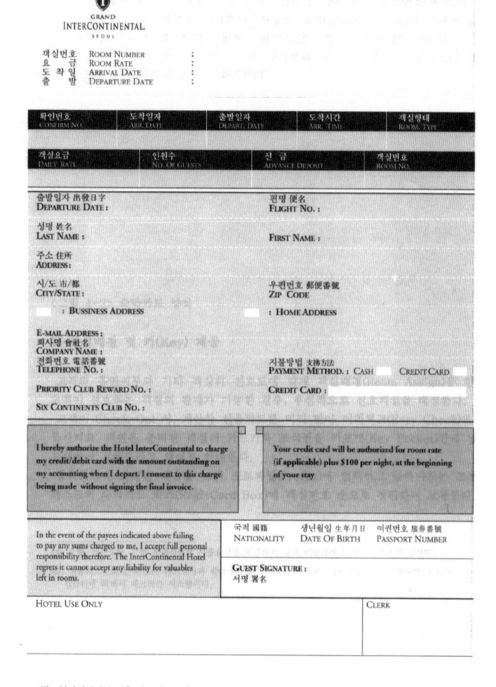

GRAND
INTERCONTINENTAL.
SEOUL

객실번호	ROOM NUMBER	:
요 금	ROOM RATE	:
도 착 일	ARRIVAL DATE	:
출 발	DEPARTURE DATE	:

확인번호 CONFIRM NO.	도착일자 ARR. DATE	출발일자 DEPART. DATE	도착시간 ARR. TIME	객실형태 ROOM. TYPE

객실요금 DAILY RATE	인원수 NO. OF GUESTS	선 금 ADVANCE DEPOSIT	객실번호 ROOM. NO.

출발일자 出發日字
DEPARTURE DATE :

편명 便名
FLIGHT NO. :

성명 姓名
LAST NAME :

FIRST NAME :

주소 住所
ADDRESS:

시/도 市/都
CITY/STATE :

우편번호 郵便番號
ZIP CODE

: BUSSINESS ADDRESS

: HOME ADDRESS

E-MAIL ADDRESS :
회사명 會社名
COMPANY NAME :
전화번호 電話番號
TELEPHONE NO. :

지불방법 支拂方法
PAYMENT METHOD. : CASH   CREDIT CARD

PRIORITY CLUB REWARD NO. :

CREDIT CARD :

SIX CONTINENTS CLUB NO. :

I hereby authorize the Hotel InterContinental to charge my credit/debit card with the amount outstanding on my accounting when I depart. I consent to this charge being made without signing the final invoice.

Your credit card will be authorized for room rate (if applicable) plus $100 per night, at the beginning of your stay

In the event of the payees indicated above failing to pay any sums charged to me, I accept full personal responsibility therefore. The InterContinental Hotel regrets it cannot accept any liability for valuables left in rooms.

국적 國籍 NATIONALITY	생년월일 生年月日 DATE OF BIRTH	여권번호 旅券番號 PASSPORT NUMBER

GUEST SIGNATURE :
서명 署名

HOTEL USE ONLY

CLERK

▲ 그랜드인터컨티넨탈 서울 파르나스호텔의 숙박카드 양식

호텔에서 사용하는 객실 키(Room Key)의 종류

- Guest Key : 각 객실에 하나씩 주어지는 고객용 키이다.
- Pass Key : 한 층의 모든 객실을 열 수 있는 키이다. 비상용인 동시에 룸 메이드가 객실 청소 시 사용하기도 한다.
- Grand Master Key : 주로 특별한 목적이나 중요한 고객이 사용하는 열쇠로, 특별한 장치를 한 이중문의 객실이 제공될 때 사용하는 키이다.
- House Emergency Key : 모든 객실을 열 수 있는 만능 키이다. 고객이 위험할 경우나 극한 상황에서 사용하게 된다.

도록 한다. 이러한 단계가 끝나면 룸 클럭은 등록카드에 작성된 고객의 인적 사항과 내용을 고객 프로파일(Profile)에 입력하고, 등록카드는 프런트데스크의 숙박카드 박스(Regi-Card Box)에 객실번호 순으로 정리하여 보관한다.

2. 안내업무

프런트데스크에서 안내업무를 담당하는 직원을 '인포메이션 클럭(Information Clerk)'이라고 한다. 인포메이션 클럭은 호텔 내부 안내와 함께 주변의 교통안내, 관광지안내, 고객의 우편물이나 메시지를 처리하는 업무도 담당한다. 호텔에 따라 인포메이션 업무를 컨시어지 데스크에서 대신하는 경우도 있다. 인포메이션 클럭의 주요 업무는 다음과 같다.

- 부재 중인 고객에 대한 메시지 보관 및 전달
- 숙박고객에게 도착하는 우편물의 취급 및 송달
- 포워딩 어드레스(Forwarding Address)[4]를 작성
- 룸 클럭의 일손이 부족할 때 업무협조

---

4) 포워딩 어드레스 : 투숙객이 체크아웃한 이후에 메일, 팩스, 메시지가 도착하거나 중요한 분실물을 두고 출발한 경우, 차후 목적지에 보내주기 위해서 고객의 향후 목적지의 주소나 연락처를 받아두는 경우를 말한다.

- 우편물 수발대장을 철저히 기록하고 관리
- 호텔 내 시설안내는 물론이고 인근지역의 교통시설, 시간표, 오락시설, 음식점, 주변 관광지, 교회 및 사찰, 각종 문화시설 등을 안내
- 외부에서 객실고객을 찾아온 경우 객실고객에게 사전에 연락을 취하여 만날 의사를 확인한 후 안내

3. 체크아웃 업무

프런트에서 체크아웃하는 고객의 객실 키를 받고 체재기간에 발생한 각종 요금에 대한 계산업무를 담당하는 직원을 '프런트 캐셔(Front Cashier)'라고 한다. 프런트 캐셔는 최종적으로 고객의 계산업무를 담당하기 때문에 지나치게 계산적이고 민감해서는 안 되고 고객의 입장에서 만족스럽고 쉬운 방법을 선택해야 한다. 프런트 캐셔의 근무지는 프런트이지만 소속은 경리부이다. 프런트에서 이루어지는 고객의 체크아웃 절차를 살펴보면 다음과 같다.

① 프런트 캐셔는 체크아웃(Check-Out) 고객의 객실 키를 수납하고, 객실번호를 컴퓨터에 입력하여 메시지(Message)와 트레이스(Trace)를 확인한다.
② 체크아웃 고객의 객실번호를 하우스키핑에 연락하여 미니바 사용과 객실점검을 의뢰한다.
③ 투숙하는 동안 불편한 점이 있었는지 물어보고, 미니바(Mini-Bar) 사용여부도 문의한다.
④ 각 업장의 영수증(Bill)과 청구된 내역서(Invoice)를 준비한다.
⑤ 폴리오(Folio)를 프린트해서 고객에게 보여드리고 이상 유무를 확인하게 한다.
⑥ 지불방법(현금, 신용카드, 후불)을 확인하고, 고객의 서명을 받는다.
⑦ 컴퓨터에서 Check-Out시키고, 서명받은 신용카드 매출전표의 마지막 장과 폴리오를 봉투에 넣어 고객에게 드린다.
⑧ 투숙해 줘서 고맙다는 인사를 하고 작별 인사를 한다.

4. EFL 업무

　과거와 달리 현시대에는 프런트데스크의 주요 업무 중 하나에 '이그제큐티브 플로어 라운지(EFL : Executive Floor Lounge)'에서의 리셉션(Reception) 업무가 포함된다. 프런트에서는 EFL라운지에 외국어가 유창한 프런트 클럭을 파견하여 그곳에서 이그제큐티브 플로어에 투숙하는 고객들의 체크인·체크아웃 업무를 수행한다. EFL에 파견된 프런트 직원은 프런트 업무 외에도 각종 예약 및 관광안내 등의 비서업무와 같은 컨시어지 서비스도 함께 수행한다.

▲ EFL라운지에서 근무하는 클럭은 이그제큐티브 플로어에 투숙하는 고객의 체크인·체크아웃 업무 및 컨시어지 업무를 수행한다(사진 : (상)아일랜드 샹그릴라 홍콩의 EFL 리셉션데스크, (하)리츠칼튼서울의 EFL라운지).

현시대 대다수의 특급호텔들은 비즈니스 고객을 유치하기 위하여 '호텔 속의 호텔'이라 불리는 '이그제큐티뷰 플로어(Executive Floor)'를 운영하고 있다. 비즈니스 고객들은 일반 관광객들과 같은 층에서 숙박하기를 싫어하며, 그들만의 전용층을 선호하는 특성이 강하다.

호텔입장에서 비즈니스 고객은 성비수기에 상관없이 자유롭게 투숙하는 고객이며, 관광목적의 고객들보다 가격에 덜 민감한 편이어서 호텔의 이윤 확대에도 큰 공헌을 하는 고객이다. 그래서 도심지에 위치한 특급호텔들은 비즈니스 전용층인 이그제큐티브 플로어를 운영할 수밖에 없는 것이다. 일반고객의 경우 프런트데스크에서 별도의 요금을 지불한 후에 이용할 수 있다.

EFL라운지란?

EFL라운지는 귀빈층 투숙고객만이 이용할 수 있는 전용 라운지이다. EFL라운지에는 외국어를 능숙하게 구사하는 전용직원이 상주하면서 투숙고객의 체크인·체크아웃을 비롯해 컨시어지(비서업무) 등을 제공한다. 이외에도 조식 및 간식을 제공하며 라운지에는 각종 해외 유명신문과 잡지는 물론 안락한 소파, 데스크, TV, VTR 등이 구비되어 있어 응접실과 같은 편안함을 주는 장소이다.

EFL라운지 서비스

- 공통적 서비스
  - 이규제큐티브 플로어 투숙고객의 체크인·체크아웃 및 컨시어지(비서업무) 서비스
  - 조식뷔페 제공
  - 시간별 간단한 음식과 음료 제공
    - Continental Breakfast : 06:00~11:00
    - Lunch : 12:00~14:00
    - Afternoon Tea : 14:30~16:30
    - Evening Hors D'oeuvre : 17:00~20:00
    - Desserts : 20:00~22:00
- 그 외 서비스
  - 객실 체크인·체크아웃 서비스
  - 무료 다림질 서비스(객실당 1일 2 아이템)
  - 층별 담당매니저와 웨이터, 바텐더 인력 배치
  - 개인 문구류 제공
  - 경제신문, 잡지책, 인터넷 검색 서비스
  - 라운지 전용 회의실 1일 2시간 무료 이용

5. 나이트 클럭 업무

호텔의 하루는 24시간 중단 없이 계속해서 영업을 지속해야 하므로 하루의 영업 일보를 밤늦게 종결해야 한다. 따라서 프런트데스크 야간 근무자인 '나이트 클럭 (Night Clerk)'은 밤 11시 30분부터 그날의 영업을 마감하고 결산에 들어간다. 나이트 클럭의 주요 업무는 다음과 같다.

1) 객실영업보고서 작성

나이트 클럭의 가장 중요한 업무는 그날의 객실영업보고서를 작성하는 것이다. 객실영업보고서는 일일보고서(Daily Report), 월말보고서(Monthly Report), 연말보고서(Annual Report)로 구분되는데, 나이트 클럭이 작성하는 일일보고서의 종류는 다음과 같다.

- 일일 룸 리포트(Room Report) : 객실매출액, 객실판매 수, 평균요금, 객실점유율 등 객실영업 상황 전반을 한 장에 볼 수 있도록 작성한 리포트
- 일일 그룹 리포트(Group Report) : 여행사 등의 단체 판매현황 리포트
- 예상 리포트(Forecast Report) : 당일 이후의 주간, 월간 예약상황을 매일 업데이트(Up Date)한 리포트
- 당일 투숙한 VIP 고객리스트
- 특별요금 및 무료(Complimentary) 현황 리포트

2) 객실영업 성과측정

전 세계 호텔산업에서 호텔객실의 영업성과를 측정하는 방식으로는 객실점유율(Occupancy), 객실판매 평균단가(ADR), 레파(RevPAR)를 통한 영업산출 방식이 공통적으로 사용되고 있다. 이 세 가지 방식은 호텔객실상품의 판매생산성을 측정하는 지표이므로 반드시 이해하고 숙지해야 한다. 이 세 가지 방식을 구체적인 사례를 들어 살펴보면 다음과 같다.

사례) 서울호텔은 400객실의 특급호텔이며, 일반 스탠더드 객실요금은 200,000원이다. 지난 1주일 동안 이 호텔의 객실판매 내역을 바탕으로 서울호텔의 객실영업 성과를 산출해 보기로 한다.

표 5-1 서울호텔의 1주일간 영업현황 사례

판매일	판매가능 객실 수(실)	판매된 객실 수(실)	객실판매 수입(원)
8. 1.	400	300	43,000,000
8. 2.	400	300	42,000,000
8. 3.	400	350	49,000,000
8. 4.	400	350	58,000,000
8. 5.	400	300	41,000,000
8. 6.	400	300	49,000,000
8. 7.	400	340	54,000,000
합계	2,800	2,240	336,000,000

① 객실점유율(Occupancy)

객실점유율은 얼마나 많은 객실을 판매하였는가를 측정하는 것이 목적이다. 객실점유율이 높을수록 더 많은 객실을 판매한 것을 뜻하므로 100%에 가까울수록 좋다고 하겠다. 객실점유율 구하는 방식은 다음과 같다.

$$\bullet \text{객실점유율} = \frac{\text{판매된 객실 수}}{\text{판매가능 객실 수}} \times 100$$

예제 1 서울호텔의 8월 1일 객실점유율은 얼마인가?

$$\bullet \text{객실점유율} = \frac{300실}{400실} \times 100 = 75\%$$

예제 2 서울호텔의 8월 1일부터 7일까지의 객실점유율은 얼마인가?

$$\bullet \text{객실점유율} = \frac{300+300+350+350+300+300+340}{400+400+400+400+400+400+400} = \frac{2,240실}{2,800실} \times 100 = 80\%$$

② 객실판매 평균단가(ADR)

ADR(Average Daily Rate)은 객실을 얼마에 판매하였는가를 측정하는 방식이다. 즉 얼마나 좋은 가격으로 객실을 판매하였는가를 알아보는 것이다. ADR을 구하는 방식은 다음과 같다.

$$\bullet\ ADR = \frac{객실판매수입}{판매된\ 객실\ 수}$$

예제 1 서울호텔의 8월 2일 ADR은 얼마인가?

$$\bullet\ ADR = \frac{42,000,000원}{300실} = 140,000원$$

예제 2 서울호텔의 8월 1일부터 7일까지의 ADR은 얼마인가?

$$\bullet\ ADR = \frac{336,000,000원}{2,240실} = 150,000원$$

---

③ 레파(RevPAR)

RevPAR(Revenue Per Available Room)는 '판매가능 객실당 매출액'이다. 다른 말로는 '일드(Yield)'라고도 한다. 호텔산업에서 과거에는 Occupancy나 ADR이 높을수록 경영성과가 좋은 것으로 판단하였다. 그러나 성공적인 호텔들은 어느 한쪽만을 측정하지 않고 Occupancy나 ADR 두 가지를 모두 측정하는 RevPAR 방식을 적용하고 있다. 즉 RevPAR가 높은 호텔이 낮은 호텔보다 객실영업을 더 성공적으로 수행하고 있는 것이다. RevPAR를 구하는 방식은 다음과 같다.

$$\bullet\ RevPAR = Occupancy \times ADR\ 또는\ \frac{객실판매수입}{판매가능\ 객실\ 수}$$

예제 1 서울호텔의 8월 1일부터 7일까지의 RevPAR는 얼마인가?

- 서울호텔의 RevPAR = 0.80×150,000원 = 120,000원

예제 2 다음 A, B 호텔 중 어느 호텔이 더 효과적으로 객실을 판매하였을까?

A호텔 : Occupancy는 80%이고 ADR은 100,000원이다.
B호텔 : Occupancy는 70%이고 ADR은 120,000원이다.

- A호텔의 RevPAR = 0.80×100,000원 = 80,000원
- B호텔의 RevPAR = 0.70×120,000원 = 84,000원

정답 A, B 호텔 중 RevPAR가 더 높은 B호텔의 객실영업이 더 경쟁력 있음

제 3 절 현관서비스

호텔의 현관 근무자들은 고객이 인식하는 호텔의 첫인상이자 마지막 인상이다. 따라서 본 절에서는 호텔의 현관에서 근무하는 현관근무자를 크게 도어맨(Door Man), 벨맨(Bell Man), 컨시어지(Concierge, GRO) 등으로 구분하고 이들의 주요 업무를 살펴보기로 한다.

1. 도어맨

호텔을 이용하는 고객이 정문에 도착하면 최초로 마주치는 직원이 도어맨이다. 도어맨(Door Man)은 독특한 모자와 멋진 복장을 하고 호텔의 방문고객을 최초로 맞이하는 상징적 직원으로서 호텔의 첫 번째 이미지를 전달한다. 현관에서 도착고객의 영접과 출발고객의 환송을 담당하고, 현관의 차량 및 주차관리를 담당한다. 도어맨의 주요 업무는 다음과 같다.

- 고객의 승용차가 현관에 도착하면 거수경례를 하고 고객이 내리기 편하도록 차 문을 열어준다.
- 내리는 고객에게 미소 지으며 환영인사를 하고, 벨맨에게 신호해서 프런트로 안 내한다.
- VIP 고객의 차량번호는 별도로 암기하고, VIP 고객의 차량 도착 시에는 최고의 예우로 맞이한다.
- 리무진 버스나 택시를 이용하는 고객의 안전한 하차를 돕고 짐을 내린 후, 신속 히 벨맨이 운반할 수 있도록 조치한다.
- 고객의 질문에 대비하여 호텔 주변의 관광지, 관공서, 주요 빌딩, 백화점, 교통상 황, 외국인 전용 쇼핑점 등을 숙지하고 안내한다.
- 택시를 이용하는 외국인 고객의 경우, 목적지를 기사에게 안내해 주고, 호텔 의 명함을 소지토록 전달한다. 만일의 안전사고에 대비해 택시의 차량번호를 별도로 기재해 놓는다.

▲ 도어맨의 업무 전경

2. 벨맨

고객이 호텔 정문에서 도어맨의 영접을 받고 로비로 들어서면 두 번째로 벨맨(Bell Man)의 영접을 받게 된다. 벨맨의 기본 업무는 프런트의 업무지시를 받아 고객의 체크인을 돕는 것부터 체크아웃을 돕는 업무까지 그 역할이 다양하다. 벨맨의 주요 업무를 살펴보면 다음과 같다.

- 고객이 체크인을 마치면 프런트 클럭에게 객실 키를 넘겨받아 고객을 객실까지 안내한다.
- 프런트데스크에서 전달받은 각종 메시지나 우편물을 고객에게 신속히 전달하

고, 전달이 끝나면 고객의 서명을 받아둔다.
- 객실고객의 불만사항이나 각종 요구사항을 고객의 편의를 위해 대행한다.
- 객실 키를 룸에 두거나 분실하였을 경우 마스터키(Master Key)를 가지고 객실 문을 열어준다.
- 고객의 객실변경(Room Change) 시, 새로운 객실의 안내 및 짐을 운반한다.
- 로비의 페이징서비스(Paging Service)[5] 및 질서유지를 담당한다.
- 호텔안내 및 관광안내 서비스를 제공한다.
- 체크아웃이 끝난 고객의 짐을 정문까지 옮겨주고 정중히 환송한다.

▲ 고객의 짐을 운반하는 벨맨의 모습

3. 컨시어지/GRO

1) 컨시어지 서비스

컨시어지(Concierge)의 역할은 고객이 호텔을 내 집처럼 편하게 이용하기 위한 기본정보를 제공함은 물론이고, 고객의 개인적인 업무를 처리함에 있어 불편함이 없도록 비서업무를 제공하는 것이다. 즉 고객이 원하는 것은 무엇이든 해결하는 업무를 수행한다.

세계 각국의 럭셔리호텔이나 리조트호텔에서는 컨시어지 서비스가 일반화되고 있다. 고객은 여행지의 갖가지 정보와 지리에 익숙하지 못하기 때문에 컨시어지는 전산화된 각종 자료와 정보를 활용하여 고객이 필요로 하는 정보를 제때 제공한다. 예를 들어 항공편 예약에서부터 극장티켓 예약, 유명식당 소개, 관광지 안내, 우편물의 접수 및 발송 등까지 다양하다.

---

5) 페이징서비스 : 호텔의 고객이나 외부고객의 요청에 의해 필요한 고객을 찾아주고 메시지를 전달해 주는 것을 말한다.

따라서 컨시어지는 고객에게 다양한 정보를 제공하기 위해 항상 새로운 지식을 습득해야 하고 외국어 실력도 겸비해야 한다. 컨시어지의 업무는 호텔에 따라 VIP고객 서비스를 전담하는 GRO(Guest Relation Office)팀에서 대신 수행하기도 한다. 그러나 최근에는 대다수의 호텔들이 GRO와 컨시어지를 모두 운영하는 경우는 드물고, 컨시어지데스크 한 곳만을 운영하는 추세이다.

▲ 컨시어지 데스크에서 근무 중인 컨시어지 직원의 모습

2) GRO 서비스

GRO(Guest Relation Officer)는 컨시어지와 비슷한 역할이지만 VIP고객의 비서업무를 전담하는 직원이다. 컨시어지가 일반고객을 대상으로 비서업무를 수행한다면, GRO는 호텔의 VIP고객을 대상으로 비서업무를 수행한다.

GRO의 주요 업무는 호텔에 투숙한 VIP고객을 대상으로 호텔의 내·외부 안내, 체크인 및 객실안내, 정보지식 상담, 영접, 영송 등의 업무를 수행한다. 호텔에 따라 컨시어지만을 운영하는 호텔들도 있지만 고급호텔일수록 컨시어지와 GRO를 모두 운영하고 있다.

제 4 절 예약실

1. 객실예약의 개요

객실예약(Reservation)은 호텔과 고객 간의 숙박시설 사용에 대한 상호약속을 의미한다. 호텔에서 객실상품은 당일 판매가 이루어지지 않으면 소멸되는 특성이 있기 때문에 객실예약의 진행이나 처리는 매우 중요한 일이다. 또한 호텔객실영업의 최종목표는 객실점유율 100%를 달성하는 것이기 때문에 공실이 발생하지 않도록 객실예약의 채널을 다양화하는 등 객실판매 전략을 세워야 한다.

객실예약부서의 가장 중요한 업무는 고객이 객실예약을 원할 경우, 언제 어디서든 고객이 편리하게 예약할 수 있도록 접근성을 높여주고, 고객의 요구조건에 부합하는 최적의 객실을 제공하여 만족감을 제공하는 것이다. 또한 객실예약을 통한 판매는 호텔 전체매출에서 차지하는 비중이 높고 호텔 내 식음료부서와 부대시설의 상품판매에도 영향을 미쳐 타 부서의 영업실적 향상에도 기여하고 있다.

객실예약의 방법도 과거에는 직접방문이나 전화, 팩스 등의 오프라인 예약이 활발했지만 지금은 인터넷 보급의 대중화와 IT 분야의 발전으로 웹사이트를 통한 온라인예약이나 스마트기기를 통한 예약서비스(Web booking)가 활발하게 제공되는 시대로 접어들었다. 이러한 인터넷 예약의 활성화는 호텔 및 항공, 여행상품을 예약할 때 이용고객의 70% 이상이 사전에 온라인예약을 할 정도로 예약경로의 중심이 되고 있다.

이러한 차원에서 앞서가는 호텔들은 호텔 웹사이트나 모바일에 장착할 최적의 부킹엔진을 개발하는 데 집중하고 있으며, 다이렉트 부킹의 개발로까지 연결되고 있다. 호텔 자체의 웹(Web) 예약시스템 개발은 고객들이 앱(App) 예약시스템을 통해 객실을 예약하고 확인하는 것뿐만 아니라 인터넷이 활용되는 곳이면 언제 어디서나 웹사이트에 접속하여 호텔의 객실이나 부대시설 등을 사전에 검색하여 살펴볼 수 있는 장점이 있다. 따라서 본 장에서는 호텔객실예약의 다양한 경로와 예약의 요령에 대해 살펴보기로 한다.

그림 5-3 호텔객실예약의 다양한 채널

2. 객실예약 업무

1) 사전 숙지사항

예약실 직원은 객실예약을 접수하기 전에 고객의 여러 가지 질문에 대한 대답을 위하여 호텔상품에 대한 풍부한 지식 등을 사전에 숙지하고 있어야 한다. 예약실 직원이 사전에 숙지해야 할 내용을 정리하면 다음과 같다.

① 객실의 종류, 숫자, 요금, 객실 내의 시설물
② 호텔의 식당 및 부대시설의 종류와 요금
③ 호텔의 전반적인 계절별, 시즌별 안내사항
④ 호텔의 패키지(Package)상품, 프로모션(Promotion)상품, 이벤트(Event) 등

⑤ 여행사, 기업체, 카드사, 호텔회원 등과의 객실이용에 관한 계약사항

⑥ 경쟁호텔과의 장단점 비교 파악

⑦ 주변 관광지 및 교통편

2) 예약의 경로

전화　온라인예약이 증가하고 있지만 전화를 통한 직접예약은 고객들에게 여전히 선호되는 예약경로 중 하나이다. 전화예약의 장점은 고객들이 예약실직원과 통화하면서 예약의 가부를 바로 알 수 있다는 점과 궁금한 내용이나 요구사항들에 대해 친절한 안내를 받을 수 있다는 점이다. 특히 가족행사나 세미나 등 중요 행사일수록 온라인예약보다는 전화예약이나 방문예약이 많다. 온라인예약을 마친 고객들이라도 본인의 예약 여부를 다시 한번 확인하기 위해 예약실이나 프런트데스크로 전화를 걸어 최종적으로 확인하는 경우가 대부분이다.

팩스/이메일　팩스(Fax)는 온라인예약이 시작되기 전만 하더라도 전화 다음으로 가장 많이 사용되던 예약수단이었다. 최근에는 컴퓨터예약시스템의 발달로 팩스를 이용한 예약이 줄어드는 추세이지만 호텔과 여행사(TA) 간 예약수단 등으로는 여전히 이용되고 있다. 이메일을 통한 예약은 직접예약이라기보다는 예약에 따른 고객의 질문이나 사전 요구사항 등을 전달하고 그에 대한 답신을 받아보는 보조적 수단으로 많이 이용되고 있다.

객실예약실　예약실은 모든 객실예약의 채널을 관리하고 취합하면서 고객의 직접예약을 담당한다. 호텔의 객실예약은 전화나 팩스, 홈페이지 등을 통한 직접예약도 있지만 여행사예약이나 웹·앱(Wep&App)을 기반으로 한 온라인여행사(OTA) 예약 등 다양한 예약 채널을 가지고 있다. 예약실은 이러한 객실예약의 모든 진행 및 관리를 담당하고 있다.

객실판촉팀　호텔 예약실이 사무실에 상주하면서 고객의 직접예약을 관리한다면 객실판촉팀은 직원들이 외부에 나가 거래처나 기업체 등을 다니면서 고객을 직접 만나 상담이나 설득을 통해 객실고객을 유치한다. 판촉팀에서 유치하는 주요 고객은

인바운드여행사를 통한 외국인관광객이나 MICE 관련 단체고객 등이다.

호텔 홈페이지　호텔기업은 고객이 자사 홈페이지에서 직접 객실예약을 할 수 있도록 자체 예약시스템을 운영하고 있다. 호텔입장에서는 고객들이 자사 홈페이지에서 직접예약을 많이 할수록 온라인여행사(OTA) 등 예약대행사에 대한 의존도를 줄이면서 예약수수료를 절감할 수 있는 장점이 있다.

글로벌 체인호텔의 경우는 자체 홈페이지 예약시스템을 통한 예약이 70~80% 이상을 상회하고 있으며 내부적으로 OTA 등에 대한 객실배정을 20% 이하로 제한하는 등 자체 홈페이지예약을 강화하고 있다. 하지만 소규모 독립호텔들의 경우 자체예약보다는 OTA 등을 통한 예약이 70~80% 이상을 상회하는 것이 현실이다. 이러한 이유는 간단하다. 개별호텔들은 어플이 잘 개발되어 있지 않고 소비자가 모바일로 호텔 홈페이지에 접속하여 직접 예약하기에는 불편하기 때문이다. 따라서 호텔 홈페이지 예약에서 가장 중요한 것은 고객들이 쉽고 편리하게 접근할 수 있도록 예약단계를 간결하게 만들어 운영하는 것이다.

▲ 롯데호텔은 자사 홈페이지 첫 화면에 FIT고객들이 일정에 따라 객실유형이나 가격 등을 검색하고 직접예약할 수 있도록 온라인예약사이트를 운영하고 있다.

웹·앱 예약　급격한 IT기술의 발달과 모바일 사용자들의 급증으로 인하여 호텔 예약 시 전화와 팩스 사용 등은 감소하고 있으며, 웹 예약(Web Booking)과 앱 예약(App Booking) 등은 빠르게 증가하고 있다. 이러한 추세 속에서 객실예약의 패러다임도 웹(Web)과 앱(App)을 기반으로 한 온라인여행사(OTA : Online Travel Agency)로 빠르게 넘어가고 있다. OTA는 웹과 앱을 통해 객실예약, 구매 시스템을 갖춘 여행사를 통칭하는 것으로 온라인상에서 호텔, 항공, 렌터카 등의 예약을 대행하며 수수료를 받는 수익구조이다.

국내에서는 2012년에 익스피디아가 OTA 시스템을 새롭게 선보일 때만 하더라도 생소한 개념이었지만 최근에는 국내 해외여행객의 70% 이상이 숙박예약을 OTA를 통해 예약할 정도로 빠르게 성장하고 있다. 호텔산업에서도 소비자와 공급자를 연결해 주는 플랫폼(Platform) 서비스 기반의 OTA와 가격비교사이트로 알려진 메타서치(Meta Search) 서비스는 끝없이 약진하고 있다.

호텔 입장에서 OTA와의 제휴는 객실예약의 채널을 다양화하고 별도의 마케팅 노력 없이 객실예약을 증진시킬 수 있는 장점이 있지만, 반대로 OTA에 지급하는 15~25% 정도의 과다한 수수료는 영업이익에 부정적인 영향을 미치고 있다.

국내에 진출하여 영업 중인 주요 글로벌 OTA로는 프라이스라인(Priceline) 계열과 익스피디아(Expedia) 계열이 대표적이다. 프라이스라인 계열에는 유럽 및 아시아지역에서 강세를 나타내는 부킹닷컴(Booking.com), 아고다(Agoda), 카약(Kayak) 등이 있으며, 익스피디아 계열에는 호텔스닷컴(Hotels.com), 트리바고(Trivago) 등이 있다. 그 외에 중국계 OTA로는 C-trip이 있고, 일본계 OTA로는 Rakuten Travel 등이 활동하고 있다. 앞으로도 OTA를 통한 객실예약경로는 젊은 소비자층의 인기를 끌며 지속적인 성장세를 이어갈 것으로 전망하고 있다.

표 5-2 주요 글로벌 온라인여행사(OTA) 현황

OTA	자회사	업종
Priceline	Booking.com Priceline Agoda.com Kayak Rentalcars.com Opentable	숙박예약 여행상품예약 아시아지역 숙박예약 가격비교 숙박예약(메타서치) 렌터카예약 레스토랑예약
Expedia	Hotels.com Expedia.co.kr Trivago Orbitz Travelocity Tripadvisor Hotwire Homeaway Carrentals.com	숙박예약 여행상품예약 가격비교 숙박예약(메타서치) 여행상품예약 여행상품예약 여행상품예약 여행상품예약 공유경제숙박예약 렌터카예약

그림 5-4 국내외 주요 온라인여행사(OTA) 브랜드

3) 객실예약 절차

대부분의 호텔에서 객실예약은 1차적으로 예약실에서 접수하고, 예약실이 퇴근한 시간이나 휴일에는 프런트데스크에서 예약을 진행한다. 온라인예약의 경우는 고객들이 직접 예약시스템에 입력하므로 별도의 안내가 필요없지만, 전화예약이나 방문예약의 경우는 일정한 예약절차에 따라 예약을 진행하는 것이 효율적이다. 일반적인 예약절차를 살펴보면 다음과 같다.

① 고객이 원하는 예약날짜와 투숙기간을 확인하고 예약 가능 여부를 확인한다.

② 예약이 가능할 경우 회원인지 비회원인지를 확인하여 구분한다. 회원의 경우 회원번호를 확인한다. 비회원의 경우 첫 방문인지 재방문인지를 확인한다.

③ 객실예약이 어려울 때는 다른 형태의 객실이나 다른 날짜를 선택할 수 있도록 안내하거나, 대기자 명단 또는 자매호텔 이용을 권한다. 그 외 다른 대안이 없을 시에는 인근 타 호텔 이용을 권한다.

④ 재방문의 경우 감사인사를 전하고, 고객의 이전 사용내역을 참조하면서 예약을 진행한다. 첫 방문인 경우 호텔의 위치와 특성을 성의 있게 설명한다.

⑤ 고객의 방문목적이나 동반자 등을 확인하고, 원하는 객실 타입, 객실 수, 원하는 객실가격대를 확인한다. 객실을 소개할 때는 등급이 높은 객실부터 낮은 순으로 한다.

⑥ 객실예약과 더불어 레스토랑, 비즈니스센터 등 부대시설 이용계획에 대해서도 확인한다. 예약담당자는 호텔의 모든 부서나 상품에 대해 상세한 정보를 갖추고 고객에게 효과적으로 안내할 수 있어야 한다.

⑦ 내용확인이 완료되면 최종적으로 투숙기간, 객실타입, 투숙인원, 객실료, 예약자 성함과 연락처를 다시 한 번 확인한다.

⑧ 고객이 원하는 결제방법을 여쭈어보고 고객이 원하는 방식으로 결제처리한다. 이때 현금결제는 완납 입금을 확인하고, 신용카드는 카드를 오픈(카드번호, 유효기간 기입)시켜 고객이 체크아웃 시에 사인하도록 한다.

⑨ 마지막으로 예약번호를 부여한다. 이때 취소규정에 대해서도 언급해 드리고 더

궁금한 내용이 없으면 감사인사로 마무리한다.

⑩ 객실예약 후에도 예약의 변경이나 취소에 대비하여 예약실에서는 정기적으로 예약상황을 재차 확인할 필요가 있다. 확인과정에서 변동이 발생하면 예약을 취소하고, 후순위 대기자들에게 예약기회를 제공한다.

표 5-3 객실예약 진행절차

구분	객실예약 진행절차
전화예약	1. 고객이 원하는 예약날짜와 투숙기간을 확인하고, 예약 가능여부를 확인한다. 　– 도착예정일(Arrival Date) 　– 출발예정일(Departure Date) 2. 회원과 비회원을 확인한다. 　– 회원의 경우 회원번호, 성함을 확인한다. 　– 비회원인 경우 고객 성함과 재방문 여부를 확인한다. 3. 객실 종류 및 객실 수, 투숙인원을 확인한다. 4. 객실요금(Room Rate)을 안내한다. 5. 예약자 성함과 연락처를 다시 한 번 확인한다. 6. 지불방법을 확인하고 시행한다. 　– 현금결제는 선납 안내, 신용카드는 카드오픈(카드번호, 유효기간 기입) 안내 7. 예약번호를 부여한다.
온라인예약	1. 회원 및 비회원 구분 　– 회원은 회원번호 입력 　– 비회원은 회원가입(성명, 생년월일, 연락처, 신용카드 등 개인정보 입력) 2. 원하는 국가나 지역 선택 3. 도착예정일(Arrival Date)과 출발예정일(Departure Date) 입력 4. 객실 수 및 투숙인원 입력 후 검색 버튼 클릭 5. 본인이 원하는 호텔 선택 6. 객실타입 선택 후 객실 예약 클릭 7. 예약번호 생성 부여

4) 초과예약 관리

초과예약의 의의　호텔이 초과예약(Over Booking)을 받는 이유는 성수기에 객실예약을 취소하는 고객이나 노쇼(No Show) 고객으로 인한 공실을 예방하고, 과거의 공실 경험과 예약취소 등의 통계자료를 근거로 그 비율만큼 초과예약을 하여 객실판매를 100% 달성하기 위해서이다. 예를 들어 200실을 가지고 있는 A호텔의 경우 당일 취소 및 노쇼 고객 비율이 과거 경험과 통계자료를 볼 때 5% 정도라면 결국 초과예약은 5%를 받는 식이다. 초과예약의 비율은 호텔마다 차이가 있지만 일반적으로 5~10% 정도에서 이루어진다.

초과예약 관리　초과예약은 보통 최고 성수기에 이루어진다. 초과예약을 받지 않고도 객실판매를 100% 완료하기 위해서는 객실예약과 동시에 객실료를 전액 완불받는 것이지만 후불인 경우에는 다음과 같은 방법으로 초과예약에 따른 후속관리를 해야 한다.

① 예약고객의 비율이 확정적 예약(객실료 완불)인지 잠정적 예약(예약금, 신용카드 오픈 여부)인지를 확인한다. 예약금도 없는 고객은 취소할 확률이 더 높다.

② 예약고객의 숙박목적이나 규모를 파악한다. MICE 고객이나 단체관광객들은 개인 관광객보다 취소율이 낮은 편이다.

③ 호텔이 위치한 지역에 대형 축제나 이벤트가 있는지 파악하고, 워크인(Walk-in) 고객의 빈도를 감안한다.

④ 주변의 동급 호텔과는 평상시 긴밀한 협조관계를 유지한다. 초과예약에 따른 문제 발생 시 서로 도움을 주고받을 수 있으며, 예약상황 등을 공유할 수 있다.

⑤ 예약 2~3일 전부터 기상예보를 관찰한다. 악천후에는 예약취소나 노쇼가 많다.

⑥ 예약 2~3일 전에 예약고객에게 호텔예약에 변동이 없는지 전화하여 확인한다. 최성수기에는 예약 당일에도 전화하여 변동 여부를 확인한다.

초과예약에 따른 문제 발생 시 조치　초과예약에는 상당한 주의가 필요하다. 초과예약을 받은 상태에서 예상과 달리 취소고객이 발생하지 않아 객실이 모자라게 되거나 예약고객에게 객실 배정을 하지 못하면 호텔 측의 사과는 물론이고 화가 난 고객을 설득하는 등 복잡한 문제가 발생하기 때문이다. 호텔마다 차이는 있지만 초과예약으로 인한 문제 발생 시 호텔 측의 대처방법은 일반적으로 다음과 같다.

첫째, 고객이 예약한 객실보다 등급이 높은 객실이 남아 있다면 그 객실로 업그레이드(Upgrade)해 주어야 한다.

둘째, 호텔에 잔여 객실이 없는 경우는 타 호텔로 보내는 턴어웨이 서비스(Turn Away Service)를 실시해야 한다. 이때 호텔의 제공서비스는 다음과 같다. 호텔 주변의 동급 호텔객실을 구해주고 요금 지불과 더불어 교통편 등을 제공한다. 그리고 2박 이상 투숙객은 호텔 차량을 이용하여 다시 전날 투숙한 호텔에서 모셔오거나, 택시비를 지불하고, 나머지 숙박은 기존 예약한 객실보다 등급이 높은 객실로 업그레이드(Upgrade)해 주어야 한다.

3. 객실예약 고객의 유형

1) FIT 예약

호텔에서 비즈니스 FIT고객은 객실점유율이 가장 높은 고객으로 분류된다. 특히 도심지역 특급호텔의 경우 비즈니스 F.I.T(또는 FIT : Foreign Independent Tour)의 약어로 개별고객을 말한다.

고객이 차지하는 객실매출은 전체 매출의 80% 이상을 차지할 정도이다.

비즈니스 고객들이 호텔을 예약할 때 중요하게 생각하는 속성들은 객실가격이나 비즈니스 환경이다. 이외에도 좋은 품질의 침대, 무료 시내통화, 욕실 내 전화기, 무료 조식, 금연객실, 무료 예약전화 등이다. 따라서 예약실 직원들은 비즈니스 고객과의 상담 시, 이들이 중요시하는 속성들을 중심으로 설명하는 것이 필요하다.

최근에는 FIT고객들의 예약경로가 전화예약보다는 호텔예약사이트를 통한 온라인 예약이나 OTA 등을 통한 사전예약이 많아졌기 때문에 호텔들은 이러한 상황에 맞게 자체 웹 부킹(Web booking) 사이트를 직접 운영하면서 다른 한편으로 OTA 등과의 제휴를 통해 객실판매를 활성화시키고 있다. 이에 따라 호텔마케팅부서나 예약실에서는 전화예약이나 방문예약 등의 오프라인 예약에도 충실해야 하지만 온라인 예약의 활성화에도 집중해야 할 것이다.

2) 여행사/단체예약

일반적으로 여행사나 단체예약은 호텔의 판촉팀에서 담당하는 경우가 일반적이다. 단체 기준은 한번에 15실 이상을 기준으로 하지만 호텔에 따라 다소 차이가 있다. 단체예약의 경우 한번에 많은 객실을 판매할 수 있는 것이 장점이며, 제공되는 가격은 주중·주말, 성·비수기, 객실 사용량에 따라 할인율 적용에 차이가 있다. 호텔 입장에서 비수기에는 객실가격이 저렴하더라도 단체행사를 많이 유치하여 객실점유율을 높이려고 노력하는 한편, 성수기에는 단체보다는 객실가격을 높게 받을 수 있는 FIT 고객을 선호하는 특성이 있다. 여행사 예약의 경우도 신뢰관계를 바탕으로 한 장기계약을 통해 연중 지속적인 객실고객을 유치할 수 있는 장점이 있기 때문에 판촉팀에서 항상 관리해야 하는 중요한 고객이라 할 수 있다. 하지만 여행사 단체의 경우 인원변동 등 가변사항이 많아 도착예정 2~3일 전까지 재확인 과정을 거치는 것이 좋다.

3) 항공사 예약

호텔과 항공사 간의 장기계약을 통해 객실을 판매하는 경우이다. 항공사에서는 자사 승무원들의 숙박을 위해 특정호텔과 연중 사용계약을 체결하고 그 호텔을 지속적으로 사용하게 된다. 이외에도 항공사에서 항공편을 이용하는 고객의 편의를 위해 호텔 예약을 대행해 주거나, 항공 스케줄상 결항이나 지연으로 인한 승객들의 숙박을 위한 객실예약이 있다.

항공사에 대한 객실예약은 50% 정도의 할인금액으로 예약되는 것이 일반적이다. 그러나 호텔 입장에서 항공사 승무원들은 객실요금을 저렴하게 지불하는 세분시장이지만 무시할 수 없는 표적시장이다. 호텔 측에서는 별도의 추가적인 마케팅비용을 지출하지 않으면서 안정적으로 일정한 객실을 판매할 수 있으며, 특히 비수기에도 지속적인 객실판매를 보장할 수 있기 때문이다.

따라서 마케팅부서의 예약담당자는 승무원들이 숙박에서 중시하고 있는 요구내용을 파악하고 불편함이 없도록 조치해야 한다. 승무원 고객의 경우는 방음시설이 잘된 조용한 객실배정이나 신속한 체크인-체크아웃, 정확한 모닝콜 등을 중시하고 있다.

4) 패키지 예약

호텔에서 판매되는 객실패키지(Package)는 일종의 종합선물세트로서 주로 비수기나 특정 기념일 등에 매출증대나 객실판매 촉진을 목적으로 기획판매되는 경우가 대부분이다. 고객 입장에서는 패키지 구매를 통해 평소보다 저렴한 가격에 숙박과 식음료 및 편의시설 등을 동시에 경험할 수 있는 장점이 있으며, 호텔 입장에서는 비수기 객실점유율을 높이는 점 외에도 크리스마스 등 특정 기념일 등에 고객이벤트를 기획하여 호텔의 이미지 등을 개선할 수 있다.

따라서 예약실이나 프런트 등의 안내 및 판매부서에서는 호텔에서 판매하는 패키지상품의 종류를 시기별, 가격별로 파악하고 있어야 하며, 상품판매 시에는 패키지상품의 특성과 장점을 충분히 설명해 주고 예약판매를 진행해야 한다.

5) MICE 예약

마이스(MICE)란 회의(Meeting), 인센티브여행(Incentive Travel), 컨벤션(Convention), 전시(Exhibition)의 첫 머리글자로 만든 용어로서 '융복합 비즈니스 관광'을 의미한다. 대부분의 주요 기업들은 매년 개최되는 MICE 행사에 거액의 출장경비를 지출하고 있는데, 참가자들의 지출경비만 보더라도 컨벤션참가자의 1인당 지출경비는 340만 원으로 일반관광객의 180만 원보다 훨씬 높게 나타나고 있다.

인센티브여행의 경우는 일반적으로 3~5일 정도의 기간 동안 이루어지는데, 참가규모는 최소 50명에서 최대 2만 명 정도의 규모로 이루어진다. 상품의 구성은 일반여행상품보다 프로그램의 내용이 고품질이면서 숙박이나 식사가 모두 디럭스호텔에서 이루어지고, 투숙기간 중에는 소정의 회의 및 시상식, 교육회의, 친선의 밤 등이 개최되어 추가적인 매출을 기대할 수 있다. 따라서 MICE고객은 객실 사용규모나 매출 측면에서 호텔의 가장 중요시되는 핵심고객으로 분류되고 있다.

제 5 절 비즈니스센터·전화교환실·피트니스센터

1. 비즈니스센터

비즈니스호텔에서 가장 중요한 서비스는 고객들의 비즈니스 업무를 지원하는 것이다. 이를 위해 비즈니스호텔의 대부분은 프런트오피스 부서 중 하나로 '비즈니스센터(Business Center)'를 운영하고 있다. 비즈니스센터는 소규모 회의실을 별도로 갖추고, 각종 기물대여와 비서업무 등을 지원한다.

그러나 호텔에 따라 비즈니스센터의 규모를 더 크게 운영하는 경우도 있다. 예를 들어 그랜드하얏트서울의 '비즈니스 & 미팅 센터'는 기존 비즈니스센터의 개념을 넘어서 6~16명까지 이용이 가능한 10개의 미팅 룸을 갖추고 있으며, 다양한 크기의 미팅 룸에서는 인터뷰, 간담회, 프레젠테이션, 세미나 등 목적에 따른 미팅을 계획할 수 있다. 미팅 룸 내에서는 위성화상회의가 가능하고, 전자칠판, LCD 프로젝터, PDP·TV·DVD의 기능을 하나로 모은 신기술인 월(Wall) 디스플레이가 설치되어 있다.

이처럼 규모가 큰 특급호텔에서는 비즈니스센터를 필수적으로 운영하지만, 중·소규모의 호텔에서는 예약사무실 등에서 비즈니스센터 업무를 병행하기도 한다. 서울지역에 위치한 5성급 호텔에서는 대부분 비즈니스센터를 운영하고 있으며, 그중 롯데호텔서울의 비즈니스센터 시설현황을 소개하면 다음과 같다.

표 5-4 롯데호텔서울의 비즈니스센터 시설현황

서비스 유형	대여 및 비서 서비스
회의실	4인 회의실, 노트북 대여 등
우편업무	택배 서비스, 포장 서비스, 퀵 서비스
비서업무	복사&팩스 서비스, 타이핑&인쇄 서비스, 명함제작 서비스 등
최신설비	레이저 프린터, 고속복사기, 노트북 대여, 초고속인터넷, 스피커폰, 이동식 하드디스크 등

▲ 롯데호텔서울의 비즈니스센터 외부 전경

2. 전화교환실

전화교환실은 호텔의 대표번호로 걸려오는 전화를 관련부서로 연결하고 고객들의 시외전화나 국제전화, 모닝콜 업무 등을 처리한다. 교환실에서 근무하는 교환원을 오퍼레이터(Operator)라고 한다. 전화교환원은 목소리로 서비스하는 것이므로 좋은 음성을 가진 사람이 적임자이다. 업무 중 장거리 통화와 국제전화는 전화국을 경유해서 통화하기 때문에 많은 요금과 시간이 소요된다. 이때 담당교환원은 정확한 접속을 해주어야 하고, 요금과 통화시간 및 상대방의 전화번호 등을 정확히 기재하고, 전화전표를 작성해야 한다.

최근에는 객실에서 교환을 거치지 않고 직접 장거리전화(Long Distance Call)나 국제전화(Overseas Call)를 걸 수 있도록 하는 호텔도 있다.

3. 피트니스센터

호텔의 피트니스센터(Fitness Center)는 체계적인 체력관리를 위한 기능별 공간과 최상의 휴식을 위한 공간으로 조성되어 운동과 휴식을 조화롭게 즐길 수 있는 여가 레저의 장소이다. 피트니스센터는 호텔의 규모에 따라 조금씩 차이가 있지만 고급호텔일수록 회원관리 사무실이 있으며, 헬스장, 수영장, 사우나, 스쿼시코트, 실내골프 연습장, 인공암벽등반 등의 체육시설을 고루 갖추고 있다.

피트니스센터의 소속부서는 객실부서에 소속되거나, 레포츠(Leports)부서로서 별도의 부서로 존재하기도 한다. 피트니스센터의 수익은 대부분 회원이 납부하는 입회비와 연회비 수입에서 발생하는데, 대부분 평생회원을 채택·운영하는 호텔에서는 연회비와 보증금의 이자수익으로 발생되며, 단기회원은 월회비에서 발생된다. 그리고 부수적으로 명의변경 수수료, 사물함 대여료, 동반객 입장료, 식음료 매출, 강습 지도비 등에서도 수익이 발생된다. 피트니스센터의 시설 유형을 사진으로 살펴보면 다음과 같다.

▲ 특급호텔의 피트니스센터는 21세기형 스타일의 멤버십 스포츠클럽으로서 규모나 시설 면에서 다양성과 고급스러움을 갖추고 휴식과 레저의 장소로 발전하고 있다(사진 : ① 체력단련장, ② 사우나, ③ 실내암벽등반, ④ 실내수영장, ⑤ 골프연습장, ⑥ GX룸).

알아두면 편리한 호텔의 서비스

호텔에서는 모닝콜 등의 여러 가지 서비스가 있다. 잘 활용하면 호텔 이용 시 보다 알차게 이용할 수 있다.

● 아침 일찍 출발할 때는 전날 모닝콜을 부탁하여 둔다. 아침 일찍이 아니더라도 잠깐 잠을 잘 때에도 이용할 수 있다. 전화로 오퍼레이터의 다이얼을 눌러서 다음과 같이 부탁한다.

  "This is room 565. Please wake me up at 7 o'clock, tomorrow morning.

  (565호실입니다. 내일 아침 7시에 깨워주십시오.)

  전화로 부탁할 자신이 없으면 메모용지에 방 번호와 깨워 달라는 시간을 적어 프런트에 전달하여도 무방하다. 모닝콜이 걸려오면 "Thank you"라고 하면 된다(녹음된 메시지가 들릴 경우도 있음)

● 환전도 호텔에서 가능하다. 은행이 문을 닫았을 때 급히 현금이 필요한데 은행에 갈 시간이 없을 경우에 편리하다. 단 환율은 약간 차이가 나므로 주의하기 바란다. 그림 엽서나 봉투에 붙이는 우표 등도 호텔에서 판매한다.

● 귀중품은 프런트의 안전금고(Safety Box)에 맡기는 것이 좋다. 객실 내에 개인용 금고가 있다면 비밀번호를 직접 등록하여 사용하면 편리하다.

● 호텔에서의 세탁은 세탁실이나 룸 메이드에게 부탁하면 된다. 방의 서랍 안에 세탁 주문서가 비치되어 있는 경우 필요사항을 기입하여 세탁물과 함께 세탁봉지를 문 안쪽에 두면 청소할 때 가져가게 된다. 중요한 점은 세탁완료 날짜를 반드시 확인하는 것이다. 또한 저녁 5시 이후와 토·일요일은 세탁물을 접수하지 않는 호텔도 있으니 주의한다.

● 방안에서 식사를 하고 싶을 때에는 룸서비스(Room Service)를 부탁하면 된다. 밖으로 나가고 싶지 않을 경우나 혼자서 식당에 가기가 귀찮을 때, 메뉴를 보고 전화를 걸면 자기 방에서 간단히 식사를 할 수 있고 지불은 계산서에 서명만 하면 된다. 식사를 날라다 주는 종업원에게는 현금으로 팁을 주는 것이 좋다.

● 마음 놓고 푹 자고 싶을 때에는 "Don't Disturb"라고 적힌 패찰을 문 바깥쪽 손잡이에 걸어두면 다음날 아침 청소하러 오는 직원 때문에 잠을 깨는 일이 없다.

● 호텔에서 Tour 소개도 받을 수 있다. Tour Desk라고 적힌 자리에 있는 사람에게 상담하면 된다. 또한 유럽에서는 Consult Corner에 가면 Tour 외에도 현지에서의 다양한 정보를 얻을 수 있다.

호텔용어

Front Office 객실영업을 담당하는 여러 관련 부서를 총괄하는 명칭이다.

Front Desk 호텔의 1층에 위치하면서 체크인과 체크아웃 등을 담당하는 핵심부서이다.

Front Clerk 프런트데스크에서 근무하는 직원을 말한다.

Concierge 컨시어지란 호텔을 방문한 고객이 필요로 하는 모든 서비스를 제공하고 편의를 돕는 사람 또는 부서를 뜻한다.

GRO(Guest Relation Officer) 호텔 VIP 고객을 대상으로 비서업무를 수행하는 직원 또는 부서를 말한다.

Butler Service 버틀러(Butler)란 컨시어지보다 더 가까이서 고객의 편의를 돕는 퍼스널(Personal) 서비스를 제공하는 사람을 말한다. 버틀러 서비스는 특급호텔 중 럭셔리호텔에서 주로 제공하는 서비스이다.

Check In 고객이 호텔 프런트에 도착하면 숙박카드를 접수한 후 고객을 정해진 객실로 안내하기까지의 모든 행위를 체크인이라 한다.

Check Out 호텔에서 숙박을 마친 고객이 출발하기 전에 프런트에서 숙박료 등을 계산하고 나오는 과정을 체크아웃이라고 한다.

Skipper 사용료를 계산하지 않고 도망가는 사람을 말한다.

Confirm 예약사항 등을 재확인하는 것을 말한다.

Safe Deposit Box 호텔객실에 투숙하는 고객의 귀중품을 보관해 두기 위해 프런트에서 별도로 비치하고 있는 귀중품 보관함을 말한다.

Easy Check 신용카드 조회기로 이것은 카드회사와 한국정보통신 그리고 가맹점이 온라인으로 연결되어 불량카드 여부를 체크하는 시스템이다.

Occupancy 객실점유율을 뜻한다.

VIP(Very Important People) 호텔에 매우 중요한 영향을 미치는 고객을 말한다.

Maser Key 객실부서에서 호텔 내 전체 객실의 문을 열 수 있는 키를 말한다.

Over Booking 수용할 수 있는 객실 수보다 초과하여 예약을 받는 것을 말한다.

OTA(Online Travel Agency) 온라인여행사를 말한다. OTA는 온라인상에서 각 숙박업소의 예약을 대행하며 예약 대행의 대가로 수수료를 받는 구조이다. 현재는 온라인에서 여행업을 하기보다는 예약 대행에 한정하여 사업하는 경우가 일반적이다.

FIT(Foreign Independent Tour) 호텔이나 여행사 등에서 개인고객을 지칭하는 용어이다.

Walk in Guest 사전 예약 없이 당일에 직접 방문하는 고객을 말한다.

No Show 사전에 예약했지만 예약 당일 연락 없이 나타나지 않는 고객을 말한다.

Baggage Down 퇴실 시 호텔 직원 또는 벨보이가 고객의 짐을 차량 앞까지 이동해 주는 서비스를 일컫는다.

Turn Away Service 예약한 고객에게 객실을 제공하지 못하는 경우 다른 호텔로 고객을 예약한 후 안내 및 제반 서비스를 소개하는 서비스이다.

MICE 마이스란 회의(Meeting), 인센티브여행(Incentive Travel), 컨벤션(Convention), 전시(Exhibition)의 머리글자로 만든 용어로 '융복합 비즈니스 관광'을 의미한다.

Wake Up Call 고객이 요청한 시간에 전화로 깨워주는 모닝콜 서비스이다.

Checkpoint

- 호텔에서 프런트데스크의 주요 업무와 중요성에 대해 생각해 보세요.
- 5성급 호텔을 중심으로 호텔 속의 호텔이라 불리는 '이그제큐티브 플로어'를 확대하여 운영하는 이유는 무엇일까요?
- 호텔에 비즈니스 FIT, 여행사단체, MICE단체, 항공사 승무원단체, 신혼여행객 등이 도착하였다면 프런트직원은 객실 배정을 어떻게 하는 것이 바람직할까요?
- OTA가 호텔경영에 미치는 장단점에 대해 생각해 보세요.
- 호텔에서 오버부킹(Over Booking)으로 인해 예약한 고객이 밤늦게 도착하였지만 판매할 객실이 없는 경우 프런트직원은 어떤 조치를 하는 것이 좋을까요?

하우스키핑

제1절 하우스키핑의 이해
제2절 하우스키핑의 조직과 직무

제1절 하우스키핑의 이해

1. 하우스키핑의 개념

하우스키퍼(Housekeeper)의 사전적 의미는 '집을 유지하는 일을 하는 사람 또는 감독하는 사람'의 의미이며, 하우스키핑(Housekeeping)은 '객실정비 및 유지·관리를 책임지고 고객의 재산과 신변을 보호하는 곳'으로 정의할 수 있다.

이에 따라 호텔의 하우스키핑부서(Housekeeping Department)는 객실의 청소 및 비품의 유지관리뿐만 아니라 식당, 회의실, 복도, 현관, 화장실 등 호텔 전역에 걸친 공용장소(Public Area)의 청소는 물론 각종 리넨(Linen)의 세탁까지 책임지는 부서이다.

프런트오피스(Front Office)부서가 객실상품을 판매하는 부서라면, 하우스키핑부서는 객실상품을 재생산하는 부서라 할 수 있다. 왜냐하면 상품이라는 것은 판매를 전제로 생산이 가능하기 때문에 호텔산업 역시 판촉직원 및 룸 클럭(Room Clerk)이 아무리 객실을 판매하려 해도 하우스키핑부서에서 객실을 정비 또는 정돈하지 않으면 객실의 효과적인 판매가 불가능하기 때문이다.

따라서 객실에서 고객이 편히 쉴 수 있도록 하기 위해서는 하우스키핑부서에서 청소는 물론, 침구의 정리, 가구 및 소모품의 조달·배치가 있어야 하고, 손님의 안전관리와 재산의 보호가 없으면 객실이란 호텔상품을 판매할 수 없기 때문이다. 이것이 바로 호텔조직에서 하우스키핑부서가 중요한 이유이다.

2. 하우스키핑의 업무

1) 객실청소

하우스키핑부서는 객실 청소와 정리정돈을 신속히 수행하여 객실을 효과적으로 판매하도록 하고, 투숙객이 청결한 객실에서 쾌적하게 체류할 수 있도록 준비한다.

2) 비품관리

하우스키핑부서는 객실에 비품과 소모품을 보급해야 하는데, 이는 고객의 편의를 위하여 일정한 비품과 양질의 소모품을 보급하도록 하고 사용하기 적당한 장소에 제공해야 한다.

3) 세탁서비스

하우스키핑부서의 세탁실에서는 고객의 세탁물과 호텔에서 사용하는 리넨류의 세탁을 담당한다. 고객의 세탁물은 고객이 원하는 시간까지 세탁하여 정확하게 전달해야 한다. 또한 호텔에서 사용하는 모든 세탁물과 종사원의 유니폼 등도 세탁실에서 관리하고 있다.

4) 분실물 관리

하우스키핑부서는 고객의 분실물을 보관하고 있다가 주인에게 돌려주는 역할도 담당한다. 사소하고 중요하지 않을 것 같은 물건이라도 고객에게는 소중한 것일 수 있으므로 잘 보관 후 찾아주는 것이 바람직하다.

5) 공공장소의 청소

하우스키핑은 객실뿐만 아니라 복도, 엘리베이터, 로비, 출입문, 주차장 등 호텔의 모든 장소를 청소하고 관리한다.

6) 불평처리

하우스키핑부서는 객실고객으로부터 컴플레인(Complaint)이 접수되면 직원을 객실까지 보내 신속히 처리해야 한다. 객실에서 접수되는 컴플레인의 유형은 청소불량, 냉난방시설의 오작동, 객실비품의 사용법을 문의하는 경우가 대부분이다.

7) 유지보수

호텔의 객실은 많은 투숙객들이 이용하고 노후화가 빨리 진행되기 때문에 고장이나 파손이 자주 발생할 수 있다. 이러한 문제가 발생한 경우에는 하우스키핑에서 신속히 해결하고, 상황에 따라서는 시설부에 연락하여 수리한다.

제 2 절 하우스키핑의 조직과 직무

1. 하우스키핑의 조직

일반적으로 하우스키핑부서의 조직구성은 하우스키핑매니저(Housekeeping Manager), 인스펙터(Inspector), 룸메이드(Room Maid), 하우스맨(Houseman), 오더테이커(Ordertaker), 미니바 담당(Minibar Clerk), 리넨 담당(Linen Clerk), 세탁 담당(Laundry Clerk) 그리고 공공장소 관리원(Public Clerk) 등으로 구성된다. 하우스키핑부서의 조직도는 〈그림 6-1〉과 같다.

그림 6-1 하우스키핑부서의 조직도

2. 하우스키핑 구성원의 직무

1) 객실정비지배인

하우스키퍼 매니저(Housekeeper Manager)는 하우스키핑부서의 총괄책임자이다. 하우스키퍼 매니저는 관리자의 입장에서 다음과 같은 업무를 수행한다.

인사관리 적정수의 직원유지관리, 신입사원의 채용 및 교육훈련, 부하직원의 후생 및 복지관리 등을 담당

원가관리 예산의 수립, 가격의 적정여부 확인, 각종 기록의 유지 및 분석, 적정 소요 물품의 계산 및 집행을 담당

자재관리 각종 물품의 이용가능성 파악, 재고조사 및 확인, 장비에 관한 주문 및 수리의 집행 및 담당

업무관리 청소의 감독 및 청결 유지, 열쇠의 취급 및 관리감독, 분실물 및 습득물(Lost & Found)의 처리 감독

2) 룸 인스펙터

룸 인스펙터(Room Inspector)는 객실 점검원으로서 하우스키퍼 매니저를 보좌하고 룸메이드를 관리하는 업무를 수행한다. 즉 이미 사용한 객실을 완전한 상태로 만들기 위한 객실점검이 주된 업무이다. 룸 메이드의 객실청소 상태나 소모품 비치상태, 근무상태, 객실기능의 이상 유무 등을 점검하고 잘못된 점을 지시하여 완전한 객실상품이 되도록 한다.

▲ 룸 인스펙터의 객실점검 업무 모습

객실점검보고서
(Room Inspection Report)

객실번호 : _____   점검일 / 시간 : _____

점검결과 : ●매우 양호(   ) ●양호(   ) ●불량(   ) ●매우 불량(   )

침실			욕실		
항목	상태	비고	항목	상태	비고
문, 잠금장치			문, 손잡이		
전구, 스위치			전구, 스위치		
천장, 환기구			천장, 환기구		
벽			욕실 소모품		
창문, 커튼			변기		
안내책자			수도꼭지		
홍보물			비누, 타월		
TV			욕실 매트		
온(냉)방기			티슈(화장지)		

기 타 : _____

_____

_____

_____

승인자 서명 : _____

▲ 객실점검보고서

3) 룸 메이드

룸 메이드(Room Maid)는 호텔에서 객실 청소를 담당하는 직원을 지칭하는 말이다. 일반적으로 룸 메이드는 인스펙터의 지시에 따라 객실청소를 담당하는데, 이들의 작업량은 1일 8시간 기준으로 12~15실 정도를 청소한다. 객실규모가 작은 호텔에서는 룸 메이드가 하우스맨 업무나 미니바 업무를 겸해서 수행한다.

룸 메이드는 40~50대 여성으로 구성되는 것이 일반적이지만, 요즘에는 20~30대 여성들도 이 직종에서 일하는 경우가 있다. 최근에는 일부 호텔들이 인건비 절감 차원에서 룸 메이드를 아웃소싱(Outsourcing)하거나 분사시켜 별도로 운영하는 경우가 많다.

▲ 객실에서 침대 정리를 하고 있는 룸메이드

4) 미니바 담당

미니바(Minibar) 담당자는 객실 내의 소형 냉장고에 있는 음료 및 주류 등을 확인하고 점검하는 업무를 담당한다. 투숙고객이 프런트에서 체크아웃을 신청하면 프런트 직원은 미니바 담당자에게 연락하여 미니바 사용을 점검하게 한다. 미니바 담당자는 고객이 사용한 품목과 가격을 프런트에 알리고 정산하도록 한다. 소규모 호텔에서는 룸 메이드가 미니바 업무를 겸하기도 한다.

미니바에 들어가는 일반적인 품목으로는 음료(Water, Juice, Coke, Cider), 알코올류(Beer, Wine, Whisky, Cognac), 스낵류(Chip, Peanuts, Chocolate) 등이다. 최근에는 호텔들이 미니바를 통한 객실매출을 극대화하기 위해 비치품목을 다양화하고 있는데, 기존의 품목 외에도 면도기, 칫솔세트, 양말, 속옷 등도 판매하고 있다.

▲ 호텔객실에 설치된 미니바

5) 하우스맨

하우스맨(Houseman)은 하우스키핑부서에서 이루어지는 잡다한 업무들을 수행하는 직원이다. 보통 여자직원이 담당하기에 힘든 일들은 하우스맨이 전담하여 처리한다. 하우스맨의 작업지시 및 감독은 객실정비지배인이 책임을 진다.

일반적으로 하우스맨은 일하는 업장이나 장소에 따라 ① 객실·로비·연회실에 종사하는 하우스맨, ② 집기의 손질과 운반을 전담하는 하우스맨, ③ 청소를 맡은 하우스맨, ④ 유리·도어·커튼 등의 손질을 주업무로 하는 하우스맨 등으로 그 업무와 명칭도 다양하다.

6) 리넨 담당

리넨(Linen)이란 면의 종류로서 섬유를 지칭하는데, 호텔에서의 리넨이란 면류나 화학섬유로 만들어진 타월(Towel), 냅킨(Napkins), 시트(Sheets), 담요(Blankets), 유니폼(Uniforms), 커튼(Curtains), 도일리(Doily) 등을 말한다. 이러한 리넨류는 매일 세탁하여 교체해야 하기 때문에 이를 보관·지급하는 장소(Linen Room)를 비롯하여 그 관리과정이 무엇보다 중요하다.

리넨은 쉽게 해지기 때문에 세탁 및 수선하는 데 있어 세심한 주의가 필요하고, 리넨을 보관할 때는 종류별로 통풍이 잘되는 곳에서 위생적으로 관리해야 한다. 리넨의 사용은 보통 4부로 만들어져 사용된다. 즉 사용 중인 것, 세탁 중인 것, 예비용, 보관용으로 구분해서 사용해야 차질이 생기지 않는다.

▲ 호텔에서 사용하는 각종 리넨의 종류

7) 세탁실

호텔의 세탁실을 론드리(Laundry)라고 하는데, 고객의 세탁물과 호텔직원의 유니폼 및 리넨류의 세탁을 수행하는 곳이다. 따라서 모든 세탁물 관리는 물론 세탁물의 분류, 물세탁, 드라이클리닝, 프레싱 등의 업무를 수행한다.

세탁에 있어 가장 중요한 과정은 세탁물을 분류하는 것이다. 만약 분류가 잘못되어 드라이클리닝해야 할 것을 물세탁을 한다면 세탁물을 망치게 되어 고객의 불평은 물론 배상으로 인한 호텔의 재정적 손실도 가져오게 된다. 규모가 큰 호텔에서는 세탁실을 자체적으로 운영하는 경우가 많지만, 규모가 작은 호텔에서는 외주를 주는 경우가 많다.

▲ 호텔 세탁실 전경과 세탁실에서 근무 중인 직원

호텔용어

Housekeeping 객실을 판매할 수 있도록 객실을 정비하고 유지관리를 주업무로 하는 부서이다.

Room Inspector 객실의 청소 및 위생관리상태, 비품 정리 등을 점검하고 감독하는 직원이다.

Room Maid 객실청소를 담당하는 직원을 말하며 주로 여성들이 담당한다.

House Man 룸메이드가 담당하기 힘든 일이나 잡다한 업무를 수행하는 남자 직원이다.

Mini Bar 객실 내 냉장고에 간단한 주류나 음료, 안주류 등을 구색을 맞추어 전시하여 고객이 유료로 이용하는 일종의 Small Bar를 말한다.

Turn Down Service 정규 객실 청소 이후에 한 번 더 객실 및 침구를 정리 정돈해 주는 서비스로 주로 늦은 오후나 취침 전에 진행되며, 턴다운 서비스가 없는 호텔도 많다.

Do Not Disturb '방해하지 마시오' 등의 뜻으로 쓰이는 'DND'는 객실에 비치된 카드를 문고리에 걸어놓거나, 객실 내 컨트롤 패드의 DND 버튼을 눌러 설정할 수 있다.

Make Up '객실 청소를 원하다'는 뜻으로 청소를 원하는 경우 문고리에 걸어두면 된다.

Linen 호텔에서 사용하는 면류나 섬유로 만들어진 천류를 말한다(타월, 냅킨, 시트 등).

Laundry 호텔에서 운영하는 세탁실을 말한다.

Complaint 고객의 불평이나 불만을 뜻한다.

Outsourcing 아웃소싱은 호텔에서 직접 해야 할 업무 등을 그 일에 특화된 업체 등에 위탁하여 맡기는 것으로, 소위 '하청'이라고 한다.

Checkpoint

- 하우스키핑 부서의 주요 업무와 중요성에 대해 생각해 보세요.
- 객실고객이 한밤중에 위층 객실의 소음으로 인해 피해를 호소한다면 하우스키핑 직원은 어떤 조치를 하는 것이 좋을까요?
- 프런트데스크와 하우스키핑 부서의 업무협조는 왜 중요할까요?

제7장

식당관리

제1절 호텔식당의 개요
제2절 식당의 종류
제3절 식음료 서비스의 종류

제1절 호텔식당의 개요

1. 호텔식당의 정의 및 특성

1) 호텔식당의 정의

식당(Restaurant)의 어원은 불어 'de Restaurant'에서 유래되었는데, 이는 '수복하다' '기분을 회복하다'라는 뜻이다. 즉 영양이 있는 음식물을 섭취하고 휴식을 취함으로써 건강을 회복시켜 원기를 되찾는다는 의미이다. 따라서 호텔식당(Hotel Restaurant)이란 '호텔이 영리를 목적으로 일정한 장소에 접객시설을 갖추고, 인적서비스와 물적 서비스를 동반하여 음식물을 제공하고 휴식을 취하게 하는 업장'으로 정의할 수 있다.

우리나라 국어사전에서는 식당을 '식사를 편리하게 할 수 있도록 설비된 방' 또는 '음식물을 만들어 파는 가게'로 정의하고 있다. 호텔의 식당부서는 한식당, 양식당, 중식당, 일식당 등이 있으며, 음료부서와 함께 '식음료부서'라고 칭하고 있다. 식음료(Food & Beverage)란 음식(Food)과 음료(Beverage)의 합성어로서 호텔에서 판매하는 음식과 음료 상품을 의미한다.

선진국에서는 식당을 'EAST'를 판매하는 장소라고 설명하기도 한다. 여기서 EAST란, 인적서비스(Entertainment), 분위기(Atmosphere), 위생(Sanitation), 맛(Taste)을 뜻한다. 그래서 호텔의 식당은 단순히 먹는 장소가 아니라 서비스+분위기+위생+맛이 하나로 종합된 고부가가치 상품을 판매하는 중요한 장소인 것이다.

호텔의 식음료 상품판매는 상품을 생산하는 조리부서와 이를 판매하는 영업부서의 협력으로 이루어지는데, 이 두 부서는 각각 독립되어 있지만 상호 협력을 통하여 호텔의 식음료영업을 담당하고 있다. 호텔의 식음료영업 부서는 다시 식당부서, 연회부서, 음료부서로 구분된다. 본서에서는 이들 세 부서를 각 장으로 구분하여 살펴보기로 한다.

2) 식음료상품의 특성

전통적으로 호텔의 식음료 경영은 호텔의 부대시설로서 투숙객에게 식사와 음료를 제공하는 단순한 역할만을 수행해 왔다. 그러나 1980년대 이후 국내 경제성장과 더불어 호텔의 규모가 대형화·고급화되면서 호텔 내의 식음료 경영은 단순한 식음료 제공의 수준을 벗어나 호텔의 이미지를 강화시키고 재정적 측면에서 경영수익을 증대시키는 방안으로 그 비중이 높아지고 있다. 식음료상품의 특징을 생산 측면과 판매 측면에서 살펴보면 다음과 같다.

(1) 생산 측면에서의 특징

- 이익의 폭이 크다.
- 인적의존도가 높다.
- 주문생산을 원칙으로 한다.
- 생산과 판매가 동시에 발생한다.
- 수요와 예측이 곤란하여 대량생산이 어렵다.
- 다양한 고객욕구로 인해 생산표준화가 불가능하다.

(2) 판매 측면에서의 특징

- 장소적인 제약을 받는다.
- 시간적인 제약을 받는다.
- 식음료는 반품과 재고가 없다.
- 생산과 판매가 동시에 발생한다.
- 식음료는 저장판매가 불가능하다.
- 메뉴에 의한 상품판매가 이루어진다.
- 인적서비스가 반드시 수반되어야 한다.
- 호텔 내에서만 판매하므로 유통과정이 없다.
- 현금판매를 원칙으로 운영자금의 회전속도가 신속하다.

2. 호텔 식음료부서의 조직 및 직무

1) 식음료부서의 조직

호텔 식음료부서의 전체 조직도는 다음과 같다.

그림 7-1 식음료부서의 조직도

2) 식음료부서의 직무

(1) 식음료 부장(Food Director)

식음료부서의 최고 책임자로서 영업에 관한 정책 및 수립, 영업관리, 전 종사자의 인사관리 등 식음료부서의 전반적인 운영상태에 대한 책임을 진다.

(2) 식당과장(Food Manager)

각 식당의 운영상태 및 문제점을 파악하고 운영에 관한 책임을 지며, VIP고객의 관리 및 안내, 종사자의 인사관리, 서비스 강화교육 등을 담당한다.

(3) 영업장 지배인(Outlet Manager)

식당의 책임자로서 영업장의 운영 및 고객관리, 인사관리, 교육훈련과 부서장 간의 중계 역할을 한다.

- 업장관리 : 매출관리, 재고관리, 영업장 운영
- 고객관리 : 고객대장관리, 고객불평 처리 및 예방, 예약관리
- 인력관리 : 근태관리, 종사자의 교육훈련, 인사고과
- 재산관리 : 업장의 집기 및 비품관리

(4) 캡틴(Captain)

- 접객 책임자로서 영업준비 상태와 종사원의 복장 및 용모를 점검한다.
- 고객을 영접하고 식음료의 주문과 서비스를 담당한다.
- 호텔 내의 전반적인 사항을 숙지하고, 고객에게 정보를 제공한다.
- 주문전표와 계산서를 관리한다.

(5) 안내원(Greetress)

- 지배인의 업무를 보좌하고 고객을 영접한다.
- 예약업무를 담당한다.
- 영업장 내에서 페이징 서비스(Paging service)를 담당힌다.

– 업장이 바쁠 때는 웨이터의 업무를 도와준다.

(6) 웨이터, 웨이트리스(Waiter, Waitress)

– 캡틴을 보좌하고 주문된 음식을 고객에게 제공한다.

– 책임구역의 영업준비와 청소를 담당한다.

– 테이블 세팅과 업장 청결을 담당한다.

– 식사가 끝난 접시는 세척장으로 운반한다.

(7) 와인스튜어드(Wine Steward)

– 고객에게 메뉴에 맞는 와인을 설명하고 권유한다.

– 와인의 진열과 재고를 점검·관리한다.

(8) 실습생(Trainee)

– 웨이터, 웨이트리스 업무를 보좌한다.

– 업장에서 필요한 서비스용품을 보급한다.

– 테이블 세팅을 돕고 냅킨을 접는다.

– 업장 청소와 기물을 닦는다.

– 리넨류를 수거하고 세탁실에 전달하며, 필요한 수량을 수령해 온다.

3. 호텔식당의 운영절차

호텔식당의 기본적인 운영절차는 메뉴계획 단계에서부터 음식서빙 단계까지 7단계 과정을 거쳐 비로소 고객에게 제공된다. 호텔에서는 각 단계별로 전문요원들이 준비를 하며, 일부 단계에서는 많은 기술과 노하우가 필요하다. 각 단계별 업무과정을 간략히 살펴보면 다음과 같다.

1) 제1단계 : 메뉴계획

메뉴계획이란 미래에 상품으로 만들 메뉴를 여러 상황을 고려하여 결정하는 행위와 내용이다. 즉 음식의 종류와 가격을 결정하여 고객에게 제공하고, 그로 인해 영업목표를 달성하려는 계획이다.

최근에는 소비자의 기호가 빠르게 변하기 때문에 기존의 평범하고 고정화된 메뉴로는 소비시장의 변화를 따라가지 못하여 실패할 가능성이 높다. 때문에 호텔의 고급식당이라 하더라도 메뉴계획을 통해 고객의 만족도를 높이고, 그에 따른 이익을 극대화해야 한다. 메뉴계획의 기본원리는 요리에 대한 이해와 조리법, 서비스에 대한 지식이 필요하고, 맛, 질감, 재료 등을 고려해야 한다. 특히 다음 세 가지를 고려하여 메뉴계획을 세워야 한다.

- 미시적 : 색상, 질감, 맛, 재료 등을 고려
- 경제적 : 경영방침과 콘셉트, 표적시장 수준에 부합하는 메뉴
- 실제적 : 식당규모, 주방설비, 인력, 조리시간 등을 고려

2) 제2단계 : 구매

호텔은 메뉴계획 단계가 끝나면 다음 단계로 식재료를 구매하게 된다. 호텔의 식재료 구매는 원가절감과 신선도 등을 결정하는 매우 중요한 요소이다. 그래서 대부분의 호텔에서는 구매팀을 별도로 운영하고 있다.

호텔의 구매팀은 주방에서 필요한 식재료 등을 구매하여 공급하는 모든 활동을 수행한다. 또한 최적의 품질, 비용, 수급 등을 통해 원가를 절감하는 등 회사의 이익 창출에도 기여한다. 특히 구매에 소요되는 비용은 기업이 지출하는 총비용에서 큰 비중을 차지하므로 구매는 중요한 업무이다.

3) 제3단계 : 검수

검수단계는 구매한 재료의 양과 질을 검사하는 단계로서 많은 기술이 요구된다.

우선 재료의 상태를 한눈에 파악할 수 있는 식견이 있어야 하며, 상품에 표기된 제조일자·가격·거래처·유효기간 등을 확인해야 한다.

4) 제4단계 : 저장

검수단계가 끝나면 다음은 저장단계이다. 즉 구매한 물품은 그날 당일에 공급되는 재료도 있지만 수요에 따라 일정기간 보관해야 할 때는 신선함과 맛을 유지할 수 있도록 잘 저장해야 한다. 저장온도와 기간에 따라 맛이 달라질 수 있기 때문이다. 또한 구입한 재료를 다른 재료와 섞어서 보관해도 되는지, 냉동·냉장에서의 보관정도, 오염여부 등을 고려하여 저장해야 한다.

5) 제5단계 : 불출

불출은 구입한 재료를 각 식당부서에서 음식을 만들기 위해 요청하는 만큼 지급하는 단계이다. 이때는 필요한 만큼의 적정량을 예측해서 불필요한 물품이 지급되지 않도록 관리해야 한다.

6) 제6단계 : 조리

조리란 음식을 만드는 것으로 그 행위 자체를 과학 또는 예술이라고도 한다. 음식의 모양과 색상을 조화시키고 창조한다는 점에서 예술적 감각이 동원되어야 한다.
호텔에서의 조리기능은 음식이라는 상품을 생산하는 것이다. 따라서 조리사는 음식을 만드는 데 있어서 효율적이고 과학적인 관리가 요구되고, 전문성과 축적된 경험을 바탕으로 조리활동을 수행해야 한다.

7) 제7단계 : 서빙

서빙이란 주방에서 만들어진 음식을 종사원이 고객테이블까지 운반하여 고객에게 제공하는 것을 말한다. 이 단계에서는 종사원의 능숙하고 친절한 서비스에 따라 고객의 만족도가 결정된다.

호텔의 음식서빙은 제공되는 형식에 따라 플랑베서비스, 플래터서비스, 플레이트서비스, 패밀리서비스, 카운터서비스, 셀프서비스 등으로 구분된다.

제 2 절 식당의 종류

호텔에서 운영하는 식당의 종류는 호텔의 규모나 특성에 따라 그 수가 모두 다르지만, 본 절에서는 호텔식당의 종류를 10가지로 구분하여 살펴보기로 한다.

1. 프렌치 레스토랑

호텔에서 서양식당을 대표하는 정통 레스토랑으로는 프렌치 레스토랑(French Restaurant)을 들 수 있다. 서울지역에서 정통 프렌치 레스토랑을 운영하는 호텔들을 살펴보면 롯데호텔서울의 '피에르가니에르', 시그니엘서울호텔의 '스테이 모던레스토랑', 서울신라호텔의 '콘티넨탈', 그랜드인터컨티넨탈서울파르나스호텔의 '테이블34' 등이 있다. 다른 호텔에서는 이태리식당이나 그릴 등에서 프랑스요리를 겸하여 판매하고 있다.

프랑스요리는 샤토브리앙(Chateaubriand)을 비롯하여 바닷가재요리, 생굴요리, 애피타이저 등 그 종류만도 수백 가지가 넘으며, 격조 높은 요리의 내용만큼 그릇의 선택이나 식탁의 조화를 강조하는 테이블 문화가 큰 비중을 차지하고 있다. 저녁식사에 제공되는 정식메뉴에는 7~12가지의 코스요리가 제공되며, 식사시간은 2~3시간 정도가 소요되는 것이 일반적이다. 풀코스 요리가 제공될 때에는 세련되고 화려한 플랑베서비스를 선보이기도 한다.

그러나 화려한 프렌치 레스토랑과 달리 프랑스인들의 아침식사는 의외로 간단하다. 바게트(Baguette)나 크루아상(Croissant) 같은 빵 한 조각과 우유를 많이 넣은 커피 한잔으로 아침식사가 생활화되어 있어 영국이나 미국의 푸짐한 아침식사와는 대조를 이루고 있다.

▲ 롯데호텔 프렌치 레스토랑 '피에르 가니에르'는 프랑스요리의 지존으로 인정받고 있는 셰프의 이름을 레스토랑 이름으로 사용하고 있다. '피에르 가니에르'는 레스토랑 가이드북 '밀레가이드'가 선정한 2012년 아시아 톱 8위 레스토랑에 선정되었으며, 한국 최고의 레스토랑으로 선정되었다.

2. 이탈리안 레스토랑

프렌치 레스토랑이 고급 레스토랑의 대명사라면 이탈리안 레스토랑(Italian Restaurant)은 가장 대중적인 서양식 레스토랑이라 할 수 있다. 그래서 특급호텔들은 프렌치 레스토랑보다는 이탈리안 레스토랑 업장을 더 많이 운영하는 추세이며, 두 개의 업장을 모두 운영하기보다는 두 개 업장 중 한 곳만을 운영하는 것이 일반적이다. 예를 들어 서울지역 최고의 럭셔리호텔로 손꼽히는 포시즌스호텔이나 JW메리어트서울호텔, 콘래드서울, 파크하얏트호텔, 웨스틴조선호텔, 비스타워커힐호텔 등에서도 이탈리안 레스토랑을 운영하면서 그곳에서 이탈리안 음식과 함께 서양식 요리를 함께 판매하고 있다.

이탈리안 레스토랑의 대표적 요리로는 그들의 주식인 피자, 스파게티, 파스타 등이 있다. 파스타 중에서는 스파게티와 마카로니 요리가 유명하다. 이탈리아인들은 자국 음식에 대한 자부심이 강하여 맥도날드가 로마와 밀라노 단 두 곳에서만 운영될 정도이다. 그들이 음식에 대해 보수적인 것은 아니며, 다만 아무리 바빠도 먹는 것을 즐긴다는 원칙을 갖고 있기 때문에 패스트푸드가 그다지 호응을 얻지 못하는 것이다.

▲ 포시즌스호텔서울의 이탈리안 레스토랑 '보칼리노' 영업장 전경

3. 그릴

그릴(Grill)은 유럽식 정통 레스토랑으로 스테이크, 생선, 파스타 등 최고급 요리는 물론이고 세계 각국의 와인을 즐길 수도 있다. 호텔에서는 주로 일품요리(A La Carte)를 판매하며, 수익을 증진시키고 고객의 기호와 편의를 도모하기 위해 그날의 특별요리(Daily Special Menu)를 판매하기도 한다. 그릴식당은 아침, 점심, 저녁식사가 계속해서 제공되는 올데이 다이닝(All Day Dining) 레스토랑으로 운영되거나 점심과 저녁만을 제공하는 경우가 대부분이다.

최근 들어 일부 호텔에서는 프렌치 레스토랑이나 이탈리안 레스토랑을 운영하는 대신 아메리칸 스타일의 그릴식당을 운영하면서 그곳에서 스테이크를 전문 메뉴로 하면서 그 외에도 프렌치, 이탈리안 등의 다양한 메뉴들을 판매하고 있다. 대표적으로 파라다이스부산호텔에서는 프렌치 레스토랑이나 이탈리안 레스토랑을 운영하는 대신 그릴 업장인 '닉스그릴' 한 곳만을 운영하면서 그곳에서 스테이크 메뉴 이외에도 이탈리안, 프렌치, 아메리칸의 다양한 요리법을 현대적으로 재해석한 다채로운 메뉴들을 판매하고 있다.

▲ 파라다이스호텔부산의 '닉스그릴'에서는 해운대를 감상할 수 있는 전망과 함께 와인바를 갖추고 스테이크 전문의 오픈그릴 등 오감을 자극하는 다채로운 메뉴를 즐길 수 있다.

4. 한식당

호텔의 한식당에서는 일반적으로 궁궐의 상차림과 같은 전통 궁중요리와 다양한 특선정식요리, 일품요리 등을 판매하고 있다. 그러나 최근에는 호텔의 한식당이 높은 가격에 비해 호텔 주변의 일반 한식당들과 별다른 차이가 없어 내국인들에게도 외면당하는 실정이며, 호텔에서도 운영업장이 줄어들고 있는 실정이다. 현재 서울지역 특1급 호텔 중에서 한식당을 운영하는 호텔로는 신라호텔, 롯데호텔, 르네상스호텔, 쉐라톤워커힐호텔 등이 전부이다.

한국요리는 서양요리와는 달리 한두 가지씩 차례대로 먹는 시간전개형 식사법이 아니라 모든 요리를 한상에 차려놓고 먹는 공간전개형 식사법이 발달하였다. 또한 쌀밥을 주식으로 하고 채소류, 생선류, 육류를 반찬으로 만들어 부식으로 삼는 주식과 부식의 분리가 뚜렷한 것이 특징이다.

▲ 제주신라호텔 한식당 '천지'에서는 선인들의 지혜와 풍류가 깃든 전통 한식요리와 제주 향토의 맛깔스런 요리를 즐길 수 있다.

5. 중식당

현재 국내 대부분의 5성급 호텔에서는 중국식 레스토랑을 운영하고 있으며, 전 세계적으로도 많은 특급호텔들이 중식당을 운영하고 있다. 이렇게 호텔에서 중식당이 선호되는 이유는 중국음식의 세계화가 이루어졌기 때문에 가능하고, 중국음식은 서민음식에서부터 특급호텔에서 판매하는 최고급 요리까지 메뉴가 다양하기 때문이다.

중국인들은 한 가지 식재료를 전부 먹는 것이 건강에 좋다고 여겨 어떤 재료라도 버리는 부분이 없다. 예를 들어 닭요리를 할 때 껍질, 벼슬, 발까지 요리재료로 사용한다.

조리법에서도 튀긴 후 볶거나 삶은 후 튀기는 등 두 가지 이상의 조리법이 한 요리에 사용되며, 요리의 90% 이상이 기름에 볶거나 튀기는 특징이 있다. 기름을 많이 사용하는 만큼 고온으로 단시간 요리해서 재료의 맛을 유지하고, 영양분을 파괴하지 않으며 칼로리 높은 요리를 만드는 것이 특징이다.

▲ 웨스틴조선호텔서울의 중식당 '홍연'에서는 가볍고 조화로운 광둥식 중국요리를 우아한 분위기에서 즐길 수 있다.

6. 일식당

전 세계 특급호텔에서는 중식당과 함께 일식당을 가장 많이 운영하는 추세이다. 국내에서도 서울지역 특1급 호텔들은 모든 호텔들이 일식당을 운영하고 있다.

일본요리의 특징은 '먼저 눈으로 먹고, 다음은 입으로 먹으며, 마지막으로 마음으로 먹는다'는 말이 있듯이, 요리의 색채, 배합, 그리고 식기의 빛깔 등이 조화를 이루고 있다. 또한 신선한 재료 자체의 맛을 살리기 위해 생선류, 채소류 등을 날것으로 조리하는 음식이 많아 위생적인 면을 중시하며, 음식의 양은 조금씩 담아 음식 맛에 더욱 매력을 느낄 수 있도록 하는 것이 특징이다.

일식당의 주요 메뉴로는 일본식 정식요리라 할 수 있는 회석요리와 냄비요리, 샤브샤브, 생선초밥, 사시미, 철판요리, 도시락 등이 있다.

▲ 제주신라호텔의 정통 일식당 '히노데'에서는 제주도의 청정해역에서 잡아 올린 싱싱한 해산물로 요리한 정통 일식요리가 제공되며, 철판구이와 스시 등의 특별요리 코너가 준비되어 있다.

7. 뷔페식당

뷔페식당(Buffet Restaurant)은 식당 내에 전시되어 있는 모든 코스 요리를 고정된 가격에 양껏 먹을 수 있는 셀프서비스 식당이다. 호텔에서 운영하는 뷔페는 고정된 장소와 고정된 시간에 연중무휴로 영업하는 오픈뷔페(Open Buffet)와 계약된 시간과 장소에서만 일시적으로 영업하는 클로즈뷔페(Close Buffet)가 있다.

현재 서울지역에 위치한 특1급 호텔에서는 모든 호텔들이 오픈뷔페를 운영하고 있으며, 특2급 호텔들도 뷔페식당을 운영하는 곳이 대부분이다. 전 세계적으로도 특급 호텔들은 뷔페식당을 기본적으로 운영하는 추세이다.

▲ 그랜드워커힐호텔 뷔페레스토랑 '더 뷔페'는 Food Court의 매력과 Buffet의 장점이 조화된 새로운 개념의 뷔페 레스토랑으로서 세계 각국의 음식을 맛볼 수 있다.

8. 카페

프랑스어에서 차용한 영어의 카페(Café)는 '커피'라는 뜻의 터키어 'Kahve'에서 유래되었는데, 일반적으로 가볍게 식사를 하거나 차를 마실 수 있는 소규모 음식점을 의미한다. 그러나 최근에는 특급호텔을 중심으로 카페(Cafe)의 개념을 넘어서 새로운 개념의 '레스토랑 & 바'로 변형되어 활발히 운영되는 추세이다.

대표적으로 그랜드인터컨티넨탈호텔에서 운영하는 '그랑카페'는 호텔의 최고층인 34층에 위치하고 있으며, 아침에는 조식뷔페, 점심에는 안티파스토 뷔페, 저녁에는 그로서란트(Grocerant) 뷔페가 준비되며, 그 외 시간에는 라운지&바로 운영되는 '올데이 다이닝 레스토랑'으로 운영되고 있다.

이외에도 임피리얼팰리스호텔의 카페 '델마르'도 기존의 카페 개념을 넘어서 복합 레스토랑으로 운영되고 있는데, 아침에는 조식뷔페, 점심에는 힐링뷔페, 저녁에는 샴페인 앤 와인뷔페를 운영하고 있다.

▲ 임피리얼팰리스서울의 카페 '델마르'에서는 아침, 점심, 저녁 시간에 관계없이 즐길 수 있는 카페 메뉴와 한식 단품, 캐주얼 요리, 애프터눈 티, 할랄 메뉴, 샴페인 등을 즐길 수 있다.

9. 델리커테슨

호텔 내의 베이커리(제과점)업장을 델리커테슨(Delicatessen) 또는 델리숍(Deli Shop)이라고 한다. 델리커테슨에서 판매하는 주요 품목은 케이크, 빵, 초콜릿, 쿠키에서부터 커피, 주스, 와인까지로 다양하다. 호텔에 따라 매장 내에 테이블과 의자를 소규모로 갖추고 대화장소까지 제공하는 경우도 있다.

최근에는 웰빙 트렌드에 맞춰 유기농 샐러드, 샌드위치 등의 기능성 제품과 함께

▲ 서울신라호텔의 베이커리 입징 '패스드리 부티크'에서는 품격 있는 부티크 뷰위기의 디스플레이와 함께 정성껏 만든 페이스트리와 베이커리 등을 판매하고 있다.

테이크아웃(Take-Out)용 피자까지 선택의 폭을 넓히고 있다. 이러한 추세에 맞춰 특급호텔의 대부분은 자체적으로 델리숍을 운영하고 있다.

10. 룸서비스

룸서비스(Room Service)란 고객이 객실에서 메뉴를 주문하면 룸서비스 부서에서는 고객이 주문한 메뉴를 객실까지 운반하여 세팅한 후, 고객이 객실에서 식사할 수 있도록 하는 서비스를 말한다. 과거에는 룸서비스가 구색 맞추기 식의 부서로 인식되었으나 최근에는 '프라이빗 다이닝(Private Dining)'인 룸 다이닝(In Room Dining)'이라 불리며 매출증대에도 기여하고 있다. 서비스 측면에서도 VIP고객이나 일반고객들이 자신의 노출을 꺼리는 경우 프라이버시 유지가 가능하고, 격식을 차리지 않고 객실에서 편안하게 식사할 수 있는 것이 장점이다.

룸서비스 메뉴는 커피숍 메뉴를 축소한 것으로 영업시간은 24시간이며, 아침시간이 가장 바쁜 시간대이다. 주방은 커피숍의 주방을 겸하여 사용한다.

▲ 룸서비스는 대부분의 호텔에서 운영하고 있으며, 고객의 입장에서는 객실에서 아늑하고 로맨틱한 식사를 즐기고 싶을 때나 조용하고 편안한 식사를 원할 때 이용할 수 있다.

표 7-1 서울지역 주요 5성급 호텔 식당 운영 현황

구분	프렌치 식당	이탈리안 식당	그릴	한식당	중식당	일식당	뷔페	카페	델리	룸 서비스	멤버십 식당
그랜드하얏트			○	○ (퓨전철판)		○	○		○	○	
그랜드워커힐				○	○		○		○	○	
그랜드 인터컨티넨탈					○	○	○		○	○	
롯데호텔	○			○	○	○	○		○	○	
시그니엘	○			○					○	○	○
신라호텔	○			○	○	○	○		○	○	
웨스틴조선		○	○		○	○	○		○	○	
포시즌스		○		○	○	○	○			○	
JW메리어트						○	○	○	○		

* 자료 : 호텔 홈페이지(2023년 기준)

제 3 절 식음료 서비스의 종류

1. 서비스 방식의 종류

호텔의 식당서비스는 고객의 식사주문에 종사원이 음식을 가져다주는 것으로 이루어진다. 이때 고객에게 음식을 제공하는 6가지의 서비스 방식을 살펴보면 다음과 같다.

1) 플랑베서비스

플랑베서비스(Flambee Service)는 주로 특급호텔의 프랑스식 레스토랑에서 이루어지므로 '프렌치 서비스(French Service)'라고도 한다. 이 방식은 가장 정중하고 귀족적인 서비스를 원하는 고객에게 적합한 방식이다.

플랑베서비스는 주방에서 1차적으로 조리된 음식을 조리용 게리동(Gueridon)으로 옮겨 싣고 고객 앞으로 운반한다. 조리사는 고객 앞에서 알코올이 들어간 브랜디 등을 고기에 부어 불을 붙이고, 활활 타는 불에 음식을 조리하여 완성한 후, 종사원이 완성된 음식을 고객에게 덜어주는 서비스이다.

플랑베서비스의 단점은 게리동이 이동할 수 있는 넓은 공간을 필요로 하므로 좌석 수가 줄어들고, 서빙기구와 조리기구, 2인 이상의 조리사가 필요하기 때문에 최근에는 특급호텔에서도 플랑베서비스를 실시하지 않는 추세이다.

2) 플래터서비스

플래터서비스(Platter Service)는 고기를 담는 크고 넓은 타원형의 접시(Platter)를 이용하므로 플래터서비스라 불린다. 다른 말로는 '러시안서비스(Russian Service)'라고도 한다.

플래터서비스는 주방에서 완전히 조리된 음식을 큰 접시에 담아 카트에 옮겨 싣고, 고객의 테이블까지 운반한 후, 종업원이 보조기구를 이용하여 고객들에게 직접 음식을 덜어주는 서비스이다. 이때 종사원은 고객들에게 음식을 골고루 덜어줄 수 있는 능력이 필요하다.

플래터서비스의 장점은 고객들이 종사원으로부터 세심한 배려를 받을 수 있고, 경영자는 플랑베서비스에 비해 인건비와 생산비를 절감할 수 있다는 점이다.

3) 플레이트서비스

플레이트서비스(Plate Service)는 완성된 음식을 개별접시(Plate)에 담아 제공하기 때문에 플레이트서비스라 불린다. 다른 말로는 '아메리칸서비스(American

Service)'라고도 한다.

플레이트서비스는 주방에서 완성된 모든 요리를 개별접시에 담아 제공하기 때문에 빠른 서비스가 특징이며, 고객회전이 빠른 패밀리레스토랑이나 스낵식당 등에 적합한 서비스이다. 또한 플랑베서비스에 비하여 서비스의 숙련도나 교육훈련이 많지 않으므로 종사원의 확보가 용이하고, 종사원 1인당 접객할 수 있는 고객 수가 많은 것이 장점이다. 단점으로는 플랑베서비스에 비해 우아한 서비스가 부족하며, 특별한 숙련도가 필요치 않기 때문에 종사원들의 이직률이 높은 편이다.

4) 패밀리서비스

패밀리서비스(Family Service)는 조리된 음식을 큰 접시(Platter)에 담아 고객의 원탁테이블 중앙에 올려놓으면 고객들 스스로가 음식을 덜어먹도록 하는 서비스이다.

음식을 올려놓는 테이블의 중앙부분은 회전되도록 만들어져 여러 사람들이 앉은 채로 중앙의 음식테이블을 회전시켜 손쉽게 음식을 덜어먹을 수 있도록 하였다. 다른 서비스에 비해 음식 서브 절차가 간편하여 인건비가 적게 들고, 가격은 저렴한 편이다. 주로 중식당에서 많이 이용하는 서비스 방식이다.

5) 카운터서비스

카운터서비스(Counter Service)는 고객이 카운터 테이블에 앉아 직접 주문하고, 주방이 오픈되어 있기 때문에 조리과정을 살펴볼 수 있는 것이 특징이다. 카운터서비스는 고객에게 볼거리를 제공하여 지루함이 적은 것이 장점이고, 좌석회전율이 높은 식당에 적합한 서비스이다.

6) 셀프서비스

셀프서비스(Self Service)는 고객 자신이 기호에 맞는 음식을 직접 접시에 담아 식사하는 서비스 방식이다. 뷔페식당에서 많이 이용되므로 '뷔페서비스(Buffet Service)'라고도 한다.

경영자 입장에서는 고객이 셀프서비스를 하므로 업장의 규모나 좌석 수에 비해 종업원 수가 적은 게 장점이지만, 진열되었던 음식이 낭비되어 식음료 원가가 상승되는 단점이 있다.

2. 서비스 시스템의 종류

1) 셰프 드 랑 시스템

셰프 드 랑 시스템(Chef de Rang System)은 주로 프렌치 레스토랑(French Restaurant)에서 플랑베서비스(Flambee Service)를 제공하기에 적합한 시스템으로 조장을 중심으로 3~4명이 한 조를 이루어 고객에게 서비스하는 방법이다. 즉 프렌치 서비스에 적합한 조직이다.

팀의 구성원들은 제각기 임무가 다르므로 팀원의 조화가 잘 이루어져야 하며, 특히 플랑베서비스는 고객 앞에서 직접 조리하므로 상당한 지식과 기술이 필요하다.

2) 헤드웨이터 시스템

헤드웨이터 시스템(Head Waiter System)은 비교적 정중도가 떨어지지만 빠른 서비스를 요하므로 아메리칸 서비스에 적합한 시스템이다. 셰프 드 랑 서비스보다 인원이 적으면서 활동범위는 넓어 최고급 서비스와 하위급 서비스의 절충형이라 할 수 있다.

이 조직은 헤드웨이터를 중심으로 웨이터와 보조 웨이터로 구성되며, 지정된 테이블 없이 전 식당을 서비스하는 것으로 대부분의 식당들이 이 형식을 취하고 있다.

3) 스테이션 웨이터 시스템

스테이션 웨이터 시스템(Station Waiter System)은 헤드웨이터 밑에 보조웨이터가 있으며, 이들은 본인들에게 주어진 한 구역만을 책임지고 서브하는 방식이다. 즉 한

명의 웨이터가 본인에게 할당된 식탁에 한하여 고객에게 주문받고 식음료를 서비스하는 방식이다. 호텔의 연회장에서 주로 사용하는 시스템이다. 연회장에서는 대규모 연회행사 시 웨이터에게 담당테이블을 지정해 주고 그곳만을 책임지고 서비스하도록 하고 있다.

F&B(Food & Beverage) 식사와 음료를 판매하는 식음료 부서를 말한다.

Flambee Service 프렌치 레스토랑에서 행하는 서비스로 주방에서 1차로 조리된 음식을 고객 앞에서 조리를 완성하여 제공하는 서비스이다.

Platter Service 주방에서 완전히 조리된 음식을 큰 접시에 담아와 고객들의 개별 접시에 음식을 덜어주는 서비스이다.

Plate Service 완성된 요리를 주방에서부터 개별접시에 담아 고객에게 직접 가져다주는 서비스이다.

Family Service 주로 중식당에서 행하는 서비스로 조리된 음식을 큰 접시에 담아 원탁테이블 중앙에 올려놓고 고객들이 음식을 직접 덜어 먹도록 하는 서비스이다.

Checkpoint

- 호텔식음료 부서의 종류와 호텔영업 전반에 미치는 영향에 대해 생각해 보세요.
- 국내 5성급 호텔의 식음료 업장 중 프렌치 레스토랑과 한식당이 점점 감소하는 이유는 무엇이라고 생각합니까?
- 호텔은 그 호텔의 규모와 수준에 맞게 식음료 업장의 종류를 운영합니다. 여러분이 100~200실 정도의 도심지역 비즈니스호텔의 최고경영자라면 어느 업장을 선택하여 운영하겠습니까? 이유는 무엇입니까?

제8장

메뉴관리

제1절 메뉴의 개요
제2절 메뉴의 분류
제3절 양식메뉴의 이해
제4절 메뉴의 가격결정

제1절 메뉴의 개요

1. 메뉴의 개념

메뉴(Menu)란 음식의 종류와 가격을 적어 놓은 차림표이자 가격표이다. 웹스터 사전에서도 메뉴를 'a detail list of the foods served at the meal'로 설명하고 있는데, 이는 '식사로 제공되는 요리를 상세히 기록한 목록표'라고 정의할 수 있다.

따라서 호텔의 식음료업장에서 메뉴란 그 업장의 상징이자 고객과 레스토랑을 연결해 주는 무언의 전달자이다. 또한 고객에게는 주문의 수단이고, 종사원에게는 요리와 음료를 세일즈하는 마케팅 도구로서 중요하게 활용되고 있다.

2. 메뉴의 중요성

수요의 창조와 자극 메뉴는 레스토랑에서 생산되는 품목과 가격을 표시하고, 상품을 전달하고자 하는 인쇄물이다. 뿐만 아니라 고객의 소비욕구를 자극하고 수요를 창조하는 기본적인 판매촉진의 역할도 하고 있다. 따라서 메뉴판의 로고와 디자인, 색상 등은 그 업장의 메뉴와 분위기를 연출할 수 있도록 디자인해야 한다.

업장의 품격을 결정 메뉴의 구성에 따라 그 업장의 주방설비와 주방요원, 서비스요원, 재료의 선택과 구매 등이 결정되고, 메뉴에 수록된 요리에 따라 생산할 수 있는 기술력을 알 수 있다.

상표충성도의 획득 식음료산업은 유사상품이 범람하여 상표충성도를 부각시키기가 쉽지 않다. 그러므로 레스토랑은 메뉴를 이용하여 자사상품의 독특성을 설명하고 유인함으로써 고객을 만족시키고 고정고객의 충성도를 높일 수 있다.

판매저항의 제거　판매저항(Sales Resistance)이란 구매자가 상품구매를 망설인다는 의미로 구매자의 입장에서는 구매저항이라고 할 수 있다. 구매저항의 원인으로는 가격, 품질, 서비스 등 여러 가지가 있을 수 있다.

따라서 레스토랑에서는 메뉴를 이용하여 고객들의 가격저항을 줄이기 위해 다양한 가격을 제시하고 있으며, 품질과 선택의 구매저항을 최소화하기 위해 축제메뉴, 계절메뉴, 그날의 특별요리 등 다양한 메뉴를 개발하여 제시함으로써 고객의 구매저항을 감소시키고 있다.

고객과의 약속　레스토랑의 상품은 고객이 직접 눈으로 모든 것을 확인하고 음식을 구매하기가 어렵다. 레스토랑이라는 상품을 대표적으로 표현하는 도구가 바로 메뉴이며, 고객은 메뉴를 통하여 자신이 구매하고자 하는 가치를 확인하고 주문하게 된다. 또한 메뉴는 레스토랑에서 판매하는 상품에 대하여 고객에게 그 가치를 보장한다는 고객과의 중요한 약속의 매개수단이기도 하다.

제 2 절 메뉴의 분류

1. 식사시간에 의한 분류

1) 조식

조식(Breakfast)은 시간적으로 06:00시부터 10:00시까지 제공되는 아침식사이다. 호텔에서 판매하는 조식메뉴는 크게 5가지로 구분한다.

(1) 미국식 조식

미국식 조식을 호텔에서는 '아메리칸 브렉퍼스트(American Breakfast)'라고 한다. 미국인들이 즐겨 먹는 아침식사 형태를 호텔에서 조식메뉴로 제공한 데서 유래했기 때문에 붙여진 이름이다. 아메리칸 브렉퍼스트는 호텔에서 고객들이 가장 즐겨 찾는 조식메뉴 중 한 가지이며, 계란요리에 몇 가지 메뉴가 추가되는 것이 특징이다.

▲ 미국식 조식은 계란요리에 베이컨, 소시지, 감자 튀김 등이 곁들여진다.

미국식 조식의 메뉴는 계란요리, 토스트, 감자튀김, 주스, 커피로 구성되고, 여기에 햄, 베이컨, 소시지 중 한 가지가 선택되어 추가된다.

(2) 유럽식 조식

유럽식 조식을 다른 말로는 '콘티넨탈 브렉퍼스트(Continental Breakfast)'라고 한다. 유럽식 조식은 빵과 커피 또는 홍차만 제공되는 간단한 아침식사이다. 유럽지역의 프랑스나 이탈리아인들이 즐겨 먹는 간단한 아침식사 습관에서 유래하여 붙여진 명칭이다. 여기에 계란, 햄, 생선 등이 곁들여지면 영국식 조식이 된다.

▲ 유럽식 조식에는 빵과 커피 정도만 간단하게 제공된다.

(3) 영국식 조식

영국식 조식(English Breakfast)은 미국식 조식에 생선요리(가자미)가 한 가지 더 추가된 조식메뉴이다. 미국식 조식에 비해 좀 더 배불리 먹을 수 있지만 바쁜 아침시간에 생선구이요리를 추가해야 하는 번거로움 때문에 판매메뉴에서 제외되는 경우기 많다.

▲ 영국식 조식은 미국식 조식에 생선요리가 추가된다.

(4) 특별 조식

호텔에서는 든든한 아침식사를 원하는 고객을 위해 미국식 조식에 시리얼이나 죽, 생과일 주스 등을 추가하여 특별 조식을 제공하기도 한다. 이런 경우에 '하얏트 아침식사' '신라 아침식사' 등의 다양한 명칭을 부여하여 판매한다.

▲ 특별 조식은 특정고객의 요청이 있을 때나 프로모션 상품 등으로 기획되어 판매된다.

(5) 조식뷔페

조식뷔페(Breakfast Buffet)는 고객들이 가장 선호하는 아침식사 중 한 가지이며, 호텔입장에서도 여러 가지 장점이 있기 때문에 규모가 큰 호텔일수록 조식뷔페 판매를 선호한다.

호텔입장에서는 10여 종류의 조식 메뉴를 테이블에 진열하여 놓으면 고객이 스스로 덜어 먹기 때문에 많은 종사원이 필요치 않고, 고객입장에서는 주문하고 기다리는 번거로움 없이 다양한 메뉴를 선택할 수 있어 편리하다.

2) 브런치

브런치(Brunch)는 아침 겸 점심식사로 'Breakfast'와 'Lunch'의 합성어이다. 시간적으로는 10:00~12:00시 사이에 제공된다. 브런치 메뉴는 아침에 늦게 일어나는 고객들을 위해 제공되기 때문에 주로 리조트호텔에서 판매하거나, 상용호텔의 경우 주말이나 공휴일에 판매하는 메뉴이다.

▲ 브런치 메뉴는 조식메뉴보다 푸짐하게 제공된다.

브런치 메뉴로는 샐러드, 팬케이크, 주스, 빵류(토스트·크루아상·페이스트리·머핀), 오믈렛 또는 스크램블드에그, 커피 또는 차, 과일 등이 제공된다.

3) 점심

점심(Lunch)은 시간적으로 12:00~14:00시 사이에 제공된다. 보통 저녁보다는 가벼운 메뉴로 판매되기 때문에 일품요리나 샌드위치 등이 판매되고, 가격은 저녁에 비해 저렴하다.

4) 애프터눈 티

애프터눈 티(Afternoon Tea)란 오후 3~4시경에 먹는 간식을 말한다. 영국인들의 식생활 문화 중 하나는 오후에 홍차를 마시는 습관이 있는데, 홍차에 우유를 듬뿍 넣어 희멀겋게 마시는 밀크 티와 토스트를 점심과 저녁 사이에 간식으로 먹는 것에서 유래하였다. 이런 식생활 문화를 '애프터눈 티'라고 하며, 여러 나라에서 대명사처럼 쓰이고 있다. 우리나라로 말하면 오후에 먹는 새참 정도이다.

▲ 애프터눈 티에는 홍차와 케이크류, 과자류가 제공된다.

5) 저녁

저녁(Dinner)은 질 좋은 음식을 충분한 시간적 여유를 가지고 즐길 수 있는 식사이다. 저녁메뉴는 선택의 폭이 다양하고 주로 정식메뉴 위주로 판매되는 것이 일반적이다. 메인 요리는 스테이크(Steak), 로스트비프(Roast Beef), 치킨(Chicken), 해산물(Seafood), 파스타(Pasta) 등으로 구성되고, 고객의 취향에 따라 칵테일, 와인 등의 음료가 곁들여진다.

▲ 양식당의 저녁메뉴에는 스테이크에 와인이 곁들여지는 정식메뉴가 제공된다.

2. 차림에 의한 분류

1) 정식

정식메뉴(Table D'hote)는 요리의 종류와 순서가 미리 정해져 있어 순서에 따라 음식이 제공된다. 다른 말로는 음식이 풀코스로 제공되기 때문에 '풀코스메뉴(Full Course Menu)'라고 하거나 또는 음식이 세트로 구성되어 제공되기 때문에 '세트메뉴(Set Menu)'라고도 한다.

정식메뉴는 1889년에 '서양요리의 왕'으로 칭송받던 요리전문가 '에스코피에(Escoffier)'가 개발한 프랑스식 메뉴이다. 정식메뉴는 12코스가 정통이지만 주요리를 무엇으로 정하느냐에 따라 가격차이가 있으며, 최근에는 메뉴 코스를 5코스부터 12코스까지 다양화하여 판매하고 있다.

표 8-1 정식메뉴 코스의 종류

품목	5코스	7코스	10코스	12코스
식전음료(Aperitif)			○	○
전채(Appetizer/Hors D'oeuvre)		○	○	○
수프(Soup/Potage)	○	○	○	○
화이트와인(White Wine)			○	○
생선(Fish/Poisson)	○	○	○	○
셔벗(Sherbet)				○
레드와인(Red Wine)			○	○
육류(Meat/Entree)	○	○	○	○
샐러드(Salad)		○	○	○
치즈(Cheese)				○
후식(Dessert)	○	○	○	○
식후음료(Coffee or Tea)	○	○	○	○

2) 일품요리

일품요리(A La Carte)는 여러 가지 코스요리를 고객의 식성대로 한 가지씩 선택하여 주문하는 메뉴를 의미한다. 즉 코스별로 요리의 품목당 가격이 매겨져 있어 여러 품목의 요리 중 고객이 기호에 따라 선택하여 주문할 수 있도록 한 것이다.

일품요리는 각 코스요리 품목들이 개별적으로 주문되고, 음식가격이 합산되기 때문에 어떤 경우는 정식메뉴보다 더 비싼 금액을 지불해야 한다. 최근에는 정식메뉴에서도 메뉴구성의 단조로움 때문에 몇 가지 일품요리를 삽입하여 판매하는 추세이다.

Appetizer & Salad
페스토와 바질오일의 정통 이탈리안 미네스트로네
오늘의 수프
바삭한 베이컨과 계란, 얇게 저민 파마산 치즈가 곁들여진
시금치 샐러드
치킨 또는 훈제 연어 시저 샐러드
신선한 모짜렐라 치즈와 토마토의 카프레세 샐러드
신선한 아스파라거스, 구운 감자, 선 드라이드 토마토
그리고 파마산 치즈가 곁들여진 컴파스 로즈 샐러드

Main Dish
절인 양배추와 매쉬 포테이토가 함께 제공되는 그릴드 빌
소시지
갈릭 소스의 립 아이스테이크

소고기 안심 스테이크(호주산)
빌사믹 바질 소스의 농어 요리

Pasta & Burger, Sandwich
해산물 토마토 소스 스파게티
볼로네제 또는 토마토 소스의 스파게티
베이컨과 파마산 치즈의 까르보나라 스파게티
클럽 샌드위치
햄버거 또는 치즈버거

Dessert
오렌지 소스가 곁들여진 뉴욕 치즈 케이크
커피향의 마스카포네 티라미수
아이스크림(바닐라, 딸기, 녹차 중 선택)

▲ 웨스틴조선호텔 'Compass Rose'의 일품요리 메뉴

3) 연회메뉴

연회메뉴(Banquet Menu)는 정식메뉴와 일품요리의 성격을 겸한 메뉴로 뷔페식, 양식, 한식, 중식 등의 메뉴가 구분되며, 요리의 종류와 질에 따라 다양한 가격대로 구성되어 있다. 연회예약을 받을 때 고객과 협의하여 고객이 원하는 메뉴를 세트화하여 구성하기도 한다.

최근 들어 특급호텔에서는 고객이 손쉽게 선택할 수 있도록 몇 가지의 연회메뉴를 미리 세트화하여 판매하는 추세이다.

▲ 쉐라톤그랜드워커힐호텔 연회장의 정식 메뉴

4) 뷔페 메뉴

뷔페 메뉴(Buffet Menu)는 상설뷔페와 주문식 뷔페로 구분한다. 상설뷔페(Open Buffet)는 코스별로 음식을 다양하게 차려 놓고 일정액을 지급하면 자유롭게 먹을 수 있는 메뉴를 구성하고 있다. 이에 반해 연회장 등에서 운영하는 주문식 뷔페(Close Buffet)는 고객의 요청이 있을 때만 운영하는 뷔페로 고객의 취향과 경제적 능력에 따라 가격대별로 3~4가지의 메뉴 중 한 가지를 선택할 수 있다.

3. 일시적 특별 메뉴

1) 축제메뉴

축제메뉴(Festival Menu)는 특정 축제일이나 기념일, 이벤트 등에 맞춰 특별히 기획된 메뉴이다. 예를 들면 추수감사절 때의 칠면조요리 등이 있다. 그러나 최근에는 특급호텔을 중심으로 특정 기념일이 아니더라도 호텔 자체적으로 축제를 기획하여 축제메뉴를 판매하기도 한다.

▲ 리츠칼튼호텔에서는 매년 11월 넷째 주 목요일 추수감사절을 맞아 칠면조요리를 축제메뉴로 판매하고 있다.

2) 계절메뉴

계절메뉴(Seasonal Menu)는 식자재의 성숙기인 계절을 선택하여 제철에 어울리는 음식들을 상품화하여 판매하는 메뉴이다. 재료의 원료는 과일과 야채, 생선, 육류 등으로 다양하다.

예를 들어 밀레니엄서울힐튼호텔의 캘리포니아 레스토랑에서는 매년 1월에 계절메뉴로 굴요리를 선보이는데, 신선한 생굴을 비롯하여 생굴찜, 생굴샐러드, 굴 오븐구이 등 20여 가지 굴요리를 판매하고 있으며, 4월에는 신선한 딸기를 재료로 한 딸기주스와 딸기후론즈, 딸기랑데뷰 등 다양한 딸기 음료를 선보이고 있다.

▲ 딸기를 이용한 계절메뉴(딸기주스)

▲ 봄나물을 이용한 계절메뉴(곤드레밥)

3) 그날의 특별메뉴

그날의 특별메뉴(Daily Special Menu)는 레스토랑에서 주방장이 요일별로 그날그
날 특별요리를 추천하여 판매하는 메뉴이다. 특별메뉴는 반복되는 메뉴에 대한 권태
기를 없애주고, 레스토랑의 매출액을 촉진시키는 역할을 한다.

제 3 절 양식메뉴의 이해

오늘날 세계에서 가장 세련되고 우아한 요리를 꼽는다면 정식요리를 꼽을 수 있다. 정식요리는 서양요리의 대명사이자 고급호텔 레스토랑의 대표 메뉴이다. 따라서 본서에서는 양식메뉴의 이해를 위해 정식메뉴를 코스별로 분류하여 살펴보기로 한다.

1. 애피타이저

애피타이저(Appetizer)는 식사 전에 나오는 모든 요리의 총칭으로 불어로는 '오드블(Hors D'oeuvre)', 우리말로는 '전채(前菜)'라고 부른다. 오드블의 오(Hors)는 전(前)의 의미이고, 드블(D'oeuvre)은 '식사'라는 뜻으로 '식사 전에 먹는 가벼운 음식'이라는 뜻이다.

양식의 본 요리는 수프부터 시작되는데 애피타이저는 수프 전에 제공되어 식욕을 촉진시켜 주고 공복을 달래주는 역할을 하므로, 주요리의 맛을 손상시키지 않는 범위 내에서 소량 제공된다. 따라서 애피타이저는 분량이 작아 한입에 먹을 수 있어야 하며, 짠맛 혹은 신맛이 있어 위액의 분비를 촉진시킬 수 있어야 한다.

용도에 따라 풀코스요리로 제공될 때는 포크와 나이프를 사용하며, 칵테일 등의 술안주로 제공될 때는 손으로 집어먹는 야채스틱, 카나페, 스낵 등으로 제공되는 게 일반적이다. 제공되는 온도에 따라 뜨거운 애피타이저(Hot Appetizer)와 차가운 애피타이저(Cold Appetizer)로 분류하지만 차가운 애피타이저가 대부분이다. 애피타이저를 대표하는 세계 4대 애피타이저는 다음과 같다.

- 푸아그라(Foie gras) : 푸아그라는 '거위 간'을 반죽하여 묵처럼 만든 것
- 캐비아(Caviar) : 철갑상어 알을 소금에 절인 것
- 트러플(Truffle) : 송로버섯은 향이 강하므로 얇게 잘라서 제공
- 에스카르고(Escargot) : 달팽이 껍질을 분리하고 양념하여 뜨겁게 제공

이외에도 대중적인 애피타이저로는 카나페(Canape), 훈제연어(Smoked Salmon), 생굴(Fresh Oyster), 새우칵테일(Shrimp Cocktail) 등이 있다.

▲ 캐비아 애피타이저

▲ 푸아그라 애피타이저

2. 수프

수프(Soup)를 불어로는 '포타지(Potage)'라고 부르는데, 애피타이저가 제공되지 않을 때는 실질적으로 첫 번째 음식에 해당된다. 수프는 입안을 촉촉하게 적셔주고 영양가가 높을 뿐만 아니라 위장을 달래주어 식욕을 촉진시키는 역할을 한다.

수프는 육류고기, 고기뼈, 야채, 향신료 등을 섞어 5~6시간 동안 끓여낸 육수(스톡 : Stock)에 다양한 재료를 섞어 만든 음식이다. 따라서 수프의 기초가 되는 것은 육수라 할 수 있으며 육수의 맛에 따라 수프나 소스의 맛이 달라진다. 수프는 농도에 따라 전분을 넣지 않아 맑은 국물상태의 맑은 수프(Clear Soup)와 전분을 함유하여 걸쭉한 것이 특징인 진한 수프(Thick Soup)로 나뉜다. 수프의 종류를 구분하여 살펴보면 다음과 같다.

- 콩소메(Consomme) : 쇠고기와 야채를 끓여 만든 맑은 국물상태의 수프이다.
- 크림수프(Cream Soup) : 진한 육수에 밀가루와 버터, 우유를 넣어 만든 걸쭉한 수프이며, 양송이크림수프, 옥수수크림수프, 토마토크림수프 등이 있다.
- 퓌레(Puree) : 야채를 익혀서 걸러낸 야채수프로, 프랑스의 양파수프(Onion Soup), 이탈리아의 야채수프(Minestrone Soup)가 유명하다.

▲ 인삼 콩소메　　　　　　▲ 옥수수 크림수프　　　　　　▲ 양송이 크림수프

3. 생선요리

생선(Fish)요리는 수프 다음으로 제공되며, 지방이 적고 단백질이 풍부하여 건강식으로 즐겨 찾을 뿐만 아니라 여성들도 즐겨 찾으며 종교적인 이유로 육류요리를 먹지 않는 고객들이 생선요리를 선택하기도 한다.

생선요리는 다른 요리와 달리 신선도가 맛에 절대적인 영향을 미치고 생선 자체에 응집력이 없으므로 서비스할 때 조심스럽게 다루어야 한다. 완성된 요리를 서브할 때는 생선의 머리가 고객의 좌측에, 배 부분은 고객의 앞쪽에 오도록 놓아야 하며, 백포도주(White Wine)를 곁들여 먹는 것이 일반적이다.

표 8-2 생선요리에 사용되는 생선의 종류

구 분	생 선 종 류
바다생선	대구, 청어, 도미, 농어, 참치, 가자미 등
민물고기	송어, 연어, 은어 등
갑각류	바닷가재, 대게, 왕새우, 새우 등
패류	전복, 홍합, 가리비, 대합 등
연체류	오징어, 문어 등

▲ 새우를 이용한 생선요리

4. 셔벗

셔벗(Sherbet)은 과일즙이나 샴페인을 섞어서 만든 얼음과자의 일종인데, 과일 맛이 나고 입에 넣으면 사르르 녹는 빙과류이다. 셔벗은 생선요리와 육류요리 사이에 제공되는데, 생선요리를 먹은 다음 입안을 개운하게 하려는 목적으로 제공된다. 즉 셔벗을 통해 입안에서 생선냄새를 완전히 제거시키고, 메인요리인 육류요리를 제대로 음미하면서 먹기 위한 목적이다.

▲ 셔벗

5. 육류요리

육류요리(Main Dish)를 불어로는 '앙트레(Entree)'라고 부르는데, 생선요리 다음으로 제공되며 정식메뉴의 가장 핵심적인 요리이다. 육류요리(Main Dish)에 사용되는 고기로는 쇠고기, 송아지고기, 양고기, 돼지고기, 가금류 등이 있다.

1) 쇠고기

메인 육류요리에서 가장 선호되는 품종은 단연 쇠고기요리이다. 쇠고기요리는 대부분 '스테이크(Steak)'로 제공되는데, 스테이크(Steak)란 '두꺼운 살코기'를 의미한다. 비프스테이크(Beef Steak)는 안심스테이크와 등심스테이크가 대표적이며, 익힘 정도에 따라 레어(Rare), 미디엄(Medium), 웰던(Well Done)으로 구분한다.

안심스테이크(Tenderloin Steak) 쇠고기의 안심부위로 만든 최고급 스테이크이다. 안심은 다섯 부위로 나뉘며 부위에 따라 명칭이 다르다. 대표적으로 샤토브리앙(Chateaubriand), 투르네도(Tournedos), 필레미뇽(Fillet Mignon) 등이 있다.

▲ 레스토랑에서 쇠고기요리는 대부분 스테이크로 제공되는데, 비프스테이크는 안심스테이크와 등심스테이크가 대표적이다(사진 : 안심스테이크).

등심스테이크(Sirloin Steak) 등심스테이크, 즉 서로인스테이크는 쇠고기의 등심부위로 만든 스테이크이다. 서로인스테이크는 영국 왕 찰스 2세가 즐겨 먹던 스테이크로 스테이크에 남작의 작위를 수여하였다는 뜻으로 로인(Loin) 앞에 'Sir'를 붙여 서로인스테이크라 명명하였으며 부위에 따라 명칭이 다르다. 대표적으로 뉴욕 컷 스테이크(New York Cut Steak), 미니트 스테이크(Minute Steak), 포터하우스 스테이크(Porterhouse Steak) 등이 있다.

▲ 쇠고기의 등심부위로 만든 등심스테이크

갈비부위 스테이크　갈비부위 스테이크는 티본스
테이크(T-bone Steak)와 립스테이크(Rib Steak)가 대
표적이다. 티본스테이크는 T자형의 뼈를 사이에 두고
한쪽은 등심, 반대쪽은 안심이 붙은 스테이크이며, 립
스테이크는 등쪽 갈비부위로 만든 스테이크이다.

▲ 갈비 부위로 만든 립스테이크

표 8-3 **스테이크의 익힘 정도에 따른 구분**

익힘 정도	특 징
레어(rare)	고기 속이 덜 익은 상태로 육즙은 붉은색을 띤다.
미디엄 · 레어	미디엄과 레어의 중간상태
미디엄(medium)	고기의 겉은 익었지만 속은 덜 익은 상태로 육즙은 핑크색을 띤다.
미디엄 · 웰던	미디엄과 웰던의 중간상태
웰던(well done)	고기가 속까지 잘 익혀진 상태

레어　　미디엄레어　　미디엄　　미디엄웰던　　웰던

▲ 스테이크는 익힘 정도에 따라 레어, 미디엄레어, 미디엄, 미디엄웰넌, 웰던으로 구분한다.

2) 송아지

송아지(Veal) 고기는 생후 3개월을 넘기지 않은 것이 좋다. 고기가 부드럽고 지방이 적어 연한 맛이 난다. 대표적인 송아지 스테이크는 다음과 같다.

스칼라핀(Scaloppine)　송아지 다리부분에서 잘라낸 작고 얇은 고기로 소금과 후추로 양념하여 밀가루를 뿌려서 구워낸 요리이다.

빌 커틀릿(Veal Cutlet)　뼈를 제거한 송아지 고기를 얇게 저민 후 납작하게 두들겨 소금과 후추로 간을 해서 밀가루를 묻힌 다음 계란, 빵가루를 입혀 익혀낸 요리이다.

3) 양고기

양고기는 1년 이하 새끼양의 갈비부위가 제일 연하고 맛이 있는데, 영양은 쇠고기보다 부족하지만 소화가 잘 된다. 양고기는 신앙문제로 인하여 중동지역 사람들이 즐겨 먹는다.

▲ 양갈비 통구이

4) 돼지고기

돼지고기는 세계 각지에서 즐겨 먹는 육류로 쇠고기에 비해 값이 저렴하고 가공방법에 따라 맛, 향, 품질이 달라진다. 돼지고기로 만든 대표적인 요리는 폭찹(Pork Chop), 포크 커틀릿(Pork Cutlet), 햄스테이크, 바비큐 등이 있다.

5) 가금류

가금류(Poultry)란 집에서 사육하는 닭, 오리, 칠면조, 거위 등을 말한다. 가금류 요리는 영양이 풍부하며 쇠고기나 돼지고기 등을 싫어하는 고객들이 즐겨 먹는 요리이다.

▲ 훈제오리요리

표 8-4 육류의 기본 조리법

조리법	조리방법
베이킹(Baking)	석쇠구이, 철판구이, 팬, 오븐 등에 굽는 조리법
보일링(Boiling)	고기를 100℃ 끓는 물에 삶아 익히는 조리법
브레이징(Braising)	소량의 물에 약한 불로 장시간 찌는 조리법
프라잉(Frying)	기름으로 튀기는 조리법
그릴링(Grilling)	고기를 오븐의 복사열로 짧은 시간에 굽는 조리법
소테잉(Sauteing)	프라이팬에 버터나 오일을 넣어 살짝 볶는 조리법
스튜잉(Stewing)	고기를 향신료, 야채 등과 함께 약한 불에 장시간 조리는 조리법

6. 샐러드

샐러드(Salad)는 고기요리에 제공되는 신선하고 차가운 야채로 양배추, 셀러리, 오이, 토마토 등이 드레싱(Dressing)과 함께 제공되며, 산성인 육류를 전후해서 알칼리성인 샐러드를 섭취함으로써 영양의 균형을 도모하는 역할을 한다.

샐러드는 앙트레 코스 다음에 제공되는 것이 원칙이나 최근에는 앙트레 전에 제공되기도 하고, 때로는 앙트레와 같이 제공되기도 하는데, 언제 먹어도 무방하다. 앙트레요리에는 반드시 샐러드가 제공된다. 샐러드의 종류는 대표적으로 야채샐러드(Vegetable Salad), 과일샐러드(Fruit Salad), 생선샐러드(Fish Salad), 육류샐러드(Meat Salad) 등이 있다.

▲ 앙트레(육류요리)에는 샐러드가 제공된다.

7. 디저트

디저트(Dessert)의 어원은 불어 '데세르비르(Desservir)'에서 유래되었는데 '치우다' '정리하다'라는 뜻으로 오늘날에도 디저트를 서비스할 때는 테이블 위에 모든 식기류를 치우고 디저트를 제공한다. 디저트는 식사를 마무리하는 단계에서 입안을 개운하게 해주려는 목적으로 식사의 마지막 코스로 먹는 메뉴이다.

디저트의 종류는 아이스크림과 셔벗(Sherbet), 푸딩, 케이크류와 함께 신선한 제철 과일, 치즈류 등이 제공된다.

▲ 디저트로는 케이크, 과일, 치즈 등이 제공된다.

8. 식후음료

음료(Beverage)는 모든 식사가 끝나면 마지막 코스에 고객이 원하는 음료를 주문받아 제공한다. 식후음료는 주로 커피나 홍차, 녹차 등이 제공된다. 음료를 제공하는 이유는 충분히 쉬면서 대화를 나눌 수 있는 기회를 제공하기 위함이다. 그래서 마지막 코스에서는 찻잔, 물컵 등을 고객이 떠날 때까지 치우지 않는 것이 원칙이다.

▲ 식후음료에는 커피, 홍차 등이 제공된다.

제 4 절 메뉴의 가격결정

메뉴가격을 결정할 때에는 경쟁력 있는 가격으로 수요를 자극할 수 있어야 하며, 코스트와 이익이 균형을 이루도록 해야 한다. 메뉴가격을 결정하는 방법으로는 경쟁지향적 방법과 비용지향적 방법이 있는데 상황에 따라 전략적 선택이 요구된다.

1. 경쟁지향적 가격결정

일정한 공식에 의해 가격을 산출하기보다는 경쟁자의 가격을 고려하여 가격을 결정하는 방법으로 3가지가 이용된다.

① 경쟁사와 비슷한 가격 책정 : 메뉴나 원가가 비슷한 경우

② 경쟁사보다 높은 가격 책정 : 메뉴와 서비스가 차별화되어 초기에 시장진입이 가능한 경우

③ 경쟁사보다 낮은 가격 책정 : 경쟁사의 시장을 잠식하거나 방어하기 위한 경우

2. 비용지향적 가격결정

1) 마진확보 가격결정

마진확보 가격결정은 사전에 결정된 마진을 메뉴원가에 추가하는 방법이다. 마진확보에 의하여 가격을 결정하는 공식은 다음과 같다.

- 판매가격 = 메뉴원가 + 결정된 마진

예제 1 스테이크의 메뉴원가가 40,000원이고 마진을 메뉴원가의 30%로 계획한다면 스테이크의 판매가격은 얼마가 적당한가?

판매가격 = 40,000원 + (40,000원 × 0.3) = 52,000원

---

2) 목표원가에 의한 가격결정

일정한 마진을 확보하기 위해서는 원가가 적절해야 하는데 원가를 목표로 하여 가격을 결정하는 방법이다. 가격결정의 공식은 다음과 같다.

$$\bullet \text{판매가격} = \frac{\text{총 식자재비용}}{\text{식자재 목표원가}}$$

> **예제 1** 안심스테이크 1개를 만드는데 총 식자재비용은 30,000원이 소요되고, 판매가격에 대한 식자재 목표원가를 30%로 책정했다면 판매가격은 얼마가 적당한가?
>
> $$\frac{30,000원}{0.30} = 100,000원$$

---

3. 마케팅지향적 가격결정

1) 촉진가격

판매촉진(Sales Promotion)의 일환으로 메뉴의 양적 판매를 촉진하기 위해 가격 할인에 중점을 두는 전략이다. 특히 몇 가지 메뉴를 희생시킴으로써(Loss Leader) 주 판매대상 메뉴의 촉진을 극대화시키는 것이 촉진적 가격전략의 목표이다.

라스베이거스의 대규모 호화 카지노 호텔에서는 객실이 50불 미만, Buffet가 10불 미만인 경우가 흔하다. 즉 라스베이거스에서는 주 수입원인 카지노 매출의 극대화를 위하여 객실과 식음료 제품조차 모두 Loss Leader에 해당된다.

2) 추종가격

추종가격(Going Rate)이란 시장선도자 가격, 혹은 기타 경쟁사 가격을 모방하는 가격을 의미한다. 추종가격은 소비자들이 제품 간의 차이를 크게 인식하지 못할 때, 경쟁사의 가격 책정이 합리적일 때, 시장의 지불의사가 있는 적정가격일 때 효과적으로 적용될 수 있다.

3) 프리미엄 가격

프리미엄 가격(Premium Rate)은 고급화전략으로 브랜드 이미지와 상품을 고급화한 후 경쟁사보다 가격을 높게 책정하는 전략이다. 최근에는 경쟁사의 제품과 차별화를 시도하는 프리미엄 마케팅이 각광받고 있다.

4) 기대가격

기대가격(Expectation Rate)이란 고객이 예상하거나 기대하고 있는 가격을 책정하는 것이다. 시장에서는 어떠한 메뉴이건 소비자들이 수용할 수 있는 가격의 범위가 있다. 아무리 좋은 메뉴도 그 범위를 초과하면 소비자들의 가격저항감(Price Resistance)을 유발하게 되며, 반면에 가격이 지나치게 낮으면 소비자들은 메뉴의 품질을 의심하게 된다.

5) 심리적 가격

심리적 가격(Psychological Rate)은 가격저항이 덜할 것 같은 소비자의 심리를 교묘히 이용한 가격책정 방법이다. 품위유지 가격과 같은 것들은 일종의 심리적인 가격에 속한다고 볼 수 있다. 또한 홀수 또는 단수가격(Odd Pricing)이 전형적인 심리적 가격의 예이다. 즉 어느 제품의 가격을 10,000원으로 하는 것보다 9,980원으로 가격을 책정하는 것이다. 10,000원과 9,980원은 단지 20원 차이지만 9,980원이 10,000원보다 심리적으로 더 싼 것 같은 느낌을 줄 수 있기 때문이다.

6) 제품다발가격

제품다발가격(Product Bundling Rate)은 여러 메뉴를 하나의 가격으로 판매하는 가격전략이다. 국내 호텔들이 비수기에 판매촉진을 위해 객실, 식음료, 피트니스 등을 하나의 가격으로 판매하는 것이 좋은 예이다.

또한 McDonald's, Burgerking 등에서 흔히 볼 수 있는 가격전략으로서 고객입장에서는 낮은 가격으로 여러 제품을 구매할 수 있는 혜택이 있으며, 공급자입장에서는 여러 제품의 다량판매로 매출을 극대화시킬 수 있다는 장점이 있다.

7) 거품가격

거품가격(Skimming Rate)을 다른 말로는 흡수가격 전략이라고 하는데, 이는 제품이 시장에 도입된 초기 단계에서 고가격으로 접근하면서 점차 성장기, 성숙기, 쇠퇴기에 이르면서 계속적으로 가격을 하락시키는 방법을 말한다.

8) 시장침투가격

시장침투가격(Market Penetration Rate)은 제품의 도입기에는 저가격 전략을 지향하다가 시장의 점유율이 향상됨으로써 가격을 점차로 올리는 방법을 말한다. 이 전략은 여러 경쟁제품이 치열하게 포진되어 있는 상태에서 신제품을 론칭할 때 사용하는 가격전략으로 저렴한 가격이지만, 경쟁제품과 비교하여 손색없는 품질과 서비스를 무기로 시장에 진입할 때 활용해 볼 수 있다.

호텔용어

American Breakfast   미국인들이 즐겨 먹는 아침 식사 형태로 계란 요리에 몇 가지 메뉴가 추가된 조식이다.

Continental Breakfast   프랑스나 이탈리아 등 유럽지역에서 간단하게 먹는 아침 식사 형태에서 유래한 조식이다.

English Breakfast   미국식 조식에 생선요리가 한 가지 더 추가된 조식이다.

Breakfast Buffet   간단한 뷔페 형태의 조식으로 고객들이 선호하는 조식이다.

Brunch   브런치란 아침과 점심 사이에 먹는 식사로 10~12시 사이에 제공된다.

Afternoon Tea   애프터눈 티는 오후 3~4시경에 먹는 간식을 말한다.

A La Carte   '알 라 카르테'란 개개의 요리마다 가격을 책정해 놓고 선택 주문할 수 있도록 한 일품(단품)요리를 말한다.

Daily Special Menu   그날의 특별메뉴로 주방장이 요일별로 그날의 특별요리를 추천하여 판매한다.

Table D'hote   요리의 종류와 순서가 미리 정해져 있어 음식이 코스 순서대로 나온다. 비슷한 말로는 Full Course Menu, Set Menu라 부르기도 한다. 일반적인 코스는 7코스이지만 고객의 기호에 따라 3~5코스로 구성된 경양식(세미정식)으로도 제공된다. 7코스의 순서는 다음과 같다.

① Appetizer(전채 : Hors d'oeurvre) ② Soup(수프 : Potage)

③ Fish(생선요리 : Poisson) ④ Main Dish(주요리 : Entree)

⑤ Salad(샐러드 : Salade) ⑥ Dessert(후식 : 디저트)

⑦ Beverage(음료 : Boisson, Coffee or Tea)

Checkpoint

- 호텔식음료 업장에서 메뉴판의 역할에 대해 생각해 보세요.
- 호텔식음료 업장에서 일시적으로 판매하는 축제메뉴, 계절메뉴, 그날의 특별메뉴 등은 업장의 판매촉진활동에 어떤 영향을 미칠까요?
- 서양요리의 대표메뉴로 꼽히는 정식 메뉴를 코스별로 분류하여 설명해 보세요.
- 여러분이 양식당을 창업하여 운영하게 된다면 정식 메뉴를 몇 가지 코스로 개발하고, 어느 정도의 가격책정을 하여 판매하겠습니까?

제9장

연회관리

제1절 연회의 개요
제2절 연회의 분류
제3절 연회행사의 진행

제1절 연회의 개요

1. 연회의 개념

연회(宴會 : Banquet)와 비슷한 말은 파티, 향연, 축연, 잔치 등이다. 국어사전에서는 연회를 '축하·위로·환영·석별 등을 위하여 여러 사람들이 모여 베푸는 잔치'로 정의하고 있다. 연회에 해당하는 영어인 '방켓(Banquet)'은 프랑스 고어인 'Banchet-to'에서 유래하였는데, 그 뜻은 '판사의 자리' 혹은 '연회'를 의미하였다. 이 단어가 영어화되어 지금의 Banquet, Bench, Bank를 파생시켰다. 이들 단어의 공통점은 '사람이 모이는 곳'이라는 뜻을 담고 있다. 이러한 내용을 정리해 볼 때 연회란 '많은 사람들이 경의를 표하거나 기념, 축하하기 위해 정성을 들이고 격식을 갖춘 식사가 제공되는 행사'로 정의할 수 있다.

그러나 현대에 들어서면서 호텔의 연회행사는 식사와 향연을 즐기는 순수 연회행사뿐만 아니라 각종 세미나, 컨벤션, 전시회, 패션쇼, 디너쇼, 결혼식, 축하쇼 등의 행사를 포함하고 있다. 따라서 호텔의 연회장(Banquet Room)은 다목적 기능을 갖추고 있다는 점에서 '펑션 룸(Function Room)'이라 부르기도 한다.

과거에는 호텔의 주요 영업부서가 객실과 식음료부서만으로 구분되었다. 그러나 최근에는 식음료 전체 매출에서 연회매출이 차지하는 비중이 60% 이상을 상회하면서 호텔의 주요 수입원으로 그 비중이 높아지고 있으며, 식음료부서의 조직도 식당부, 연회부, 음료부로 구분되어 운영하고 있다.

이에 따라 대규모 호텔일수록 행사에 적합한 대·중·소 연회장을 다양하게 구비하고 있으며, 연회장의 수용규모도 작게는 20~30명부터 많게는 3,000명을 수용할 수 있는 컨벤션 홀까지 갖추는 추세이다.

2. 연회의 특성

호텔 연회영업은 다른 식음료 영업과 달리 독특한 특성 및 중요성을 가지고 있는

데 이를 살펴보면 다음과 같다.

1) 매출의 극대화

국민들의 소득증가로 인한 생활수준의 향상과 호텔을 선호하는 소비자들의 인식 변화로 인해 호텔연회에 대한 수요는 빠르게 증가하고 있다. 이러한 사회적 현상과 함께 호텔연회는 사전에 기획된 고가의 연회메뉴와 음료 및 임대상품 등을 일괄해서 판매하므로 호텔입장에서도 매출의 극대화가 가능하다.

예를 들어 연회부서에서 1건의 결혼식 행사를 계약했다고 가정하자. 결혼식 계약 인원이 500명이고, 식사는 1인당 10만 원짜리 세트메뉴를 판매할 경우 2~3시간 행사에 총 5천만 원의 매출을 올릴 수 있다. 이런 예식행사를 하루에 4회 유치할 경우 단 하루 만에 2억 원의 매출을 올릴 수 있다. 이외에 음료비, 꽃장식비 등의 추가매출도 기대할 수 있다.

대규모 컨벤션연회행사를 유치했을 경우에도 한번의 행사만으로 숙박과 식사, 회의장 사용료, 동시통역 사용료, 시청각기자재 대여료 등의 막대한 수입을 올릴 수 있다. 이외에 이들이 호텔에 머무는 동안 즐겨 이용하는 커피숍, 바, 사우나 등의 부대시설 매출도 기대할 수 있다. 이로 인해 호텔의 식음료 매출에서 연회매출이 차지하는 비중이 점차적으로 증가하고 있으며, 호텔기업 간 연회행사 유치를 위한 판촉경쟁도 날로 치열해지고 있다.

2) 타 부서 판매증대에 기여

연회행사는 타 부서의 매출증대에 미치는 파급효과가 매우 높다. 예를 들어 200명 규모의 2박 3일 컨벤션 단체를 유치했을 경우, 이 단체는 2인용 객실을 2일 동안 적어도 200실가량 사용할 것이며, 3일 동안 200명이 6~7식 정도의 식사를 할 것이다. 이뿐만 아니라 행사기간 동안 컨벤션 참가자들과 그의 가족들은 자유시간을 이용하여 커피숍, 바, 사우나, 피트니스 등의 부대시설을 이용할 것이다. 이와 같이 한 건의 연회행사를 유치할 경우 호텔 내 타 부서인 객실부서, 식음료부서, 부대업장 등의 매출증대에도 크게 기여하는 장점이 있다.

3) 호텔의 홍보효과

호텔에서 열리는 연회는 그 중요성에 따라 언론이나 방송을 통한 직간접적인 홍보효과가 높다. 그래서 호텔의 주요 고객이 누구인가는 호텔의 차별성을 결정하는 중요한 요소로 작용한다. 특히 APEC 같은 국제적 행사에 참가한 대통령들이 어느 호텔에서 숙박하였는지, 세계적으로 유명한 연예인이 어느 호텔에서 숙박하였는지, 유명 연예인이 어느 호텔에서 결혼식을 올렸는지 등의 문제는 사회적으로 크게 주목받기 때문에 행사장소인 호텔이 자연스럽게 언론에 노출됨으로써 간접적인 홍보효과를 높일 수 있다.

세계적으로 유명한 VIP고객을 한번이라도 유치했던 호텔들은 타 호텔에 비해 세일즈 마케팅에서도 유리한 위치를 차지한다. 세계적인 유명인사를 유치한 호텔들은 경호상의 안전성이나 서비스 수준 및 호텔의 명성 등이 이미 검증되었기 때문에 다른 유명 인사들에게 심리적인 안정감과 유대감을 형성시켜 고객들의 구매를 자연스럽게 유도할 수 있다.

4) 판매의 탄력성

연회영업은 고정적이지 않고 탄력적인 특징이 있다. 또한 사전예약에 의한 영업으로 고객과의 조율이 가능하다. 예를 들어 호텔은 보유한 연회장 수와 최대 유치인원을 달성했을 경우 예약을 하지 못한 단체에게는 행사날짜를 사전에 조율하여 다른 날짜로 변동시킬 수도 있으며, 1개의 회의장을 두고 2~3개 단체가 필요한 시간대를 조율하여 사용할 수도 있다. 또한 호텔 내 행사가 어려울 경우 단체와 협의하여 단체가 원하는 장소로 출장파티(Outside Catering)를 나갈 수도 있다. 이런 점에서 연회영업은 탄력적인 특징이 있다.

5) 다양한 연출이 가능

연회행사는 한 장소에서 고객의 취향이나 행사목적에 따라 테이블 배치와 각종 소품 등을 이용하여 다양한 분위기와 행사장소를 연출할 수 있다. 그래서 연회영업은 무에서 유를 창조하는 호텔의 종합예술이라 할 수 있다.

예를 들어 평상시 텅 빈 연회장은 행사목적에 따라 컨벤션 행사장이나 결혼 예식장, 칠순연 및 가족돌잔치, 패션쇼, 디너쇼, 전시회 및 발표회 장소 등으로 얼마든지 연출할 수 있으며, 연회파티의 서비스 형식에 따라서도 테이블서비스파티, 칵테일리셉션파티, 뷔페파티, 출장파티, 가든파티, 티파티 장소로 연출할 수 있다. 연회행사가 이처럼 목적에 따라 다양하게 연출될 수 있는 것은 장소와 목적에 따라 테이블과 의자배치, 데커레이션(Decoration), 소품, 조명 등을 통한 시각적·공간적 연출이 가능하기 때문이다.

3. 연회부서의 조직과 직무

연회부서는 크게 연회예약(Banquet Reservation), 연회서비스(Banquet Service), 연회판촉(Banquet Sales)으로 구분할 수 있다. 호텔의 규모나 사정에 따라 연회판촉이 연회부에 소속되거나 판촉부에 소속되기도 한다.

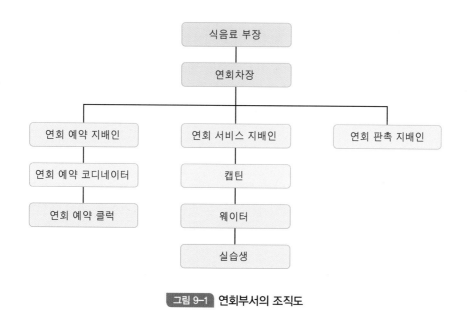

그림 9-1 연회부서의 조직도

제 2 절 연회의 분류

1. 연회의 분류

① 가족모임 : 결혼식, 약혼식, 회갑연, 돌잔치 등
② 기업행사 : 창립기념, 개관기념, 이·취임식 등
③ 학교행사 : 사은회, 동창회, 동문회 등
④ 정부행사 : 정부수립, 국가기념일 등
⑤ 협회행사 : 국제회의(컨벤션), 정기총회, 심포지엄 등
⑥ 이벤트행사 : 시상식, 디너쇼, 패션쇼, 콘테스트 등
⑦ 단순 연회 : 대규모 단체관광객의 호텔 내 식사 등

2. 회의의 종류

호텔의 연회장에서는 소규모 회의에서부터 국제회의까지 다양한 행사가 개최되는데, 대부분의 단체회의는 행사를 전후하여 환영연회 및 만찬을 개최하는 것이 일반적이다. 따라서 각종 대규모 국제회의나 엑스포 등을 유치하여 진행하는 것도 연회부서의 주요 업무이다. 호텔에서 개최되는 회의의 종류를 살펴보면 다음과 같다.

1) 워크숍

워크숍(Workshop)이란 기업이 전문적인 성장과 기업 활동에서 나타나는 여러 문제를 함께 생각하고 해결해 나가기 위한 소규모 회의이다. 워크숍은 30명 내외로 진행된다.

2) 세미나

세미나(Seminar)란 전문가의 지도 아래 특정한 주제에 대하여 구성원들이 모여서

발표나 토론을 진행하는 교육방법이다. 상호 간의 발표나 토론을 통하여 의문점을 깊이 있게 추구함으로써 구성원들의 자질을 향상시키는 데 목적이 있다. 세미나의 규모는 50명 이상이다.

3) 포럼

포럼(Forum)은 한 가지 주제에 대해 상반된 견해를 가진 전문가들이 사회자의 주도하에 청중 앞에서 벌이는 공개토론회이다. 포럼은 청중이 질의에 참여할 수 있으며 사회자가 의견을 조율하며 진행하는 회의이다. 형식에 따라 약간의 차이는 있지만 심포지엄(Symposium), 패널 디스커션(Panel Discussion) 등이 이와 비슷한 형식의 회의이다.

4) 전시회

전시회(Exhibition)는 각종 무역, 산업, 교육 분야의 판매업자들에 의해 제공된 상품과 서비스의 전시모임을 의미한다. 전시회가 회의를 수반하는 경우도 있으며, 컨벤션의 한 부분으로 개최될 수도 있다.

▲ 전시회 행사장 전경

5) 컨벤션

컨벤션(Convention)은 정보전달을 주목적으로 하는 대규모 국제회의를 말한다. 세계 각 도시에서 개최되는 컨벤션은 해마다 1만 건이 넘으며, 경제적 규모는 1,200억 달러를 상회하고 있다. 이러한 시장상황에서 국내 컨벤션산업은 후발주자임에도 불구하고 국제회의 건수를 기준으로 할 때 2003년 세계 18위에서 2017년에는 2년 연속 세계 1위(연 1,297회 유치, UIA 기준)로 상승하였다.

이처럼 국내 컨벤션산업은 그 횟수와 규모 면에서 꾸준히 성장하고 있으며, 호텔은 컨벤션 행사에 중추적인 역할을 담당하고 있다. 예를 들어 '2012년 서울핵안보정상회의'의 경우 참여국이 미국을 비롯한 52개국 및 UN 등 3개 국제기구가 참여하였다. 이러한 대규모 컨벤션 행사에는 각국 정상들이 메인회의장 외에도 투숙하는 호텔에서 다자간 정상회의를 개최하는 등 호텔의 컨벤션 시설을 충분히 활용하였다.

▲ 컨벤션 행사장 전경

이외에도 컨벤션의 특징은 참가인원이 수백 명에서 수천 명에 이르고, 본회의와 함께 사교행사, 관광행사 등의 다양한 프로그램이 곁들여진다. 또한 컨벤션에 참가하는 인사들은 각 분야에서 국제적 명성이 높은 인사들로 구성되기 때문에 그들이 묵는 호텔은 대외 이미지나 신뢰도 측면에서 호감도를 높일 수 있다. 특히 유명인사는 가족이나 비서를 동반하는 경우가 많으며, 1일 체재비용이 일반관광객에 비해 5배 정도 높은 것이 특징이다. 이에 따라 특급호텔에서는 컨벤션 유치를 위해 대규모 연회장을 증축하고, 동시통역시설 등의 최첨단시설을 갖추고 있다.

6) 엑스포

엑스포(Expo : Exposition)는 한 가지 주제로 참가국들이 자국의 산업과 문화를 전시하여 상호 이해와 교류를 심화하기 위해 개최한다. 엑스포는 올림픽, 월드컵과 함께 세계 3대 이벤트로 손꼽히며, 여러 나라가 참가하기 때문에 비슷한 표현으로 만국박람회, 세계박람회, 세계엑스포 등으로도 부른다.

엑스포의 종류는 크게 두 가지로 분류할 수 있다. 하나는 5년마다 한 번씩 열리는 정기 엑스포인 '등록 엑스포'가 있고, 다른 하나는 '인정 엑스포'가 있다. 차이점은 각 부스에 들어가는 비용을 참가국이 부담하느냐 개최국이 부담하느냐의 차이다. 등록 엑스포는 참가국이 비용을 부담하고 전 세계적인 행사이기 때문에 각 참가국에서 신경을 많이 쓰고 그만큼 퀄리티(Quality)가 높은 장점이 있다. 이에 반해 인정

엑스포는 개최국이 비용을 부담하고 임대료만 받는 형식으로 개최국 혼자만의 축제로 전락할 가능성이 높은 것이 단점이다. 우리나라에서 개최된 대전엑스포나 여수엑스포는 인정 엑스포라 할 수 있다.

21세기로 들어서면서 대규모 엑스포 행사에는 참가인원이 50만 명을 넘어서고 있어 국가 간, 지역 간 유치경쟁도 치열하다. '2012년 여수엑스포'의 경우에도 수도권과 떨어진 남해안의 자그마한 소도시인 '여수시'에서 '살아 있는 바다, 숨 쉬는 연안'이라는 주제로 3개월 동안 진행되었다. 이때 관람객 수가 820만 3,956명에 달하였다. 이는 여수시 인구의 28배에 달하는 관람객을 유치한 것이다. 이러한 결과는 컨벤션이나 엑스포를 유치했을 때 경제적 효과뿐만 아니라 홍보효과가 얼마나 높은지를 시사해 주고 있다.

▲ 2012 여수세계엑스포전시장 전경

3. 연회파티의 종류

1) 정찬파티

정찬파티(Dinner Party)는 연회행사 중 가장 규모가 크고 격식을 차린 고품격의 테이블서비스 파티이다. 파티의 성격이나 고객의 취향에 따라 제공되는 식음료, 식탁 배열, 장식 등이 달라지기 때문에 주최자와 충분한 사전협의를 통해 준비되어야 한다. 테이블서비스 파티에서는 테이블과 좌석배치에 따라 사회적 지위 및 연령의 상하가 구분되기 때문에 좌석배열이 중요하고, 파티에서 제공되는 음식으로는 주로 정식 코스요리가 제공된다.

▲ 구)리츠칼튼호텔의 정찬파티를 위한 연회장 전경

2) 칵테일 리셉션 파티

칵테일 리셉션 파티(Cocktail Reception Party)는 만찬에 들어가기 전에 하는 칵테일 리셉션 파티가 있고, 디너를 겸한 칵테일 리셉션 파티가 있다. 일반적으로 칵테일 리셉션 파티는 스탠딩 파티(Standing Party)로서 칵테일과 함께 간단한 안주류가 제공된다.

칵테일 리셉션의 장소는 메인 연회장 앞의 복도나 별실을 이용하여 개최하는데, 바(Bar) 테이블은 인원의 규모에 따라 적당한 위치에 1~4군데 정도 설치한다. 음식은 참석자들이 자유로이 이동하면서 먹지만, 음료는 일반적으로 서비스요원들이 트레이에 몇 가지 아이템을 담아 고객 사이로 다니면서 서비스한다. 이때 음료가 담긴 잔을 전달할 때는 종이 냅킨을 감싸서 물기가 흘러내리지 않도록 제공한다.

▲ 구)리츠칼튼호텔의 칵테일 리셉션 파티를 위한 연회장 전경

3) 출장연회 파티

출장연회 파티(Off Premise Catering Party)란 고객이 원하는 장소와 시간에 행사에 필요한 집기나 뷔페음식을 직접 운반하여 진행하는 출장파티 행사이다. 연회책임자는 사전에 연회장소를 답사하는 것이 필요하고, 야외행사에는 주최자와 협의하여 기상변화에 따른 대비책도 세워두는 것이 좋다.

4) 가족연회 파티

가족 뷔페파티(Family Buffet Party)는 가족연회 시에 적합한 파티이다. 과거에는 일반가정의 가족행사는 집안에서 직접 음식을 장만하여 진행하였으나, 현대에 들어서면서 가족모임을 호텔에서 갖는 경우가 많아 호텔들 간의 가족연회 유치경쟁이 치열하다. 각종 가족연회 행사로는 결혼식, 약혼식, 고희연, 돌잔치 등이 있다.

▲ 구)리츠칼튼호텔의 가족연회를 위한 연회장 전경

5) 가든파티

가든파티(Garden Party)는 경치 좋은 정원이나 수영장 등을 배경으로 야외에서 진행하는 연회행사를 말한다. 호텔에서도 여름철에 야외수영장이나 아름다운 경치를 배경으로 야외 가든파티를 실시한다.

▲ 하얏트리젠시제주호텔의 야외 가든파티를 위한 행사장 전경

6) 테마파티

테마파티(Theme Party)는 일정한 주제를 정하여 그 주제에 맞게 연회장의 분위기를 연출하고, 주제에 맞는 음식을 준비하여 개최하는 이벤트 형식의 파티이다.

▲ 신라호텔의 테마파티를 위한 연회장 전경

제 3 절 연회행사의 진행

호텔의 연회업무는 연회예약부터 시작하여 행사준비, 행사진행, 행사 후 서비스 등으로 이루어진다. 이러한 과정을 순차적으로 살펴보면 다음과 같다.

1. 연회예약

1) 예약의 사전 조율

날짜조정　고객이 원하는 날짜와 시간을 접수받으면 된다. 그러나 예약 장부(Control Chart)상에 다른 단체가 예약되어 있다면 그 단체의 예약이 확정적인지 또는 잠정적인지를 신속히 확인한다. 만약 기존 예약이 확정된 예약일 경우 고객에게 다른 날짜로 변경할 것을 권유하여 본다. 또한 기존예약이 임시예약일 경우에는 연락을 취해 빠른 결정을 요구함과 동시에 선수금(Deposit)을 받아 구체화시키는 것이 필요하다.

시간조정　연회예약에 있어 연회장 사용시간은 매우 중요하다. 단체마다 연회장을 아침부터 저녁 늦게까지 하루 종일 사용하는 팀들도 있지만, 어떤 팀들은 하루 중 2~3시간만 사용하는 팀들도 있기 때문이다. 연회예약 시에는 가급적 사용시간대를 확인하고 적절하게 조율할 경우 1개의 연회장에서 하루에 2~3팀을 유치할 수도 있다. 예를 들어 조식·중식·석식 시간대로 구분하거나, 오전·오후 또는 오후·야간으로 구분하여 받는 것이다. 특히 성수기에는 사용시간대를 세분하여 더 많은 팀을 유치하는 것이 필요하다.

2) 계약서 작성

연회예약의 두 번째 단계는 계약서를 작성하는 것이다. 계약서 작성 시에는 크게 참가인원, 객실, 식음료, 연회, 계약금과 정산방법 등을 기재한다. 계약서 작성요령은 다음과 같다.

계약인원과 지불보증　계약서에는 참가 예상인원과 지불보증 인원을 표기한다. 행사를 하다 보면 행사 당일에 계약인원보다 참가인원이 적어 양측이 난처한 입장에 처하는 경우가 자주 발생한다. 따라서 계약서에는 참여인원에 대한 지불보증인원을 기재하는 것이 필요하다. 지불보증이란 계약인원보다 참가인원이 적더라도 고객이 최소한 책임지고 지급하겠다는 보증인원 수이다. 계약인원보다 초과한 경우에는 초과한 숫자만큼 정산하면 문제가 없다.

객실과 식음료　객실을 사용하는 경우 계약서에 객실의 종류와 사용객실 수, 객실료 등을 표기한다. 식음료의 경우 식사메뉴와 식사장소, 식사인원, 메뉴가격 등을 계약서에 기재한다. 추가적으로 무료객실과 무료식사 인원도 정확히 기재한다.

뷔페식사의 경우에는 최소 50명 이상일 때만 계약을 하는 것이 일반적이지만, 고객의 특별 요구로 30~40명 정도의 행사를 하게 되면 가격을 높게 책정하여 계약을 하는 것이 필요하다.

연회장 배정　연회장을 사용하는 경우에는 연회장 사용료가 무료인지, 유료인지를 결정하고 계약서에 표기한다. 그리고 행사규모에 맞는 연회장을 배정하여 계약하는 것이 중요하다.

예를 들어 어느 판촉직원이 연말연시의 12월 성수기에 100명 규모의 행사를 유치하기 위해 300명 규모의 대연회장 사용을 미리 계약했다면, 호텔입장에서는 추후에 있을지 모를 300명 규모의 연회행사를 유치할 수 없게 된다. 따라서 판촉직원은 행사시기가 성수기인지 비수기인지를 먼저 고려하고 행사규모에 맞는 연회장을 배정하는 것이 중요하다.

테이블과 좌석배치 계약서 작성 시에는 고객이 원하는 연회장의 테이블 배열과 좌석배치를 그림이나 설명으로 자세히 기재해야 한다. 행사를 준비하는 준비부서는 계약서를 보고 테이블이나 의자를 그대로 세팅하기 때문에 타 부서에서 충분히 이해할 수 있을 정도로 설명하여 기재한다.

교육기자재 계약서에는 단체행사를 진행하는 데 필요한 기자재를 상세히 기록해야 한다. 또한 기자재 사용이 무료대여인지 유료대여인지를 표기하고, 유료의 경우에는 기자재 사용료를 기재한다. 일반적으로 OHP, 슬라이더, 빔프로젝터 등은 무료로 대여하지만 동시통역시설 등의 고가장비는 대여료를 받고 있다.

사인보드와 배너 사인보드는 호텔 측에서 무료로 로비나 행사장 입구에 설치하는 안내보드이다. 배너(플래카드)는 유료이지만 행사의 규모나 매출액 등에 따라 무료로 제공하는 경우도 흔하다. 배너의 경우 행사명, 로고, 모양, 색상 등을 고객에게 확인하고 행사 전에 설치한다.

계약금과 정산방법 계약서 작성의 마지막 단계는 계약금을 받고, 정산방법을 기재하는 것이다. 계약금은 10% 정도를 받는 것이 일반적이다. 정산방법은 행사종료 당일 지급할 것인지, 후불로 할 것인지 그리고 지급수단은 현금인지, 카드인지, 통장 입금인지 등을 협의하여 정확히 기재한다. 모든 기재가 끝나면 계약서에 고객과 직원이 서로 사인하고 한 부씩 나누어 갖는다.

3) 연회행사 오더 작성과 배포

연회계약서 작성이 끝나면 담당자는 연회예약대장(Control Chart)에 단체명과 연회장, 참가인원 등을 기재하고, 각 부서에 전달할 행사오더를 작성한다. 연회행사 오더 작성이 완료되면 관련부서에 행사오더를 배포한다. 행사오더를 배포해야 하는 관련부서는 〈표 9-1〉과 같다.

표 9-1 연회행사 배부처

부서(팀)	담당	관련 업무사항
총지배인실	총지배인	영업 총괄 업무 및 VIP고객 영접 및 환송
당직지배인실	당직지배인	VIP고객 파악 및 의전 담당, 총지배인 보좌 역할
식음료팀	팀장	행사 주무 부서장으로서 업무 총괄 파악 및 주관
	연회담당	행사 총괄 주관(서비스, 고객 영접 및 환송 등)
조리팀	팀장	요리계획 및 준비점검
	연회주방	요리준비
	베이커리	케이크 및 디저트 준비
	스튜어드	기물제공 및 세척처리
객실팀	팀장	객실 관련 업무 점검 및 지원
	하우스키핑	연회장 청소 및 환경 점검
	교환실	행사장 전화기 연결 및 점검
판촉팀	팀장	행사 고객관리 업무 총괄
	담당	행사 고객관리 담당업무 수행
아트 & 디자인실	실장	디자인 관련사항 총괄
	담당	사인보드 및 배너처리, 행사장 점검 등
경리팀	팀장	계산관계 총괄
	담당	계산 관련 및 후불처리, 원가관리 등
총무팀	팀장	총무 관련사항 총괄
	주차관리담당	행사 관련 주차관리 수행
시설팀	팀장	시설 관련 총괄
	전기담당	전기, 조명 등 점검
	방송실	음향기기 일체 준비 및 점검

2. 연회행사장 세팅

연회행사 오더를 받은 연회서비스팀에서는 행사장을 계약서대로 세팅한다. 행사장을 세팅할 때에는 식사를 겸하는 행사인지, 순수 세미나 형태인지 등에 따라 테이블 세팅의 형태가 달라진다. 테이블 세팅을 위한 기물과 테이블 세팅의 유형을 종류별로 살펴보면 아래와 같다.

1) 연회장 기물

연회장에서 사용하는 테이블과 의자의 종류는 다음과 같다.

종 류		내 용
테이블	라운드테이블	10인용 식사테이블(6인용 소형라운드 테이블도 있음)
	직사각형 테이블	식사테이블 및 다용도로 사용
	세미나테이블	회의장에서 책상으로 사용
	반원테이블	사각형 테이블에서 타원형을 만들 때 사용
	초승달형 테이블	음식을 배열할 때 사용
	쿼터라운드테이블	1/4원형 테이블로서 4각의 모서리를 처리할 때 사용
의자	스타킹체어	팔걸이가 없는 의자
	암체어	팔걸이가 있는 의자

2) 테이블 배열

라운드테이블 배열(Round Table Style) 연회장에서 많은 인원이 식사할 때 사용하는 배열로 테이블 간 간격은 사람이 왕래하는 데 불편이 없어야 한다.

타원형 배열(Oval Style) 상석의 개념이 필요 없는 소수의 인원이 회의나 식사할 때 유용한 배열이다.

▲ 라운드 테이블 배열

▲ 타원형 배열

공백식 사각배열(Hollow Shape Style) 소규모 인원이 식사나 음료를 겸할 때 유용한 배열로 의자는 바깥쪽에 배열한다.

공백식 타원형 배열(Hollow Circular Style) 공백식 사각배열보다는 좀 더 격식 있는 회의를 할 때 유용한 배열이다.

▲ 공백식 사각배열

▲ 공백식 타원형 배열

교실형 배열(School Style) 학교 교실처럼 배열하며, 1개의 테이블에 2~3명이 앉는다.

극장식 배열(Theater Style) 테이블이 없고 의자만 배열하는 형태로 많은 인원이 앉을 때 사용한다.

▲ 교실형 배열

▲ 극장식 배열

U자형 배열(U Shape Style) 주로 소수의 인원이 회의나 식사를 할 때 유용하며, 테이블클로스는 양쪽이 균형 있게 내려와야 한다.

I자형 배열(I Shape Style) 작은 인원의 회의나 식사 시에 유용하다.

▲ U자형 배열

▲ I자형 배열

3. 행사진행

연회장에서 음식서비스는 많은 인원에게 동시에 서브되어야 하는데 주빈석에 서브되는 것을 기점으로 일제히 서브된다. 따라서 주빈석은 경험이 많고 능숙한 캡틴이 담당한다.

연회장 지배인은 식음료코스가 제공되는 동안 진행상황을 파악하여 원활한 서비스가 될 수 있도록 현장을 지휘하고 통솔한다. 식음료를 제공할 때 양식메뉴를 서비스하는 순서와 방법은 〈표 9-2〉와 같다.

표 9-2 식음료서비스 순서와 방법

순 서	MENU	항 목	서비스 실시계획	사용기물
1		고객입장	고객 입장 시 정중히 인사하고 착석하도록 도와준다.	
2	White Wine	Wine Serve	Head Waiter의 신호에 의해서 Host Taste가 끝난 후	Hand Towel 착용
3	Appetizer	Appetizer Serve	처음 동작은 Head Table과 같이 보조를 맞추어 서브한다.	Tray
4	Bread	Bread Serve	Bread Basket & Tray를 준비하여 고객의 왼쪽에서 서브	Bread Basket
5		App-Plate Pick-up	App-Plate를 고객의 왼쪽에서 뺀다.	Tray
6	Soup	Soup Bowl or Cup Set-up	뜨겁게 데워진 Soup Bowl or Cup을 고객의 오른쪽에서 Set-up	Tray
7		Soup Serve	Soup Tureen, Soup Ladle을 사용하여 왼쪽에서 서브	Soup Tureen Soup Ladle
8	Salad	Salad Serve	고객의 왼쪽 공간에서 Salad Serve	Tray
9		Bowl or Cup Pick-up	Salad Serve 후 Soup Bowl or Cup Pick-up	Tray
10	Main Dish	Main dish Serve	Main dish를 고객의 오른쪽에서 정중히 서브하며 "맛있게 드십시오"라고 인사한다.	Hand
11		Main dish Salad Bowl Pick-up	고객의 오른쪽에서 Tray를 이용하여 소리가 나지 않게 조용히 뺀다.	Tray
12	Dessert	Dessert Serve	Dessert를 고객의 오른쪽에서 서브한다.	Tray
13	Coffee or Tea	Coffee or Tea Serve	Speech가 없을 때에는 Dessert 서브 후 Coffee Serve를 가급적 빨리 한다.	Coffee Pot

* 자료 : Lotte Hotel Food & Beverage Manual

4. 행사 후 서비스

연회행사를 마친 후 고객이 일어서면 보조하고 소지품을 잘 챙겼는지 확인시켜 드린다. 그리고 고객이 연회장을 나갈 때 서비스 인원이 입구에 도열하여 고객을 환송한다.

고객이 모두 퇴장하고 행사주최측만 남아 있을 때 꽃, 케이크 등을 포장하여 전달한다. 그리고 누가 계산할지를 정중히 물어보고 정산할 고객을 연회사무실로 안내한다. 연회사무실에서는 고객에게 계산서를 보여주고 정산업무를 진행한다.

Banquet 방켓은 여러 사람들이 모여 베푸는 연회(잔치)를 의미하며, 호텔의 연회행사는 식사와 향연을 즐기는 순수연회뿐만 아니라 각종 세미나, 컨벤션, 결혼식, 축하쇼 등의 행사를 포함한다.

Dress Code 어떤 행사나 장소에서 그에 맞는 복장을 맞추고자 할 때 쓰이는 단어로 복장 규정, 복식 예절이라고도 한다. 전 세계 사회 전반에 깊숙이 뿌리 내린 예의범절이기도 하다.

Checkpoint

● 호텔에서 유치할 수 있는 연회행사의 종류에는 어떤 것들이 있을까요?

● 호텔 내 연회행사가 객실부서나 식음료부서, 부대업장 등 타 부서에 미치는 영향은 무엇일까요?

● 호텔 연회판촉팀에서는 유명 연예인들의 결혼식이나 각국의 대통령, 국제적인 컨벤션 행사 등을 유치하기 위해 치열한 경쟁을 하게 되는데 주요 이유는 무엇일까요?

제10장

음료관리

제1절 호텔음료의 이해
제2절 알코올성 음료
제3절 비알코올성 음료

제 1 절 호텔음료의 이해

1. 음료의 정의

　음료(飮料 : Beverage)란 '알코올성(Alcoholic) 음료와 비알코올성(Non-Alcoholic) 음료를 포함하여 마실 수 있는 모든 것'을 의미한다. 우리나라에서는 음료라고 하면 음료수만을 생각하지만, 호텔에서의 음료는 술을 포함하는 넓은 의미로 사용된다.

　알코올성 음료는 크게 4종류로 분류할 수 있는데, 효모를 발효시켜 만든 양조주, 양조주를 증류시켜 만든 증류주, 증류주에 향료, 과즙, 당분 등을 혼합하여 만든 혼성주, 두 가지 이상의 음료를 섞은 조주(칵테일)로 분류하고 있다. 양조주 중에서도 포도를 주재료로 하여 만든 술을 총칭하여 와인(Wine)이라고 한다. 이에 비해 비알코올성 음료는 크게 3가지로 분류할 수 있는데, 기호음료, 청량음료, 영양음료 등으로 구분하고 있다.

　호텔의 식음료부서는 크게 식당부서, 연회부서, 음료부서로 구분한다. 그중에서 음료부서는 모든 종류의 음료를 판매하는 부서이다. 음료는 식당에서 식사와 함께 곁들여 판매하는 경우도 있지만 주장(酒場)의 경우는 술을 주상품으로 판매하고 있다. 주장은 음료만을 판매하는 영업장을 말하는데 총칭하여 바(Bar)라고 한다.

　호텔의 음료부서는 타 부서에 비해 순이익이 높은 것이 가장 큰 장점이다. 식당부서에서 판매하는 식사메뉴는 평균재료원가(Cost)가 30~50%에 이르고, 주방조리사와 서비스 요원에 대한 인건비 지출이 높은 반면에, 음료는 평균재료원가가 10~20% 수준으로 현저히 낮으며, 주방요원이 필요 없다는 점에서 공헌이익이 높다. 이러한 차원에서 호텔의 음료업장을 살펴보고, 음료의 종류를 알코올음료와 비알코올음료로 구분하여 살펴보기로 한다.

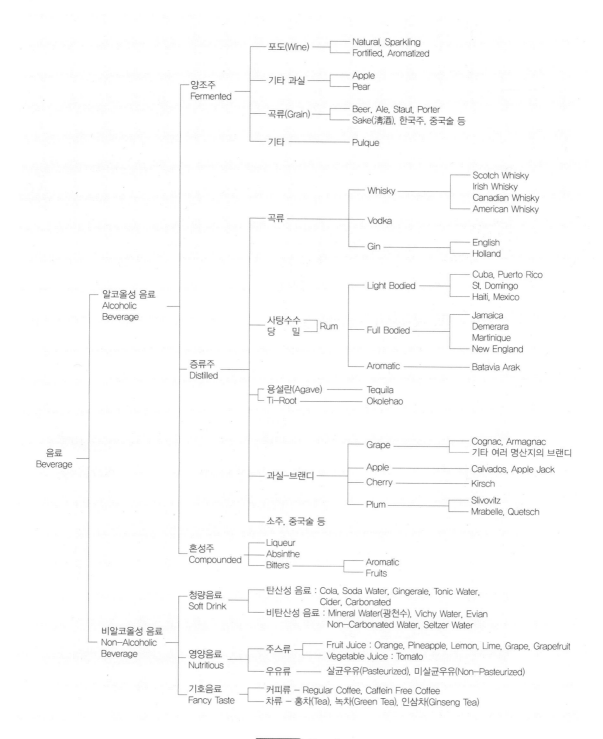

그림 10-1 음료의 분류

2. 음료업장의 종류

1) 로비라운지

로비라운지(Lobby Lounge)는 호텔의 1층에 위치하면서 다양한 종류의 커피와 차, 계절별 칵테일, 와인, 알코올음료 등을 판매하고, 간단한 경양식도 판매한다. 낮시간에는 피아노연주 등을 즐길 수 있고, 저녁시간에는 다양한 장르의 음악과 라이브 연주도 즐길 수 있다.

또한 호텔의 로비에 위치하기 때문에 그 호텔의 로비분위기를 좌우하며, 호텔의 품격과 첫인상을 결정하는 가장 상징적인 업장이다. 매출 측면에서도 식음료업장 중 가장 많은 이윤을 기대할 수 있는 업장이며, 고객들에게는 비즈니스를 할 수 있는 가장 편안한 장소이다.

최근에는 특급호텔들이 과거와 달리 커피숍을 별도로 운영하지 않고 로비라운지 한 곳에서 커피숍과 바의 역할을 겸하여 운영하는 추세이다. 실제로 서울 지역의 주요 특1급 호텔들 대부분은 커피숍 대신에 로비라운지만을 운영하고 있다.

▲ 그랜드하얏트서울호텔의 '로비라운지'는 탁 트인 시야와 높은 천장, 라이브 음악이 흐르는 가운데 커피와 칵테일, 차, 가벼운 스낵을 즐길 수 있다.

2) 커피숍

커피숍(Coffee Shop)은 다양한 종류의 커피와, 차, 주스, 맥주 등의 음료를 판매하고, 이외에도 호텔에 따라 간단한 경양식과 함께 일품요리 등을 제공하기도 하여 카페나 레스토랑의 기능도 수행하는 업장이다. 호텔의 식음료 업장 중 크게 격식을 요구하지 않아 고객들에게는 가장 편하게 대중적으로 이용할 수 있다는 것이 장점이다.

5성급의 특급호텔 중에는 과거에 운영하던 커피숍을 대신해 최근에는 로비라운지&바의 형태로 운영하는 곳이 대부분인데, 이는 커피숍과 바의 기능을 합쳐놓은 형태이다. 하지만 중급 규모의 호텔들은 아직까지도 커피숍을 운영하는 곳이 많으며, 이곳에서 양식당이나 카페의 기능을 대신하기도 한다.

2020년대 이후에는 호텔에서 커피숍을 직영하기보다는 외부업체에 임대하여 운영하는 곳이 늘고 있다. 예를 들어 5성급의 몬드리안호텔 서울에는 커피빈이 입점하였고, 포포인츠 바이 쉐라톤 구로 호텔은 스타벅스가 입점하여 운영하고 있다. 이러한 현상은 외부의 고급 커피브랜드와 경쟁하기보다는 일반인들에게 친숙한 커피브랜드를 입점시켜 일반인들의 호텔방문을 자연스럽게 유도한다는 점에서 장점이 있다.

▲ The-K 호텔 서울 커피숍 전경

3) 멤버십 바

멤버십 바(Membership Bar)는 호텔 투숙객이나 호텔 회원제에 가입된 고객과 일행들이 주로 편리하게 이용할 수 있도록 만들어진 주류전문 음료부서이다. 일반적으로 멤버십 바에서는 라이브 공연을 즐길 수 있어 흥겨움을 만끽할 수 있는데, 호텔에 따라서는 신선한 기분을 느낄 수 있는 팝바, 감미로운 재즈가 흐르는 뮤직바 등을 운영하는 곳도 있다.

주 이용고객은 젊은 층은 물론이고 중장년층까지 이용하고 있으며, 모든 주종에 대해 병 판매가 가능하고, 'Bottle Keeping Box'를 별도로 설치하고 있는 것이 특징이다. 일반적인 영업시간은 18:00~02:00 정도이다.

▲ 그랜드하얏트서울호텔의 '파리스 바'에서는 다양한 종류의 칵테일과 양주, 와인, 맥주 등의 다양한 음료와 함께 피아니스트의 아름다운 피아노 선율을 즐길 수 있다.

4) 펍 바

펍 바(Pub Bar)는 'Public House'의 약칭으로 대중적 사교장소란 의미인데, 영업적 콘셉트는 재즈풍의 장식을 갖추고 라이브 공연이나 재즈연주 등을 즐길 수 있는 바이다. 즉 영국식 선술집 형태로 운영되는 업장이다.

예를 들어 그랜드하얏트서울호텔에서 운영하는 J.J. Mahoney's 바의 경우 라이브 밴드 공연이 펼쳐지는 뮤직룸과 최신음향 및 조명시스템이 갖추어진 댄스플로어, 중앙의 아일랜드 바 등을 갖추고 있다. 이외에도 다트와 당구를 즐길 수 있는 레포츠 룸을 갖추고 있으며, 간단한 식사를 즐길 수 있는 룸과 야외테라스 등 9개의 각기 다른 공간으로 이루어진 시설을 갖추고 있어 젊은이들의 명소로 인기가 높다.

▲ 그랜드하얏트서울호텔의 펍 바 '제이제이 마호니스'는 9개의 각기 다른 공간으로 구성되어 있다. 중앙에 위치한 아일랜드 바, 흥겨움을 더해줄 댄스플로어, 라이브 공연을 즐길 수 있는 뮤직룸, 런치와 디너 식사를 즐길 수 있는 제이제이 델리, 시원한 바람을 맞으며 음료를 즐길 수 있는 야외 가든 등 다양한 흥겨움을 경험할 수 있다.

표 10-1 서울지역 주요 5성급호텔 음료업장 운영 현황

구분	로비라운지&바	커피숍	바	펍 바	가라오케
그랜드하얏트	○		○	○	
그랜드워커힐	○				
그랜드 인터컨티넨탈	○				
롯데호텔	○		○		
시그니엘	○		○		
신라호텔	○				
웨스틴조선	○		○		
포시즌스					
JW메리어트	○		○		

* 자료 : 호텔 홈페이지(2023년 기준)

제 2 절 알코올성 음료

1. 양조주

양조주(Fermented Liquor)는 술의 역사로 보아 가장 오래전부터 인간이 마셔 온 술로서, 과실(果實)이나 곡류(穀類) 등에 함유된 당분을 효모균(酵母菌)으로 발효시켜 만든 술이다. 과실을 발효시켜 만든 술로는 포도주와 과실주 등이 있으며, 곡류를 발효시켜 만든 술로는 맥주·청주·막걸리 등이 있다. 양조주는 알코올 함유량도 3~18% 정도로 낮은 편이며 누구나 부담 없이 즐길 수 있는 술이다. 본서에서는 양조주를 대표하는 술로서 와인과 맥주에 대해 살펴보기로 한다.

1) 와인

(1) 와인의 개요

와인(Wine)이란 잘 익은 포도의 당분을 발효시켜 만든 알코올 음료로 우리말로는 '포도주(葡萄酒)'라고 한다. 와인의 어원은 라틴어 '비눔(Vinum : 포도를 발효시킨 것)'에서 유래하였는데, 영어로는 와인(Wine), 프랑스어로는 뱅(Vin), 이탈리아어로는 비노(Vino), 독일어로 바인(Wein)이라고 한다. 일반적으로 과실을 주재료로 하여 만든 양조주를 모두 와인이라고 하는데, 그중에서도 포도로 만든 술을 와인이라고 한다. 실제로 전 세계 와인의 99.9%가 오직 포도로만 만들어진다.

포도는 온대지방에서 잘 자라지만, 특히 여름이 덥고 건조하며 겨울이 춥지 않은 지중해성 기후에서 좋은 와인용 포도가 생산된다. 레드 와인(Red Wine)의 원료가 되는 붉은 포도는 강렬한 햇볕이 내리쬐는 지중해 연안에서 풍부한 당과 진한 색깔을 낼 수 있고, 화이트 와인(White Wine)의 원료인 청포도는 약간 서늘한 곳에서 자라 신맛이 적절히 배합된 포도가 좋다. 그래서 위도가 높은 독일이나 동부 유럽에서는 화이트 와인이 많이 생산되고, 프랑스, 이탈리아, 스페인 등 남부 유럽에서는 레드 와인이 주로 생산된다.

그렇다면 인류가 와인을 마시기 시작한 것은 언제부터일까? 와인의 발전은 로마문명과 함께 전파되었다고 할 수 있다. 로마는 유럽 전역을 점령하면서 점령한 나라마다 포도를 심고 와인을 제조하도록 하였는데, 로마군들이 타 지역에서 배탈이 나는 것을 방지하기 위해서 물 대신 와인을 마시게 하려는 데 목적이 있었다. 이를 계기로 로마인은 피정복지역에 포도재배를 적극적으로 장려하였고, 이것이 오늘날까지 이어져 유럽이 전 세계 주요 포도주 산지로 발전하게 되었다. 특히 프랑스의 샹파뉴(Champagne), 부르고뉴(Bourgogne), 보르도(Bordeaux) 지역은 로마 식민지시대부터 이미 와인산지로 알려져 있었다.

또한 포도주는 순수 포도만을 발효하여 만든 술이기 때문에 도수가 낮고 향과 맛이 풍부하여 유럽지역에서는 고대시대부터 식사도중이나 애경사 때 많이 마셨으며, 귀한 손님을 대접할 때에도 와인을 제공하였다. 이때부터 전통 포도주 생산국인 유럽지역에서는 식사 때 포도주를 곁들이는 식문화가 발달하였다.

(2) 와인의 분류

현재 전 세계에서는 포도품종이나 기후, 지역, 국가에 따라 수많은 종류의 와인들이 생산되고 있으며, 전문가들조차 그 종류를 헤아리기 어려울 정도이다. 하지만 가장 기본이 되는 와인의 분류방법은 크게 4가지로 분류할 수 있는데, 이를 살펴보면 다음과 같다.

① 색에 의한 분류

레드 와인(Red Wine)　레드 와인은 포도 껍질에 있는 붉은 색소를 추출하는 과정에서 씨와 껍질을 그대로 함께 넣어 발효하므로 붉은색을 띤다. 씨와 껍질의 타닌성분이 함께 추출되므로 떫은맛이 나고, 병 내에서는 숙성기간도 길고 오랫동안 저장할 수 있다.

▲ 레드 와인은 포도껍질에서 나오는 붉은 색소로 인해 붉은색을 띤다.

285

▲ 화이트 와인은 포도 알맹이에서 우러나오는 색깔로 인해 노란색을 띤다.

화이트 와인(White Wine) 화이트 와인은 포도 알맹이에서 우러나오는 색깔로 인해 노란색을 띤다. 청포도를 원료로 압착해서 만들고, 적포도로 만들 때에는 포도의 껍질과 씨를 제거하고 발효시킨다. 화이트 와인은 타닌성분이 적어 맛이 순하고, 상큼한 맛이 난다. 알코올 농도는 10~13% 정도이며, 8~10℃ 정도로 차게 해서 마셔야 맛이 좋다.

로제 와인(Rose Wine) 로제 와인은 연한 핑크색을 띤다. 그래서 핑크 와인(Pink Wine)이라고도 한다. 로제 와인은 포도의 껍질까지 함께 발효시키다가 일정 기간이 지나면 껍질을 제거하므로 핑크색을 띤다. 맛은 화이트 와인과 비슷하다.

▲ 로제 와인은 핑크색을 띤다.

② 식사용도에 의한 분류

아페리티프 와인(Aperitif Wine) 식사 전에 식욕촉진을 위하여 애피타이저(Appetizer)와 함께 마시거나 식전에 제공하는 와인이다. 일반적으로 달지 않으며(Dry) 알코올 도수는 높고, 양이 적다. 식전 와인으로는 샴페인이나 달지 않은 셰리(Dry Sherry) 와인을 마신다.

테이블 와인(Table Wine) 식사 중에 메인요리(Main Dish)와 함께 마시는 와인이다. 기본적으로 생선요리에는 드라이하거나 신맛이 나는 화이트 와인이 어울리고, 쇠고기와 양고기 등의 육류요리에는 드라이한 레드 와인이 적합하다.

디저트 와인(Dessert Wine)　식사 후 입안을 개운하게 하기 위해 마시는 와인으로 케이크와 같은 달콤한 디저트와 함께 제공되는 와인이다. 디저트 와인은 식사 전 와인과 마찬가지로 알코올 도수가 높고, 양이 적으며, 알코올 도수가 높은 포트 와인이나 셰리 와인이 적합하다.

③ 맛에 의한 분류

드라이 와인(Dry Wine)　완전히 발효되어 당분이 없는 와인으로, 단맛이 없고 쓴맛이 난다. 드라이 와인은 육류요리에 적합하다.

스위트 와인(Sweet Wine)　완전히 발효되지 못하고 당분이 남아 있는 상태에서 발효시켜 단맛이 난다. 스위트 와인은 식후에 적합한 와인이다.

미디엄 드라이 와인(Medium Dry Wine)　드라이 와인과 스위트 와인의 중간 맛이 난다.

④ 양조법에 의한 분류

비발포성 와인(Still Wine)　와인이 되는 과정에서 발생하는 탄산가스를 완전히 증발시킨 것으로 대부분의 와인이 이에 속한다. 색깔은 레드, 화이트, 로즈가 있으며 알코올 도수는 11~12% 정도이다.

▲ 비발포성 와인은 탄산가스를 완전히 제거한 와인이다.

▲ 샴페인이라 불리는 발포성 와인은 탄산가스를 함유하고 있다.

발포성 와인(Sparkling Wine)　일명 '샴페인'이라 불리는 발포성 와인은 프랑스 샹파뉴(Champagne) 지방의 제조방법에 따른 것이며, 샴페인은 샹파뉴 지방의 영어식 발음이다. 비발포성 와인에 설탕을 추가해서 인위적으로 재발효시키는 동시에 탄산가스와 함께 밀봉한 와인이다.

(3) 국가별 와인산지

와인을 이야기할 때는 "보르도 와인을 마셔볼까?" "모젤 와인은 어때?" 하는 식으로 와인의 산지를 통해 와인을 지칭하거나, 또는 샤르도네, 리슬링 등 와인을 만드는 포도 품종으로 이야기하기도 한다. 이런 정도로 이야기하려면 세계 각국의 와인을 기본적으로 이해해야 한다.

오늘날 와인의 주요 생산국가로는 프랑스, 이탈리아, 독일, 미국, 스페인, 칠레 등을 들 수 있는데, 모든 국가의 와인들이 저마다 독특한 특성과 맛을 지니고 있다. 본서에서는 그중에서도 가장 대표적이라 할 수 있는 프랑스, 이탈리아, 스페인, 독일, 미국의 와인현황을 간략히 살펴보기로 한다.

가. 프랑스

프랑스는 세계 최고의 포도주와 포도원을 갖고 있는 나라이다. 까다롭고 엄격한 포도밭과 포도주 법령에 따라 만든 포도주는 지방별 특성이 강하며 품질관리에 대단한 노력을 기울이고 있다. 또한 프랑스 인구의 10% 이상이 와인산업에 종사할 정도로 와인산업이 발달되었으며, 세계 와인시장에서 최정상으로 인정받는 명품 와인들을 가장 많이 생산하는 나라이다. 이에 따라 프랑스는 전 세계 와인산업의 롤 모델이 되고 있으며 세계 와인시장의 중심에 우뚝 서 있다.

프랑스에서 유명한 와인생산지는 5개 지방이 있는데, 보르도, 부르고뉴, 알자스, 루아르, 샹파뉴 지방이다. 각 지방별 특성을 살펴보면 다음과 같다.

① 보르도

보르도(Bordeaux) 지방은 세계 최고의 와인생산지이며 와인의 질과 양에서 프랑스를 대표하는 곳이다. 보르도 와인의 병은 병목이 짧고 몸통이 길며, 와인 병에는 성(城)이란 뜻의 샤토(Chateau)가 항상 앞에 붙는 것이 특징이다. 이곳에서 생산되는 샤토 와인은 세계적인 명성을 얻고 있는 최고급 레드와인이며, 프랑스 A.O.C 와인의 25%를 이곳에서 생산하고 있다.

보르도 지방에서도 유명한 와인생산지로는 메독(Medoc), 포므롤(Pomerol), 생테밀리옹(Saint-Emilion), 소테른(Sauternes) 지역이 있다.

그중 메독 지역은 세계 최고의 레드 와인 명산지로서 와인 상표에 '메독'이라는 표시가 있으면 좋은 와인으로 생각해도 과언이 아닐 것이다. 메독의 대표적인 와인으로는 샤토 라피트 로칠드(Chateau Lafite-Rothschild), 샤토 라투르(Chateau Latour), 샤토 마고Chateau Margaux), 샤토 무통 로칠드Chateau Mouton-Rothschild) 등이 있다. 포므롤 지역은 생산량이 적지만 이곳에서 생산되는 샤토 페트뤼스(Chateau Petrus) 와인은 값이 비싼 것으로 유명하고 구하기가 힘들 정도이다. 생테밀리옹 지역은 아름답고 고풍스러운 풍경이 유명한 곳으로, 이 지역의 유명한 와인은 샤토 슈발 블랑(Chateau Cheval Blanc), 샤토 피작(Chateau Figeac) 등이 있다. 소테른 지역은 화이트 와인으로 유명한데 이곳에서 생산되는 샤토 디켐(Chateau d'Yquem)은 세계에서 가장 비싼 화이트 와인으로 알려져 있다.

▲ 프랑스 보르도 지방 전경(보르도 지방은 세계 최고의 와인산지이며 프랑스 와인을 대표하는 곳이다)

보르도의 대표적 와인

▲ 샤토 라피트 로칠드　　▲ 샤토 라투르　　▲ 샤토 마고　　▲ 샤토 무통 로칠드

② 부르고뉴

부르고뉴(Bourgogne) 지방은 보르도 지방과 함께 프랑스 와인을 대표하는 곳이며, 이곳에서 생산되는 와인을 '버건디 와인(Burgundy Wine)'이라고 한다. 와인의 병모양은 통통한 것이 특징이다. 부르고뉴 지방에서도 샤블리(Chablis), 코트 도르(Cote D'or), 보졸레(Beaujolais), 코트 샬로네(Cote Chalonnaise), 마코네(Maconnais) 지역이 와인산지로 유명하다.

그중 샤블리 지방은 세계 최고의 화이트 와인을 생산하는 곳으로 유명하다. 보졸레 지방은 품질이 우수한 레드 와인을 생산하는 지역으로 이곳에서 생산되는 보졸레 누보(Beaujolais Nouveau) 와인은 가격이 저렴하고 맛이 좋아 국내에서도 인기가 좋다. 코트 샬로네 지방에서 생산되는 와인으로는 푸이-퓌세(Pouilly Fuisse) 와인이 유명하다.

▲ 부르고뉴 샤블리 지방의 포도농원 전경

부르고뉴의 대표적 와인

▲ 코트 드본의 뫼르소   ▲ 퓔리니 몽라셰   ▲ 코통 샤를마뉴   ▲ 몽라셰

③ 알자스

알자스(Alsace) 지방은 화이트 와인 생산지이다. 알자스에서 생산되는 와인은 독일과 가까운 국경지대에 위치하고 있어 독일 와인처럼 와인 병이 가늘고 긴 초록색이 특징이다. 유명 상표로는 리슬링, 실바너, 게뷔르츠트라미너 등이 있다.

▲ 알자스 지역의 게뷔르츠
트라미너 와인

291

④ 루아르

루아르(Loire) 지방은 모든 타입의 와인이 생산되는 지역인데 특히 화이트 와인이 유명하다. 이곳에서 생산되는 와인은 굴과 조개 등 해산물과 어울리는 상세르(Sancerre), 뮈스카데(Muscadet) 와인이 유명하다.

▲ 루아르 지방의 상세르 와인

⑤ 샹파뉴

샹파뉴(Champagne)는 스파클링 와인만 생산하는 지역이다. 스파클링 와인은 스틸 와인에 효모와 당분을 첨가하여 발효과정을 거치는데, 이 발효과정에서 생성된 기포를 병 속에 농축시켜 보관한 와인이다. 그렇다면 샴페인은 무엇일까? 샴페인은 프랑스 샹파뉴 지방의 영어식 발음으로, 프랑스 샹파뉴 지방에서 생산한 스파클링 와인만을 '샴페인'이라고 한다. 샴페인은 신선하고 섬세하며 발포성이 강하여 축하용으로 많이 사용된다.

샹파뉴의 대표적 와인

▲ 앙래오   ▲ 니콜라스 페이야트   ▲ 모엣샹동   ▲ 니콜라스 페이야트

나. 이탈리아

전 세계 와인의 20% 이상을 생산하고 있는 이탈리아는 역사적으로 볼 때 세계 와인산업의 기초를 세운 나라이다. 고대 로마를 중심으로 유럽 전역에 와인을 전파하고 그 명맥을 유지해 왔기 때문이다. 이처럼 세계 와인산업에 있어서 절대적인 위치에 있고, 오랜 역사와 전통을 가지고 있었음에도 불구하고 1950년대 전까지만 하더라도 이탈리아 와인은 세계 시장에서 그리 알려지지 않았다. 이는 이탈리아가 전통적으로 1000년 이상을 도시국가의 형태로 살아온 특수성도 있겠지만 내수에 만족한 나머지 외부 마케팅을 소홀한 측면이 컸기 때문이라고 생각한다.

예를 들어 프랑스의 경우 1935년에 와인법을 제정하여 품질을 관리하고 시장에서 신뢰를 쌓은 것과 달리 이탈리아는 1963년이 되어서야 와인법을 만들고 외부마케팅에 관심을 기울이기 시작했기 때문이다.

그러나 수십 년에 걸친 이탈리아의 노력은 피에몬테(Piemonte)나 토스카나(Toscana) 지방의 와인을 중심으로 그 잠재성이나 깊은 맛에서 세계인을 사로잡고 있다. 생산량 측면에서도 전 세계 와인 생산량이 260억 리터 정도인데, 그중 이탈리아가 약 50억 리터를 생산하고 있으며, 비슷한 양을 생산하는 프랑스와 서로 1, 2위를 경쟁하고 있다. 그 뒤로 스페인이 30~35억 리터, 미국이 20억 리터, 칠레가 5억 리터 정도를 생산하고 있다.

이탈리아의 유명 포도산지는 피에몬테(Piemonte), 토스카나(Toscana), 베네토(Veneto) 등이 있다. 그중 피에몬테 지역은 이탈리아 최고의 와인산지이다. 피에몬테는 세계 최정상의 와인으로 알려진 '바롤로(Barolo)'나 '바르바레스코(Barbaresco)' 와인을 생산하고 있다. 토스카나 지방은 이탈리아 음식과 잘 어울리는 '키안티(Chianti)' 와인산지이다. 베네토 지방에서는 베네치아의 화이트 와인으로 알려진 '소아베(Soave)' 와인이 유명하다.

이탈리아는 이러한 명품 와인을 중심으로 그 잠재성이나 깊은 맛에서 세계인을 사로잡고 있으며, 이탈리아 와인의 급부상을 예고하고 있다. 또한 이탈리아 와인의 잠재성은 그 어떤 음식과도 잘 어울린다는 점과 가격 경쟁력에서 프랑스보다는 우위이고 신세계 와인들과는 비슷하지만 퀄리티가 높다는 점이다.

▲ 이탈리아 최고의 와인산지인 피에몬테 지방의 전경

이탈리아의 대표적 와인

▲ 바롤로　　　▲ 바르바레스코　　　▲ 키안티　　　▲ 소아베

다. 스페인

스페인은 세계에서 가장 넓은 포도재배면적을 가지고 있으며, 와인 생산량에 있어서는 프랑스, 이탈리아에 이어 세계 3위의 와인 생산국이다. 전체 생산의 절반 이상은 레드 와인이며, 스페인의 유명한 스파클링 와인인 카바(Cava)가 약 15%, 그 외에 화이트, 로제 등이 생산된다.

스페인은 전국에서 많은 양의 와인을 생산하는 것에 비해 그 품질에 대한 규정이나 관리는 엄격하지 못하였다. 하지만 1970년부터 원산지 통제명칭법인(D.O)을 제정하고, 1991년에는 품질에 따라 와인의 등급을 분류하는 와인등급제를 실시하면서 와인의 고급화를 시작하였다.

와인의 주요 산지는 셰리 와인으로 유명한 남부지역의 헤레스(Herez), 보르도 스타일의 고급 와인을 생산하는 북부의 리오하(Rioja), 와인 최대생산지인 중부의 라만차(La Mancha), 스페인에서 가장 비싼 와인을 생산하는 리베라 델 두에로(Ribera Del Duero) 등이 있다.

그중 헤레스 지역은 영어식 발음인 셰리(Sherry)로 세계에 알려진 곳이다. 영어식 발음이 알려진 것은 영국이 셰리 와인의 최대 고객이기 때문이다. 헤레스 지역은 훌륭한 기후조건으로 와인산업이 발달하였고 이웃에 카디스항이 있어 수출이 유리하였다. 긴 항해기간 동안 와인이 변질되지 않도록 브랜디를 첨가한 데서 주정강화 와인인 셰리가 유래하였다. 일반와인은 알코올 도수가 15%를 넘기 어려운 데 반해, 주정강화 와인은 브랜디를 섞어 알코올 도수가 18~20%인 와인을 말한다.

스페인 와인 중 세계적으로 가장 유명한 와인도 헤레스(Herez)에서 생산되는 셰리 와인(Sherry Wine)이다. 셰리 와인은 스페인 포도의 대명사이며, 포르투갈의 포트 와인(Port Wine), 마데이라 와인(Madeira Wine)과 함께 세계 3대 주정강화 와인에 꼽히는 명주이다. 또한 식전주뿐만 아니라 식후주로도 사랑받는 와인이다. 셰리 와인의 종류는 4가지가 대표적인데 피노(Fino), 아몬티야도(Amontillado), 올로로소(Oloroso), 크림셰리(Cream Sherry)가 있다.

▲ 셰리 와인의 주요 산지인 스페인 헤레스 지방의 포도농원 전경

스페인의 대표적 셰리 와인

▲ 피노   ▲ 아몬티야도   ▲ 올로로소   ▲ 크림셰리

라. 독일

독일은 고대 로마시대부터 포도 재배를 시작하였고, 중세에 이르러서는 수도원 등에서 포도재배 기술과 와인을 만드는 섬세한 기술이 발전하였다. 이러한 과정이 계속되면서 오늘날까지 독일의 포도주 양조기술은 진보와 발전을 거듭하였다.

독일 와인의 가장 큰 특징이라면 비교적 알코올 도수가 낮고 당도가 풍성한 질 좋은 화이트 와인이 많이 생산된다는 것이다. 독일의 포도원 재배면적을 보더라도 화이트 와인 포도품종(71%)이 레드 와인 품종(29%)에 비해 훨씬 많이 재배되고 있다. 이는 지리적 여건과 관계가 있는데 일교차가 큰 기후 덕분에 산도가 풍성하며 이러한 산도를 바탕으로 늦수확하여 당도가 높은 와인을 생산하는 것이다. 그래서 독일의 화이트 와인은 알코올 함유량이 낮고 가장 완벽하게 숙성시킨 최고급 품질의 와인으로 유명하며, 미려한 과실맛과 화려한 향기가 특징이다.

독일의 주요 와인산지는 라인(Rhein) 지역과 모젤(Mosel) 지역을 꼽을 수 있는데, 어느 것이나 가늘고 긴 병에 담긴 경우가 많으며, 라인 와인(Rhein Wine)은 갈색, 모젤와인(Mosel Wine)은 녹색으로 정해져 있다. 특히 모젤 지방에서 생산되는 화이트 와인으로서 고급 품질의 '리슬링(Riesling)'은 세계적으로 유명하며, 독일 와인 생산량의 약 15% 정도를 차지하고 있다.

모젤은 굽이굽이 흐르는 모젤강과 경사진 포도밭만으로도 좋은 볼거리를 갖추고 있어, 독일인들뿐만 아니라 세계 각국의 와인 애호가들이 모젤의 경치를 구경하고, 이곳에서 생산되는 모젤와인을 즐기기 위해 방문하는 명소로도 유명하다.

▲ 독일 와인산지인 모젤의 아름다운 전경과 모젤에서 생산된 리슬링 와인들

마. 미국

미국은 청교도에 의한 '금주령'이라는 역사적 배경 때문에 세계 와인시장에 뒤늦은 1960년대부터 진출했지만, 과학의 나라답게 과학적인 방법을 도입하여 유럽의 전통적인 와인 제조과정을 개선하면서 40년 동안 와인산업을 급속히 발전시켰다. 이러한 과정을 거쳐 현재 미국은 와인 생산량 세계 4위, 와인 소비량 3위, 와인 수출량 5

위, 포도 재배면적 6위로 세계 와인산업에서 중요한 위치를 담당히고 있으며, 유럽 와인에 비해 저렴한 가격에 좋은 품질로 명성을 얻어가고 있다.

과거에는 와인 하면 프랑스, 이탈리아, 독일, 스페인 정도를 떠올리는 게 보편화되었으나(일명 구세계 와인 : Old World Wine), 지금은 신세계 와인(New World Wine)이라 일컬어지는 미국, 호주, 칠레, 아르헨티나, 남아공, 뉴질랜드 등의 와인이 급부상하고 있는 것이 현실이다. 그중에서 미국은 신세계 와인을 대표하고 있다.

미국의 주요 와인산지는 대부분 해안가에 위치한 캘리포니아, 워싱턴, 오리건, 뉴욕주에 위치하며 그중에서도 캘리포니아가 전체 생산량의 90%를 차지하고 있다. 캘리포니아는 북에서 남으로 1,100km 정도 길게 뻗어 있으며 포도밭들도 대부분 이를 따라 길게 자리 잡고 있다. 캘리포니아의 주요 포도산지로는 나파밸리(Napa Valley), 소노마밸리(Sonoma Valley), 멘도치노(Mendocino), 센트럴 코스트(Central Coast) 등이 있으며, 그중에서 나파밸리는 미국에서 가장 유명한 포도재배지역이다. 나파밸리에서 생산하는 와인은 캘리포니아 전체의 4% 정도밖에 되지 않지만 캘리포니아에서 가장 비싸고 가장 권위 있는 와인으로 평가받는다.

미국 와인의 성장잠재력은 좋은 땅과 학문이 뒷받침되는 과학적인 양조기술 그리고 엄청난 자본력에 있다. 앞으로 프랑스 와인을 능가할 와인이 캘리포니아에서 많이 나올 것이란 기대도 이러한 것에서 기인한다.

▲ 캘리포니아 나파밸리 포도산지 전경(나파밸리는 미국에서 가장 유명한 포도산지이다)

2) 맥주

(1) 맥주의 개요

맥주(Beer, 麥酒)는 알코올 함량이 약 4% 정도인 황금색의 투명한 액체로 탄산가스를 함유하고 있으며, 백색 크림형의 거품을 특징으로 하는 양조주이다. 기본적인 제조공법은 보리를 싹 틔운 맥아(麥芽)와 홉을 물로 추출하여 맥아즙을 만들고, 여기에 효모를 넣어 발효시킨 다음 숙성·여과 과정을 거쳐 병·캔·통 등 여러 형태의 용기에 담아 유통시킨다. 맥주의 주원료는 물, 보리, 홉, 효모, 전분 등인데 그중에서 93%를 차지하는 물은 맥주의 맛을 좌우한다고 할 수 있다. 또한 맥주는 알코올 성분이 적은 편이나 이산화탄소와 홉의 쓴맛 성분을 함유하고 있어 소화를 촉진하고 이뇨작용을 돕는 효능이 있다.

초기의 맥주는 지금과 달리 주원료인 맥아에 물을 넣고 자연 발효시키는 단순한 방법이었다. 그러나 10세기경 독일에서 홉을 넣어 쓴맛과 방향(芳香)이 강한 맥주를 개발하게 되었는데, 홉은 맥주에 쓴맛과 향기를 주는 동시에 보존성을 높여준다. 오늘날 독일이 맥주의 본고장인 것처럼 알려진 것도 이러한 이유에 기인하고 있다.

우리나라에서는 1933년대에 일본 맥주회사인 삿포로맥주(광복 후의 조선맥주, 현재의 하이트맥주)와 쇼와기린맥주(광복 후의 동양맥주, 현재의 OB맥주)가 영등포에 공장을 건설하면서 보급되기 시작하였다. 8·15광복 후 맥주의 품질향상과 소비 증가로 원료의 자급화에 힘써 한때 맥주용 보리와 홉을 자급하였으나, 맥주 소비가 급증하자 수입에 의존하게 되었다. 현재 국내 전체 주류 판매량에서 맥주가 차지하는 비율은 52%이며, 1인당 맥주 소비량은 31.4 l 로 다른 선진국에 비해서 낮은 수준이다.

(2) 맥주 서비스

맥주의 온도는 기호에 다라 조금씩 달라지나 일반적으로 맥주의 독특한 맛이 살아나는 온도는 여름 4~8℃, 겨울에는 8~12℃ 정도로 마시는 것이 좋다. 맥주의 거품은 청량감을 주는 탄산가스가 새어나가는 것은 물론 맥주가 공기 중에서 산화되는 것을 막아주므로 맥주를 따를 때는 2~3cm 정도 거품이 덮이도록 제공해야 한다.

(3) 맥주의 유명 상표

  ① 독일 : 뢰벤브로이(Löwenbräu), 헤닝거(Henninger), 엔젤(Angel)

  ② 덴마크 : 칼스버그(Carlsberg), 투보르그(Tuborg)

  ③ 네덜란드 : 하이네켄(Heineken)

  ④ 미국 : 버드와이저(Budweiser), 밀러(Miller)

  ⑤ 영국 : 기네스(Guiness)

  ⑥ 일본 : 아사히, 기린, 삿포로

2. 증류주

증류주란 곡물이나 과실 또는 당분을 포함한 원료를 발효시켜 약한 주정분(양조주)을 만들고, 그것을 다시 증류기에 증류한 술이다. 증류주는 크게 6가지로 분류하는데, 위스키, 브랜디, 진, 보드카, 럼, 테킬라 등이다.

1) 위스키

위스키는 영국·미국에서 발달하였으며 맥아를 주원료로 하여 이것을 당화·발효시킨 후 증류하여 만든 술이다. 상업상의 관례에 따라 아일랜드와 미국에서는 'Whiskey'라고 표기한다. 위스키는 12세기경 아일랜드에서 처음 제조되었으며 15세기경에는 스코틀랜드로 전파되어 오늘에 이르렀다. 대표적인 위스키의 종류는 다음과 같다.

(1) 스카치 위스키

스카치 위스키(Scotch Whisky)는 스코틀랜드에서 생산되는 위스키를 총칭하는 말이다. 위스키 중에서 가장 널리 마시는 타입의 위스키이며, 전 세계 위스키의 60%를 점유하고 그 상표만도 3,000종이 넘는다.

스카치 위스키의 유명상표로는 시바스리갈(Chivas Regal), 조니워커(Johnnie

Walker), 발렌타인(Ballantine), 로열살루트(Royal Salute), 제이앤비(J&B), 커티삭 (Cutty Sark), 글렌피딕(Glenfiddich), 올드파(Old Parr) 등이 있다.

▲ 스카치 위스키 프리미엄(① 조니워커블루, ② 조니 워커블랙, ③ 시바스리갈, ④ 발렌타인17년, ⑤ 로열살 루트, ⑥ 글렌피딕, ⑦ 맥캔리18년)

▲ 스카치 위스키 스탠더드(① 커티삭, ② 발렌타인6년, ③ 조니워커, ④ 더월스, ⑤ 제이앤비)

(2) 아메리칸 위스키

아메리칸 위스키(American Whiskey)는 미국에서 생산되는 위스키를 총칭하는 말이다. 아메리칸 위스키는 1770년대에 스코틀랜드나 아일랜드에서 이주한 사람들이 미국에 정착하면서 제조되기 시작하였는데, 19세기 초반에 양조장이 번성하면서 다

양한 위스키가 생산되었다. 아메리칸 위 스키의 종류로는 버번위스키, 라이위스 키, 테네시 위스키 등이 있다.

버번위스키(Bourbon Whiskey)의 유 명상표로는 하퍼(I. W. Harper), 올드 그랜대드(Old Grand Dad), 짐빔(Jim Beam), 잭다니엘(Jack Daniel's), 와일드 터키(Wild Turkey), 임페리얼(Imperial) 등이 있다.

▲ 아메리칸 위스키(① 올드그랜대드, ② 짐빔, ③ 잭다 니엘블랙, ④ 와일드터키)

(3) 아이리시 위스키

아이리시 위스키(Irish Whiskey)는 아일랜드에서 생산되는 위스키를 총칭하는 말이다. 아이리시 위스키는 2번 증류하는 스카치 위스키와 달리 3번을 증류한다. 그 증류액을 3년 이상 저장하여 숙성시킨 것을 아이리시 스트레이트위스키라고 한다. 아이리시 위스키는 향이 깨끗하고 맛이 부드러워 스트레이트로 마셔도 되지만 주로 얼음·물·소다수와 섞어 마신다. 또한 아이리시 위스키는 커피와도 부드럽게 혼합되기 때문에 알코올 커피인 '아이리시커피'로도 유명하다.

아이리시 위스키의 유명상표로는 존제임슨(John Jameson), 올드부시밀즈(Old Bushmills), 털러모어 듀(Tullamore Dew) 등이 있다.

▲ 아이리시 위스키(존제임슨)

(4) 캐나디안 위스키

캐나디안 위스키(Canadian Whisky)는 캐나다에서 생산되는 위스키를 총칭하는 말이다. 캐나디안 위스키는 정부의 감독하에 생산되며, 캐나다에서만 생산된다. 세계에서 가장 뛰어난 원숙한 맛을 지닌 위스키로 알려져 있으며 다른 위스키에 비하여 향기가 가볍고 부드러운 것이 특징이다.

캐나디안 위스키의 유명상표로는 캐나디안클럽(Canadian Club), 크라운로열(Crown Royal), 윈저캐나디안(Windsor Canadian), 시그램스(Seagram's), 블랙벨벳(Black Velvet) 등이 있다.

▲ 캐나디안 위스키(① 캐나디안클럽, ② 크라운로열, ③ 윈저캐나디안)

2) 브랜디

브랜디(Brandy)는 포도를 증류하여 얻은 와인을 다시 오랜 기간 숙성시켜 만든 술이다. 브랜디는 어떤 원료를 사용하는가에 따라 포도브랜디, 사과브랜디, 체리브랜디 등으로 나눈다. 이 중 포도로 만든 브랜디의 질이 가장 좋고 많이 생산되기 때문에 일반적으로 포도브랜디를 가리켜 브랜디라고 한다. 브랜디의 세계적인 산지는 프랑스의 코냐크와 아르마냐크 지방이 유명하다. 프랑스 외에도 오스트리아 · 이스라엘 · 그리스 · 이탈리아 · 스페인 · 러시아 등에서도 브랜디를 생산하지만 본 장에서는 브랜디를 대표하는 코냑과 아르마냑에 대해서만 살펴본다.

(1) 코냑

프랑스의 코냐크(Cognac) 지방은 17세기 후반부터 브랜디를 생산하였으며, 세계적으로 가장 유명한 브랜디 산지이다. 이 지역에서 생산된 브랜디만을 '코냑'이라고 부른다. 코냑의 5대 유명 회사(상표)는 카뮈(Camus), 헤네시(Hennessy), 쿠르브아제(Courvoisier), 마르텔(Martell), 레미마틴(Remy Martin)이 있으며, 그 외의 회사로는 비스뀌(Bisquit), 오타르(Otard) 등이 있다.

▲ 코냑(① 샤보트, ② 카뮈스X.O, ③ 헤네시X.O, ④ 마르텔V.S.O.P, ⑤ 헤네시V.S.O.P, ⑥ 마르텔X.O)

(2) 아르마냑

프랑스 아르마냐크(Armagnac) 지방에서 생산하는 브랜디만을 '아르마냑'이라고 한다. 아르마냑은 숙성시킬 때 향이 강한 블랙 오크통을 사용하기 때문에 코냑보다 숙성이 빠르다. 보통 10년 정도면 완전히 숙성한 아르마냑이 되며 숙성연도 표시는 코냑과 같다. 아르마냑의 유명상표로는 샤보(Chabot), 자뉴(Janneau), 말리약(Malliac), 몽테스큐(Montesquiou) 등이 있다.

표 10-2 브랜디 등급 및 숙성연도

브랜디 등급	숙성연도
☆	2~5년
☆☆	5~6년
☆☆☆	7~10년
☆☆☆☆	10년 이상
V.O	12~15년
V.S.O	15~25년
V.S.O.P	25~30년
NAPOLEON	30~40년
X.O	50년 이상
EXTRA	70년 이상

* V=Very, S=Superior, O=Old, P=Pale, X=Extra

3) 진

진(Gin)은 네덜란드 라이덴대학의 실비우스(Sylvius) 박사가 약주로 개발한 것이 시초이다. 17세기 말엽에는 런던에서 만들어진 '주니에브르(Genievre)'를 짧게 줄여서 'Gin'이라고 부르게 되었다. 진은 무색투명하고 선명한 술이다. 다른 술이나 리큐어 또는 주스 등과 잘 조화되기 때문에 칵테일의 기본주로 많이 사용된다.

▲ 영국 진
(① 비피터 진, ② 고든 진)

대표적인 진의 종류는 네덜란드 진(Holland Gin), 영국 진(England Gin), 미국 진(American Gin), 독일 진(German Gin)으로 구분된다. 그중 영국진은 세계적으로 호평을 받으며 가장 많이 애음되는 술로서 '드라이진'이라고도 한다. 영국 진의 유명상표로는 비피터 진(Beefeater Gin), 고든 진(Gordens Gin) 등이 있다.

4) 보드카

▲ 미국 보드카
(①앱솔루터 ②스미노프)

보드카(Vodka)는 슬라브 민족의 국민주라고 할 수 있을 정도로 사랑받는 술이다. 혹한의 나라에서 러시아인들은 몸을 따뜻하게 하는 수단으로 마셔왔으며, 노동자나 귀족계급 할 것 없이 누구나 즐겨 마시는 술이었다. 러시아인들은 보드카를 아주 차게 해서 작은 잔에 스트레이트로 단숨에 들이켠다. 또한 보드카는 무색, 무미, 무취의 술로서 칵테일의 기본주로도 많이 사용되고 있다. 보드카는 러시아 보드카(Russian Vodka)가 대표적이며 미국 보드카(American Vodka), 영국 보드카(England Vodka)도 많이 애음되는 보드카이다.

5) 럼

럼(Rum)은 당밀이나 사탕수수의 즙을 발효시켜서 증류한 술이다. 제당공업의 부산물인 당밀은 열대의 고온에서 쉽게 발효되어 알코올로 변하는데, 이것을 증류하여 럼을 만든다. 그래서 럼은 제당산업이 번창한 카리브해의 서인도제도에서 처음으로 만들어졌으며, 당시에는 해적들이 많이 활동하던 곳이어서 '해적의 술'로도 알려져 있다.

럼은 스트레이트로 마실 수 있으며 칵테일의 기본주로 많이 사용된다. 또한 럼의 감미로운 향기는 양과자에 아주 적합하다. 설탕의 감미가 달걀의 비린내를 완화시켜 준다고 해서 다량의 럼이 제과용으로도 사용되고 있다.

▲ 바카디 럼
(① 화이트, ② 골드)

6) 테킬라

테킬라(Tequila)는 멕시코의 민속 토속주이다. 제조방법은 선인장의 일종인 용설란(Agave)의 수액을 채취해 두면 자연적으로 하얗고 걸쭉한 풀케라는 탁주가 된다. 이것을 다시 증류하여 주정도 40도 정도의 무색투명한 테킬라를 만든다.

테킬라는 원래 지방의 토속주로서 그다지 고급술은 아니었으나 1960년을 전후로 세계적으로 유행한 '테킬라'라는 재즈에 의해 선풍적으로 유명해졌다. 테킬라를 마시는 현지의 풍습은 차게 하여 스트레이트로 마신다. 테킬라를 기주(Base)로 하여 만드는 칵테일로는 '마가리타(Margarita)'가 있으며, 식전주(Aperitif)로도 인기가 높다.

테킬라의 종류

▲ 페페로페즈　　▲ 호세쿠엘보　　▲ 드란고　　▲ 투핑거스　　▲ 마리아치

3. 혼성주

1) 혼성주의 개요

혼성주, 즉 리큐르(Liqueur)는 달콤한 알코올 음료수로 과일, 향신료, 씨앗, 꽃, 양념 등을 위스키, 브랜디, 럼 등에 섞어서 만든 술이다. 인공조미료를 이용한 싼값의

리큐르도 있으나 제조자들은 보통 제조법을 공개하지 않고 자기들만의 특별한 방법으로 제조한다. 화려한 색채와 더불어 특이한 향을 지닌 이 술을 일명 '액체의 보석'이라고 한다. 미국에서는 주류(Spirit)에 당분 2.5% 이상을 함유하고, 천연향(과실, 약초, 즙 등)을 첨가한 술을 리큐르라고 하며, 자국산 제품을 '코디알(Cordial)'이라고 칭한다.

혼성주의 역사는 중세기 연금술사들이 증류주에 약초, 향초를 넣어 생명회복의 영약을 만들려고 노력하였던 결과 비법의 술을 만들게 되었는데, 이 기법이 리큐르의 시초이다. 이 술은 식물의 유효성분이 녹아들어 있는데 라틴어의 '라케파세르(Liquefacere : 녹는다)가 변하여 불어의 'Liqueur'로 파생되었고, 리큐르의 제조기법은 연금술사에게서 수도원으로 전수되면서 특이한 리큐르가 많이 생산되었다.

18세기에는 과일의 향미를 주체로 한 단맛의 큐라소(Curacao)와 같은 리큐르가 많이 생산되었으며, 19세기 후반에는 연속식 증류기의 개발로 고농도 알코올성의 더욱 세련된 고품질의 리큐르가 생산되었다. 이러한 리큐르는 스트레이트로도 즐겨 마시지만, 칵테일로 혼합하여 마시면 더 좋은 맛을 내므로 칵테일의 기주로 많이 사용된다. 특히 크림 리큐르는 맛이 달고 시럽 같아서 디저트에 넣기도 한다. 다양한 리큐르가 없었다면 다양한 칵테일도 존재할 수 없었을 것이다.

2) 혼성주의 분류

혼성주는 주원료인 과실, 약초, 종자에 따라 크게 세 가지로 분류하고 있다.

(1) 과실류 리큐르

과실류 리큐르는 디저트와 함께 제공되는 식후주(After Dinner Drinks)이다. 제조방법은 증류주에 과실류를 수개월 동안 담가두면 과실의 색깔, 향기가 술에 옮겨지는데, 이것을 여과시켜 설탕류를 가미하면 과실류 리큐르가 된다. 주로 사용되는 과실류는 오렌지, 체리, 나무딸기, 살구, 배, 복숭아, 바나나 등으로 다양하다. 대표적인 종류는 다음과 같다.

- 오렌지 원료 : 큐라소(Curacao), 쿠앵트로(Cointreau), 트리플 섹(Triple Sec) 등
- 체리 원료 : 체리브랜디(Cherry Brandy), 피터 헤링(Peter Heering) 등
- 나무딸기 원료 : 블랙베리 리큐르(Blackberry Liqueur), 크림 드 카시스(Cream de Cassis) 등

과실류 리큐르

▲ 큐라소　　▲ 쿠앵트로　　▲ 체리브랜디　　▲ 크림 드 카시스

(2) 약초·향초류 리큐르

약초나 향초 등의 식물류를 증류주에 넣어두면 그 성분이 자연적으로 우러나오는데, 그것을 증류기에 증류시킨 다음 캐러멜 등으로 착색하고 감미료를 첨가한 식물류 리큐르이다. 대표적인 종류는 다음과 같다.

- 크림 드 멘트(Cream de Menthe) : 박하향을 첨가. Green, White가 있음
- 샤르트뢰즈(Chartreuse) : 리큐르의 여왕으로 통함
- 베네딕틴(Benedictine DOM) : 코냑에 허브향을 첨가한 리큐르
- 갈리아노(Galliano) : 이탈리아의 군인 '갈리아노 소령'의 이름에서 유래
- 캄파리(Campari) : 와인판매상 '캄파리'가 개발한 붉은색의 리큐르
- 드람브이(Drambuie) : 스카치위스키에 꿀을 첨가한 술

약초 · 향초류 리큐르

▲ 갈리아노　▲ 크림 드 멘트 그린　▲ 페퍼민트 화이트　▲ 베네딕틴 디오엠　▲ 드람브이

(3) 종자류 리큐르

과실의 씨앗에 함유되어 있는 방향성 성분이나 커피, 카카오, 바닐라 등의 두류를 이용하여 향기를 높인 리큐르이다. 단순히 씨앗만 이용하는 경우는 드물고 몇 가지 향료를 혼합하는 것이 일반적이다. 대표적인 종류는 다음과 같다.

- 아마레토(Amaretto) : 살구씨의 향을 첨가한 것
- 크림 드 카페(Creme de Cafe) : 프랑스산 리큐르
- 칼루아(Kahlua) : 멕시코의 커피열매, 코코아, 바닐라 등을 원료로 한 리큐르
- 아이리시 벨벳(Irish Velvet) : 아이리시 위스키 + 커피 맛
- 크림 드 카카오(Cream de Cacao) : 코코아 씨앗이 주원료. Brown, White가 있음

종자류 리큐르

▲ 아마레토　　　▲ 크림 드 카카오

4. 조주(칵테일)

1) 칵테일의 개요

조주, 즉 칵테일(Cocktail)은 알코올성 음료에 과즙 혹은 비알코올성 음료 및 각종 향을 혼합하여 만든 혼합주이다. 칵테일은 세계 각국의 술을 그대로 마시지 않고 마시는 사람의 기호와 취향에 맞추어 독특한 맛과 빛깔을 내도록 혼합하여 마시는 '술의 예술품'이라 할 수 있다.

칵테일이라는 명칭의 유래에는 여러 설이 있으나, 1795년경 미국 루이지애나주 뉴올리언스에 이주해 온 어느 약사가 달걀노른자를 넣은 음료를 조합해서 프랑스어로 '코크티에(Coquetier)'라고 부른 데서 비롯되었다는 설이 있다.

칵테일의 기주로는 양조주·증류주·혼성주·샴페인 등이 사용된다. 특히 칵테일의 기주로는 6대 증류주인 위스키, 브랜디, 진, 보드카, 럼, 테킬라가 많이 사용되고, 혼성주인 리큐어도 칵테일을 하면 맛이 좋아 많이 애용된다. 양조주로는 샴페인이나 스파클링 와인이 기주로 사용된다.

2) 칵테일의 분류

수백 종의 칵테일 종류는 크게 롱 드링크(Long Drinks)와 쇼트드링크(Short Drinks)의 2가지로 나눌 수 있다. 롱 드링크는 장시간에 걸쳐 마시는 칵테일로 텀블러 같은 큰 잔을 사용하며, 탄산수·물·얼음 등을 섞어서 만든다. 하이볼, 진피즈 등이 롱 드링크에 속한다. 쇼트드링크는 단시간에 마시는 적은 양의 칵테일로 작은 잔을 사용한다. 맨해튼, 드라이 마티니 등이 쇼트드링크에 속한다. 이외에도 칵테일을 용도에 따라 분류하면 다음과 같다.

애피타이저 칵테일(Appetizer Cocktail) 애피타이저란 식욕 촉진이라는 뜻이며, 식사 전에 한두 잔 마시는 칵테일이다. 단맛과 쓴맛이 각각 나도록 만드는데, 단맛을 위해서는 체리를, 쓴맛을 위해서는 올리브를 장식해서 낸다. 어느 것이나 다 술과 같이 먹어도 좋다.

크랩 칵테일(Crab Cocktail) 정찬의 오르되브르 또는 수프 대신 내놓는 것으로 먹는 칵테일이다. 신선한 어패류와 채소에 칵테일소스(브랜디, 비터스, 토마토케첩을 섞은 것)를 얹은 것으로, 샴페인 글라스나 슈림프스 글라스 등에 담아낸다. 크랩 칵테일, 오열 클로버 등이 이에 속한다.

비포 디너 칵테일(Before Dinner Cocktail) 식사 전의 칵테일로 상쾌한 맛을 내는데, 마티니 미디엄 칵테일, 맨해튼 미디엄 칵테일 등이 있다.

애프터 디너 칵테일(After Dinner Cocktail) 식후의 칵테일로 먹은 음식물의 소화를 촉진시킬 수 있는 리큐어를 쓴다. 브랜디 칵테일, 알렉산더 칵테일 등 단맛 나는 것이 많다.

서퍼 칵테일(Supper Cocktail) 만찬 때 마시는 것이지만 일명 비포 미드나이트 칵테일(Before Midnight Cocktail)이라고도 하며, 이 경우에 단맛 나는 양주를 쓴다.

샴페인 칵테일(Champagne Cocktail)　연회석상에 제공하는 칵테일로 각각의 칵테일들이 글라스에서 만들어져 제공된다. 그러나 복잡한 여러 종류의 양주를 배합해야 하는 경우 한번에 큰 셰이커에서 흔들어 만든 후 각각의 샴페인 글라스에 따르고 각각의 글라스로 제공한다.

제 3 절 비알코올성 음료

1. 커피

1) 커피의 개요

커피(Coffee)는 커피나무에서 수확한 커피 생두(生豆, Green Bean)를 볶아 원두(Coffee Bean)를 만들고, 원두를 곱게 갈아 물을 이용하여 그 성분을 추출하여 음용하는 갈색에 가까운 독특한 풍미를 가진 기호음료이다. 커피의 어원은 아랍어인 카파(Caffa)로 힘을 뜻하며, 에티오피아의 산악지대에서 기원한 것으로 알려져 있다. 그 이후 카파(Caffa)가 터키로 건너오면서 카붸(Cahve)로 변하였고, 미국과 영국에서는 Coffee, 프랑스에서는 Cafe, 이탈리아에서는 Caffe 등으로 파생되었다.

커피를 처음 발견했을 때 사람들은 야생의 커피 열매를 그대로 먹었다고 한다. 하지만 그 맛이 너무 자극적이어서 물을 넣어 마셨고, 이후 약처럼 달여 먹기도 하면서 전 세계로 전파되었다. 원두에 따라 그 맛과 향이 다른 커피는 커피나무에서 1년에 한 차례씩 수확되며, 커피열매에는 두 쪽의 콩이 들어 있다. 이렇게 수확한 콩을 건조시키면 '원두'라는 이름으로 불리게 되며 세계 각국으로 수출된다.

세계 3대 원두커피는 아라비카(Arabicas), 로부스타(Robustas), 리베리카(Libericas)를 꼽는다. 그중에서 원산지가 에티오피아인 아라비카종이 전 세계 산출량의 70%를 차지하고 있다. 남은 30%의 대부분은 로부스타종이고, 리베리카종은 2~3%

밖에 생산되지 않는다.

아라비카종은 가장 많이 재배되며 우수한 맛을 내는 고급 품종이지만, 주로 해발 1,000~2,000m의 고산지대에서 생산되며, 기후나 토양 등에 민감하므로 재배하기 까다로운 커피다. 이러한 이유로 다른 커피보다 가격이 비싸지만 커피의 풍부한 맛을 즐기려는 애호가들은 모두 아라비카종의 원두만을 이용한다. 로부스타종은 강한 생명력을 가진 품종이어서 주변 환경에 구애받지 않고 잘 자라기는 하나, 맛이 떨어지기 때문에 인스턴트 커피용으로 많이 쓰인다. 그중에 리베리카종은 병에는 강하나 가뭄에 약해 현재는 거의 생산되지 않고 있다.

브라질, 콜롬비아 등 중미와 남미에서 대부분의 아라비카가 생산되고, 베트남, 인도네시아, 인도 등 남동아시아 지역에서는 로부스타가 주로 생산된다. 브라질은 가장 큰 아라비카 생산지이자 인도네시아 다음으로 큰 로부스타 생산지이기도 하다. 최근에는 베트남이 범국가적으로 커피생산에 뛰어들면서 인도네시아의 생산량을 위협하고 있다.

2) 커피 제조과정

생두(Green Bean) 커피나무의 열매(Cherry) 안에는 두 개의 씨앗이 있는데 이를 생두라고 한다. 생두 상태에서는 아무런 맛이 없고 그저 딱딱한 씨앗에 불과하며, 커피의 향이나 맛이 전혀 없는 대신 질의 변화 없이 수년 동안 보전이 가능하다.

커피열매에서 생두를 빼내는 과정을 정제(Processing)라고 하는데, 정제방법에는 습식법과 건식법이 있다. 습식법은 질 좋은 커피를 얻을 수 있으며 열매를 물속에서 발효하여 각질과 과육을 없앤 뒤 다시 말려서 껍질을 벗겨내는 과정을 거친다. 건식법은 열매를 말린 뒤 기계로 껍질을 벗겨내는 방법인데, 주로 건조한 기후와 작업환경이 열악한 지역에서 사용하며 품질이 고르지 않다.

▲ 커피열매

▲ 커피농장에서 커피 생두 말리는 모습

볶기(Roasting) 커피 생두는 향이나 맛이 전혀 없고 딱딱한 씨앗에 불과하기 때문에 음용 가능한 커피를 만들기 위해서는 커피를 볶는 로스팅 과정을 거쳐 원두로 만들어야 한다. 로스팅은 기계에 따라 차이가 있으나 보통은 15~20분 동안 200℃의 열을 가해 생두의 성분을 변화시킴으로써 비로소 신맛, 단맛, 쓴맛, 커피 향 등을 내는 과정이다. 최상의 커피 맛과 향을 생성하기 위해서는 숙련된 기술을 가진 로스터(Roaster : 커피 볶는 사람)의 노력이 필요하다.

▲ 커피생두

▲ 커피생두를 로스팅 기계로 볶는 모습

원두(Coffee Bean) 로스팅 과정이 끝나면 커피원두는 연한 초록색에서 갈색으로 변하고 특유의 맛과 향이 생긴다. 원두의 수분함량은 10%에서 1%까지 떨어지며, 부피는 1.5~2배로 증가하고, 무게는 20% 정도 감소하게 된다. 또한 로스팅이 강해질수록 쓴맛은 증가하고 신맛은 감소하게 된다.

로스팅 후 원두는 차가운 공기로 급속하게 냉각시켜 하루 정도 지난 다음 진공포장해야 한다. 진공포장이 어려우면 유리, 플라스틱 등의 밀폐용기에 담아 보관해야 한다. 그렇지 않으면 원두가 식는 도중에 콩 균열 사이로 산소가 들어가 산화되고 맛이 흐려지기 시작한다.

▲ 로스팅 과정을 거친 원두커피

배합(Blending) 커피를 볶아 원두를 만든 후에는 서로 다른 원두를 섞어 배합하는 과정이 필요하다. 커피를 배합하는 것은 좋은 맛과 향을 얻기 위한 과정이다. 보통 중성의 원두를 기본으로 해서 신맛이 나는 원두와 쓴맛이 강한 원두를 섞는다.

▲ 커피의 맛과 향을 좋게 하기 위해서는 여러 종류의 원두를 배합하는 과정이 필요하다.

분쇄(Grinding) 배합한 원두를 커피로 음용하기 위해서는 곱게 분쇄하여 가루로 만들어야 하는데, 이러한 과정을 '그라인딩'이라고도 한다. 원두커피를 분쇄할 때는 커피분쇄기(Grinder) 안에 내장된 날을 회전시켜 커피콩을 곱게 분쇄한다.

원두는 빠른 속도로 산화하여 질이 떨어지는 특성이 있으므로, 커피로 추출하기 전에 바로 갈아야 고유의 맛과 향을 느낄 수 있다. 분쇄 정도는 고운 가루에서 지름 1mm 크기에 이르기까지 다양하다. 분쇄한 입자가 굵은 커피는 드립식과 퍼콜레이터식에 알맞고, 조금 가는 것은 사이폰식과 에스프레소식, 가장 고운 것은 터키식 커피에 알맞다. 중간 굵기는 어느 추출법에나 쓸 수 있다.

▲ 커피전동그라인더　　▲ 커피원두를 그라인더로 곱게 분쇄한 커피가루

커피추출(Coffee Brewing)　마지막으로 커피를 마시기 위해서는 거름장치 도구를 이용하여 커피 성분을 뽑아내는 추출단계를 거쳐야 한다. 추출할 때는 신선한 물을 사용하며 일단 100℃까지 끓인 후 원두가루에 따라 식혀서 사용한다. 뜨거운 물이 분쇄된 커피 입자에 스며들면서 커피성분이 물과 함께 추출된다.

커피 추출방식은 사람의 손으로 추출하는 터키식 침출법에서부터 핸드드립, 기계드립, 모카포트, 프렌치 프레스, 사이폰 등 개별적인 추출기구들이 개발되었고, 레버식, 피스톤식, 스프링식 등의 에스프레소 커피머신에 이어 오늘날에는 디지털 기술을 접목한 전자동 커피머신이 편리성을 무기로 업소와 가정을 파고들고 있다. 이렇게 끊임없이 이어져 온 추출방식의 진화는 곧 커피산업 발전의 견인차이기도 하다.

최근에는 원두커피를 즐겨 마시게 되면서 '커피 바리스타(Coffee Barista)'들이 직접 커피를 추출하여 서비스하는 게 일반적이다. 커피 바리스타는 에스프레소머신을 다루면서 고객의 입맛에 맞게 에스프레소를 뽑아주는 직원을 일컫는다. 커피를 추출하는 방법에는 크게 4가지가 있다.

▲ 커피를 마시기 위해서는 물과 함께 커피 성분을 추출해야 한다(에스프레소 머신에서 커피를 추출하는 모습).

표 10-3 커피추출 방법 및 특징

커피추출 방법	특 징
달임법(Decoction)	– 추출용기 안에 물과 커피가루를 넣고 짧은 시간 동안 끓인 후 커피가루가 가라앉으면 음용한다. – 터키식 커피(Turkish Coffee)
우려내기(Infusion)	– 추출용기 안에 물과 커피가루를 넣고 커피 성분이 용해되기를 기다린 후 커피가루를 가라앉히고 음용한다. – 프렌치 프레스(French Press)
여과법(Brewing)	– 추출용기 안에 커피가루를 넣고 그 위에 뜨거운 물을 부어 밑의 용기에 떨어진 커피를 음용한다. – 커피메이커, 핸드드립(Hand Drip), 워터드립(Water Drip)
가압추출법 (Pressed Extraction)	– 분쇄된 커피가루에 뜨거운 물을 압력을 가해 통과시켜 음용하는 것 – 모카포트(Mocha Pot), 에스프레소(Espresso)

3) 커피추출 방법과 도구

터키식 커피(Turkish Coffee)　터키식 커피는 이브릭 또는 체즈베라는 터키식 커피포트를 이용하는데, 미세하게 갈린 커피가루를 물과 함께 이브릭에 넣은 다음 반복적으로 끓여내는 방식이다. 세계에서 가장 오래된 추출법이자 원초적인 추출법이라 할 수 있다.

▲ 터키식 커피포트인 이브릭

터키식 커피를 만드는 방법은 에스프레소용 굵기의 가는 분쇄원두와 물의 비율을 1 : 6으로 섞은 후 이브릭 또는 체즈베에 넣어 불에 올려 거품이 끓어오르면 불을 끄고 크리머를 가라앉히는 과정을 2~3번 반복한다. 이때 커피가루가 가라앉기를 기다린 후 커피물만 컵에 따라 마시면 된다. 취향에 따라 물을 부어 희석시켜 마시거나, 설탕이나 시럽을 넣어 마시거나, 달콤한 초콜릿이나 버터를 입에 머금은 후 마셔도 좋다.

프렌치 프레스(French Press) 프렌치 프레스 방식은 여과지 대신 금속으로 만들어진 필터를 눌러 커피를 추출하므로 커피오일 성분이 그대로 남아 바디(Body)가 강한 커피를 마실 수 있다. 추출방식은 1.5mm 정도로 조금 굵게 분쇄한 커피가루를 포트에 넣고 뜨거운 물을 부어 저어준다. 그 다음 거름망이 달린 금속성 필터의 손잡이를 천천히 눌러 커피가루를 포트 밑으로 분리시킨 후 커피를 따라 마신다. 이러한 방식은 우려내기와 가압추출방식이 혼합된 추출법이다.

▲ 프렌치 프레스

▲ 핸드드립

핸드드립(Hand Drip) 필터나 여과지에 커피가루를 넣고 뜨거운 물을 붓는 방식이다. 여과지는 커피가루를 거르는 역할을 하는데, 페이퍼 드립(Paper Drip)은 주로 깔끔한 맛의 커피가 추출되고, 융 드립은 '여과법의 제왕'으로 불리며 진하고 부드러운 커피를 추출할 수 있다.

워터드립(Water Drip) 일명 더치커피(Dutch Coffee)라고도 한다. 워터드립 방식은 커피의 강하고 쓴맛을 줄이기 위해 사용하는 방식으로 찬물로 오랜 시간 추출하는 것이 특징이어서 강하고 쓴맛이 적으며 장시간 보관이 가능하다. 다만, 찬물로 추출하다 보니 4~12시간 정도가 걸리기 때문에 외부 영향에 의해 커피 맛에 변화가 없도록 주변 청결에 주의해야 한다.

▲ 워터드립

사이폰(Syphon) 커피 맛보다는 화려한 추출기구로 유명
한 추출방식이다. 상·하단 두 개의 유리용기로 구성되어 있
고, 하단 용기에 열을 가하여 물이 끓어 커피가루가 있는 상
단으로 전부 올라오면 스틱을 사용해 잘 섞어주고, 불을 꺼
서 가열을 멈춘다. 그러면 커피추출액이 필터에 걸러지면서
다시 하단 용기로 흘러내려 오는 방식이다.

▲ 사이폰

▲ 모카포트

모카포트(Mocha Pot) 가정에서
에스프레소를 즐길 때 사용하는 간단
한 직화식 에스프레소 추출기이다. 모카포트는 상·하 포트
로 구성되어 있으며 중간에 바스켓(커피가루를 채우는 용기)
이 있다. 하단 포트에서 물이 끓기 시작하면 그 수증기가 바
스켓을 통과하여 상단 포트에서 추출되는 방식인데, 크레마
(Crema)는 없지만 맛과 향은 에스프레소와 유사하다.

에스프레소 추출법(Espresso Extraction) 에스프레소 방식은 가압추출법의 대표
적인 방식으로 에스프레소 머신을 사용한다. 에스프레소 머신은 곱게 갈아 압축한
원두가루에 뜨거운 물을 고압으로 통과시켜 20초 안에 $30ml$의 커피를 뽑아낸다. 드
립식 기계를 이용할 때보다 원두를 3배 정도 곱게 갈아야 한다.

▲ 에스프레소 머신

4) 커피의 종류

우리나라와 대부분의 앵글로색슨족, 게르만족 계통의 국가에서는 커피에 설탕과 크림을 타서 마시는 것이 일반적이며, 이탈리아 등지에서는 진하게 만들어 조그만 데 미타세(Demitasse) 잔에 블랙으로 마시는 것이 특징이다. 프랑스에서는 큰 컵에 커 피와 우유를 섞어 마시고, 스코틀랜드 지방에서는 커피에 위스키와 크림을 넣어 마 시기도 한다. 이와 같이 커피는 국가나 지역에 따라 마시는 방식과 종류가 다양하며 그 종류를 살펴보면 다음과 같다.

아메리카노(Americano)　아메리카노 커피는 에스프레 소에 뜨거운 물을 넣어 연하게 마시는 커피이다. 적당량의 뜨거운 물을 섞는 방식이 연한 커피를 즐겨 마시는 미국인 들의 취향에서 시작된 것이라 하여 '아메리카노'라고 부른 다. 우리나라에서도 인기가 높은 커피메뉴이다.

에스프레소(Espresso)　에스프레소의 영어식 표현은 빠르다(Express)라는 뜻이 며, 에스프레소 커피는 에스프레소 머신을 사용하여 빠른 시간에 압력을 가하여 뽑 아낸 농축커피로서 맛이 진한 이탈리아식 커피를 말한다. 에스프레소 커피는 양이

작기 때문에 데미타세(Demitasse)라는 작은 잔에 담 아서 마셔야 제맛을 느낄 수 있다. 높은 압력으로 짧 은 순간에 커피를 추출하기 때문에 카페인의 양이 적 고, 커피의 쓴맛을 느낄 수 있다.

카페라테(Cafe Latte)　라테는 이탈리아어로 '우유'를 뜻 한다. 에스프레소에 우유를 첨가한 커피이다. 에스프레소 와 우유의 비율을 1 : 4로 섞어 맛이 부드럽다.

카페오레(Cafe au Lait)   카페오레는 불어로 우유를 넣은 커피를 뜻하며 밀크커피를 의미한다. 큰 컵에 따뜻하게 데운 커피와 뜨거운 우유를 반씩 섞은 커피이다. 프랑스 사람들이 아침에 즐겨 마시는 커피로서 기호에 따라 설탕을 첨가하여 마신다.

카페모카(Caffe Mocha)   에스프레소 커피에 초콜릿과 생크림을 듬뿍 첨가하여 달콤하고 부드럽게 만든 고급커피이다. 카페라테에 초콜릿 시럽을 더한 것으로 이해할 수 있다.

카푸치노(Cappuccino)   에스프레소 위에 살짝 데운 하얀 우유거품을 올리고 그 위에 코코아가루나 계핏가루를 살짝 뿌려 마시는 커피이다. 카페라테보다 우유가 덜 들어가 커피의 진한 맛과 우유의 부드러운 맛을 즐길 수 있다.

카푸치노의 핵심은 우유 거품의 고소한 맛이다. 거품의 두께가 최소한 1㎝ 이상은 되어야 하며, 우유와 거품의 양을 동일하게 맞추어야 라테와 달리 커피 맛이 진해진다. 커피 위에 올리는 흰 거품이 프란체스코의 카푸친 수도사들이 쓰고 다니는 모자와 닮았다는 데서 '카푸치노'가 유래하였다.

비엔나커피(Vienna Coffee)   아메리카노 위에 하얀 휘핑크림이나 아이스크림을 듬뿍 얹은 커피이다. 오스트리아 빈(비엔나)에서 유래하여 300년이 넘는 긴 역사를 지니고 있다. 차가운 생크림의 부드러움과 뜨거운 커피의 쌉쌀함, 시간이 지날수록 차츰 진해지는 단맛이 한데 어우러져 한 잔의 커피에서 세 가지 이상의 맛을 즐길 수 있다. 여러 맛을 충분히 즐기기 위해 크림을 스푼으로 젓지 않고 마신다.

국내에서는 '카페비엔나'로 불린다.

마키아토(Macchiato)　마키아토란 '점을 찍다'라는 의미로 마키아토의 종류에는 에스프레소 마키아토와 캐러멜 마키아토가 있다. 에스프레소 마키아토(Espresso Macchiato)는 에스프레소 위에 우유거품을 올려 맛을 낸 커피이다. 캐러멜 마키아토(Caramel Macchiato)는 캐러멜 시럽을 이용하여 커피를 만든 다음 우유거품을 그 위에 토핑하고 캐러멜 시럽을 얹은 달콤한 커피이다.

아이스커피(Ice Coffee)　커피에 얼음을 넣어서 차게 마시는 커피이다. 일명 '냉커피'라고 한다. 아메리카노에 얼음을 넣으면 '아이스 아메리카노'가 되고, 카페라테에 얼음을 넣으면 '아이스 카페라테'가 된다.

칼루아커피(Kahlua Coffee)　칼루아커피는 에스프레소에 커피 맛이 나는 칼루아 리큐르를 첨가한 알코올성 커피이다. 기호에 따라 우유나 휘핑크림을 첨가하여 마신다. 칼루아는 브랜디를 기초로 하여 만든 술로서 커피와 코코아, 바닐라 등을 섞은 멕시코산 커피 리큐르이다. 칼루아커피를 만들 때는 잔에 우유를 붓고 칼루아가 아래로 흘러 들어가게끔 슬쩍 넣어준다. 그러면 진한 흑갈색 시럽 형태의 칼루아가 밑으로 깔리면서 멋진 색깔의 그라데이션이 만들어진다. 이 상태로 섞지 않고 그대로 마시면 각기 다른 맛을 경험할 수 있다.

아이리시커피(Irish Coffee)   아이리시커피는 블랙커피와 아이리시 위스키를 3대 2의 비율로 잔에 부은 다음, 갈색 설탕을 섞고 그 위에 두꺼운 생크림을 살짝 얹은 알코올성 커피이다. 음습한 아일랜드의 기후에서 따뜻한 커피에 위스키를 첨가함으로써 몸을 따뜻하게 한 것에서 유래한 커피이다. 아이리시커피를 마실 때는 크림과 커피를 섞어서는 안 되며, 크림 사이로 커피가 흘러나오도록 하면서 크림과 커피를 동시에 맛보아야 한다.

2. 차

1) 차의 개요

차(茶, Tea)는 차나무의 어린 잎을 따서 가공한 식물성 음료의 재료 또는 이를 달인 물을 말한다. 또한 차는 전 세계적으로 애용되는 식물성 음료로서 커피나 코코아 등 기타 음료를 능가하는 세계 최대의 음용량을 가진 기호음료이다. 차나무는 키가 2~3m인 관목과 30~32m에 달하는 교목이 있으며, 품종에는 중국종과 인도종이 있다.

차는 처음에는 음료수의 일종이거나 약용으로 쓰였지만 차차 기호식품으로 애용되면서 취미생활과 연결되고, 다시 일상생활의 도(道)와 관련지어 다도(茶道)로까지 발전하였다. 차에는 작설차·납전차·납후차·우전차·전차·말차(抹茶) 등 다양한 종류가 있으나, 이것은 찻잎의 채취 시기 또는 가공방법에 따라 나눈 것이다. 일반적으로는 어떻게 발효하느냐에 따라 녹차, 우롱차, 홍차의 세 가지로 분류할 수 있다. 어떤 차를 제조하든 차나무 잎을 원료로 사용한다.

이외에도 우리나라에서는 곡류로 만든 율무차·옥수수차가 있고, 여러 식물의 잎으로 만든 두충차·감잎차, 과실류로 만든 유자차·모과차, 꽃이나 뿌리·껍질 등으로 만든 국화차·인삼차·귤피차, 약재로 만든 쌍화차 등이 있다. 그러나 엄밀한 의미에서 차란 차나무의 잎을 의미하는 것이고, 일반적으로 말하는 율무차·인삼차 등은 탕(湯)에 속하는 것이다.

▲ 호텔의 로비라운지나 커피숍에서는 우리나라의 다양한 전통차를 판매하고 있다.

2) 차의 종류

차의 종류는 나라와 지역마다 그 종류가 다양하지만 본서에서는 국내 호텔의 커피숍에서 판매하는 대표적인 차의 종류만을 살펴보기로 한다.

녹차 녹차(綠茶, Green Tea)란 발효시키지 않아 푸른빛이 그대로 나는 찻잎을 사용해서 만든 차이다.

우롱차 우롱차는 오룡차(烏龍茶)의 중국식 발음으로 녹차와 홍차의 중간적인 성질을 가진 반발효차이다.

홍차 홍차(紅茶, Black Tea)는 찻잎을 끓이지 않고 말려서 우려낸 물로서 차의 빛깔이 붉다고 해서 붙여진 이름이다. 홍차는 영국에서 폭발적인 인기를 끌면서 영국이 홍차의 최대 소비국가가 되었다.

인삼차 인삼차(人蔘茶, Ginseng Tea)는 인삼·대추·황률에 물을 부어서 오래 달인 후 꿀을 넣고 실백을 띄워 마시는 차이다. 일반적으로 인삼을 물에 넣고 달이는 인삼탕의 방법과 인삼가루를 끓인 물에 타서 마시는 방법이 있다.

유자차　　유자차(柚子茶, Citron Tea)는 유자껍질과 속을 따로 설탕에 절여 속만 물에 넣어 끓이고, 유자껍질은 가늘게 채 썰어 끓인 물을 붓고 유자청을 조금 넣고 잣을 띄워 마시는 차이다.

대추차　　대추차(大棗茶)는 잘 말린 대추를 달여서 마시거나 즙을 내어 마시는 차이다.

Beverage 음료란 알코올성 음료와 비알코올성 음료를 포함하여 마실 수 있는 모든 것을 말한다. 호텔에서의 음료는 술을 포함한 넓은 의미로 사용된다.

Wine 포도를 주재료로 하여 만든 술을 총칭하여 '와인'이라 하며 우리말로는 포도주라 한다.

Cocktail 두 가지 이상의 음료를 섞은 술을 총칭하여 '칵테일'이라 한다.

Cost 코스트란 재료원가를 말하며, 원가의 3요소는 재료비(Material Cost), 노무비(Labor Cost), 경비(Expense)이다.

Lobby 로비의 사전적 정의는 건물 등에서 휴게실·응접실 등의 용도로 사용되는 공간을 말하는데, 호텔에서는 1층에 위치한 현관을 말한다.

Lounge 라운지란 호텔이나 극장, 공항 등에서 잠시 쉬어갈 수 있는 곳이나 만남의 장소를 뜻한다. 특별히 높은 곳에 위치한 경우 스카이라운지(Sky Lounge)라고 부른다.

Lobby Lounge 호텔의 1층에 위치한 음료 업장의 한 곳으로 커피숍과 바의 역할을 겸하는데 고객들에게는 비즈니스나 만남의 장소로 가장 편안하게 이용할 수 있는 업장이다.

Membership 호텔에서는 할인이나 특별우대 등을 제공하는 멤버십(유료회원)을 모집하고, 멤버십 회원(멤버십 카드 제공)에게는 일정한 할인 및 우대 혜택을 제공한다.

Membership Bar 멤버십 회원들에게 할인 및 우대 혜택을 제공하는 바이다.

양조주(Fermented Liquor) 과일이나 곡류 등에 함유된 당분을 효모균으로 발효시켜 만든 술로서 대표적으로 와인, 맥주, 막걸리 등이 있다.

증류주(Distilled Liquor) 양조주보다 순도 높은 주정을 얻기 위해 1차 발효된 양조주를 다시 증류시켜 알코올 도수를 높인 술이다. 증류주는 크게 6가지로 분류하는데 위스키(Whisky), 브랜디(Brandy), 진(Gin), 럼(Rum), 보드카(Vodka), 테킬라(Tequila)가 있다.

혼성주(Compounded Liquor) 달콤한 알코올 음료로서 양조주나 증류주에 과실류나 초목, 향초를 혼합하여 적정량의 감미(甘味)와 착색(着色)을 하여 만든다.

Checkpoint

● 최근 호텔 로비라운지의 변화 경향과 역할에 대해 생각해 보세요.

● 최근 일부 호텔을 중심으로 커피숍을 직영하기보다는 호텔 내에 스타벅스나 엔제리너스, 할리스 등의 커피브랜드점을 입점시켜 운영하는 현상에 대해 생각해 보세요.

● 호텔에서 바(Bar)를 운영하는 것에 대한 장단점에 대해 생각해 보세요.

제11장

호텔마케팅

제1절 호텔마케팅의 이해
제2절 호텔마케팅 믹스전략

제 1 절 호텔마케팅의 이해

1. 호텔마케팅의 개념

인류의 삶을 위하여 식량이 존재하듯이 오늘날 기업의 성공을 위해서는 마케팅이 존재한다. 마케팅이란 처음부터 존재한 것이 아니라 기업이 성공하기 위하여 그 필요에 의해서 탄생된 것이라 할 수 있다.

그렇다면 마케팅이란 무엇인가? 마케팅은 시장이란 뜻의 Market에 ing가 붙어 Marketing이 된 것으로, 문자 그대로 시장을 연구하는 학문이다. 시장은 우선 '모이는 장소'라 할 수 있으며, 제품의 생산자와 소비자, 경쟁과 교환 등 모든 요소가 존재하고 필요에 의해 서로의 교환작용이 발생하는 곳이다. 이러한 시장에서 판매증대의 목적으로 행해지는 다양한 촉진활동들을 경영학적 측면에서 체계화한 것이 곧 마케팅이다.

호텔마케팅도 호텔기업이 판매증대의 목적으로 고객들에게 행하는 다양한 판매촉진 활동들을 기획·촉진하고, 홍보하는 과정을 체계화한 것이다. 즉 호텔의 마케팅 활동은 호텔기업이 얻고자 하는 고객의 기대치를 넘어서는 가치를 창출하고, 이를 위한 표적시장을 선택하며, 이러한 표적시장에 알맞은 상품, 가격, 유통경로, 촉진활동 등의 마케팅 믹스를 개발하고 실행하여 기업의 경쟁력을 갖추는 것이다.

그렇다면 호텔기업이 경쟁력 있는 기업으로 변할 수 있는 마케팅의 핵심요인은 무엇인가? 이에 대한 해답은 맥도날드나 메리어트호텔 같은 성공한 서비스기업에서 찾아볼 수 있다. 맥도날드나 메리어트호텔은 한결같이 '고객중심'이었다. 이들 기업은 항상 고객에게 가까이 밀착하려고 노력했으며, 시장지식을 바탕으로 고객의 요구사항에 대해 빠르게 반응하고, 고객만족을 위해 정성을 다한 결과, 고객에게 사랑받고 시장에서 선도적인 위치를 확보할 수 있었다. 고객 위주 사고를 기본정신으로 하여 시장의 필요와 욕구를 이해하고 충족시킴으로써 수요를 창출하는 것, 이것이 곧 호텔마케팅의 핵심 개념이다.

따라서 호텔마케팅의 가장 중요한 활동은 '고객이 무엇을 좋아하는가를 발견하고, 그에 맞는 제품과 서비스를 적절하게 제공하여 그것들이 스스로 팔리도록 하는 것'이다. 제품과 서비스에 대해 대가를 치를 의향이 있는 고객만이 기업의 상품을 재화로 전환시켜 주기 때문이다. 호텔기업이 이러한 목적을 달성하기 위해서는 '우리가 팔고자 하는 것이 무엇인가?'라는 질문 대신에 '고객이 구입하려고 하는 것이 무엇인가?'에 대해 항상 질문해야 한다.

2. 호텔 마케팅부서의 조직과 직무

1) 호텔 마케팅부서의 조직

호텔의 마케팅부서는 말 그대로 호텔의 세일즈와 마케팅을 담당하는 부서이며 다른 말로는 '판촉부'라고 한다. 마케팅부서는 상품기획에서부터 판매 및 촉진활동을 한다는 점에서 호텔의 중추적인 역할을 담당하고 있다.

호텔의 규모에 따라 마케팅부서에는 많은 인원을 배치하기도 하는데, 국내에서는 인터컨티넨탈호텔이 38명으로 가장 많은 인원을 운영하고 있으며, 다음으로는 롯데호텔 31명, 쉐라톤워커힐호텔 27명, 신라호텔이 23명 순이다. 특1급 호텔의 경우 평균적으로 15명 정도의 인원이 배치되어 운영된다. 마케팅부서의 조직도를 살펴보면 다음과 같다.

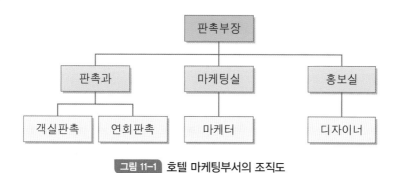

그림 11-1 호텔 마케팅부서의 조직도

2) 호텔 마케팅부서의 직무

(1) 마케팅이사

마케팅이사는 마케팅부서의 총책임자이다. 총지배인을 보좌하면서 마케팅부서의 업무를 총괄하고 감독한다. 마케팅이사는 호텔의 경영관리, 호텔의 잠재시장, 서비스 상품에 대한 정통한 지식을 갖추고 있어야 한다.

(2) 마케팅부장

마케팅부장은 마케팅이사를 보좌하면서 마케팅 업무를 관장한다. 호텔에 따라서는 마케팅이사 대신 마케팅부장이 부서의 책임자로 운영되는 호텔도 많다. 마케팅부장의 업무는 객실연회판촉, 마케팅기획, 광고, 홍보, 매출관리 등의 업무를 총괄하면서 직원들을 감독하고 독려한다.

(3) 판촉지배인

마케팅부서의 존재목적은 호텔의 상품판매를 촉진시켜 매출을 극대화하는 것이다. 즉 판매촉진이다. 마케팅부서에서 이러한 세일즈업무를 담당하는 직원이 판촉직원이며, 호텔에서는 이들을 판촉지배인이라 칭한다. 판촉지배인의 주요 업무는 호텔의 객실과 식음료, 연회상품을 고객들에게 설명하고, 계약을 체결하여 행사를 성공적으로 끝마치도록 하는 것이다.

호텔판촉업무는 호텔의 규모나 특성에 따라 조금씩 차이가 있지만, 가장 일반적인 형태는 객실판촉과 연회판촉으로 나뉜다. 그러나 최근에는 호텔시장이 복잡하고 세분화되면서 판촉지배인들의 업무분장이 국내외 기업단체, 정부 및 협회, 컨벤션기획사, 여행사, 종교단체, 연회, 결혼예식 등으로 구분되고 있다.

(4) 마케팅기획자

호텔마케팅은 판매촉진, 광고, 홍보, 프로모션 등의 다양한 업무가 복합적으로 이루어진다. 이러한 업무를 사전에 기획하여 개발하고 사후에 분석하는 것이 마케팅기획자가 하는 일이다. 그중 가장 중요한 업무는 호텔의 기획상품을 개발하는 것이다.

즉 계절별 패키지상품, 호텔의 프로모션·이벤트기획, 팸 투어, 상품의 가격결정 등이다.

호텔에 따라 별도로 마케팅기획자가 없는 호텔에서는 마케팅부서 자체에서 판촉지배인이나 홍보담당자가 업무를 대신한다.

(5) 홍보/광고담당자

호텔의 홍보 및 광고 업무는 호텔기업의 외부고객, 내부고객, 지역사회, 협력업체, 경쟁사, 언론사 등과의 연관성을 가지고, 이들에게 호텔기업이 지속적으로 추구하고자 하는 전체적인 호텔의 이미지를 부각시키는 업무이다. 일반적으로 특급호텔 등에서는 홍보부서가 마케팅부서에 소속되어 있으며, 홍보담당자가 광고업무까지도 함께 담당한다. 호텔의 홍보나 광고담당자는 전문영역에서 활동한 경험이 있거나 그렇지 않으면 전문업체에게 맡겨서 진행하는 경우가 일반적이다.

제 2 절 호텔마케팅 믹스전략

마케팅 믹스(Marketing Mix)는 상호 관련되고 상호의존적인 마케팅활동들을 창조적으로 결합하는 전략이다. 따라서 호텔경영자는 급변하는 경영환경에서 기업생존을 위해 다양한 마케팅 요소들을 최적으로 배합하는 마케팅 믹스전략을 구사할 수 있어야 한다. 마케팅 믹스전략의 유형을 살펴보면 다음과 같다.

1. 관계마케팅

환대산업 모든 거래관계의 중심에는 고객이 있으며, 고객과 기업의 상호작용에 의해 상품이 판매되고 소비되고 있다. 따라서 마케팅 믹스에서 가장 중요한 것은 고객과의 관계이다. 모든 마케팅 믹스의 최종 목적이 고객과의 관계를 향상시키는 것이기 때문이다. 그러므로 환대산업 마케팅 믹스에서 관계마케팅을 이해하는 것은 매우 중요하다.

1) 관계마케팅의 개념

고객들과 관계를 형성한다는 것은 은행계좌를 새로 개설하는 것처럼 고객과 '감정'이라는 계좌를 개설하는 것과 유사하다. 관계가 긍정적이고 도움이 될수록 계좌의 예금이 커지는 반면, 기업의 관심이 고객의 요구로부터 멀어지면 예금에 대한 회수가 발생한다. 따라서 기업이 존속하기 위해서는 '감정'이라는 계좌, 다시 말해서 고객과의 관계가 발전되어야 한다.

특히 환대산업에서는 모든 거래관계의 중심에 인간이 있으며, 인간의 상호작용에 의해 제품이 판매되고 소비되고 있다. 그 제품에는 어떠한 형태든 서비스가 포함되어 있으며, 서비스품질을 결정하는 가장 핵심적인 요소는 인간의 상호작용, 즉 관계이다. 더불어 관계마케팅이란 '고객을 자산으로 생각하고 고객을 보호하는 마케팅으로 고객을 창출하고 장기적 가치를 제공해 가며 그 관계를 지속적으로 유지하고 제고시켜 나가는 것'이다. 즉 관계마케팅은 고객을 창조하는 마케팅이 아니라 고객을 유지하는 마케팅이다. 고객을 유지하는 비용이 고객을 새로 창출하는 비용의 20%밖에 되지 않는다는 조사결과는 단골고객의 중요성을 말해주고 있다.

따라서 새로운 고객을 창조하기보다는 기존 고객을 유지하고 충성도를 향상시키는 데 초점을 두고 고객과의 강한 유대관계를 형성하여 장기적으로 발전시켜 나가는 것이 관계마케팅의 핵심이다. 고객을 창조하기보다는 관계를 지속시키는 데 역점을 둔다는 측면에서 관계마케팅은 고객 제일주의에 입각한 마케팅이다. 관계마케팅의 개념을 그림으로 살펴보면 다음과 같다.

그림 11-2 관계마케팅 개념 모델

2) 관계마케팅의 목표

관계마케팅의 목표는 고객충성도(Loyalty)의 향상이다. 고객과의 관계가 형성된다는 것은 충성고객이 만들어졌다는 것을 의미한다. 고객충성도와 비슷한 용어로는 제품충성도 또는 브랜드충성도가 있다. 마케터는 관계마케팅의 목표를 달성하기 위해 표적고객의 브랜드충성도가 어느 단계에 위치해 있는지를 이해하고 점검하는 것이 필요하다. 고객충성도에 따라 마케팅을 달리 적용하는 것이 효율적이기 때문이다.

이와 관련하여 컨시딘과 라펠(Considine & Raphel)은 2005년에 '고객충성도 사다리(Loyal Lader)'라는 용어를 발표하면서 고객을 충성도에 따라 6단계로 분류하였다. 기업에게 소비자의 브랜드충성도는 사다리와 같다. 따라서 잠재고객을 충성도 사다리 상단으로 이동시켜 단골고객이나 옹호자 단계로 만드는 것이 관계마케팅의 핵심 목표이다.

① Suspecter : 구매에 대한 확신이 부족하여 살까 말까 망설이는 사람

② Prospector : 제품에 대해 들어본 적이 있거나 관심은 있지만 아직 구매하지 않은 사람

③ Trial buyers : 시험적으로 자사의 제품을 처음 구매한 고객. 첫 만남 단계에서 기업의 주요 목적은 고객을 만족시키는 것이다.

④ Repeat buyers : 제품을 다시 구매함으로써 신뢰를 보이기 시작하는 반복구매자

⑤ Client : '단골고객' 단계로 발전하면 고객들은 타사 제품을 구매하지 않고 반복적 구매를 통해 해당 기업의 상품에 점점 더 매력을 느끼고 친숙해진다.

⑥ Advocate : '옹호자 고객' 단계로서 옹호자를 다른 말로는 '사도고객(Apostle)'이라고도 한다. 사도고객은 보수 없이 특정 제품을 알리고 다니는 전도사 역할을 한다는 뜻이다. 옹호자 고객들은 구전을 전파하여 간접적인 홍보효과를 발생시키고 경쟁사의 고객을 끌어오기도 한다.

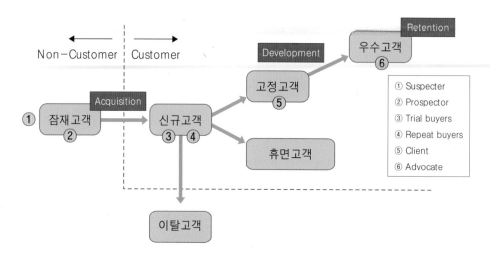

Non-Customer | Customer

Retention

Development

우수고객
⑥

고정고객
⑤

Acquisition

잠재고객
②

신규고객
③ ④

휴면고객

이탈고객

① Suspecter
② Prospector
③ Trial buyers
④ Repeat buyers
⑤ Client
⑥ Advocate

그림 11-3   고객충성도 발전 모형

3) 관계마케팅 전략

관계마케팅은 고객이 가치를 찾아 계속적으로 기업을 바꾸기보다는 한 기업과 지속적으로 관계를 맺는 것을 더 선호한다는 가정하에 출발한다. 이에 따라 마케터는 새로운 고객을 유인하는 것보다 기존고객을 유지하는 비용이 훨씬 저렴하다는 사실에 기초하여 전략을 실행해야 한다. 관계마케팅 전략의 유형은 다음과 같다.

고객 데이터베이스 마케팅   데이터베이스 마케팅(DB : Data Base Marketing)은 고객이 자사 제품을 사용하는 것에 대해 마치 사람이 태어나서 성장하고 발전하는 것과 같은 개념으로 고객을 기록하고 분류하는 것이다. 즉 고객의 정보를 기업 내부의 DB시스템에 정보화하고 구축된 정보를 가지고 고객과 접촉하여 고객만족을 실현하는 것이다.

호텔산업에서 DB마케팅의 성공적 사례는 리츠칼튼호텔이다. 리츠칼튼호텔은 고객의 특성을 DB시스템에 축적할 수 있는 '고객의 기호 핫라인'프로그램을 운영하고 있다. 예를 들어 미국출장에 나선 어느 고객이 샌프란시스코의 리츠칼튼호텔에 투숙하였는데, 푹신한 베개가 불편하여 프런트에 딱딱한 베개를 요청하였다. 프런트 직원은 고객의 요구를 즉시 이행하고, 고객의 특성은 '고객의 기호 핫라인'시스템에 바로 등록한다. 그러면 그 고객이 다음 출장지인 뉴욕의 리츠칼튼호텔에 투숙하게 되면 고객은 침대 위에 딱딱한 베개가 놓여 있는 것을 발견하게 된다. 이처럼 리츠칼튼호텔은 고객의 기호, 취미, 습관 등 모든 정보를 데이터베이스에 등록하고, 모든 체인호텔들이 DB에 저장된 정보를 공유하고 있다.

고객충성도 프로그램　고객충성도 프로그램은 고객과의 거래를 지속적으로 기록하고 구매량에 따라 인센티브를 제공함으로써 자사 상품의 구매빈도를 높이는 '마일리지프로그램'이 대표적이다. 마일리지프로그램은 기존의 우량고객을 우대하는 것에 중점을 두는 것이 보통이다.

호텔산업에서도 글로벌 체인호텔들이 마일리지프로그램을 적극적으로 도입하여 운영하고 있다. 호텔에서는 홀리데이인호텔이 최초로 마일리지를 도입하였으나 수백만 불의 손해를 보면서 프로그램을 중지하고자 했지만, 그것으로 창출된 고객의 반대에 직면하여 지속할 수밖에 없었다. 이후 1984년에 메리어트호텔에서 'Honored Guest Awards'라는 마일리지프로그램을 도입하였고, 1987년에는 힐튼호텔이 'H Honords' 프로그램을 도입하였다. 그 외에 라마다 인 호텔에서 'Business Card', 쉐라톤호텔에서 'Club Intercontinental', 웨스틴호텔에서 'Westin Premier' 마일리지프로그램을 도입하여 운영하고 있다.

호텔 마일리지 운영의 공통점은 고객의 점수를 바탕으로 한다. 호텔에서 숙박하는 것은 물론 호텔 내 레스토랑과 부대시설을 이용해도 점수가 가산된다. 이러한 가산점수가 일정 수준이 되면 전 세계 자사 체인호텔 중 어느 곳에서든 무료숙박권이 주어진다.

서비스 보증 프로그램　제조업에서 제품의 품질을 일정기간 보증하는 '보증제도'나 '리콜제도'가 존재하듯이, 환대산업에서는 서비스의 품질을 보증하는 '서비스 보증 프로그램(Service Guarantee Programs)'이 있다. 이를 '서비스 불만 보상제'로도 표현할 수 있다.

호텔산업에서는 햄프톤 인(Hampton Inn) 호텔이 고객이 불만족했을 때 숙박료를 환불해 주는 서비스 보증 프로그램을 처음으로 도입하였다. 이 프로그램 도입으로 햄프톤 인 호텔은 1990년에 전체의 2%에 해당하는 15만 7,000개의 객실이 무료로 제공되어 100만 불의 추가비용이 지출되었으나, 기업 매출액은 1,700만 불로 증가하여 대성공을 거두었다. 추가적인 소득으로는 직원의 과반수 이상이 매니저의 허락 없이도 고객의 문제를 해결해 줌으로써 매우 능동적인 태도로 선환되었다. 자연직으로 고객의 재방문율이 크게 증가하였다.

네덜란드 이비스 암스테르담(Ibis Amsterdam)호텔의 '15분 보증 프로그램'도 이와 비슷한 제도이다. 호텔이 고객의 문제를 15분 이내에 해결하지 못하면 객실요금을 무료로 제공하는 이 프로그램은 고객으로부터 매우 호의적인 반응을 얻고 있다. 래디슨(Radisson)호텔에서도 1998년에 이와 비슷한 '100% 고객만족' 프로그램을 도입하였다. 즉 고객이 심각한 문제를 제기하고, 그것이 명확하게 호텔의 책임이며, 호텔이 문제를 해결하지 못할 때는 숙박료를 전액 환불해 주는 프로그램이다.

보조 서비스의 확대　호텔산업에서도 본원적 서비스는 객실을 이용하는 숙박서비스이지만, 이는 대체로 동질적이기 때문에 보조서비스를 확대함으로써 경쟁사와 차별화를 꾀하며, 고객들도 획일화된 서비스보다는 호텔에서 제공하는 보조서비스에 관심을 갖게 된다.

국내의 특급호텔들도 비즈니스 고객과의 관계증진을 위해 '이그제큐티브 플로어(Executive Floor)'를 운영하면서 투숙고객들에게 보조서비스를 확대하여 제공하고 있다. 예를 들어 쉐라톤그랜드워커힐호텔은 호텔 본관 12~17층 객실에 비즈니스 고객 전용객실인 '쉐라톤 클럽(Sheraton Club)'을 운영하고 있다. 이곳에서는 고객전용 체크인 데스크와 고객라운지를 운영하면서 버틀러서비스와 같은 최고급 보조서비스를 제공하고 있다. 또한 클럽 전용 라운지에서는 수석 조리장이 정성껏 준비한 조식을 무료로 이용할 수 있으며, 해피아워(17:30~19:30) 시간에는 음료 및 스낵을 무료로 즐길 수 있다.

서울 삼성동 코엑스인터컨티넨탈호텔은 잠자리에 익숙하지 않은 고객을 배려해 '베개 메뉴판'을 갖추고 있다. 크기·디자인·기능별로 분류한 베개를 한국어·영어·일본어로 설명한 안내판이다. 숙면을 돕는다고 알려진 국화향 베개, 혈액순환을 돕는 옥 베개와 메밀 베개 등을 비치해 투숙객이 가장 잘 맞는 베개를 선택할 수 있도록 돕고 있다. 이러한 사례는 화려하고 고급스러운 이미지로 경쟁하던 호텔들이 치열한 경쟁에서 살아남기 위해 보조서비스를 확대하는 사례이다.

2. 제품전략

1) 제품전략의 개념

제품의 본질을 이해하기 위하여 우리는 '제품이란 무엇인가?'라는 질문을 생각해 보아야 한다. 우리는 흔히 제품을 '우리가 돈 주고 사는 것' 또는 '일상생활에서 우리가 필요로 하는 것'이라고 생각하기 쉽다. 그러나 마케팅 관점에서 제품이란 효용의 묶음 또는 조합을 의미하며, 효용을 제공함으로써 구입하는 사람의 욕구나 필요를 충족시켜 줄 수 있는 모든 것이 제품의 범주에 포함된다고 볼 수 있다. 따라서 시장에서 교환되고 소비되는 대상은 어느 것이라도 제품이라고 할 수 있다. 그렇다면 사람이나 서비스도 제품이라고 할 수 있는가?

베리(Berry)는 제품과 서비스의 차이를 설명하면서 제품은 '물건, 장치, 사물'로 묘사하고 서비스는 '행위, 노력'이라고 설명하였다. 그러나 환대산업에서는 종사원의 행위나 노력이 동반되는 서비스가 제품의 중요한 일부분이다. 왜냐하면 제조업에서 제품은 기계나 설비에 의존하지만, 환대산업에서 서비스는 사람에 의존하는 부분이 많고 사람의 행위나 노력 등에 의해 서비스품질이 결정되기 때문이다. 그것이 바로 서비스상품이다. 따라서 마케팅에서는 고객들의 욕구와 필요를 충족시켜 고객만족을 창출하기 위하여 설계된 물리적·무형적 속성과 부수적 서비스 등을 모두 제품의 범주에 포함하고 있다.

2) 제품수명주기 전략

모든 제품이나 상품은 시장에 처음 출시되어 도입기, 성장기, 성숙기, 쇠퇴기의 과정을 거치게 되며, 이러한 과정을 제품수명주기(PLC : Product Life Cycle)라고 한다. 호텔마케터는 제품의 수명주기 전략을 잘 이해하고 자사 호텔이 제품수명주기상에 어느 위치인지를 정확히 파악하고 그에 맞는 마케팅 전략을 실행할 수 있어야 한다.

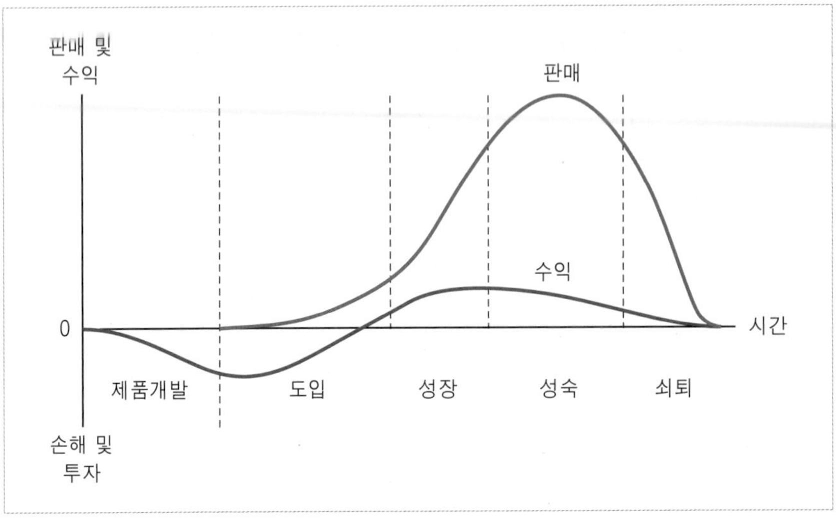

그림 11-4 제품수명주기(Product Life Cycle)

도입기(Introduction Stage)　도입기는 신상품이 최초로 시장에 도입된 시점부터 시작된다. 도입기의 특성은 경쟁기업의 수는 최소상태이지만 낮은 판매량과 높은 비용이 지출되면서 성장기에 도달하기까지는 상당한 시간이 소요된다.

　호텔산업에서도 도입기에는 막대한 비용이 소요되며 낮은 수익과 높은 비용지출의 특징을 보인다. 일반 제조업에서는 제품에 대한 촉진활동이 2~3개월이면 충분하지만 호텔의 경우 최소 1~2년 정도의 기간을 두어야 한다. 호텔 건설기간도 3~4년씩 소요되어 비밀리에 제품을 시장에 진출시키기가 어려운 특징이 있다.

　이에 따라 호텔산업에서 도입기의 목표는 호텔에 대한 인지도를 높이는 활동과 함께 고객의 창조와 유지가 중요하기 때문에 포지셔닝의 강도를 높여 고객 설득작업에 노력을 기울여야 한다. 또한 도입기에 또 하나의 중요한 전략은 내부마케팅 전략이다. 시장에 진출했을 때 직원은 완벽히 준비되어 있어야 하며 준비가 덜 되어 고객을 대상으로 연습하는 상황이 발생할 경우에는 호텔에 대한 초기이미지가 급격히 저하되어 도입기가 더욱 길어질 수 있다.

성장기(Growth Stage)　제품이 시장에서 호응을 얻게 되면 성장기 단계에 진입하게 된다. 판매량이 크게 증가하면서 이익은 상승곡선을 그리게 되고 지출비용은 유지되거나 하향곡선을 그리게 된다. 제품의 인기가 높아지면서 초기에 구매했던 소비자들은 반복구매를 할 것이고, 호의적인 평가를 들은 예비 구매자들이 선행자를 뒤따르면서 시장점유율(Market Share)과 매출액은 극대화된다. 그러나 경쟁기업이 이 익기회에 매력을 느껴 제품에 새로운 특징을 추가하여 시장에 진출하면서 시장이 확대되지만 제품군의 다양화로 인해 판매경쟁이 치열해지고 많은 제품들이 성장기에 도달하지 못하고 시장에서 퇴출될 수 있다.

호텔산업과 같이 투자자본이 높고 제품변형이 힘든 상품은 도입기에 영업이 부진하여 성장기 진입이 늦어지더라도 어쩔 수 없이 시장에 남아 있을 수밖에 없다. 이러한 상황에서도 오히려 성장기 진입을 위해 단골고객을 확보하고 그들의 제품충성도를 확고히 하려는 노력을 지속해야 한다. 이를 위하여 고객의 욕구조사를 통하여 끊임없이 결점을 없애면서 곧 다가올 성숙기에 대비하여야 한다. 시장에서 성장기는 도입기와 더불어 가장 중요한 단계로서 향후 수십 년 동안 사업성과의 기초적 토대를 결정하게 된다.

성숙기(Maturity Stage)   제품이 시장에서 성공을 검증받게 되면 판매량과 증가율이 점차 안정되면서 성숙기에 진입하게 된다. 제품의 판매량과 이익은 최고 수준을 유지하게 되고 비용은 규모경제 효과에 근거하여 최소 수준으로 낮아진다. 시장에서 경쟁기업의 수는 최대 규모로 시장은 포화상태가 된다. 따라서 시장점유율을 확대시키기는 점차 어려워지며 결과적으로 성숙기의 마케팅 목표는 이익의 극대화가 된다. 즉 이 단계에서는 경쟁기업에 대해 자사의 시장점유율을 유지시키고 이익을 극대화시켜 쇠퇴기에 대비해야 한다.

호텔산업에서는 메리어트(Marriott)호텔이 고가호텔 시장의 포화상태에 대비하여 저렴한 중가격대의 'Courtyard by Marriott'와 'Fairfield Inn' 브랜드를 개발하여 성숙기를 유지하고 있으며, 홀리데이 인(Holiday Inn) 호텔은 상위등급인 '크라운플라자(Crown Plaza)'와 하위등급인 '홀리데이 익스프레스(Holiday Express)' 브랜드를 개발하여 성숙기를 연장시키고 있다. 클럽메드(Club Med)는 개인이나 연인 등의 개별고객에서 가족단위 및 컨벤션 고객으로 표적시장을 전환하였으며, 라스베이거스 카지노호텔들도 주요 고객이 휴가를 즐기려는 가족단위 고객으로 새롭게 포지셔닝하면서 성숙기를 지속시키고 있다.

▲ Courtyard by Marriott는 산책로가 갖춰진 경관 좋은 정원과 수영장, 가정집과 같은 편안한 시설과 분위기 등을 제품 개념으로 확정하였으며, 3년 동안의 제품 테스트 기간을 거쳐 시장에 진출하여 현재는 전 세계 300여 개 지역에서 호텔을 운영하고 있다.

쇠퇴기(Decline Stage)　제품이 시장에서 인기가 없어지거나 보다 우수한 대체재가 출현하게 되면 쇠퇴기로 진입하게 된다. 일단 쇠퇴기로 진입한 제품은 급격한 수요 감소를 경험하며 시장에서 퇴각을 준비해야 한다. 쇠퇴기 상품에 대하여 경영자는 그것을 유지할 것인가, 회수할 것인가, 폐기시킬 것인가를 결정해야 한다.

그러나 쇠퇴기가 반드시 시장에서의 퇴각을 의미하지는 않는다. 호텔산업에서는 파크스위트호텔(Park Suites Hotels)이 엠버시 스위트(Embassy Suites)로 브랜드를 변경하면서 쇠퇴기를 극복하였다. 제품수명주기에 따른 단계별 특징을 살펴보면 〈표 11-1〉과 같다.

표 11-1 제품수명주기의 단계별 특징, 목표, 전략

내용	도입기	성장기	성숙기	쇠퇴기
판매량	낮은 수준	급속히 성장	최대	급격히 감소
비용	높은 수준	계속 감소	낮음	낮음
수익	낮은 수준	계속 증가	최대	계속 감소
경쟁업체	거의 없음	급격히 증가	다수	감소
마케팅 목표	제품인지 및 제품 서비스 사용	시장점유율 극대화, 브랜드 선호 유도	경쟁우위 확보, 이익극대화, 점유시장 방어	투자수익 최대화, 제품유지 또는 제거여부 결정
제품전략	기본제품 제공	품질관리, 보증제도 실시, 서비스 확대	브랜드 다양화, 확장상품 확대	비인기브랜드 제거
가격전략	원가에 근거	시장침투 가격	경쟁대응 가격	가격인하
광고전략	제품소개, 인지	상표별 차이 강조	브랜드 차별화, 혜택 강조	고충성도브랜드 외 선별적 폐쇄
촉진전략	시용확보를 통한 판촉활동 전개	수용확대에 따른 판촉의 감소	판촉활동 증가	최저 활동

3. 브랜드 전략

1) 브랜드의 개념

브랜드(Brand)의 본질적인 역할은 기업의 제품을 다른 기업의 것과 구별하기 위한 것이다. 브랜드는 제품의 이름, 슬로건, 심벌 등의 요소로 구성되는데 고객들은 이것을 특정한 기업이나 제품을 식별하는 메커니즘(Mechanism)으로 활용한다. 이처럼 고객들로 하여금 자사의 제품과 경쟁사들의 것을 명확히 구별하도록 하는 것은 마케팅에서 매우 중요하다.

'기업은 망해도 브랜드는 남는다'는 말이 있다. 브랜드가 지닌 막강한 영향력이 엿보이는 문구이다. 주요 기업들마다 브랜드에 목숨을 걸고 치열한 경쟁을 마다하지 않는 이유도 여기에 있다. 하지만 브랜드 경쟁에서 살아남는 기업들은 소수에 불과하다. 미국의 경영학자 짐 콜린스(Jim Collins)가 1965년부터 30년 동안 1,432개 기

업을 조사한 결과, 시장의 경쟁에서 살아남은 브랜드는 8.8%(126개)에 불과했다. 기업 10곳 중 9개 정도의 브랜드는 유야무야 세월 속으로 사라지는 셈이다. 무한경쟁 체제로 치닫는 글로벌 시장에서는 떠오르고 지는 브랜드의 부침현상이 더욱 심하다.

소비자 입장에서도 유사제품이 범람하는 공급과잉 시장에서 브랜드는 선택할 만한 가치(Value)를 제공하는 가장 큰 준거기준이다. 이런 상황에서 브랜드는 소비자에게 구매 욕구를 유발하는 어떤 가치를 제공해 준다. 세계 유명 명품브랜드에 대한 소비자들의 열광과 집착에서 볼 수 있듯이, 브랜드란 소비자에게 자기만족을 제공하고 사회적 위신을 대리적으로 표현해 주는 수단이 되고 있다. 이처럼 브랜드는 21세기 소비자에게 기능적 만족뿐만 아니라 사회·문화적 관계에서도 자기 소비에 대한 확신을 제공해 주는 보증적 역할을 해주면서 새로운 가치를 만들어주고 있다.

2) 브랜드 전략

브랜드 구성요소를 통한 브랜드 전략의 유형을 살펴보면 다음과 같다.

제품의 연상 및 혜택 제시　브랜드 네임은 제품의 기능이나 편익을 잘 전달할 수 있어야 한다. 예를 들어 Pizza Hut, Mr. Pizza, Pizza Mall 등은 브랜드 네임에서 피자를 연상시키고 있다. 호텔산업에서는 Motel 6, Motel 8, Econo Lodge 등이 호텔 네임에서 저가의 혜택을 제시하고 있다. Courtyard by Marriott호텔은 브랜드네임에서 'Courtyard'를 통해 집안의 뜰을 연상시키거나 가정집 같은 호텔이라는 혜택을 제시하고 있다. Paradise Beach Hotel은 해변에 위치한 호텔을 연상시키며, Hard Rock Cafe는 록카페를 연상시키고 있다.

브랜드의 인성화　사람과 연관된 것을 브랜드와 연결시키는 기법을 브랜드의 인성화라고 한다. 일반적으로 창시자의 이름을 브랜드화하는 경우가 많다. 윌러드 메리어트(J. Willard Marriott)의 이름을 브랜드화한 'JW Marriott호텔', 콘래드 힐튼(Conrad N. Hilton)의 이름을 브랜드화한 'Hilton호텔'과 힐튼호텔 최고급 럭셔리 브랜드인 'Conrad호텔', 세자르 리츠(Cesar Rits)의 이름을 브랜드화한 'Rits Carlton 호텔', 만화영화 제작자인 월트 디즈니(Walt Disney)의 이름을 브랜드화한 '디즈니랜드(Disney Land)' 등이 대표적으로 창시자의 이름을 브랜드화한 사례이다.

기억하기 쉬운 용어 사용 기억하기 쉬운(Memorability) 용어 사용이란, 소비자가 구매시점에서 해당 브랜드를 얼마나 잘 상기(Recall)시키고 인식하는 데 용이한가를 의미한다. 예를 들어 신라호텔, 한국콘도, 대한항공, 아시아나항공, American Airlines, Mr. Pizza 등은 한번 들으면 기억하기 쉬운 브랜드이다.

이 밖에도 긴 영어이름을 축약해서 표현하는 경우도 있다. T.G.I. Friday's처럼 "Thank Good It's Friday"를 축약하거나, Hyatt호텔처럼 'Help Yourself And Team Training' 등이 풀네임을 사용하기보다는 축약해서 표현함으로써 소비자들의 기억에 더 큰 도움을 주고 있다.

로고와 심벌 로고와 심벌(Logo & Symbol)은 브랜드를 시각적으로 보여주는 요소라는 점에서는 공통되지만 차이점이 있다.

로고는 브랜드 네임을 다른 사람들이 쉽게 또는 오래 기억할 수 있도록 구성한 독특한 글자체이다. 특정 브랜드를 표현하기 위한 고유의 글자체라고 할 수 있다. 한편 심벌은 글자체에 국한된 것이 아니며 특정한 회사라든지 상표명 등을 그림으로 나타내는 종합적인 상징체계를 뜻한다. 즉 워드마크가 아닌 경우는 심벌이라 한다. 예를 들어 'SK그룹 SK '의 로고와 심벌의 경우를 보자. 나비모양의 행복날개는 심벌에 해당하고, 붉은색의 영문글자인 SK는 로고에 해당된다. 환대산업에서는 대다수의 기업들이 워드마크와 추상적 로고(심벌)를 병행하여 사용하고 있는데 주요 호텔의 로고와 심벌을 살펴보면 아래와 같다.

▲ 국내 유명호텔의 브랜드

슬로건　슬로건(Slogan)은 압축된 문장으로 브랜드 네임을 표현하여 브랜드 인지도를 높이는 데 기여한다. 또한 슬로건은 브랜드 아이덴티티를 직접적으로 문장화하여 브랜드 주체가 약속하고 정의하는 정체성 메시지를 소비자들에게 전달한다. CJ의 '고향의 맛, 다시다', 에이스 침대의 '침대는 과학이다'라는 슬로건은 브랜드에 관해 설득력이 있으며 브랜드의 핵심정보를 전달해 주는 짧은 문구이다.

호텔산업에서는 리츠칼튼호텔이 '우리는 신사 숙녀들에게 봉사하는 신사 숙녀들이다(We are Ladies and Gentlemen Serving Ladies and Gentlemen)'라는 슬로건을 발표하였다. 이외에도 포시즌스호텔의 슬로건은 '당신의 비즈니스는 포시즌스를 필요로 합니다'이다. 포시즌스는 자사가 비즈니스를 효율적으로 하기 위해 꼭 필요한 집과 같은 편안함과 사무실과 같은 서비스를 제공하는 호텔이라는 것을 강조하기 위해 개발한 슬로건이다. 힐튼호텔은 'It happens at the Hilton'이라는 슬로건을 통해 '힐튼에 가면 좋은 일이 생길 것'이라는 기대감을 일으키게 하는 슬로건을 사용하고 있다.

항공업계에서는 대한항공이 2004년 창사 35주년을 기념하면서 세계 항공업계를 선도하는 글로벌 항공사라는 비전 아래 "Excellence in Flight"라는 새로운 슬로건을 선언하면서 선진항공사로 성장한다는 의지를 보여주었다. '탁월한 비행'이라는 슬로건 선포와 함께 승무원의 유니폼도 현재의 유니폼으로 바꼈다.

▲ 리츠칼튼호텔의 슬로건 'We are Ladies and Gentelmen Serving Ladies and Gentlemen'

4. 연출믹스

1) 연출믹스의 개념

물리적 환경은 유형적 단서 제공을 위해 제품과 서비스를 가시화시킬 수 있는 기법에 의해 창출되는데 이것을 '연출믹스'라고 한다. 연출믹스에 의해 제품의 차별화가 이루어지므로 연출믹스는 제품의 차별화와도 매우 높은 연관성을 가지고 있다. 호텔산업에서 연출믹스가 중요한 이유는 서비스산업의 특성에서 기인한다. 제조업에서 생산된 제품들은 일반적으로 눈으로 볼 수 있으며 체험해 보거나 미각을 통해 알 수 있는 것들이다. 그러나 호텔의 상품이나 서비스는 구체적인 방법이나 글로 설명하거나 이해시키기 어려운 특성이 있기 때문에 서비스를 가시화시킬 수 있는 연출기법이 요구된다. 즉 호텔을 경험해 보지 못한 고객들에게 호텔의 화려하고 독특한 외형적 시설들을 품격이 느껴지도록 연출해야 한다. 또한 타사에서 복제할 수 없는 독특한 분위기를 연출해야 한다. 이러한 분위기 연출은 경쟁사와 자사를 차별화하는 가장 강력한 마케팅 요소 중 한 가지로 작용하기 때문이다. 그래서 호텔산업에서 연출믹스는 매우 중요하다. 본 절에서는 연출믹스의 이해를 더하기 위해 시각자료를 다양하게 첨부하여 살펴보기로 한다.

2) 연출믹스 전략

물질적 설비를 통한 연출　물질적 설비는 인간이 창조한 건물, 시설, 제품 등이 해당된다. 물질적 설비는 특히 고객의 관심을 끌어 모으고 유인하는 데 필수적인 요소이다. 건물의 독특한 외형적 디자인, 화려한 조명 등으로 연출된 시설물은 모든 소비자의 관심을 받아 그 지역을 대표하는 랜드마크(Landmark)로 발전하기도 하며, 독특한 건축물 자체만으로도 경쟁사와 차별화되는 강력한 마케팅 요소로 작용할 수 있다.

특히 무형적 특성이 강한 호텔산업에서는 독특하고 웅장하며 화려한 외적 환경은 그 호텔의 수준과 품격을 대변하는 유형적 단서로 작용한다. 세계적으로 유명한 호텔들의 공통된 특징 중 하나는 다른 호텔기업들이 모방할 수 없는 물질적 설비를 갖추고 있다는 것이다. 환대산업 내에서 차별화된 물질적 설비와 인공적 화려함을 갖춘 대표적 사례들을 살펴보면 다음과 같다.

▲ 버즈 알 아랍호텔은 페르시아만 해안으로부터 280m 떨어진 인공 섬 위에 아라비아의 전통 목선인 다우(dhow)의 돛 모양을 형상화해 지어졌다. 202개의 객실은 모두 해변을 바라보는 전망에 2층 구조의 스위트 룸으로 멋진 전경을 자랑하고 있으며, 가장 작은 객실이 169m², 가장 큰 객실은 780m²이다. 버즈 알 아랍호텔의 외부전경, 로비, 레스토랑, 객실 전경

▲ 싱가포르의 마리나베이샌즈(Marina Bay Sands)호텔은 미국의 카지노 재벌 샌즈 그룹이 발주하고 국내의 쌍용건설이 시공하였는데, 건물 3개 동(지하 3층, 지상 57층, 2,561실)이 'ㅅ'자 모양으로 맞대어진 독특한 디자인으로 싱가포르의 대표적인 랜드마크가 되었다. 호텔의 가장 상층부 스카이파크에 위치한 풀장은 150m에 달한다.

분위기 연출　　분위기는 연출믹스에 있어 주의를 끌고, 기억을 지속시키며, 고객의 지각을 조정하는 가장 광범위한 마케팅 요소이다. 분위기를 연출하기 위한 요소로는 고대의 성·거대한 피라미드·신전과 같은 유물적 요소, 해변·강·산악지대 등의 지형적 요소, 나무·꽃·물·모래 등을 이용한 자연적 요소, 빛·조명·음악·그림 등의 인공적 요소 등 분위기 연출상황에 어울리는 모든 환경적 요소가 포함된다.

특히 환대산업에서는 웅장함, 독특함, 화려함, 경이로움 등의 분위기를 연출하기 위해 여러 요소들이 복합적으로 사용되고 있다. 호텔이나 리조트산업에서는 이벤트, 쇼, 테마, 상징물 등을 이용하여 타사에서 복제할 수 없는 독특한 분위기를 연출하고 있으며, 이러한 분위기 연출은 경쟁사와 자사를 차별화하는 강력한 마케팅 요소로 작용하고 있다.

▲ 라스베이거스 벨라지오호텔은 음악 분수 쇼를 이용하여 분위기를 연출하고 있다.

▲ 포시즌스리조트 발리는 안정감 있고 평화로운 휴양지 분위기를 연출하고 있다.

▲ 월도프아스토리아호텔 뉴욕의 로비는 벽면의 고풍스러운 그림과 화려한 문양의 리셉션데스크, 조명 등이 조화를 이루면서 최고의 품격을 연출하고 있다.

▲ ① 라스베이거스 베네치아호텔은 호텔 내에 수로를 건설하고 곤돌라를 띄워 이탈리아의 수상도시 베네치아 분위기를 연출하고 있다.
▲ ② 아일랜드 샹그릴라호텔 홍콩은 24층 높이의 벽화를 통해 동양적인 중국풍 분위기를 연출하고 있다.

▲ ① ② 파리 포시즌스 조지생크호텔은 화려한 가구와 기물, 조명, 꽃, 리넨, 그림, 카펫 등을 이용하여 세계에서 가장 화려하고 아름다운 호텔 분위기를 연출하고 있다.

종사원을 통한 연출　서비스기업은 두 종류의 고객을 가지고 있다. 하나는 통상적인 의미에서의 고객으로 외부고객이다. 다른 하나는 기업의 내부고객이라 할 수 있는 종사원이다. 서비스기업의 내부고객인 종사원들은 그들 자체가 서비스 상품이기 때문에 기업의 이미지를 형성하는 데 매우 중요한 역할을 하고 있다. 따라서 환대산업에서 종사원을 이용한 연출믹스는 효과가 크다.

많은 호텔기업들이 자사의 이미지 광고에 유명연예인이나 스포츠 스타보다 종사원을 통한 이미지 연출을 선택하는 이유는, 유명 스타를 통한 광고는 소비자들이 기업의 일방적인 광고수단으로 여기기 때문이다. 이에 반해 종사원을 통한 이미지 연출은 종사원이 고객의 눈에 비치는 호텔기업의 이미지이기 때문에 연출믹스 효과가 더 크다.

▲ 아시아 최고의 비즈니스호텔인 '아일랜드 샹그릴라호텔 홍콩'의 홈페이지는 종사원을 통해 최고의 서비스를 제공하는 호텔로서 자사 이미지를 연출하고 있다.

고객을 통한 연출　우리가 백화점이나 대형마트에서 물건을 구매할 때 옆에 누가 있건 개의치 않는다. 그러나 호텔에서는 그렇지 않다. 호텔에서 주요 고객이 누구인가는 마케팅 전략의 차별적 요소에서 중요한 요소이다. 따라서 호텔산업에서는 고객(Customer)도 연출믹스의 구성요소에 해당된다.

호텔산업의 경우 세계적으로 유명한 VIP고객을 한번이라도 유치한 호텔들은 타 호텔에 비해 세일즈마케팅에서도 유리한 위치를 차지한다. 대표적으로 미국 뉴욕의 맨해튼에 위치한 '월도프아스토리아(Waldorf Astoria)호텔'은 1883년에 건립되어 100년이 넘는 역사를 자랑하고 있지만 이 호텔이 전 세계적으로 더욱 유명해진 이유는 호텔을 방문하는 주요 고객 때문이다. 뉴욕을 방문하는 세계적 명사들이 사전에 약속이나 한 듯이 '월도프아스토리아호텔'을 이용하는 이유는 100년의 역사에서 이 호텔

▲ 인터컨티넨탈 다낭 썬 페닌슐라 리조트는 편안하게 휴식을 취하는 고객의 이미지를 활용해 낭만적이고 럭셔리한 분위기를 연출하고 있다.

을 이용해 왔던 고객들이 말해주기 때문이다.

5. 촉진전략

1) 촉진믹스의 개념

촉진(Promotion)은 고객들에게 자사의 상품을 알리고 고객들이 자사의 상품을 선택하게 하려는 마케팅 커뮤니케이션이라고 할 수 있다. 일반적으로 촉진의 목적은 정보를 제공하고(Inform), 호의적인 태도를 가지도록 설득하며(Persuade), 최종적으로 소비자 행동에 영향을 주어(Influence) 구매를 이끌어내는 것이다.

특히 무형적 특성이 강한 환대산업에서는 기존 고객뿐 아니라 잠재고객에게도 서비스가 존재한다는 것을 알리고, 서비스를 통해 얻는 혜택이 무엇이며, 최종적으로 언제, 어디서 구매가 가능한가를 알림으로써 판매를 촉진하는 것이다. 즉 경쟁브랜드가 아닌 자사의 상품을 구매하고 사용함으로써 만족과 효용을 얻을 수 있음을 깨닫게 하여 구매를 촉진시키는 것이다.

기업에서 마케팅 관리자가 활용하는 촉진의 수단은 매우 다양하지만, 본 장에서는 가장 광범위하게 사용되는 촉진수단으로 광고(Advertising), 홍보(Public Relations), 판매촉진(Sales Promotion), 인적판매(Personal Selling)의 네 가지 촉진수단을 소개하기로 한다.

이러한 네 가지 촉진수단은 기업의 마케팅목표를 달성하기 위하여 독립적으로 사용되기보다는 상호보완적으로 사용되고 있으므로 촉진믹스(Promotion Mix)라고 한다. 촉진믹스의 특성을 살펴보면 다음과 같다.

2) 촉진믹스 전략

(1) 광고

기업이 제품이나 서비스의 우수성을 보다 효과적으로 고객에게 알리고 자사제품에 대한 수용성을 늘리기 위한 커뮤니케이션 방법의 첫 번째가 광고이다. 미국 마케

▲ 하얏트리젠시인천의 정보전달광고. 정보전달광고는 내용이 복잡하지 않고 간결하다.

팅협회에서는 광고란 '기업, 비영리조직, 정부 및 개인이 표적시장의 구성원이나 청중에게 제품, 서비스, 조직 혹은 아이디어를 대중매체를 통해 알리거나, 이들을 설득하기 위해 적시적소에 설득적 메시지와 문구를 배치하는 것'으로 정의하고 있다.

호텔산업에서는 시장규모가 한정적이고 선별적이므로 무차별적으로 대중에게 노출되는 광고매체보다는 경제관련 잡지나 신문, 여행관련 잡지, 항공기 잡지 등에 선별적으로 광고를 게재하는 방법을 선호하고 있다. 기업이 광고를 통해 메시지를 실현하는 유형을 살펴보면 다음과 같다.

정보전달 광고　기업의 정보전달 광고에 어울리는 메시지이다. 정보전달 메시지는 명확한 사실을 직접적으로 전달하는 기능을 갖고 있으며, 광고의 내용이 복잡하지 않고 간결하다. 호텔과 레스토랑의 위치와 연락처, 제품설명과 가격 등에 대한 메시지가 간결하게 기재된다.

이미지 광고　감성적 광고에 어울리는 메시지로서 이미지, 무드, 즐거운 느낌 등을 통하여 소구하고자 할 때 사용되는 심리적 메시지이다. 광고에 행복감, 아름다움, 애정, 환상적인 분위기 등을 연출함으로써 고객의 감성적 반응과 상품에 대한 감정을 동일시하도록 유도하는 이미지 광고이다.

반복적 주장 광고　일반적으로 제품에 대한 자세한 설명이 필요 없는 유명제품이나 브랜드에 강력한 인상을 주기 위해 하나의 주제나 문장을 반복적으로 전달하는 광고형태이다. 소비자의 패턴이 각기 다른 소구 대상에 효과적으로 대처할 수 있어 개별 광고활동을 전개할 때보다 시장에서 더 큰 영향력을 미치게 된다.

심벌연관 광고　브랜드나 상품을 대표하는 상징적 인물이나 캐릭터를 지속적으로 사용하여 그것만 보면 상품을 곧바로 떠올릴 수 있도록 하는 방법이다. 예를 들어 맥도날드의 로날드, 말보로 담배의 말보로 맨, 펩시콜라의 펩시맨 등이 대표적이다.

모방 광고　모방(Imitation) 광고는 고객들이 닮고 싶어 하는 인물, 체험하고 싶어 하는 상황을 연출함으로써 모방심리를 자극하는 광고이다. 심벌연관 메시지와의 차

Inspired by the social and artistic milieu of fin de siècle Europe and King Rama V-era Thailand, Hotel Muse combines cosmopolitan chic with playful elegance amid a new golden age of Asia. We bring to the city lavish guest rooms along with a distinctive array of dining and entertainment venues unlike anything Bangkok has ever seen before.

Hotel Muse, for those who love to live independently.

55/555 Langsuan Road, Lumpini, Pathumwan, Bangkok 10330 - Thailand   Tel.: + 66 (0) 2 630 4000 Fax: + 66 (0) 2 630 4100

▲ **뮤즈호텔의 이미지 광고.** 방콕 최고의 부티크 호텔인 뮤즈호텔은 자사 호텔의 특징인 '동양적 전통미와 유럽의 세련미'를 클래식하면서도 모던한 이미지로 표현하고 있다.

이점은 심벌, 음악 등이 모방 메시지의 구성요소에서 제외된다는 것과, 핵심 강조 포인트가 제품보다는 인물과 상황이라는 점이다.

비교 광고   비교 광고(Comparison Advertising)란 제품의 몇 가지 속성들에 대해서 경쟁상표들을 직간접적으로 거명함으로써 자사상표와 경쟁상표를 비교하는 것을 말한다. 기업은 비교 광고를 통해 자사 제품이 경쟁사의 제품보다 우월하다는 것을 보여준다. 비교 광고에는 직접비교와 간접비교가 있다. 직접비교는 경쟁사의 상표명을 보여주어 비교하는 경우이고, 간접비교는 자사 제품의 상표만을 보여주는 경우이다.

그러나 비교 광고를 할 때는 주의할 점이 있다. 자사의 제품이 경쟁사보다 우월하다는 보편적 인식이 있어야 한다. 그렇지 않을 경우 경쟁사의 제품이 더 우월하다는 인식을 심어줄 수 있다. 그리고 지나친 허위·과장광고는 오히려 기업에 부정적인 이미지를 심어줄 수 있다.

(2) 홍보

홍보(PR : Public Relation)란, 기업이 자사의 각종 긍정적인 소식을 언론에 기사화하여 대중매체에 실리게 함으로써 기업인지도를 높이고 기업 이미지를 우호적으로 형성하는 활동이다. 홍보 실무자들은 'P할 것은 피하고, R릴 것은 알리는 것'이 홍보라고 표현하기도 한다. 즉 '좋은 이야기는 더 좋게, 나쁜 이야기를 그다지 나쁘지 않게 만드는 것'이 홍보라 할 수 있다. 환대산업에서 이루어지는 홍보기법을 이용한 홍보 전략의 사례를 유형별로 살펴보면 다음과 같다.

언론을 활용하라   홍보에서 중요하고 파급효과가 가장 큰 것이 언론이다. 보도자료 배포, 인터뷰, 기자회견, 언론초청 팸 투어(Fam Tour) 등 방법은 다양하다. 방송이냐 신문이냐에 따라 접근방법이 다르지만 지면이나 프로그램의 뉴스와 특집을 겨냥해 이야기 구조를 창출하는 게 중요하다.

이벤트를 만들라   이벤트는 홍보에서 매개체가 되는 중요한 수단이다. 화제를 일으켜 파급효과를 높이고 비주얼적인 요소를 만들어내는 기능을 하기도 한다. 소비자의 참여현장이 되고, 취재기자의 뉴스소재를 만들어내는 공간이 되기도 한다.

이벤트는 시상식, 경연대회, 세계음식축제, 기념식, 불우이웃돕기, 신상품발표회, 출판기념회, 영화시사회 등 다양하다. 이벤트는 고정화된 것이 아니라 끊임없는 상상력의 영역이다. 어떻게 아이디어를 창출하느냐에 따라 이벤트의 영역은 커지기도 하고 작아지기도 한다.

인터넷을 활용하라 인터넷은 IT시대에 맞는 적극적인 홍보수단이다. 자체 홈페이지나 사이트 개설을 통한 홍보가 우선적이지만 포털업체나 특정 인터넷 회사와의 공동홍보도 가능하다. 또한 UCC의 활용, 블로그, 아고라, 카페 등 인터넷에서 포털공간의 다양한 활용 역시 새로운 풍속도이다. 인터넷은 신속성과 전파성이 큰 특성으로 인하여 젊은 층을 대상으로 했을 때 효과가 크다.

최고·최대·최소를 만들라 세계 최대의 빌딩, 최단 기간 300만 관람객 돌파, 최소형 휴대폰 등 각종 신기록이나 수치는 뉴스가 된다. 그러기 위해서는 경쟁사와 비교할 수 있는 수치, 새로운 기록이 되는 자료를 발굴해 내는 것이 중요하다. 언론은 새로운 기록이나 수치에 관심이 많다.

연합하거나 협력하라 비슷한 목표를 가진 여러 사람 혹은 단체가 연합하거나 협력을 하면 기사화될 가능성이 높다. 국내 환대산업 기업들은 문화체육관광부, 한국관광공사, 호텔협회, 관광협회 등 관련 업체들과 협조하여 홍보효과를 극대화할 수 있다.

유명인을 활용하라 홍보주체가 스스로 자랑하는 것보다는 주위에서 칭찬을 해주는 것이 소비자의 수용성을 높일 수 있다. 그런 면에서 유명인을 홍보대사, 홍보도우미, 명예시민 등으로 활용함으로써 홍보주체에 대한 지지를 이끌어내고 언론에서 각광받을 기회를 마련할 수 있다. 미국의 유명배우 아놀드 슈왈제네거와 팝가수 마이클 잭슨이 한국을 방문했을 때 국내 언론의 관심대상이었는데 이들이 숙박하였던 신라호텔 입장에서는 회사를 홍보할 절호의 기회를 마련한 것이다.

사진은 뉴스다 새로운 사진은 독자의 시선을 끈다. 보도 자료와 연계하기보다는 독자적인 사진뉴스를 구성하려는 노력이 필요하다. 예를 들어 1995년 5월에는 국내 중앙일보에 '중국 천안문의 코카콜라'라는 사진이 기사화된 적이 있다. 1990년대 중반만 해도 서방기업과 공산국가 중국은 부조화의 상징이었다. 당시로는 독자들에게 신기함을 안겨주는 사진으로서 코카콜라 입장에서는 사진을 통한 홍보효과가 높았다.

상을 받아라　상은 제3자로부터 신뢰성을 인정받는 것이다. 최우수 서비스품질 인증호텔, 존경받는 기업, 세계 100대 호텔, 세계 10대 테마파크, 수출탑 등 수상을 하거나 품질인증을 받거나, 각종 순위에서 높게 위치하면 기사화될 가능성이 높다. 얼마나 좋은 회사냐에 따라 이러한 뉴스는 자연스럽게 뉴스화가 된다.

▲ 콘래드서울호텔은 다양한 수상내역을 호텔 홍보에 적극적으로 이용하고 있다(① 콘래드서울 World Travel Awards로부터 3개 부분 수상, ② 콘래드서울 DestinAsian으로부터 Best New Hotel 수상).

홍보지나 홍보영상을 만들라　가장 고전적인 방법 중 하나가 홍보지를 이용하는 것이다. 즉 사보, 사외보 등 홍보지를 만들어 해당 타깃층에 배포하는 것이다. 브로슈어, 카탈로그 등도 업장에 비치할 수 있는 홍보물이다. 홍보영상이나 비디오 자료 역시 유용한 홍보수단이다.

(3) 판매촉진 수단

판매촉진(Sales Promotion)이란 제품과 서비스의 구매 혹은 판매를 증진시키기 위한 단기적 인센티브를 의미한다. 판매촉진 마케팅의 초점은 단기적이라는 개념이다. 아무리 성공적으로 수행된 전략도 장기화되면 보통의 제품개념으로 바뀌게 되며, 그 효과 또한 감소될 수밖에 없다. 판매촉진의 대표적인 7가지 수단을 살펴보면 다음과 같다.

샘플(Sample) 샘플이란 고객에게 어떤 상품이나 서비스를 무료로 시험할 기회를 주는 것을 말한다. 즉 샘플의 제공은 상품이나 서비스를 미리 사용하게 함으로써 고객의 지각위험성을 감소시키고 서비스의 무형성에서 기인하는 구매의 위험을 감소시켜 구매를 유도하는 것이다. 샘플을 제공할 때는 신상품이나 서비스를 소개할 때나 기존 상품에 대해 사용경험자가 적을 때, 또는 경쟁상품의 충성도가 높을 때 많이 사용된다. 판매촉진을 위해 효과적인 방법이지만 반면에 비용이 많이 소요되는 단점이 있다.

쿠폰(Coupon) 쿠폰은 상품이나 서비스를 구매할 때 구입자에게 할인해 주겠다는 증명서이다. 쿠폰은 일정비율의 가격할인이나 메인상품에 동반하는 음료수나 샐러드 등의 무료쿠폰, 동반자에게 추가적으로 제공하는 할인 등의 형태로 제공된다. 특히 가격에 민감하고 브랜드 충성도가 적은 고객을 유인할 때 적합한 수단으로서, 이러한 쿠폰은 얻기 편리하고 이용하기 단순하며 까다로운 조건이 없어야 효과적이다. 그러나 쿠폰의 과다사용은 기업의 이미지와 브랜드 가치를 훼손할 우려가 있으며, 프리미엄 서비스를 제공하는 기업에게는 적합하지 않다.

프리미엄(Premium) 제품이나 서비스를 구매한 고객에게 추가적으로 부가제품을 무료 혹은 할인을 통해 제공할 때 이것을 프리미엄이라고 한다. 프리미엄이 쿠폰과 다른 점은 무료나 할인을 원한다고 해서 모든 고객에게 제공하는 것이 아니고, 특정 제품이나 서비스를 구매한 우수고객에게만 제공한다는 점이다. 즉 기업에 충성스러운 고객에게 보상할 목적으로 그들에게 만족을 주고, 충성도를 더욱 높이기 위한 판촉이다. 따라서 쿠폰과 달리 기업의 이미지에 부정적인 이미지를 주지 않는다는 장점이 있다.

경품추첨(Sweepstakes)　추첨은 특정한 기념일이나 연말연시, 개업행사 등에서 주로 사용되는데, 고객은 경품에 당첨(현금, 무료여행권, 자동차 등)되기 위해 구매행동을 하게 된다.

호텔에서는 마케팅 행사기간 동안 객실이나 식음료업장을 이용한 고객들을 대상으로 추첨하여 당첨자에게는 무료 객실이용권이나 식사교환권을 경품으로 제공하거나, 특정 행사기간 동안 웨딩을 올린 고객을 대상으로 연말에 추첨을 통해 고급 자동차를 경품으로 증정하는 형태 등이 있다.

▲ 리츠칼튼 서울 옥산 뷔페에서는 매월 고객의 명함을 추첨하는 이벤트를 통해 당첨자에게 소정의 선물을 제공하고 있다.

보상후원(Patronage Rewards)　보상후원은 고객을 회원으로 등록시켜 구매량이나 빈도수에 따라 포인트를 누적시켜 주고, 일정 포인트가 누적되었을 때 가격할인, 추가서비스, 상품업그레이드 등으로 보상함으로써 반복구매를 지속시키고 브랜드 충성도를 높이는 촉진방법이다.

보상후원은 항공사에서 사용하는 마일리지제도나 카드사에서 사용하는 포인트 적립 등이 대표적이다. 이외에도 커피숍 등에서 고객카드를 발급해 주고 10회 이상 지속적으로 커피를 마시면 한 잔을 무료로 제공하는 것도 보상후원의 사례이다.

가격할인(Price Reduction)　가격할인은 가장 많이 사용되고 있는 판매촉진 수단으로 비수기에 수요를 자극하거나 기간 내 판매가 요구되는 상품을 처리하기 위하여 사용되고 있다. 또한 성수기를 피하고 비수기로 수요를 분산시키는 효과가 있다. 그러나 정상가격에 구매할 용의가 있는 고객들에게까지 할인가격으로 판매하거나, 고객들이 해당 기업이 가격할인을 할 때까지 구매를 하지 않고 기다리거나 동종업계 간 가격경쟁을 유발할 위험이 있어 신중히 채택할 필요가 있다.

환불/교환　환대산업에서는 환불이나 교환도 판매촉진의 수단에 해당된다. 환불이나 교환은 구매 혹은 이용 후에도 고객이 불만족했을 경우 고객에게 전액 현금이나 다른 상품으로 교환해 주는 제도이다. 환불의 대표적인 예는 미국 Hampton Inn 호텔이 불만족한 고객에게는 객실료를 전액 환불해 주었던 '100% 서비스 보증제도'가 좋은 사례이다. 또한 Holiday Inn Express 호텔에서도 특정 마케팅 기간에 종사원이 인사를 하지 않는 등 고객 불편이 발생할 경우 객실을 무료로 제공하는 제도를 실시하여 모든 종사원의 친절을 유도하고 60% 미만의 객실점유율을 80% 이상으로 향상시켰다.

(4) 인적판매

인적판매(Personal Selling)란 판매직원이 고객과 직접 대면하여 대화를 통해 자사의 상품·서비스를 구매하도록 설득하는 판매활동기법이다. 호텔기업의 인적판매는 구매과정의 여러 단계, 특히 구매자의 선호·확신·구매를 구축하는 단계에서 매우 높은 활용가치를 지니고 있다. 호텔 인적판매의 단계와 전략은 다음과 같다.

잠재고객의 탐색과 선정　호텔 인적판매의 첫 단계는 잠재고객을 찾아내는 것이다. 잠재고객을 찾아내는 방법은 기존 고객에게 문의하거나 경쟁호텔 정보, DB, 전시회 참석, 상장기업체 명부, 우량 기업체의 연간 교육계획 등을 파악하고 판매가능성을 타진하여 최종 선정하는 단계이다.

사전접근(Pre-Approach)과 방문판매　인적판매의 두 번째 단계는 텔레마케팅 등 사전접근을 통한 방문판매(Sales Call)이다. 고객 방문 시 항상 사전접근과정을 거쳐야 하는데, 사전 약속 없이 불시에 방문하는 'Cold Call'은 필히 지양되어야 한다. 고객을 방문할 때는 완벽하게 준비한 후에 방문한다.

호텔에서는 신규오픈(Grand Opening)이나 개보수 후, 경쟁호텔의 출현, 신제품 및 서비스의 도입, 비수기 등의 시기에 집중적으로 방문판매를 수행한다.

협상　호텔 판매직원에 있어 협상 시 가장 잘못된 사항은 가격을 먼저 제시하는 것이다. 모든 협상은 정상가격(Rack Rate) 혹은 정가의 메뉴로부터 시작해야 한다.

호텔산업에 있어서는 무수한 협상조건이 존재하고 있다. 객실 업그레이드, 무료티켓, 리무진서비스, 피트니스센터 무료이용 등 부가혜택을 최대한 동원하여 가능한 정상가격을 유지하는 것이 중요하다. 고객이 이러한 부가혜택을 원하지 않고 가격에 부담을 가질 때, 그때 할인에 대한 협상이 시작되어야 한다.

협상완료　위의 모든 절차를 모두 성공적으로 수행하면서도 거래가 성립되지 않는 경우가 많다. 협상완료 시 가장 바람직한 것은 물론이고, 그것이 잘 이루어지지 않는 경우라도 추후 행사나 재협상을 위해 다음 약속을 정하는 것이 바람직하다. 즉 고객과의 관계를 지속적으로 유지시켜야 하며 거래가 성립되지 않더라도 항상 변함없는 태도를 유지해야 한다.

피드백　거래가 성립되면 즉시 계약조건 등 모든 조치를 신속히 취하여 그 상황을 고객에게 확인(Confirm)시켜 주어야 한다. 약속된 사항에 대하여 이행하느냐(Follow-Up), 조건이 달라지느냐(Foul-Up)의 차이는 향후 고객유치에 있어 결정적인 역할을 한다. 환대산업에서 그 중요성은 부연할 필요가 없을 것이다. 거래가 성립되지 않았을 때에는 그 이유를 세밀히 검토하여야 하는데 특히 그 거래가 어느 경쟁호텔과 성립되었는가를 확인하여 다음 협상에 반영해야 한다.

호텔용어

Marketing   마케팅이란 기업이 시장에서 판매증대의 목적으로 행하는 다양한 촉진 활동들을 말한다. 마케팅의 범위는 매우 포괄적인데 상품화기획, 시장조사, 광고, 홍보, 판매촉진 등이 모두 포함된다.

Marketing Mix   기업이 시장에서 상호 관련되고 상호의존적인 마케팅 활동들을 창조적으로 결합하는 전략을 말한다.

Promotion   프로모션(promotion)은 원래 '밀어붙이다(push-forward)'는 뜻으로 '설득'과 같은 의미로 사용되었는데, 시장에서 여러 방법을 써서 수요를 불러일으키고 판매가 늘도록 유도하는 촉진 활동을 말한다.

Event   불특정한 사람들을 모아 놓고 개최하는 잔치나 행사를 총칭하는 포괄적인 말이다. 월드컵이나 올림픽, 엑스포 등도 이벤트라고 할 수 있으며, 모임 등에서 행하는 레크리에이션 행사도 이벤트의 범주에 포함된다.

Loyalty   로열티란 기술, 특허, 브랜드 등에 대한 사용료이다.

Data Base Marketing   기업이 고객정보를 구축하여 필요한 고객에게 필요한 제품을 직접 판매하는 것으로, 원 투 원(one-to-one) 마케팅이라고도 한다.

PLC(Product Life Cycle)   모든 제품이나 상품은 시장에 출시되어 도입기, 성장기, 성숙기, 쇠퇴기의 과정을 거치는데 이러한 과정을 제품수명주기라고 한다.

Market Share   시장점유율을 말한다. 모든 기업의 마케팅 목표는 상품의 점유율을 증대시켜 시장에서 상품에 대한 지배력을 갖고자 하는 데 있다.

Brand   특정한 판매인의 제품 및 서비스를 구분하는 데 쓰이는 명칭이나 기호, 디자인 등을 일컫는 말이다. 노르웨이의 옛말인 '태워 새긴다'라는 'brandr'에서 유래되었는데 당시 주인이 누구인지 구분하기 위해 가축에게 찍는 낙인에서 유래했다.

Logo & Symbol   로고와 심벌은 브랜드를 시각적으로 보여주는 요소이다. 브랜드에서 로고는 독특한 글자체를 말하고, 심벌은 그림으로 나타내는 문양을 말한다.

Slogan   기업이나 단체의 비전, 주장 등을 간결하게 나타낸 짧은 문장을 말한다. 기업은 슬로건을 통해 기업의 약속이나 정체성 등을 소비자들에게 전달한다.

Landmark   어떤 지역이나 국가를 대표하거나 상징성을 부각하게 만드는 건축물이나 시설물 등을 말한다.

Fam Tour(Familization Tour)   팸 투어는 무료 초청행사를 뜻한다.

Checkpoint

● 기업의 생존을 위해 마케팅은 왜 필요한가에 대해 생각해 보세요.

● 기업과 고객 간에 관계를 잘 유지하면 상호 간에 어떤 점이 좋을까요?

● 호텔기업이 내부고객이라 할 수 있는 종사자들을 소중한 자산이라 생각하고 이들의 욕구를 잘 이해하고 만족시키기 위해 노력해야 하는 이유에 대해 생각해 보세요.

● 호텔에서 연출믹스가 중요한 이유는 무엇이며, 연출믹스를 실행하기 위한 전략적 수단으로는 어떤 방법들이 좋을까요?

제12장

호텔경영전략

제1절 호텔경영의 거시적 환경
제2절 호텔의 경영전략
제3절 호텔기업의 성공적 경영전략

제1절 호텔경영의 거시적 환경

1. 기술적 환경

호텔기업의 경영환경 중 기술적 환경(Technological Environment)은 모든 거시환경 중 가장 빠르고 큰 영향력을 행사하고 있으며, 기업의 성패를 좌우하는 가장 극적인 요소이다. 새로운 기술의 도입은 시장을 창조함으로써 기업에게 새로운 수요를 창출해 주기 때문에 매우 중요하다. 따라서 호텔경영자는 기술환경의 변화추세를 예측함으로써 이런 변화를 위협이 아닌 기회로 활용할 수 있어야 한다.

호텔산업도 이러한 기술적 환경변화에 신속히 대응하고 있다. 예를 들어 하얏트호텔그룹은 모든 체인 및 제휴호텔에서 일반전화선보다 50배나 빠른 초고속 무선 인터넷 연결로 비즈니스 고객의 욕구를 해결하고 있으며, 회의장이나 호텔 로비에 인터넷망을 구축하여 고객의 편리함을 도모하고 있다. 또한 두 개의 무선전화기로 동시에 통화하고 전자메일을 받을 수 있으며, 이와 더불어 무선의 입·퇴숙 서비스를 도입하여 고객 예약의 편리함을 제공하고 있다. 이 무선 예약 시스템은 호텔 외부에서 입·퇴숙 절차를 가능하게 하여 프런트데스크에서의 시간 소비를 완전히 제거하였다.

그러나 이와 같은 기술적 환경의 발달은 환대산업에 있어 고객과 직원 간의 관계에 대한 반대급부도 염두에 두어야 한다. 기술적 환경이 호텔에 도입되기 전에는 고객이 호텔에서 체크인할 때 직원과 담소도 나누며 진정한 환대를 받았지만, 현대에 이르러 대부분의 호텔에서는 고객들이 하나의 숫자이거나 코드화되어 종사원은 고객의 얼굴을 바라보는 것이 아니라 주로 컴퓨터 모니터를 바라보며 대화를 하거나, 신속하고 기계적인 처리를 위해 푸근하고 인간적인 환대서비스를 받기가 어려워지는 문제가 발생하고 있다.

이러한 문제들을 고객관리에 가장 잘 이용하고 있는 호텔은 리츠칼튼호텔이다. 리츠칼튼호텔에서는 24만 명의 단골고객에게는 특별 체크인 시스템을 도입하여 고객이 호텔에 도착하기 전에 객실배정이 완료되고, 도착 즉시 현관 앞에서 벨맨이 이름을 부르며 환대하고, 객실에 들어서면 과일, 샴페인 등 VIP패키지가 놓여 있다. 또한 고객이 선호하는 신문, 조·중·석식 메뉴, 모닝콜(wake up call) 등의 정보를 미리 저장하여 고객이 요청하기 전에 미리 문의하고 확인함으로써 고객의 만족을 극대화시키고 있다.

이와 같은 기술적 환경은 환대산업의 기업들에게는 새로운 시장과 기회를 제공할 것이다. 그러나 이를 따라잡지 못하고 새로운 기술에 맞서거나 무시할 때 그 산업은 쇠퇴기를 맞이하거나 시장기회를 잃을 것이다.

2. 인구통계적 환경

인구통계적 환경에서 가장 중요한 것은 연령구조의 변화이다. 호텔산업에서는 경영전략에 영향을 미치는 인구통계적 그룹을 세 그룹으로 분류하고 있는데, 베이비붐세대, X세대, N세대이다. 본서에서는 그중에서도 X세대를 겨냥한 하얏트호텔의 경영전략을 소개한다.

X세대(X Generation)는 베이비붐세대 이후 1965년과 1976년 사이에 태어난 연령층을 일컫는다. X세대들은 환경을 걱정하고 사회적으로 책임 있는 사회적 기업들에게 우호적으로 반응하는 특성이 있으며, 여행을 다닐 때에도 혼자 또는 소규모 인원으로 다니며, 격식을 따지지 않고 간편함을 추구하면서 자유롭게 다니는 것이 특징이다.

이와 같은 특성을 지닌 젊은 비즈니스 여행객 시장이 크게 성장하면서 하얏트호텔은 X세대를 표적시장으로 겨냥하여 하얏트그룹 계열의 부티크호텔인 '안다즈호텔(Andaz Hotel)'을 새롭게 론칭하였다. ΛΝ𝑑ΛZ 안다즈호텔은 자사를 우아함 속에 각자의 스타일과 개인의 독립성이 실현되는 '호화로운 라이프스타일 브랜드'로 포지셔닝하고 있다. 마케팅 실행에 있어서도 X세대 고객들의 특성을 감안하여 투숙객이 프런트에서 줄서서 기다리지 않고 태블릿 컴퓨터를 소지하고 돌아다니는 직원들로부터 도움을 받아 편리하게 체크인 업무를 할 수 있다. 또한 자연친화적인 경영환경을 제공하고 있으며, 지역적 개성, 혁신적인 디자인, 신속한 개별적 서비스를 동시에 제공하고 있어 X세대의 비즈니스 고객들로부터 좋은 반응을 보이고 있다.

이와 같은 사례는 호텔 기업이 인구통계적 환경변화에 신속히 대응하여 성공한 모범적 사례로 꼽히고 있다. 즉 X세대는 절약과 근검 속에서 생산지향적일 수밖에 없었던 이전 세대와 달리 상대적으로 풍요로운 성장기를 보냈기 때문에 소비지향적 특성을 드러내고 있으며, 하얏트호텔은 이들의 특성을 적극적으로 반영한 안다즈호텔을 시장에 진입시킴으로써 이들이 적극적인 소비행위를 통해 자신의 존재감을 표현하도록 하여 성공한 것이다.

▲ 안다즈호텔은 X세대를 표적시장으로 자사를 우아함 속에 각자의 스타일과 개인의 독립성이 실현되는 '호화로운 라이프 스타일 브랜드'로 포지셔닝하고 있다(① 안다즈호텔 뉴욕 외관 전경, ② 로비, ③ 객실).

3. 경제적 환경

경제적 환경(Economic Environment)은 소비자의 구매력과 소비패턴에 영향을 미치는 요인으로 구성된다. 나라마다 수입의 수준과 분배는 매우 다르지만 경제적 환경은 모든 산업에 있어 가장 넓고 밀접하게 관련되어 있으며 호텔산업도 예외는 아니다.

세계적으로 호텔산업은 특급호텔을 주축으로 발전되어 왔으며, 고급과 저급의 이분적인 구조로 성장해 왔다. 1960년대 후반부터 대부분의 특급호텔들이 객실요금을 매년 5~10%씩 상승시켜 왔으며, 1970년대에 이르러서는 고객들이 높은 객실요금 때문에 호텔숙박에 부담을 느끼기 시작하였다. 이에 따라 1970년대 말부터는 호텔산업에도 커다란 시장변화가 일어나기 시작하였는데, 불경기와 소비심리 위축으로 특급호텔 간의 경쟁이 심화되어 기존 고급시장을 지켜내기가 어려워졌으며, 소비자들은 호텔에 대한 욕구와 기대치가 합리적이고 실용적으로 변하기 시작한 것이다.

이와 같은 거시적 환경 변화를 빨리 감지하고 미리 대응해 나간 대표적인 호텔그룹이 현재 널리 알려진 프랑스의 아코르(Accor)그룹이다. 아코르그룹은 소피텔(Sofitel)과 노보텔(Novotel)을 이용하는 고객층보다 한 단계 낮은 계층의 시장에 침투하기 위하여 1974년 중저가 스타일의 '이비스(Ibis)' 브랜드를 시장에 진입시켜 큰 성공을 거두었다.

서울 강남구에 위치한 '이비스 앰배서더호텔'의 경우 9만 원대의 저렴한 숙박요금으로 호텔업계의 비수기인 7월 중에도 90%대의 객실점유율을 유지하고 있다. 이비스호텔이 이렇게 저렴한 요금을 유지할 수 있는 비결은 벨맨, 도어맨, 주차 대행 등의 전형적인 특급호텔의 서비스들을 과감히 배제하고, 객실에는 소형 냉장고에 빈 물통만 2개가 있으며, 주스·칫솔·치약 등은 자동판매기에서 판매하는 등 가격거품을 뺐기 때문이다.

또한 아코르그룹은 1980년대 초반부터 공급과잉과 불황으로 중저가 시장이 어려움을 겪게 되자, 염가호텔을 이용하는 고객들이 원하는 것은 호텔등급과 상관없이 저가의 편안한 숙박임을 알아내고 가격혁신을 시작하였다. 그 결과 이비스보다 한 단계 더 저렴한 가격으로 숙박할 수 있는 '포뮬 원(Formule 1)' 브랜드를 출시하였다.

포뮬 원은 트럭운전사 등 잠만 자면 되는 고객층을 공략하였는데, 밤늦게 들어와 잠만 자고 아침 일찍 길을 떠나는 고객들에게 하룻밤에 100유로가 넘는 가격은 부담스러운 것이었다. 그래서 호텔은 원가를 대폭 낮추고 꼭 필요한 서비스만을 제공하였는데, 프런트데스크 없이 신용카드로 체크인·체크아웃을 가능하게 하였으며, 객실크기를 소규모로 함으로써 객실가격을 대폭 낮추는 데 성공하였다. 또한 호텔업계에서는 흔치 않은 적립식 카드 마케팅을 실시하였는데, 23유로를 주고 2년 유효기간의 카드(Formule 1 Loyal Card)를 구입하면 하룻밤에 1.5유로씩 할인해 주고, 15번을 사용하면 하룻밤의 무료숙박권을 제공하는 것이다. 현재는 가족과 비즈니스 여행객 등으로 고객층이 확대되어 95%대의 객실점유율을 유지하고 있으며, 전 세계 12개 국가에서 373개의 체인호텔을 경영하면서 블루오션을 개척하였다.

이와 같은 사례들은 거시적 경제 환경 변화를 미리 분석하고 예측하여 그에 적합한 전략을 펼쳤을 때, 오히려 어려움을 극복하고 블루오션 시장을 공략하여 성공할 수 있다는 점을 시사하고 있다.

▲ 경제적 환경에 미리 대응하여 중저가호텔 시장에서 성공한 대표적 브랜드(① Hotel Ibis, ② Formule 1, ③ Quality Inn, ④ Courtyard by Marriott).

4. 정치적·법적 환경

호텔산업에 있어 정치적·법적(Political Legal Environment) 환경은 무엇보다도 국가의 주요 정책과 규제 정도에 따라 크게 달라질 수 있다. 한국호텔산업의 시발점도

1960년대에 경제개발이라는 시대적 요청에 직면하면서 외화획득 수단의 일환으로 호텔산업의 중요성이 인식되면서 비로소 발전의 길로 들어서게 되었다. 1961년에「관광사업진흥법」이 법적으로 제정·공포되었고, 1962년에는 한국관광공사의 전신인 '국제관광공사'가 설립되었다. 관광의 불모지나 다름없던 우리나라에서「관광진흥법」의 제정과 국제관광공사의 설립은 기존의 관광산업이 근대시대에서 현대시대로 탈바꿈하는 전환점이 되었다.

이후 1965년에는 한·일 간에 '한·일국교정상화'가 체결되었고, 법적으로 「관광호텔 육성자금 지원법」이 발효되면서 전국적으로 민간 주도의 호텔들이 생겨나기 시작하였다. 한·일국교정상화가 체결되면서 양국의 관광교류는 본격적으로 부흥하기 시작하였는데, 그 결과 현재까지 우리나라의 인바운드 입장객 수는 일본관광객이 1위를 차지하고 있으며, 일본에서도 한국관광객 입장객 수가 1위를 차지하고 있다. 이와 같이 1960년대에 관광산업 발전을 위한 정치적·법적 제도가 정비되면서 우리나라의 호텔산업은 일대 전환기를 맞이하였고, 1970년대 이후의 호텔산업 발전에도 배양토적 공헌을 하였다.

정치적·법적 환경변화의 또 다른 사례는 1996년에 정부에서 관광산업 육성과 국제자유도시를 표방하면서 제주도를 '제주특별자치도'로 지정한 것이다. 이와 더불어 그동안 무사증입국이 제한됐던 22개국 중 중국 등 11개 국가에 대한 무사증입국을 법적으로 허용하였다. 이러한 정치적·법적 환경 변화에 힘입어 2010년에 무사증입국으로 제주도를 방문한 중국관광객은 10만 7,255명으로 급격히 증가하였다.

이 밖에도 관광산업 육성을 위해 국가적 차원에서 '1994년 한국방문의 해' 지정을 시작으로 '2001년 한국방문의 해'를 두 번째로 지정하면서 외국인 관광객 5백만 명 시대로 진입하였고, '2010년~2012년 한국방문의 해' 선포를 계기로 외래관광객 1천만 명 시대로 진입하였다.

이러한 국가적 차원의 정치적 후원을 바탕으로 2019년에는 1천7백만 명 이상의 외래관광객이 국내를 방문하였고, 2025년 이후에는 2천5백만 명 이상의 방한 외래관광객을 예상하고 있다.

5. 사회·문화적 환경

사회·문화적 환경(Social Culture Environment)은 특정사회의 가치관이나 감정, 정서, 선호, 행동에 영향을 미치는 제도나 영향력을 말한다. 가치관이나 문화는 시간이 지나도 흔들리거나 변화할 가능성이 거의 없기 때문에 기업은 사업체가 위치한 국가나 지역의 사회문화적 환경을 이해하고 존중하는 '현지화' 전략을 펼치는 것이 중요하다. 그렇지 않은 경우 그 지역 소비자들의 거센 반발과 비난을 불러올 수 있으며 불매운동으로 확대되기도 한다.

호텔산업에서는 인터컨티넨탈그룹이 중국 여행시장이 급속도로 성장하는 가운데 중국 호텔 시장에서 '중국화'를 선언했다. 즉 중국인을 위한 중국 브랜드를 내놓는 전략이다. 영국기업인 인터컨티넨탈그룹이 중국시장에서 '중국화'라는 새로운 시도를 하겠다는 목표를 세운 이유는 거시적 차원에서 중국시장의 발전가능성을 보고 중국식 이미지를 확보하려는 경영전략 때문이다. 인터컨티넨탈그룹은 중국 내 호텔 매출에서 2012년에 20억 달러를 벌어들이면서 2010년(10억 달러)보다 두 배 성장했다. 세계적인 컨설팅사인 보스턴 컨설팅그룹도 해외여행시장에서 중국인의 해외여행이 계속 증가해 2020년까지는 일본 여행시장 규모를 넘어설 것이라고 예측하고 있다.

이러한 거시적 환경에 신속히 대처하기 위해 인터컨티넨탈은 2013년 말부터 장엄함을 뜻하는 중국어 '화'와 영어의 럭셔리를 딴 '화럭스'라는 이름의 중국브랜드 호텔을 론칭하였다. 화럭스는 서양식 바(Bar)보다는 찻집, 거대한 연회장보다는 중급 규모의 아담한 회의장소를 갖추고 있다. 또한 VIP 체크인 공간과 특별고객 전용 식사공간 등의 서비스를 제공하는 등 전통적인 고급 중국호텔과 유사한 모습을 갖추었고, 욕실은 편안한 스파처럼 꾸미고 로비는 정원처럼 조성하였다. 화럭스호텔의 이러한 현지화 전략은 친밀한 느낌을 선호하는 전통적인 성향의 중국국민을 표적시장으로 삼기 때문이다.

그렇다면 중국 소비자가 중국호텔 대신 중국식 서양호텔(화럭스)을 선호하는 이유는 무엇일까? 그것은 화럭스가 중국호텔보다 품격 있는 모습을 갖추고 브랜드 전체에 걸쳐 일관적인 경험을 제공하는 한편, 재방문 고객에게는 포인트를 제공하기 때문이다. 인터컨티넨탈은 이러한 현지화 전략을 통해 화럭스가 중국시장에서 인기를 끌기 시작하면 중국인들이 즐겨 찾는 유럽과 미국에도 진출한다는 계획이다.

이와는 대조적으로 사회·문화적 환경을 이해하지 못하여 소비자들의 비난을 초래하는 경우도 있다. 예를 들어 신라호텔의 한복사건이 대표적이다. 2011년 4월 신라호텔의 뷔페식당 '더 파크뷰'에서는 국내의 대표적인 한복 디자이너가 한복을 입었다는 이유로 출입을 거절당한 일이 발생하였다. 신라호텔 '더 파크뷰'는 국내 단일 레스토랑으로는 연 매출 100억 원이 넘는 유일한 뷔페식당이다.

신라호텔 측 드레스코드(dress code) 규정에는 한복이 위험한 옷으로 간주되어 한복을 입은 고객은 출입을 금지한다는 것이었다. 이러한 사실이 다음날 SNS를 통해 국민들에게 알려지면서 소위 '한복사건'의 파장은 걷잡을 수 없이 확산되었다. 한복사건이 유난히 시끄러웠던 건 대한민국의 국빈호텔을 자부하며 유일하게 '영빈관'을 거느린 호텔에서 벌어진 사건이기 때문이다. 또한 한국전통방식으로 인테리어를 한 뷔페레스토랑에서 우리나라 전통의상을 입은 한복디자이너의 출입을 금지한 사건은 더 이상 한 호텔의 드레스코드 규정의 문제가 아니었다. 한복은 우리나라를 대표하는 문화적 상징이며 자부심인데 신라호텔은 이것을 간과했던 것이다. 이 사건은 온 국민의 문화적 자존심과 정서를 자극하여 신라호텔에 대한 소비자들의 거센 비난과 분노가 들끓었고 신라호텔의 명성과 이미지는 상당히 훼손되었다.

이와 같은 사례는 사회·문화적 환경의 차이를 이해하고 존중하는 것이 얼마나 중요한지를 시사하고 있으며, 사회·문화적 환경을 면밀히 분석해야 하는 이유이다.

6. 생태적 환경

18세기 후반 산업혁명이 시작된 이래 21세기에 접어들면서 과학기술의 발달과 산업화의 진전은 인간의 삶을 질적으로 향상시켰지만, 에너지 소비를 가속화시킴으로써 자원고갈과 환경 파괴 위기를 초래하고 있다. 호텔산업도 단위면적당 가장 많은 이산화탄소(CO_2)를 배출하는 산업 중 하나이다. 예를 들어 온수낭비, 매일 교체하는 침대시트 및 커버, 최적의 냉난방에 럭셔리한 인테리어를 위한 조명 등을 생각하면 이해가 쉽다.

실제로 미국의 에너지 절약 프로그램인 ‘에너지 스타(Energy Star)’가 발표한 바에 따르면, 미국 내 주요 호텔들은 연간 객실당 2,196달러(약 250만 원)를 전기요금으로 내고 있다고 한다. 이는 한 해 총 영업비용의 약 6%에 해당한다. 호텔업계에서 에너지 관련 지출은 매년 12%씩 증가하며 이는 가장 빠르게 증가하는 비용 중 하나이다.

이에 따라 호텔기업들의 친환경호텔시장 진출이 더욱 활발해질 것으로 전망된다. 친환경호텔은 물과 에너지를 절감할 수 있는 시스템을 적용하고 일회용품 사용을 최소화·재활용하는 등 고객에게 친환경 메시지를 적극 전달하는 호텔이다. 친환경호텔의 장점으로 영업비용 절감, 브랜드 이미지 제공, 정부의 세금공제 혜택, 환경파괴 최소화, 친환경관광객 유치 등을 꼽을 수 있다.

호텔의 친환경 경영은 에너지 절감뿐만 아니라 호텔의 이미지 제고와 친환경관광객을 유치하는 데에도 도움이 된다. 세계적인 경영컨설팅사인 딜로이트는 2012년 전 세계 친환경관광(Eco-Tourism)시장이 전체 관광시장의 11.4%를 차지하고 있으며, 이 비율은 매년 5%씩 늘어날 것으로 예상했다. 미국 내 비즈니스여행객 1,000명을 대상으로 한 설문조사에서도 34%가 친환경호텔을 우선적으로 선택했고, 38%가 온·오프라인을 통해 친환경호텔 관련 정보를 찾아본 것으로 나타났다. 또한 29%의 비즈니스 여행객이 친환경호텔에서 숙박하기 위해서 10% 이상의 프리미엄을 낼 의향이 있다고 답했다.

호텔업계에서는 ‘페어몬트호텔(The Fairmont Hotel)’이 1990년 이래로 친환경경영을 꾸준히 실천하고 있는 모범적 사례이다. 페어몬트호텔은 미국에 본사를 두고 전 세계 24개국에서 120여 개의 체인호텔을 운영하는 럭셔리호텔이다.

우선 페어몬트호텔의 모든 곳에서는 Eco와 Green의 모토를 발견할 수 있다. 객실의 시트도 교체하기를 원하는지 아닌지를 알릴 수 있는 카드를 비치해 불필요한 세탁을 줄였다. 제품구매에 있어서는 ‘에너지 스타’ 마크가 있는 친환경 제품만을 구매하고 있다. 그리고 지역에서 생산된 친환경 농작물로 음식을 만들고, 고객이 사용하고 남은 샴푸나 로션 등은 노숙자 단체에 기부하고, 남은 음식은 음식은행과 취약계

층 무료식당에 제공하고 있다.

또한 객실에서는 물소비량이 적은 샤워기와 변기를 설치하는 노력으로 하루 평균 218갤런(825리터)에 달하는 물소비량을 31%까지 절감하고 있으며, 객실에서 낭비되는 물을 세탁에 다시 사용하는 설비를 갖춤으로써 호텔에서 세탁에 이용되는 물의 75%를 절약하고 있다. 주방에서 남은 음식물은 지렁이 저장고를 설치해 음식물을 분해하고 유기농퇴비로 만들어 사용하고 있으며, 주방에서 나오는 기름을 자동차 오일로 변환하는 바이오디젤 변환장치를 구입함으로써 에너지절약을 실천하고 있다.

▲ 페어몬트시카고호텔(Fairmont Chicago Hotel) 전경. 페어몬트호텔은 객실에서 사용된 물을 세탁에 다시 사용하는 설비를 갖춤으로써 세탁에 이용되는 물의 75%를 절약하는 등 에너지절약을 실천하고 있다.

제 2 절 호텔의 경영전략

1. 경영전략의 개념

최근 들어 경영전략 또는 전략경영이라는 말을 자주 접하게 된다. 기업들 역시 경영전략을 강조하고 있고, 호텔경영학의 각 기능별 분야에서도 호텔경영전략, 호텔마케팅전략, 재무전략과 같이 전략이라는 단어를 붙임으로써 전략적 사고의 중요성을 강조하고 있다. 이러한 현상은 현대기업경영에 있어 전략적 사고가 얼마나 중요한지를 말해주고 있다.

경영전략은 일반적으로 경쟁상황을 가정한다. 왜냐하면 경쟁이 없는 상황에서는 전략을 논할 필요가 없기 때문이다. 따라서 경영전략은 이와 같은 경쟁상황에서 어떻게 하면 경쟁사에 비해 경쟁우위를 가질 것인가 하는 문제이다. 즉 경영전략은 경쟁에서 어떻게 하면 기업이 독특한 경쟁우위를 창출하고 유지할 수 있는가를 분석하고 결정하는 사고방법이라 할 수 있다.

21세기로 접어들면서 세계 대다수 산업에서도 경쟁의 본질이 변하고 있으며, 이 변화의 속도는 거침없이 지속되고 있는 상황이다. 과거와 달리 특정 산업의 경계를 결정하는 것조차 도전받고 있는 상황이다. 규모의 경제나 대규모 광고예산과 같은 전통적인 경쟁우위의 원천은 이제 그 효과가 전과 같지 않다. 그리고 경영자의 전통적인 사고방식은 더 이상 기업의 경쟁력을 향상시키지 못하고 있다. 경영자는 반드시 유연성, 속도, 혁신, 통합과 같은 새로운 사고방식에 적응해서 끊임없이 변하는 환경에 도전해야 한다.

이제 무한경쟁이란 말은 21세기 비즈니스 환경의 실상을 잘 대변하고 있다. 21세기 무한경쟁의 경영환경을 만든 주요 동력은 세계화와 혁신적 기술의 등장임을 누구도 부인할 수 없을 것이다. 호텔기업도 이러한 무한경쟁의 시대에서 생존하고 경쟁에서 승리하려면 탁월한 경영전략의 수립과 실행이 반드시 필요하다.

2. 호텔의 경영전략

호텔산업은 과거 수십 년 동안 최고와 최악의 시장상황을 경험하면서 발전을 거듭하여 왔다. 1960~1980년대 중반까지 호텔산업은 공전의 발전을 이룩하였지만, 1986년 초부터는 경기불황과 IMF로 인해 성장의 쇠퇴기도 경험하였다. 이러한 적대적인 시장환경에서 생존하기 위해 호텔기업들은 신성장과 기업 가치를 창출할 수 있는 새로운 경영전략을 구축하는 데 눈을 돌리기 시작하였다. 즉 경쟁기업들이 자사의 핵심적인 경영전략을 모방할 수 없도록 자사만의 차별화된 경영전략을 구축하기 시작한 것이다.

호텔산업은 서비스산업의 특성상 경쟁사의 상품이나 서비스를 쉽게 모방할 수 있는 단점이 있다. 특정 호텔기업이 새로운 경쟁수단을 개발하거나 혹은 기존의 것을 새롭게 개선하면, 경쟁호텔들은 보통 수개월 내 또는 1년 이내에 모방적 상품을 개발하여 출시할 수 있다. 이러한 사실은 주도적인 기업에 의해 개발된 혁신적인 서비스 상품이라도 경쟁사가 아주 쉽게 모방하기 때문에 효과적인 경쟁수단을 유지할 수 있는 기간이 더욱 짧아지고 있다는 것을 시사하고 있다.

그래서 호텔기업들은 1980년대 중반부터 경쟁사들이 쉽게 모방할 수 없는 경영전략을 개발하고 그들의 고유한 내부 자원과 능력의 우위를 강화함으로써 더욱 장기적인 경영전략을 구축하는 데 집중적으로 투자하기 시작하였다. 이와 같은 경영전략들은 호텔기업이 높은 수익률을 얻고 성장할 수 있는 요소들이 무엇인가를 정확하게 제시하고 있다. 〈표 12-1〉은 이러한 경영전략들을 이해하기 쉽도록 기술하고 있다. 즉 호텔기업이 경쟁에서 살아남기 위해서 도대체 무엇을 해야만 하는가에 대한 '주요 성공요인(Key Success Factor)'을 설명하고 있다.

표 12-1 다국적 호텔기업의 경영전략

경쟁수단	정 의
단골고객 우대프로그램	고객과의 거래를 기록하고 구매량에 따라 인센티브를 제공하여 구매빈도를 높이는 프로그램
전략적 제휴	기업에게 부족한 핵심역량을 파트너로부터 획득하기 위하여 기업 간 제휴관계를 체결하여 상호보완적인 시너지효과를 창출하는 전략
컴퓨터 예약시스템	컴퓨터를 통한 객실예약 프로그램이다. 몇 천 개의 체인호텔들도 한 개의 예약시스템을 통하여 회원사 간 예약과 정보를 공유할 수 있다.
확장제품 (부가서비스)	경쟁사와 차별화하고 고객의 편익을 증대시키기 위하여 본원적 상품 외에 추가적으로 제공하는 부가적인 서비스. 예를 들어 보증, 환불, AS, 배달설치, 객실의 어메니티류 등
브랜드	브랜드는 고객들로 하여금 자사의 제품과 경쟁사들의 것들을 명확히 식별해 주는 역할을 하기 때문에 자사의 브랜드 파워를 구축해야 한다.
틈새마케팅	기존의 세분시장 중에서도 미처 발견하지 못한 아주 조그만 틈새시장을 찾아내서 공략하는 전략
가격정책	기업은 이윤을 얻을 수 있는 범위 안에서 제품에 대해 적당한 가격을 책정해야 한다. 이것을 어떻게 할 것인지가 가격정책이다.
비용절감	호텔을 운영하는 데 소요되는 모든 비용을 가능한 효율적으로 사용하기 위한 프로그램
서비스품질관리	TQM 및 지속적인 서비스전달과정 등을 사용하여 서비스품질을 향상하려는 시도
해외시장 진출	기업이 속한 국내시장이 포화상태에 이르면 국제경쟁력을 갖추어 해외시장으로 브랜드를 확대하는 전략
프랜차이징과 경영계약	체인경영은 많은 곳에 분점형태의 호텔을 구축하여 브랜드 확장 및 대량생산을 통한 규모의 경제를 실현하는 '다입지 영업전략' 형태이다.
내부고객으로서의 종사원	호텔산업에서 최적의 생산개념은 인간을 통한 생산성이며, 그 핵심은 종사원이다. 따라서 마케팅의 모든 것을 종사원에게 집중하는 것
핵심사업경영	가장 경쟁적인 한 가지 혹은 몇 가지 분야에만 집중적인 관리를 행하고 주변적인 분야는 전문회사에 용역을 준다.
데이터베이스 관리	고객과 장기적인 관계구축을 위해 고객의 정보를 기업의 DB시스템에 정보화하고 구축된 정보를 가지고 고객만족을 실현하는 전략
친환경경영	호텔의 친환경경영은 에너지 절감뿐만 아니라 호텔의 이미지 제고와 친환경 관광객을 유치하는 데에도 도움이 된다.
브랜드 리포지셔닝	기업이 노후화된 이미지를 개선하거나 새로운 이미지를 부가적으로 창출할 때 브랜드에 새로운 활력을 불어넣는 작업
신상품 개발	신제품 개발을 통해 기업은 소멸하지 않고 지속적으로 성장할 수 있으며, 시장에서 대표 브랜드로서의 명성을 유지할 수 있다.

제 3 절 호텔기업의 성공적 경영전략

본 절에서는 호텔기업의 성공적 경영전략에 대한 이해를 더하기 위해 이미 성공적 경영전략을 통해 세계 최고의 디럭스 호텔로 인정받고 있는 3개 호텔을 선정하여 그 사례를 중심으로 살펴본다. 3개 호텔의 선정은 〈표 12-2〉에서 보는 바와 같이 전 세계 호텔산업의 메카라 할 수 있는 북미지역에서 고객만족도 TOP 10에 선정된 호텔 중 메리어트호텔, 포시즌스호텔, 리츠칼튼호텔을 선정하여 살펴본다.

표 12-2 북미지역 고객만족지수 Top 10 호텔 현황

순위	브랜드	그룹명	호텔 수 (국제기준)
1	The Ritz-Carlton	Marriott International	78
2	Four Seasons Hotels and Resorts	Four Seasons	86
3	W Hotels	Starwood Hotels & Resorts Worldwide	41
4	JW Marriott Hotels & Resorts	Marriott International	53
5	Fairmont Hotels & Resorts	Fairmont Hotels & Resorts	67
6	Loews Hotels & Resorts	Loews Corporation	17
7	Intercontinental Hotels & Resorts	IHG	169
8	Embassy Suites Hotels	Starwood Hotels & Resorts	212
9	Omni Hotels & Resorts	Omni Hotels & Resorts	46
10	Marriott Hotels & Resorts	Marriott International	492

1. 메리어트호텔

1) 메리어트 인터내셔널의 개요

메리어트 인터내셔널(Marriott International Inc.)은 세계 호텔산업에서 주도적인 체인호텔의 자리를 선점하고 유지하기 위해 지속적으로 성공적인 경영전략을 수립하여 왔다. 1980년대와 1990년대의 격변하는 경영

환경 속에서 메리어트는 창의적인 경영전략을 개발함으로써 경쟁에서 한 발자국 더 나갈 수 있었다. 무한경쟁의 상황에서 꾸준히 기업 내의 전략적인 문제들을 재조명 하여 메리어트는 지난 80여 년간 지속적으로 기업의 번영을 구가할 수 있었다.

메리어트 인터내셔널은 현재 광범위한 호텔브랜드를 운영하고 있는데, 고객들의 욕구에 부응하기 위하여 공격적인 확장전략(Expansion Strategy)과 새로운 브랜드 개발로 시장변화에 신속히 대처하고 있다. 2023년 기준 전 세계 138개 국가와 영토에서 30개 브랜드의 7,700여 개 체인 호텔을 거느리고 있다. 그중 2,310개(30%) 호텔은 직접소유(Owned)하거나 위탁경영(Management Contract) 형태로 운영되고 있으며, 나머지 70%의 호텔들은 프랜차이즈(Franchise) 형태로 운영되고 있다. 메리어트의 성공적인 경영전략을 살펴보면 다음과 같다.

▲ JW메리어트워싱턴호텔 전경

2) 메리어트호텔의 경영전략

체인경영을 통한 확장전략　메리어트는 과거와 달리 호텔을 직접 소유하거나 직영하지 않고 대부분은 위탁경영과 프랜차이즈와 같은 체인경영을 통해 해외시장을 급속히 확장하고 있다. 메리어트 경영방식의 특징을 살펴보면 Marriott, Ritz-Carlton, Renaissance와 같은 고급 브랜드는 위탁경영을 통해 품질관리에 집중하는 모습이며, Courtyard, Residence Inns, Fairfield Inns와 같이 가격이 낮은 중저가 브랜드는 프랜차이즈를 통해 집중적으로 지점호텔을 확장하고 있다. 이러한 체인경영 방식으로 인해 메리어트호텔그룹은 전 세계 3,700여 개 지점호텔 중 직영호텔은 불과 8개 호텔에 불과하다.

브랜드 확장전략　브랜드 확장은 자기 브랜드를 지렛대 삼아 이미 구축된 브랜드의 순가치를 신제품에 전이시켜 신제품의 도입 및 성공을 보다 용이하게 하는 데 있다. 즉 프리미엄 가치를 가지고 있는 기존 브랜드를 다른 사업과 다른 제품군에 속하는 신제품 브랜드에 그대로 사용하는 전략이다. 특히 프리미엄 이미지를 구축한 브랜드인 경우에는 신제품을 최소의 비용으로 출시할 수 있는 방법이 바로 브랜드 확장이다.

이러한 관점에서 메리어트그룹(Marriott International Inns)의 브랜드 확장은 성공적 사례이다. 창립자인 윌러드 메리어트(J. Willard Marriott)의 이름을 딴 최상급 브랜드 JW Marriott를 비롯하여 Marriott Hotels and Resorts, Courtyard by Marriott, Fairfield Inns by Marriott, Residence Inns by Marriott 등을 운영하고 있다. Courtyard와 Fairfield Inns의 경우 초기에 중저가 시장에 진입하면서 Marriott의 브랜드를 지원하였으나 두 브랜드가 중저가 시장에서 최고의 브랜드로 부각되면서 Marriott의 브랜드가 필요 없게 되었고, 최근에는 Marriott를 작게 표기하거나 아예 삭제하는 사례도 발생하고 있다.

다중브랜드 전략　메리어트그룹은 브랜드 확장의 성공에 힘입어 최근에는 다중브랜드 전략을 통해 또 다른 성장을 도모하고 있다. 다중브랜드 전략은 브랜드 확장전략과는 차이가 있다. 브랜드 확장은 기존의 브랜드를 신규 제품에 그대로 사용하는 전략인 반면, 다중브랜드 전략은 한 기업이 인수합병 등을 통해서 브랜드 수를 늘려가는 전략이다.

메리어트그룹은 1995년에는 세계적 호텔브랜드인 리츠칼튼(The Ritz-Carlton Hotel Company)을 인수하였고, 1997년에는 르네상스호텔(Renaissance Hotels and Resorts)과 라마다 인터내셔널(Ramada International), 뉴월드(New World) 등의 호텔그룹을 차례로 인수하면서 브랜드 수를 확장시켰다.

현재 메리어트는 지속적인 인수·합병을 통해 가장 빠르게 다중브랜드 확장을 시도하고 있다. 메리어트의 핵심역량이라고 할 수 있는 다중브랜드의 포트폴리오는 〈그림 12-1〉과 같다.

그림 12-1 메리어트 인터내셔널의 다중브랜드 전략

고객충성도 프로그램 고객충성도 프로그램은 고객과의 거래를 기록하고 구매량에 따라 인센티브를 제공하여 자사상품의 구매빈도를 높이는 프로그램이다. 고객충성도 프로그램은 마일리지 프로그램이 대표적이며 기존의 우량고객을 우대하는 것에 중점을 두는 것이 일반적이다.

호텔산업에서도 다국적 호텔기업들이 마일리지 프로그램을 적극적으로 도입하여 운영하고 있다. 호텔에서는 1984년에 메리어트호텔이 'Marriott Honored Guest Awards'라는 마일리지 프로그램을 도입하여 고객들의 충성도를 성공적으로 향상시

컸다. 이후 메리어트호텔의 성공은 다른 호텔에도 영향을 미쳐 1987년에는 힐튼호텔이 'H Honords' 프로그램을 도입하였고, 웨스틴호텔에서는 'Westin Premier' 마일리지 프로그램을 도입하였다.

이후에도 메리어트그룹은 세계 호텔시장에서 고객들의 충성도를 향상시키기 위해 마일리지 프로그램을 유지하고 강화하는 데 전력을 기울였다. 현재 메리어트그룹이 운영하는 마일리지 우대프로그램의 종류는 'Marriott Honored Guest Awards' 'Marriott Miles' 'Courtyard Club' 'INNsider's Club' 등을 포함하고 있는데, 대략 1천만 명의 고객들이 이러한 프로그램에 가입되어 있다.

메리어트호텔의 마일리지 프로그램은 고객의 점수를 바탕으로 한다. 호텔에서 숙박하는 것은 물론, 호텔 내 레스토랑과 부대시설을 이용해도 점수가 가산된다. 이러한 가산점수가 일정수준이 되면, 전 세계 메리어트호텔 중 어느 곳에서든 무료로 숙박할 수 있는 무료숙박권이 주어진다. 메리어트호텔은 이와 같은 고객우대 프로그램을 도입하면서 고객의 이용 빈도가 급격히 향상되었으며, 고객들이 호텔 내 다른 부대시설을 이용하도록 유도하는 것에도 성공을 거두었다.

중저가 시장 진입 전략 오늘날 호텔기업들은 급격한 환경변화 속에서 소비자들의 기호를 제대로 파악하고, 그에 맞는 신제품을 경쟁사보다 먼저 내놓지 않으면 치열한 경쟁에서 도태되는 상황에 직면해 있다. 즉 호텔기업이 혁신적인 신제품을 개발하는 이유는 기업이 소멸하지 않고 지속적으로 성장하기 위해서이다. 또한 혁신적인 신제품 개발을 통해 시장에서 진보적이고 리더적인 위치로 기업이미지를 끌어 올리는 구축수단으로도 효과적이기 때문이다.

따라서 호텔기업들도 쇠퇴기를 피하고 성장기를 오래도록 구가하기 위해서는 시장상황에 미리 대처하는 신제품 개발이 필수적이다. 이러한 차원에서 메리어트그룹은 전략적으로 신개념의 중간가격대 호텔브랜드를 개발하여 중저가 시장진입에 성공하였다.

메리어트(Marriott)의 경우 경쟁이 포화상태에 있는 도심보다는 도심 인근의 외곽지역에 시장성이 충분함을 발견하고 최종적 상호를 '코트야드(Courtyard)'로 정했다. Courtyard는 '가정집 안뜰'의 의미로 도심보다는 외곽지역의 이미지를 강력히 전달한 수 있었던 것이다. 또한 보나 구체적으로 가정집과 같은 시설과 분위기를 연출하고, 150실 미만의 객실운영, 제한된 메뉴와 기본적인 레스토랑, 약간의 회의시설로 기존 Marriott호텔의 타 브랜드 고객과 중복되지 않는 중간 가격대 책정으로 단기 체류객 시장을 표적으로 하는 신제품 개념을 개발하였다.

메리어트는 1983년 애틀랜타(Atlanta)에 최초의 '코트야드 바이 메리어트(Courtyard by Marriott)' 호텔을 공식적으로 진출시켰다. Courtyard by Marriott는 광범위하고 정교한 고객 조사를 기반으로 설계된 호텔로서, 메리어트로서는 과거에 경험하지 못했던 중저가 시장에 최초로 진입한 것이다. 그리고 성공적인 시장진입을 위해 첫해에만 수천만 달러의 광고와 판매촉진을 통하여 시장에 진입시켰다. 1983년에 최초로 호텔을 개관한 이후 현재는 300여 개 지역에서 호텔을 개관할 만큼 중저가 시장에서 큰 호응을 얻고 있으며 최고의 가치를 지닌 호텔로 인정받고 있다.

저가 시장 진입 전략   메리어트는 코트야드(Courtyard)의 성공에 힘입어 더욱 저렴한 가격대의 저가호텔 시장에도 진입한다. 저가호텔들은 단순히 잠을 잘 수 있는 공간을 제공하는 호텔의 개념이기 때문에 다른 저가호텔과의 차별화가 매우 어렵다. 하지만 메리어트는 '페어필드 인(Fairfield Inn)'이라는 최고급 염가호텔 브랜드를 추가로 개발하여 저가호텔 시장에 성공적으로 진입하였다.

Fairfield Inn의 주된 성공 원인은 메리어트의 오랜 경영 노하우와 경험을 고객들이 신뢰하였으며, 프랜차이즈(Franchise) 경영을 통해 고객들에게 고급의 저가호텔체인이라는 인식을 심어준 데 있다. 실제로 Fairfield Inn 호텔의 85%는 프랜차이즈 가맹호텔들이다. 프랜차이즈 가맹호텔들은 타 호텔에 비해 4.5%의 높은 로열티를 지급하고 있지만 수수료를 기꺼이 지불한다. Fairfield Inn의 프랜차이즈 시스템이 '메리어트 인터내셔널(Marriott International)'에 의해 운영되어 재정적으로 성공할 것이라는 확신이 있기 때문이다.

이외에도 Fairfield Inn은 객실에 대한 고객 만족과 타 저가호텔들과 비교해도 손색이 없는 저렴한 가격을 강조하면서, 단순히 경제적 호텔이 아니라 직원들 간의 원활한 의사소통, 직원들의 호텔에 대한 관심, 깨끗하고 편리하고 안락한 객실 등 모든 것을 통하여 고객에게 만족스러운 경험을 남기고 있다.

2. 포시즌스호텔

1) 포시즌스호텔의 개요

 포시즌스호텔그룹(Four Seasons Hotels Group)은 캐나다 출신 이사도어 샤프(Isadore Sharp)가 1961년에 캐나다의 토론토에 100실 규모의 작은 모텔을 설립한 이래 2023년 기준 전 세계 45개국에서 126개의 디럭스호텔과 리조트를 운영하는 세계 최고급 호텔그룹이다. 포시즌스그룹은 앞으로도 40개 이상의 디럭스호텔을 더 오픈할 예정이다.

포시즌스호텔이 후발주자로서 짧은 시간에 세계 최고의 호텔그룹을 세울 수 있었던 이유는 '사람'을 중요하게 생각하는 포시즌스의 철학에서 비롯됐다. 포시즌스호텔은 '회사의 간부들이 일선 직원들을 고객처럼 대할 때 직원들도 진심으로 고객에게 최고의 서비스를 제공한다'라는 '황금률'을 포시즌스호텔 제일의 경영원칙으로 삼고 있다.

포시즌스호텔의 친절하고 전문적인 직원들은 처음부터 특별한 곳에서 데려온 것이 아니다. 새로운 호텔을 오픈할 때마다 그 지역 내에서 직원들을 고용하는 경우가 대부분이며, 고용절차에 있어서는 올바른 태도를 지닌 직원들을 고용하기 위해 심혈을 기울인다. 그런 다음 고용된 직원들이 가장 자연스럽고 편한 마음으로 일할 수 있는 환경을 제공한다.

그 결과 영국의 〈선데이 텔레그래프〉지는 포시즌스호텔을 '고급호텔업계에 군림하는 왕'으로 지칭했으며, 미국의 〈포브스 글로벌〉지는 '세계에서 가장 수익성이 좋은 브랜드호텔'이라고 표현하였다. 또한 〈포춘〉지에는 '가장 일하고 싶은 100대 기업'에 1998년 이래로 오늘날까지 빠짐없이 선정되고 있다. 지위고하를 막론하고 직원들 간에 진실로 존중하는 마음을 회사의 중요한 가치로 삼은 기업문화와 포시즌스그룹만의 독특한 경영전략이 어우러져 세계 최고의 브랜드를 탄생시킨 것이다.

▲ 포시즌스호텔은 36개국에서 96개의 디럭스호텔과 리조트를 운영하는 세계 최고급 럭셔리호텔그룹이다(사진 : ① 포시즌스 보라보라, ② 포시즌스 부다페스트, ③ 포시즌스 마카오).

2) 포시즌스호텔의 경영전략

고객만족 전략　포시즌스호텔(Four Seasons Hotel)이 실천하는 모든 것은 고객의 편안함을 위한 것이다. 포시즌스호텔은 고객의 경험이 더욱더 편안하고 만족하도록 새로운 상품과 서비스를 일관성 있게 혁신하고 소개해 왔다.

포시즌스의 설립자인 이사도어 샤프는 1961년 토론토에 첫 모텔을 지을 때부터 '고객의 입장'을 중요시해 왔다. '손님들이 가장 원하는 것은 무엇일까?' 이렇게 늘 고민한 덕분에 그는 호텔을 운영한 경험은 부족했지만, 대부분의 사람들이 호텔을 찾을 때 무엇을 원하는지를 파악하게 되었다. 조용한 객실, 편안한 취침 그리고 활력을 되찾아주는 상쾌한 아침 샤워 등이었다.

예를 들어 이사도어 샤프는 객실고객에게 편안함을 제공하기 위해서는 제대로 된 방음처리가 매우 중요하다고 생각하였다. 그래서 소음을 줄이는 방법으로 객실에 배열된 배관들이 콘크리트를 건드리지 않게 했으며, 전기 콘센트가 서로 겹치지 않게 해서 객실을 최대한 조용하게 만들었다. 또한 상쾌한 샤워를 위해 필수적인 요소는 물의 수압과 좋은 샤워헤드라는 것을 파악하고 그 당시 최고급 제품에 속하는 샤워헤드를 호텔 전 객실에 설치하였다. 그뿐만 아니라 여성들이 여행할 때는 작은 샴푸 병을 소지하고 다닌다는 사실을 알고는 업계 최초로 모든 객실에 샴푸를 서비스로 제공하였다.

오늘날 세계 그 어떤 호텔이나 모텔에 가도 화장실에 샴푸가 없는 것은 이제 상상할 수 없는 일이다. 또한 다른 숙박업소들이 얇은 수건을 제공할 때 포시즌스호텔에서는 순면으로 만들어진 커다란 목욕타월과 두툼한 핸드타월을 제공했다.

포시즌스의 두 번째 호텔인 '인온더파크(Inn on The Park)'를 1963년에 오픈했을 때도 고객중심경영은 끊이지 않았다. 호텔은 그림 같은 공원으로 둘러싸여 있었기 때문에 투숙객들에게 자전거를 빌려주고, 보행자들을 위해 지도를 무료로 제공하는 서비스를 시행하였다. 그리고 호텔의 공공장소에서 흡연이 얼마나 비흡연자들을 성가시게 하는지에 대해서도 논의하였다. 지금과는 다르게 당시는 공공장소에서도 얼마든지 흡연이 자유로운 시기였기 때문에 금연객실은 꿈 같은 일이었다. 그러나 그것이 고객들을 편리하고 편안하게 한다고 믿었기 때문에 호텔의 일부층을 금연층으로 지정하고 끝까지 유지하였다. 고객들이 체크인을 하기 전에 미리 흡연 여부를 물어보고 비흡연자들은 금연층으로 배정하는 방식이다. 이제는 전 세계 어느 호텔에서나 당연히 시행되고 있는 관행이 또 그렇게 탄생한 것이다. 현재 포시즌스그룹 계열의 80% 이상이 금연객실로 운영되고 있다. 이러한 몇 가지 사례만 보더라도 포시즌스호텔이 얼마나 고객중심전략 측면에서 시대를 앞서가고 있는지 짐작케 한다.

고용전략　포시즌스호텔의 고용전략은 기업들이 어떤 식으로 직원을 채용하고 교육시켜야 하는지를 교과서처럼 알려주고 있다. 포시즌스호텔은 새로운 호텔을 오픈할 때마다 그 지역 내에서 직원들을 고용하는 경우가 대부분이다. 다만 고용절차에 있어서는 올바른 태도를 지닌 직원들을 고용하기 위해 심혈을 기울인다. 그런 다음 그들이 가장 자연스럽고 편한 마음으로 일할 수 있는 환경을 제공한다. 포시즌스호텔이 직원 채용을 얼마나 중요시하고 있는지는 '포시즌스 네비스 리조트(Four Seasons Nevis Resort)'의 사례를 살펴보면 이해하기 쉽다.

네비스(Nevis)는 우리에게도 생소한 카리브해에 위치한 수천 개의 섬들 중 하나이머, 섬은 911㎢의 작은 규모에 제대로 된 도로나 공항 등의 인프라가 전혀 갖추어지지 않은 미개발의 섬이다. 한마디로 네비스는 호텔이나 리조트가 절대로 성공할 수 없는 조건들을 모두 갖춘 곳이었다.

이곳에 포시즌스그룹은 2년간의 공사를 통해 1991년 12월에 196실의 '포시즌스 네비스 리조트'를 개장하였다. 포시즌스가 리조트를 개장하기 전에 처한 가장 어려운 문제는 500여 명의 직원들을 채용하여 교육시키는 것이었다. 섬에는 9,000여 명의 원주민들이 있었는데, 그중 3,000명이 노인이었고, 나머지 3,000명은 너무 어렸다. 그나마 나머지 3,000명도 아예 일 자체를 해본 적이 없는 사람들이 대부분이었다. 호텔의 운영자는 개장 6개월 전에 그중에서 500명 정도의 인력을 선발하였다. 선발된 직원들 대부분은 레스토랑에서 테이블 세팅을 하는 것이 무엇인지, 나이프와 포크 등의 커틀러리를 왜, 어떻게 사용해야 하는지조차 몰랐으며, 차의 종류가 한 가지 이상이라는 사실조차 몰랐다. 주방직원들은 대다수가 식기세척기를 본 적도 없었고 청소부들도 세탁기를 다루어본 적이 없었다. 이들은 깨끗하고 맛있는 음식이 제공되는 환경과 에어컨이 가동되는 호텔에서 일한다는 것 자체만으로도 감사해 하는 사람들이었다.

이러한 상황에서 호텔의 총책임자인 '존 스타우스'는 예비 직원들을 직접 가르치기 시작했다. 존은 직원들 각자의 능력을 메모해 가며 회계, 음식서비스, 골프시설 유지보수, 기타 다른 기능 등 호텔의 체계와 호텔에 필요한 모든 역할을 계속해서 교육시켰다. 그리고 레스토랑에서 일하게 될 예비 직원들이 레스토랑 기물들을 집으로 가져가서 가족들과 함께 연습할 수 있도록 배려해 주었다. 이러한 과정을 통해 1차 교육을 통과한 직원들은 단계적으로 20명씩 조를 짜서 캐나다와 미국에 위치한 포시즌스호텔로 보내 서비스 교육을 받도록 했다. 이처럼 포시즌스는 고품격 서비스가 무엇인지도 모르는 사람들을 위해 그들만을 위한 특별훈련 프로그램을 만들어낸 것이었다.

포시즌스 네비스가 성공적으로 개장하고 난 뒤 총책임자인 존 스타우스는 이렇게 회고하였다. "저는 여태껏 단 한번도 그렇게 자발적이고 열심히 노력하려고 하는 잠재 직원들을 본 적이 없습니다. 10대 후반과 20대 초반의 젊은이들이 진심으로 배우고 교육받고 싶어 하고, 일하게 될 날을 열렬히 갈망하는 모습을 말입니다."라고 말했다.

네비스리조트에서의 성공은 전 세계 그 어떤 곳에서도 포시즌스의 서비스가 가능하다는 것을 증명하였다. 포시즌스는 신중하게 각 지역 주민들을 고용해서 그들에게 포시즌스가 지닌 서비스의 기준을 완벽히 터득할 기회를 주고, 그들만의 진실된 방법으로 고객에게 서비스하도록 한 것이다.

▲ 포시즌스 네비스리조트는 네비스섬의 원주민들을 직원으로 선발하여 교육시킨 후 최고의 서비스를 제공하고 있다(사진 : 고객을 환영하기 위해 대기하고 있는 네비스리조트 직원들의 모습).

위치 전략 포시즌스호텔은 가장 좋은 장소에 최고급호텔만을 건설하여 운영한다. 포시즌스호텔의 설립자인 이사도어 샤프는 호텔 성공에 꼭 필요한 세 가지 요소가 무엇이냐는 기자들의 질문에 그것은 바로 '장소, 장소, 장소'라고 말한 적이 있다. 포시즌스호텔은 비슷한 급의 다른 경쟁호텔들이 쉽게 복제하는 것이 거의 불가능할 정도의 특별한 자산을 가지고 있는데, 모두 세계 최고의 비즈니스 중심가나 최고급 레저를 즐길 수 있는 장소에 위치한다는 것이다. 특히 호텔의 위치는 비즈니스 여행객들에게는 매우 중요하다.

전 세계 호텔산업의 메카라 할 수 있는 미국에서도 포시즌스호텔은 미국 전역의 주요 도시에 위치하면서 그 도시의 가장 중심지역에 위치하고 있다. 호텔을 처음부터 가장 좋은 장소에 건설하는 것은 포시즌스호텔의 기본 원칙이자 가장 중요한 경영전략 중 하나이다. 또한 포시즌스호텔은 경제적으로 적합한 곳에서 성장하고 최고급 호텔이 되기 위해서 가장 좋은 위치가 나타날 때까지 기다리는 방법을 기꺼이 선

매친다. 그래서 전 세계에 위치한 포시즌스호텔들은 항상 최고의 장소에 위치하고 있다.

포시즌스호텔이 이러한 경영전략을 중시하는 이유는 처음부터 좋은 위치를 선정하는 것이 매우 어렵기는 하지만 한번 좋은 위치를 점하면 타 호텔기업들보다 경쟁에서 월등하게 비교우위를 점하기 때문이다. 타 경쟁호텔들과 비슷한 위치에서 비슷한 시설로 월등한 수익을 낸다는 것은 불가능하다는 것이 포시즌스호텔의 생각이다. 이러한 경영전략은 포시즌스호텔의 설립자인 이사도어 샤프의 경영철학에서도 배어나온다. 그는 "첫 번째 호텔을 성공적으로 만들어라. 시간이 걸리더라도 제대로 만들어라. 가까운 곳에 두고 잘 아는 환경에서 한 단계 한 단계씩 키우도록 하라"고 조언하고 있다.

디자인 전략 디자인도 전략이다. 시각적으로 아름다운 디자인은 시대를 넘어 오래도록 유지되고 그만한 가치를 지닌다. 그것은 고객들이 좋은 디자인에 대해 먼저 반응하고 좋은 디자인을 분간할 수 있기 때문이다. 호텔산업에서도 아름답거나 독특한 호텔의 디자인은 고객의 인지에 큰 차이를 가져올 수 있으며, 실제적으로 호텔의 수익을 늘리는 데도 크게 공헌하고 있다.

포시즌스호텔의 디자인 전략은 이미 50년 전인 1963년에 '인온더파크호텔'을 개장하면서부터 시작되었다. 호텔은 6층짜리 중앙빌딩 양쪽에 독창적인 2층짜리 날개형 건물로 연결하였다. 이 당시에 날개형 건물은 시각적으로 즐거움을 안겨주었다. 그 외에 호텔의 출입문은 겨울에 찬바람이 들지 않도록 회전문을 설치하여 에너지를 절감했으며, 기온에 따라 색상이 변하는 유리들, 곡선 모양의 수평선, 서로 대조적으로 사용된 질감의 건축 자재들로 인해 건물은 우아했지만 편안했다. 게다가 건물의 디자인이나 전체적인 조경을 손상시키지 않고도 확장이 가능했다.

특히 모든 객실에 위치한 발코니가 호텔의 앞마당(코트야드 : Courtyard)을 바라보도록 설계했으며, 앞마당에는 메인 풀, 다이빙 전용 풀, 두 개의 테니스코트, 플라워가든 등을 배치하였다. 그리고 겨울에는 물을 채워서 스케이트장으로 사용하거나 산책로 등으로 이용하였고, 이것이 호텔 앞마당을 살며시 감싸도록 디자인하였다. 포시즌스호텔이 타 호텔과 다르게 호텔의 앞마당 조경까지 아름답게 디자인한 것은 호

▲ 포시즌스호텔의 디자인은 매우 아름답고 화려하여 경이로움이 느껴진다(사진 : ①② 포시즌스 파리, ③④⑤ 포시즌스 런던, ⑥ 포시즌스 피렌체, ⑦ 포시즌스 방콕, ⑧ 포시즌스 네비스리조트 전경).

텐이 또 다른 수읜 전략이다. 조경은 시각적으로 아름다움을 제공하기도 하지만, 시간이 지나면서 빌딩의 가치가 떨어질수록 조경의 가치는 점점 올라서 건축물의 노후한 흔적을 가려주기 때문이다.

또 다른 사례로 포시즌스호텔파리(Four Seasons Hotel Paris)는 이러한 디자인의 이점을 경영전략에 적극적으로 반영한 호텔로, 포시즌스 브랜드의 이미지에 적합한 아름다운 호텔이다. 건물의 인테리어 디자인은 완벽하고, 객실은 넓고, 색조는 부드럽고 우아하다. 객실의 가구는 밝고 화사한 색깔이며 욕조, 샤워실, 탈의실이 구분되어 있어 고객들이 편안함을 느낀다. 이러한 이유로 포시즌스 파리호텔은 파리에 위치한 호텔 중 가장 높은 객실점유율을 유지하고 있으며, 고객들의 50% 이상이 단골고객이다. 그중 20% 이상의 고객이 '아름다움' 때문에 포시즌스호텔을 즐겨 찾고 있다.

포시즌스호텔의 훌륭한 디자인은 직원들에게도 매우 긍정적인 영향을 미치고 있으며, 그들은 그런 환경에서 일하는 것에 대해서도 매우 호의적이다. 포시즌스호텔에서 일하는 것 자체가 훌륭한 직원으로 인정받는 기준이기 때문이다.

디테일 전략 포시즌스호텔이 거대한 다국적 호텔기업들과 경쟁하여 크게 성장할 수 있었던 이유 중 하나는 늘 고객의 입장에서 생각하는 것에서 비롯된 '디테일 전략(Detail Strategy)'이다. 이러한 디테일 전략을 성공시키기 위해 포시즌스호텔은 모든 직급의 직원들을 대상으로 꾸준히 탁월한 서비스를 제공하기 위한 그들의 목표를 지속적으로 주입시켰다.

고객이 원하는 세세한 부분들을 만족시켜 주기 위해 포시즌스에서 실시했던 고객편의 서비스들을 초창기에는 다른 호텔들이 그렇게 빨리 모방하지 않았다. 당시의 호텔 경영자들은 이런 서비스 개선안들을 사소한 것으로 여겨 특별히 신경 쓸 만한 일이 아니라고 생각했기 때문이다. 하지만 서비스업의 승패여부는 작은 디테일에서 결정된다는 생각을 간과했기 때문이다. 이에 반해 포시즌스호텔은 고객들이 진정으로 원하는 것이 무엇인가를 끊임없이 연구하여 아이디어들을 실행에 옮겼다.

포시즌스호텔은 1961년부터 여행객들의 특성을 고려해 객실 내에 샴푸, 헤어드라이어, 화장용 거울, 목욕가운, 최고급 순면타월 등을 제공하는 방식으로 일찍부터 업계에서 유리한 고지를 선점하였다. 객실의 크기는 경쟁호텔의 스탠더드 객실보다 조금씩 더 넓었으며, 금연객실, 조용한 배관, 피트니스센터, 더 좋은 샤워기, 그리고 전 세계에서 가장 안락한 침대로 알려진 독일제 침대를 주문 제작하여 전 객실에 배치하였다.

특히 오늘날에도 경쟁호텔들이 쉽게 따라하지 못하는 부분은 포시즌스호텔의 객실에 놓인 가구의 종류이다. 포시즌스호텔의 가구들은 일반적인 호텔의 기준에 맞추어 저렴하게 만들어진 것들이 아니다. 고가의 앤티크 가구들로 대저택의 손님방에나 있을 법한 느낌의 실제 가정용 가구들이다. 이 밖에도 고객 한 명 한 명이 각각 원하는 타입의 베개를 선택할 수 있도록 하고, 최고로 부드러운 화장지를 비치했으며, 매일 싱싱한 꽃으로 객실을 장식하는 등 어느 호텔에서도 신경 쓰지 않던 세세한 사항들까지 고려해 고객들에게 풍족하게 제공하였다.

그러나 포시즌스 내부에서조차 처음부터 이와 같은 세세한 서비스에 대해 모든 간부들이 동의한 것은 아니었다. 그들은 원가절감을 이유로 '가죽 대신 비닐을 사용할 것과, 실크 대신 폴리에스테르를 사용할 것' 등을 건의하였다. 물론 대다수의 고객들이 실크나 폴리에스테르의 차이점을 구분하지 못할 것이라는 안일한 생각이 깔려 있었다. 하지만 포시즌스의 설립자인 이사도어 샤프의 생각은 달랐다. 그는 고객들이 진정한 고급스러움의 차이를 알고 있으며, 그런 고객들에게 품질은 바꿀 수 없는 가치와도 같다고 생각하였다. 그 어디서도 경험해 보지 못했을 정도로 수준 높은 서비스가 포시즌스의 승패를 좌우할 중요한 요소라고 굳게 믿었다.

고객의 세세한 부분까지 신경 쓰는 디테일 전략으로 크게 성공한 또 다른 기업으로는 홀리데이인호텔(Holiday Inn Hotel)을 들 수 있다. 미국 고속도로 호텔의 제왕이 된 홀리데이 인 그룹은 처음에는 표준화된 객실로 이름을 알린 뒤, 업계 최초로 아동용 침대, 애완견 전용집, 탄산음료 및 얼음기계 등의 세세한 부분을 무료로 제공함으로써 '가장 많은 서비스를 받을 수 있는 호텔'로 명성을 떨쳤다.

기업문화 많은 기업들이 품질관리를 위해 엄청난 시간과 돈을 투자하지만 대부분 실패하는 주요 원인은 건전한 기업문화가 없기 때문이다. 기업문화란 최고경영자부터 최하위 직원까지 함께 공유할 수 있는 정신적 가치관이다. 가치관은 기업문화이 정신적인 핵심이다. 공통적인 가치관 없이는 기업 전체를 아우르는 신뢰를 쌓아갈 수가 없다. 그래서 조직 최상위에서 최하위까지 모두를 관통하는 하나의 가치관을 심어야 한다. 이러한 가치관이 철저하게 교육되고 사용되어 습관처럼 지속될 때 비로소 기업문화로 정착되는 것이다. 강력한 기업문화가 존재하는 기업일수록 직원들은 명백하게 회사의 비전을 나누게 되기 때문에 어떠한 상황이 닥치면, 거의 본능적으로 무엇이 옳은 일이며, 어떻게 해야 하는지를 알고 대처한다.

호텔산업 내에서 포시즌스호텔은 그들만의 '포시즌스 문화'를 빠르게 형성시킴으로써 무명의 작은 호텔에서 세계 최고의 호텔그룹으로 성장한 좋은 사례이다. 포시즌스호텔의 기업문화는 '고객을 기쁘게 하기 위해 최상의 서비스를 제공한다'와 그렇게 하기 위해 '직원들을 기쁘게 한다'에 집중되어 있다. 그래서 포시즌스호텔에는 모든 경영자들이 고객과의 접점에 있는 직원들을 엘리트 집단처럼 소중히 대하는 기업문화가 정착되어 있다. 손님을 기쁘게 하는 것이 사업의 승패를 가르는 핵심요소이고, 이렇게 중요한 일들 대부분은 말단 직원들에 의해 수행되기 때문이다. 진심어린 말로 고객을 기쁘게 하는 것도, 매일매일의 탁월한 서비스도 직원들이 수행하는 일들이다.

또한 포시즌스호텔은 사내 분열을 일으킬 만한 모든 요소를 없애고 화합문화를 만들기 위해 노력했다. 매니저들과 직원들 모두는 직원식당에서 함께 식사를 했으며, 간부들의 개인 사무실은 언제나 문제점이나 불편사항을 말하고 싶은 직원들을 위해 항상 개방되어 있었다. 그리고 정기적인 설문조사를 통해 직원들의 의견을 수렴하는 방법으로 그들에 대한 존경심을 표현했다. 직원들이 불만사항이 있을 때는 고객들의 불만사항과 똑같이 신경 써서 처리했으며, 직원들의 조직적인 네트워크도 지원해 주었다. 모든 호텔 안에 본사와 연결되는 직통 상담전화를 구비해 놓고 프런트 라인에서 일하는 사람들이 고객관련 문제가 발생하면 곧바로 그와 관련해 자신의 의견을 녹음할 수 있도록 했다. 호텔을 업그레이드할 때는 가장 먼저 직원들의 시설부터 업그레이드했다.

이러한 과정을 통해 직원들은 자신의 의견이 조직에서 중요하게 받아들여진다고 느꼈고, 그들이 하는 일이 실제로 호텔에 큰 영향력을 끼치고 있다고 생각했다. 직원들은 포시즌스호텔이 성장할 수 있도록 돕는 것이 결과적으로 자신을 성장시키는 일이라는 것을 깨닫게 되자 스스로 '포시즌스 문화'의 가치를 유지하고 발전시켜 나가는 데 솔선수범하였고 회사에 열렬한 지지를 보냈다. 포시즌스호텔의 경영진은 일본의 오래된 속담인 '만약 그들이 당신을 위해 일하고 있다면, 당신도 마땅히 그들을 위해 일해야 한다'를 행동으로 실천하고 있었다. 이러한 굳은 신뢰와 존경으로 둘러싸인 환경 속에서 모두의 기대를 충족시킬 정도로 실적이 오른 것은 당연한 일이었다.

1998년에 포시즌스호텔은 직원들의 평가에 의해 〈포춘〉지가 선정한 '미국에서 가장 일하기 좋은 회사 100'에 선정되었다. 이러한 명예는 지금까지 유지되고 있다. 이 때 〈포춘〉지에서 직원들을 인터뷰했던 내용을 살펴보면 다음과 같다.

"저는 우리 회사에서 다이아몬드 5개짜리 호텔에 묵는 손님 같은 대우를 받습니다."
"회사 식당에서 제공해 주는 무료 식사는 정말 맛이 좋아요. 집에서도 생각이 날 정도라니까요!"
"매일 깨끗이 세탁되고 잘 다리미질된 맞춤 제복을 입고 근무하는 기분은 제 직업에 대한 자부심을 드높입니다."
"훌륭한 급여, 좋은 혜택들 그리고 '401K 플랜'(미국의 연금제도)은 호텔업계뿐만 아니라 어느 곳에 가더라도 우리가 최고일 겁니다."
"직원이라면 간부든 도어맨이든 청소부든지 간에 전 세계 모든 포시즌스호텔에서 무료 숙박이 가능합니다. 우리 회사는 지위고하를 막론하고 모든 직원을 평등하게 대우해 줍니다."

이러한 몇 가지 사례만으로도 '포시즌스 문화'가 왜 그렇게 강력한 무기가 될 수밖에 없는지 쉽게 이해할 수 있다. 포시즌스의 기업문화는 그들의 공식 선언문인 '다른 사람이 당신을 대하기를 바라는 대로 다른 이에게 행하라'에서도 잘 나타나고 있다.

3. 리츠칼튼호텔

1) 리츠칼튼호텔의 개요

세자르 리츠(Cesar Ritz : 1850~1918)에 의해 1880년대에 탄생한 리츠칼튼호텔(Ritz Carlton Hotel)은 1850년대부터 시작된 호화호텔의 시대를 대표하였고, 세계적 체인호텔의 개념을 확산시킨 명실상부한 세계 최고의 호텔이다. '왕들의 호텔리어, 호텔리어의 왕'으로 칭송받던 리츠는 고객의 경험을 중요하게 여기고, 호화로움의 절대표준과 탁월한 서비스의 대명사로 인정받는 고급호텔을 탄생시켰다.

이렇게 시작된 리츠칼튼은 유럽의 귀족층을 기반으로 시작했지만 리츠칼튼의 진정한 역사는 1918년으로 거슬러 올라간다. 이때 이미 세자르 리츠는 세상을 떠났으나 그의 아내 마리가 유럽과 미국의 일부 호텔에 '리츠(Ritz)'라는 이름을 사용할 영업권을 제공하였다. '리츠' 브랜드 사용권을 획득한 부동산 개발업자 '앨버트 켈러'는 리츠칼튼 투자회사를 설립하고, 이때부터 미국에 호텔 건설을 시작하였다. 그는 1927년 개관한 리츠칼튼 보스턴을 필두로 뉴욕, 애틀랜타, 필라델피아, 피츠버그에 리츠칼튼호텔을 건설하였다.

2차 세계대전이 끝나고부터는 세자르 리츠의 아들인 '샤를 리츠'가 리츠칼튼호텔 컴퍼니의 이사회 의장으로 재직하였다. 그는 리스본, 마드리드, 로마 등지에 위치한 호텔들과 임대차 계약을 체결하면서 브랜드 확장을 추진하였다. 샤를 리츠는 1976년 그가 사망할 때까지 그들의 유산이라 할 수 있는 '최고 수준의 화려함을 유지하면서 탁월한 서비스를 제공'하기 위해 헌신적인 노력을 다하였다.

그러나 1980년대부터 시작된 경기 침체로 인해 리츠칼튼호텔은 대출금 7천억 달러에 대한 채무이행이 어려워졌고, 이로 인해 1983년에는 홀리데이인호텔의 창업자인 윌리엄 존슨에게 매각되었다. 존슨은 미국에 호텔 네 곳으로 시작한 리츠칼튼호텔 컴퍼니를 2000년에는 최고급 호텔 40개를 보유한 대기업으로 성장시켰다.

리츠칼튼 컴퍼니는 이후에도 여러 차례의 성장과 도전을 경험했지만 1996년에는 자사의 지분 49%를 메리어트 인터내셔널(Marriott International)에 매각하게 된다. 현재 리츠칼튼호텔 컴퍼니는 메리어트 인터내셔널의 자회사이며, 브랜드를 이용할 권리를 메리어트 인터내셔널에 제공하고 있다. 이처럼 소유권이 바뀌었지만 리츠칼튼의 경영진과 경영문화는 자율적이고 독자적으로 운영되고 있다.

▲ 리츠칼튼비엔나호텔 전경

2) 리츠칼튼호텔의 경영전략

호텔업계의 아이콘(Icon)인 리츠칼튼호텔의 탁월한 우월성은 고객을 중시하는 서비스 전략에 있다. 리츠칼튼의 창립자들은 서비스에 대한 원칙과 탁월함을 향상시킬수 있는 방법으로 이른바 '황금표준'이라는 독특한 서비스 매뉴얼을 개발함으로써그들만의 유산을 창조했다. 리츠칼튼 서비스전략의 핵심이라 할 수 있는 황금표준은다섯 가지의 핵심 사업원칙을 통해 조직의 위대함과 일관성을 유지하는 원동력으로작용하고 있다.

〈월스트리트저널〉지에서는 '날아오르는 리츠'라는 칼럼에서 "리츠칼튼이 미래에직면한 가장 큰 위험은 자기만족에 빠지는 것이며, 정상에 오르기보다 정상에 머무르기가 더 어려울 것이다"라고 지적하였다. 이러한 우려에 대해 리츠칼튼의 경영진은 '영구적인 탁월함'이 기업의 성공과 롱런의 기본이 된다고 정의했다. 그리고 명확하게 정의한 황금표준과 자사의 신사숙녀(직원)가 일상생활에서 이러한 황금표준을따르도록 이끄는 독특한 규율들을 구축하였다. 이에 따라 본서에서는 리츠칼튼 호텔 경영전략의 핵심을 이루는 서비스 전략의 원칙과 표준들에 대해 살펴보기로 하겠다.

황금표준을 만드는 다섯 가지 원칙   황금표준은 리츠칼튼을 정의하고 지속적으로 탁월한 서비스를 유지하는 비결이다. 리츠칼튼의 역사와 리더십에서 얻어진 이러한 황금표준은 지역과 분야를 막론하고 어디에든 적용할 수 있다. 세자르 리츠의 "사람들은 대접받기를 원하지만 표현하지 않는다"는 말처럼 리츠칼튼의 황금표준은 고객을 대할 때 보이지 않는 힘을 발휘하고 있다. 리츠칼튼의 황금표준을 지탱하고 있는 다섯 가지 원칙은 다음과 같다.

① 핵심가치로 움직이는 조직을!

(핵심가치를 명확히 정의하고 시대에 맞게 다듬어가라)

② 모든 직원을 리더로!

(직원을 신뢰하고 그들에게 권한을 부여하라)

③ 내가 아닌 당신이 중요하다

(중요한 것은 내가 아니다)

④ '와우'를 전달하라!

(고객이 '와우' 할 수 있도록 놀라운 서비스를 전달하라)

⑤ 성장에서 성숙으로!

(발자취를 길이 남겨라)

황금표준과 크레도 카드   기업의 선언문에 자사의 비전, 목적, 가치관을 훌륭하게 묘사한 기업은 무수히 많다. 그러나 리츠칼튼만큼 직원들이 이 지침을 마음에 새기는 기업은 없을 것이다. 리츠칼튼 경영진은 자사의 신사숙녀(직원)가 일상생활에서 회사의 목적과 가치관을 명심하도록 만들 방법을 찾았다. 그래서 만든 것이 '크레도 카드(Credo Card)'다. 크레도란 '신뢰'라는 의미의 라틴어이며, 크레도 카드는 리츠칼튼의 '황금표준'을 쉽게 파악할 수 있도록 서비스의 핵심을 서너 문장으로 요약한 3단접이 포켓이다.

직원들은 '크레도 카드'를 유니폼처럼 달고 다니며 매일 되새기거나 황금표준을 미처 암기하지 못해서 이따금 되새기고 싶은 직원들이 항상 소지한다. 크레도 카드의 3단접이에는 리츠칼튼의 황금표준이라 할 수 있는 서비스 표준이 새겨져 있는데, 1단에는 크레도, 2단에는 모토, 3단에는 서비스의 기본수칙이 설명되어 있다. 단계별 내용을 살펴보면 다음과 같다.

크레도   어떤 분야의 기업이든지 리더는 항상 일선에서 기업의 비전을 생생하게 전달해야 한다. 리더가 비전을 명확하게 정의하고 모든 직원들에게 분명하게 전달할 때 직원들이 그 비전을 현실로 바꿀 수 있다.

리츠칼튼호텔은 크레도(신뢰)와 같은 문화적 로드맵을 통해 고객의 가치를 명확히 정의하고 있으며, 직원들이 고객을 대하는 태도를 매우 효과적인 단어로 표현하고 있다. 이를 테면 '활기를 불어넣고 행복감을 주며 고객이 표현하지 않은 소망과 욕구를 충족시킨다' '진심어린 환대와 안락함' '약속' '최상의 서비스'와 같은 단어를 이용하고 있다. 그래서 직원들은 크레도에서 명시한 임무를 충실히 수행하고 있는지를 스스로 파악할 수 있다. 크레도에는 리츠칼튼호텔의 명확한 비전이 제시되어 있으며, 직원들은 그 비전을 현실로 실현하고 있다. 크레도의 세 가지 핵심내용은 다음과 같다.

① 리츠칼튼은 고객에게 진심어린 환대와 안락함을 제공하는 일을 가장 중요한 사명으로 삼는다.
② 우리는 고객이 항상 따뜻하고 편안하며 세련된 분위기를 즐기도록 최상의 개인 서비스와 시설을 제공할 것을 약속한다.
③ 리츠칼튼의 경험은 고객에게 활기를 불어넣고 행복감을 주며 고객이 표현하지 않은 소망과 욕구를 충족시킨다.

모토   리츠칼튼의 모토(Motto : 살아가거나 일을 하는 데 있어서 표어나 신조로 삼는 말)인 '신사숙녀에게 봉사하는 신사숙녀'는 언뜻 보기에 지나치게 진부하고 구태의연해 신선함이 부족한 것처럼 보일지도 모른다. 하지만 리츠칼튼의 모토에는 직원과 고객에 대한 암묵적인 존중심과 이들의 관계를 이해했다는 뜻이 담겨 있다. 이 모토에는 서비스 전문가의 위상을 높이고 직원들이 서로를 신사숙녀로 대하며 리츠길든 경영진이 형편없는 고객으로부터 직원들을 보호해 줄 것이라는 뜻을 분명히 밝히고 있다.

리츠칼튼 컴퍼니의 창립자이자 전 대표인 호스트 슐츠는 이 모토의 작성과정에 참여하면서 다음과 같이 회고했다. 호스트 슐츠가 열네 살에 버스보이(busboy)로 호텔에 입문했을 때 호텔의 총지배인은 직원들에게 "이런 호텔에 오는 고객은 우리와 다른 사람입니다. 그러니 시샘하지 마세요. 이분들은 신사숙녀들입니다. 매우 중요한 사람들이죠."라고 말했다. 실제로 호스트 슐츠는 레스토랑에서 일하면서 고객이 매우 중요하다는 사실을 깨달았다. 하지만 직원인 수석요리사 역시 고객 못지않게 중요한 사람이라는 사실도 깨달았다. 모든 고객이 수석요리사와 대화를 나누면서 자랑스러워했기 때문이다. 고객들은 왜 그랬을까? 그것은 수석요리사가 일류 전문가였기 때문이다. 고객을 위해 탁월함을 창조하는 그는 고객에게는 특별한 사람이었던 것이다.

훗날 호스트 슐츠가 호텔학교에 다닐 때 선생님께서 호텔업에 대해 느낀 바를 글로 써보라고 했을 때 그는 '신사숙녀에게 봉사하는 신사숙녀'라는 제목으로 자신이 근무했던 호텔의 수석요리사에 대해 썼다. 그 글에서 호스트 슐츠는 모두가 그분처럼 탁월한 인물이 될 수 있으며, 신사숙녀에게 봉사하는 우리도 신사숙녀가 될 수 있다고 썼다. 열다섯 살 때 호텔학교에 제출했던 보고서에서 호스트 슐츠는 이미 '서비스 전문가'의 위상을 높이고 서로를 신사숙녀로 대하는 비전을 꿈꾸고 있었던 것이다.

현대로 접어들면서 리츠칼튼 내부에서는 변화하는 추세에 맞춰 모토와 크레도를 새롭게 바꾸어야 한다는 의견들이 생겨났다. 리츠칼튼 경영진은 이 의견에 따라 문제를 검토하고 직원들에게 의견을 물었다. 그러나 이 조사에서 대부분의 직원들은 모토를 바꾸지 않는 것이 좋겠다는 뜻을 나타냈다. 그들은 모토와 크레도에서 서비스 직종에 대한 자부심을 얻는다고 명확하게 밝혔다. 리츠칼튼 경영진도 직원들이 모토에서 대단한 자존감을 얻고 있다는 사실을 다시 한 번 확인했다.

리츠칼튼호텔이 전 세계에서 '선택받은 기업'으로 인정받는 것도 이 모토와 무관하지 않다. 리츠칼튼의 모토에는 엄청난 존경심과 존중이 담겨 있다. 베이징에서 산티아고까지 모든 리츠칼튼은 이 모토를 철저하게 실천하고 있다. 리츠칼튼의 경영진은 직함에 따라 사람의 중요성이 결정된다고 생각하지 않고 직원들을 존중하는 분위기가 조성되면 국제적으로 선택받는 기업으로 인정받을 수 있다고 믿는다.

서비스 3단계　리츠칼튼 경영진은 너무나 기본적이어서 크레도 카드에 명시할 필요도 없을 것 같은 '서비스의 3단계'를 카드에 포함시켰다. 그리고 서비스의 기본 요소를 간단하게 표현하였다. 실제로 리츠칼튼과 경쟁업체의 주된 차이점은 서비스의 단순한 요소를 꾸준히 실천하는 자세에 있다. 그렇기 때문에 리츠칼튼 경영진은 서비스 3단계를 서비스 전략의 핵심에 포함시키고 있다. 서비스 3단계는 다음과 같다.

① 따뜻하고 진심어린 인사를 하며 고객의 이름을 부른다.
② 모든 고객의 욕구를 예상하고 충족시킨다.
③ 다정한 작별인사를 한다. 고객의 이름을 부르고 따뜻하게 작별을 고한다.

리츠칼튼호텔의 고객들은 직원들이 서비스 3단계를 실천한다는 사실을 인식하지 못할 수도 있다. 하지만 서비스 3단계의 효과는 분명히 느낀다. 고객이 호텔에 들어설 때 직원이 문 앞까지 나와서 고객의 이름을 부르며 맞이하거나 다정한 작별인사를 할 때 고객들은 리츠칼튼의 가치를 분명히 경험할 것이다.

서비스 기본수칙 20가지　크레도 카드에 담지는 않았지만 리츠칼튼은 서비스 기본수칙 20가지를 제정하여 직원들을 교육시키고 있다. 이 20가지 수칙은 서비스의 3단계를 토대로 더욱 탁월한 서비스를 제공하도록 원칙을 제시하고 있다. 이러한 서비스 표준을 토대로 직원들은 모든 고객과 상황에 획일적인 방식을 적용하기보다는 최대한 완벽하게 고객 개개인이 원하는 결과에 초점을 맞추고 있다.

서비스 기본수칙 20가지는 직원들이 일상적인 업무에 얽매이지 않고 고객의 문제에 대처하고, 고객의 기호를 확인해 기록하도록 권장함으로써 직원에 대한 권한부여와 개별적인 고객서비스 등에 대해 명백한 메시지를 전달한다. 또한 용모와 청결에 주의를 기울이도록 규정한다. 아울러 불만처리, 커뮤니케이션, 스타일, 예절, 심지어 회사 자산관리의 규정에 대해 언급하고 있다. 서비스 기본수칙 20가지를 살펴보면 다음과 같다.

리츠칼튼호텔의 서비스 기본수칙 20가지

1. 크레도는 우리 회사의 주된 신념이다. 모든 직원이 이를 이해하고, 숙지하고, 실천해야 한다.
2. 우리의 모토는 '신사숙녀에게 봉사하는 신사숙녀'이다. 서비스 전문가로서 우리는 고객과 동료에게 존경심과 품위를 가지고 대한다.
3. 서비스 3단계는 리츠칼튼 서비스의 기본이다. 고객만족, 고객보유, 고객의 충성심을 확보하기 위해 모든 고객들에게 이 단계를 반드시 활용해야 한다.
4. '직원에 대한 약속'은 리츠칼튼 업무환경의 토대이다. 모든 직원은 이 서약을 존중해야 한다.
5. 모든 직원은 매년 자신의 직책에 맞는 훈련을 받아야 한다.
6. 회사의 목표는 모든 직원들과 공유되어야 한다. 회사의 목표를 지원하는 것은 모든 직원의 책임이다.
7. 모든 직원은 자랑스럽고 즐거운 직장을 창조하기 위해 자신과 관련된 업무의 계획에 참여할 권리가 있다.
8. 모든 직원은 호텔 전반의 결함(실수, 재정비, 파손, 비효율성, 변동)을 끊임없이 확인해야 한다.
9. 고객과 동료의 욕구를 충족시키기 위해 팀워크와 탁월한 서비스를 제공하는 업무환경을 조성하는 것은 모든 직원의 책임이다.
10. 모든 직원은 권한을 부여받았다. 이를 테면 고객에게 문제가 발생하거나 특별한 서비스가 필요할 때 일상적인 임무에서 벗어나 그 문제에 대처하고 해결해야 한다.
11. 모든 직원은 절대적으로 청결해야 할 책임이 있다.
12. 모든 직원은 고객에게 최상의 개인 서비스를 제공하기 위해 고객 개개인의 기호를 확인하고 기록해야 할 책임이 있다.
13. 결코 고객을 잃지 말아야 한다. 고객을 즉각 만족시키는 것이 모든 직원의 책임이다. 누구든 고객의 불만을 받은 사람은 그것을 인정하고 고객이 만족하도록 해결한 다음 기록한다.
14. 웃어라–우리는 지금 무대에 있다. 항상 호의적으로 눈을 맞춘다. 고객이나 동료에게 예의 바른 어휘로 말한다("Good Morning" "Certainly" "My Pleasure"라는 표현을 이용한다. "OK" "Hi/Hello" "No Problem"이라고 표현하지 않는다).
15. 직장 안팎에서 자신이 근무하는 호텔의 대사가 된다. 항상 긍정적으로 이야기한다. 걱정거리가 생기면 적절한 사람과 대화를 나눈다.
16. 고객이 호텔 내에서 다른 곳으로 가기를 원하면 방향만 가리키지 말고 직접 안내한다.
17. 리츠칼튼 전화예절 수칙을 따른다. 벨이 세 번 울리기 전에 '미소를 띠며' 전화를 받는다. 가능하면 고객의 이름을 부른다. 필요할 경우 전화를 건 사람에게 "잠시 기다려주시겠습니까"라고 부탁한다. 전화를 가려서 받지 않는다. 가능하다면 전화를 이리저리 연결하지 않는다. 음성사서함 규정을 준수한다.
18. 자신의 용모에 관심과 자신감을 가진다. 모든 직원은 리츠칼튼 복장 및 규정을 준수함으로써 전문가다운 이미지를 전달할 책임이 있다.
19. 안전을 먼저 생각한다. 모든 직원은 고객과 동료를 위해 위험 요소와 사고가 없는 안전한 환경을 조성할 책임이 있다. 화재 및 비상사태 시의 안전절차를 숙지하고 안전상 위험요소가 있다면 즉시 보고한다.
20. 모든 직원은 리츠칼튼호텔의 자산을 보호할 책임이 있다. 에너지를 절약하고 호텔을 적절히 관리하며 환경을 보호한다.

서비스 가치 12가지　기업의 생존 가능성을 지속적으로 향상시키는 문제는 리츠 칼튼에만 국한되는 것이 아니다. 고객들은 예전과 달리 형식적인 서비스와 변함없는 경험을 원하지 않는다. 이에 따라 리츠칼튼 경영진은 직원들이 20가지 기본수칙에 얽매이지 않고 고객이 원하는 서비스를 전달할 방법을 모색하였다. 이렇게 하여 2006년 7월에 리츠칼튼은 공식적으로 '서비스 가치 12가지'를 발표했으며, 문장은 선언적인 일인칭 문장으로 구성해 각 직원들의 권한을 강조했다.

서비스 가치는 직원들이 고객을 대할 때 지침을 벗어나지 않는 범위에서 창의적으로 즉시 대처할 수 있는 권한을 부여하고 있다. 또한 전통적인 고객과 신세대 고객이 원하는 서비스를 제공하라고 권하고 있다.

서비스 가치

'나는 리츠칼튼 직원이라는 사실이 자랑스럽다'

1. 나는 평생 돈독한 인간관계를 형성하고 리츠칼튼 고객을 창조한다.
2. 나는 표현하든 표현하지 않든 상관없이 우리 고객의 소망과 욕구에 항상 대처한다.
3. 나는 우리 고객을 위해 독특하고 인상적이며 개인적인 경험을 창조할 권한이 있다.
4. 나는 핵심 성공요소를 성취하고 커뮤니티 풋프린트를 수용하며 리츠칼튼 미스틱(mystic)을 창조하는 과정에 내가 수행해야 할 역할을 이해한다.
5. 나는 리츠칼튼 경험을 혁신하고 개선할 기회를 지속적으로 모색한다.
6. 나는 고객의 문제를 책임지고 즉시 해결한다.
7. 나는 팀워크와 탁월한 서비스를 지원하는 업무 환경을 조성해 고객과 동료들의 욕구를 충족시킨다.
8. 나는 끊임없이 배우고 성장할 기회를 가진다.
9. 나는 나와 관련된 업무의 계획 과정에 참여한다.
10. 나는 전문가다운 내 용모와 언어 그리고 행동에 자부심을 느낀다.
11. 나는 고객과 동료의 사생활 및 안전 그리고 회사의 기밀 정보와 자산을 보호한다.
12. 나는 탁월한 수준의 청결을 유지하고 사고의 위험이 없는 안전한 환경을 조성할 책임이 있다.

호텔용어

Management　경영이란 기초를 닦고 계획을 세워 어떤 일을 해 나가는 것을 의미하며, 일반적으로 기업이나 사업 등을 관리하고 운영하는 것을 말한다. 경영의 성공 여부는 다양한 방식으로 판단할 수 있으나 기업 및 사업의 성장 및 수익으로 판단하는 것이 가장 일반적이다.

Strategy　전략이란 어떤 목표를 달성하기 위한 최적의 방법을 뜻한다. 군사적 의미의 전략이란 전쟁에서의 승리를 위해 여러 전투를 계획·조직·수행하는 방책으로 전술보다 상위의 개념이다.

Business Strategy　경영전략이란 경영을 효율적이고 체계적으로 진행하기 위한 책략이다. 즉 기업이 사명과 목표를 달성하고 경쟁에서 어떻게 하면 경쟁우위를 창출하고 유지할 수 있는가를 분석하고 결정하는 사고 방법이다. 경영전략의 분야는 어떤 산업에 참여할 것인가(기업의 신사업 확장, M&A, 구조조정을 통한 철수 등), 어떤 제품과 서비스를 제공할 것인가, 자신이 보유한 자원을 어떻게 할당할 것인가(대규모 투자, 주식시장 상장) 등이 주된 주제이다.

가치(Value)　사물이 지니고 있는 쓸모나 값어치를 말한다. 상품의 가치는 교환이나 가격에 의해 결정된다. 경제학에서 가치가 높다는 것은 고객의 지갑을 잘 열게 만든다는 것을 의미한다.

Checkpoint

● 메리어트호텔의 성공적 경영전략 중 중요하다고 생각하는 전략을 선택하고 그 이유를 설명해 보세요.

● 포시즌스호텔의 성공적 경영전략 중 중요하다고 생각하는 전략을 선택하고 그 이유를 설명해 보세요.

● 리츠칼튼호텔의 성공적 경영전략 중 중요하다고 생각하는 전략을 선택하고 그 이유를 설명해 보세요.

● 프런트데스크에서 대기하고 있는 서비스 로봇 전경이다. 기술적 환경이 발전하면서 서비스 로봇이 일하는 호텔들이 생겨나고 있는데, 이에 대한 장단점을 생각해 보세요.

▲ 서울 명동 헨나호텔 전경

제13장

호텔서비스경영

제1절 고객만족과 서비스
제2절 서비스접점과 MOT
제3절 서비스품질관리
제4절 고객불만과 서비스회복

제1절 고객만족과 서비스

1. 서비스의 개념

서비스(Service)의 어원은 '노예'라는 뜻을 가진 라틴어 'Servus'에서 유래되었다. 이처럼 중세 이전에 서비스는 남에게 시중을 드는 노예와 같은 일로 간주되었고, 이것이 현대 들어서도 사람에게 '봉사하다' '시중들다'라는 의미의 'Servant' 'Servitide' 'Servile'이라는 영어를 파생시켰다. 우리나라 국어사전에서는 서비스를 '개인적으로 남을 위하여 돕거나 시중을 들다' '장사에서 값을 깎아주거나 덤으로 붙여주다' '생산된 재화를 운반·배급하거나 생산·소비에 필요한 노무를 제공하다'라고 정의하고 있다.

이외에 여러 학문적 정의를 살펴보면 블로이스(Blois, 1997)는 활동론적 관점에서 "서비스란 제품의 형태를 물리적으로 바꾸지 않고 판매에 제공되는 활동"으로 정의하였고, 라스멜(Rathmell, 1974)은 서비스를 "시장에서 판매되는 무형의 상품"으로 정의하고 무형과 유형의 구분은 손으로 만질 수 있느냐의 여부로 구분한다고 하였다. 레비트(Levitt, 1972)는 서비스를 주종관계와 같이 윗사람을 섬기는 일로 보는 것이 기존의 통설이라 전제하고, 현대적 서비스는 이런 전통적 주종의 서비스에서 벗어나야 한다고 주장하였다.

서비스를 시대적 측면에서 살펴보면 근대까지는 여전히 비생산적이거나 비물질적인 재화로 간주되어 경시되다가, 1960년대 이후부터 비로소 서비스가 제품을 팔기 위한 부수적인 역할로 변화되어 경제적 가치를 조금씩 인정받기 시작하였다. 1970년대에는 서비스의 특성 및 현상에 대해 관심이 집중되었고, 1980년대에는 서비스가 국가경제에서 차지하는 비중이 커지면서 품질관리에 관한 이슈들이 중요한 문제로 대두되었다. 1990년대에는 서비스에 대한 이론적 체계와 전략적인 이슈가 학문의 대상이 되었으며, 이후 현대 산업사회에서는 서비스업종이 양적 팽창하면서 제품산업과 구분되는 하나의 산업으로 성장하게 되었다. 이제 서비스는 유상으로 제공되는 보다 넓은 의미의 경제활동으로서 금융, 의료, 유통, 법률, 교육, 여행, 호텔, 항공, 외식 등 매우 다양한 분야에서 이루어지고 있다. 호텔에서 행해지는 종사원의 인적서비스도 무상인 것처럼 보이지만 고객이 지불한 금액에 유상으로 포함되어 있는 경제적 가치로 보아야 한다.

현대의 일상생활에서도 서비스라는 용어는 가장 많이 접하고 사용되는 친숙한 단어이다. 일상적으로 서비스라고 하면 먼저 '덤으로 또는 공짜로 준다'라는 의미를 연상시킨다. 예를 들어 "음료수는 서비스입니다"라고 할 때 이는 음료수를 무료로 제공한다는 뜻이다. 다른 한편으로 "그 호텔 종업원의 서비스가 좋다"라는 경우에는 종사원이 고객을 대하는 자세나 태도가 좋다는 의미로 사용된다. 이처럼 서비스의 의미는 시대변화나 산업구조의 변화에 따라 그 의미가 조금씩 상이하여 서비스 자체를 다양하고 복합적인 특성을 지닌 포괄적 개념으로 이해할 필요가 있다.

표 13-1 일상적 의미의 서비스 개념

사용상황	의미
커피는 서비스로 드립니다.	무상으로 제공함
오늘 하루는 사랑하는 애인을 위해 풀 서비스를~	타인을 위해 봉사함
자동차 구매 고객에게는 1년간 완벽한 서비스를 보장합니다.	제품구매 시 제공되는 유지, 관리
그 호텔 종사원들의 서비스는 만점이다.	고객응대 자세나 태도

2. 고객만족의 개념

고객만족은 서비스경영의 중심적 개념으로서 1970년대 이후 학계와 기업체로부터 끊임없이 주목받고 있으며, 현대에도 많은 산업분야에서 기업들이 생존경쟁을 위한 전략적 대안으로 고객만족경영을 실천하고 있다. 이는 특정기업의 제품이나 서비스에 만족한 고객은 그 기업의 제품구입과 추천율이 높아질 뿐만 아니라 더 높은 가격을 지불할 의향도 생거나 기업에게 이윤을 가져다줄 것으로 믿기 때문이다. 이러한 차원에서 고객만족과 고객만족경영의 개념을 살펴보면 다음과 같다.

고객만족(CS : Customer Satisfaction)이란 고객이 상품이나 서비스 구매를 위해 자신이 지불한 비용보다 제공받은 제품이나 서비스품질이 더 높다고 판단하여 만족한 상태를 말한다. 반대로 고객 불만족은 고객이 기대한 가치보다 지불한 금액이 더 크게 느껴지거나 만족수준이 기대에 못 미친 상태를 의미한다. 그래서 고객만족은 고객이 서비스를 경험하고 그 품질과 성과를 주관적으로 지각한 후에 느끼는 감정적 결과라고 할 수 있다. 이러한 고객만족 경험은 구매 후 소비자의 태도와 재구매의도에 영향을 미친다.

고객만족경영(customer satisfaction management)이란 기업경영의 최종 목적을 고객만족에 두고 고객만족 향상을 위해 지속적으로 노력하는 것이다. 이는 결국 목표고객의 욕구를 파악하여 이것을 충족시켜 줄 수 있는 제품과 서비스를 제공함으로써 고객의 만족수준을 최대화하고, 이러한 고객만족의 결과로 이윤극대화를 달성하려는 것이라고 할 수 있다.

호텔에서 이야기하는 대부분의 서비스도 고객만족 서비스를 의미한다. 즉 호텔에서 서비스를 제공하는 핵심은 상품을 구매하는 고객의 만족이라 할 수 있다. 그러면 고객을 만족시킨다는 것은 무엇이며, 어떻게 효과적으로 다양하고 복잡한 개개인을 만족시킬 수 있는지가 호텔기업의 가장 큰 과제일 것이다.

3. 고객만족을 위한 서비스의 중요성

고객들이 기대했던 서비스보다 제공받은 서비스가 좋다는 것은 기대한 서비스와 제공받은 서비스 간의 차이가 크지 않았음을 의미하고 일반적으로 서비스에 대해 만족했다고 표현한다. 따라서 서비스에 만족한 고객은 기업에 대한 신뢰감을 갖게 되고 고객충성도가 향상되어 재방문이나 재구매로 이어져 매출이 증대하고 결국 기업성장의 기반이 된다. 또한 고객을 만족시킨 기업은 브랜드인지도가 높아져 신제품 개발 시 시장진입이 용이하고 마케팅 비용을 절감할 수 있는 장점이 있다.

반대로 불만족하게 되면 판매중지나 이용감소로 이어져 기존고객을 상실하게 되고, 부정적 이미지로 낙인되어 주변에 알려지면 잠재고객까지도 이탈하게 되어 기업경영에 악영향을 미치게 된다. 결국 서비스경영에 있어 가장 중요한 과제는 고객만족이다. 고객만족 여하에 따라 서비스기업의 생존이 달려 있으며, 고객만족경영의 실현은 서비스기업의 최종 과제라고 할 수 있다. 기업의 서비스와 고객만족의 상관관계를 살펴보면 다음과 같다.

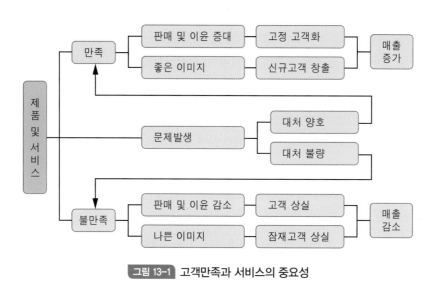

그림 13-1 고객만족과 서비스의 중요성

제 2 절 서비스접점과 MOT

1. 서비스접점과 MOT의 개념

서비스의 거래는 서비스 제공자와 고객 두 객체 사이에서 이루어지는 모든 행위를 말한다. 이때 서비스를 제공하는 과정에 종사원과 고객이 접촉하는 수많은 '서비스접점(encounter)'이 발생하고, 이러한 서비스접점에 의해 고객은 서비스품질을 지각하여 평가하게 되고 고객만족에도 영향을 미치게 된다.

호텔산업에서도 고객은 호텔을 방문하는 순간부터 나올 때까지 호텔 종사자들과의 서비스 만남을 경험하게 되는데, 이때의 짧은 만남을 통해서도 고객들은 얼마든지 그 호텔의 서비스 수준과 이미지를 결정할 수 있다. 이러한 현상에 대해 스웨덴의 경영학자인 리처드 노먼(Richard Norman)은 서비스접점 시에 이루어지는 짧은 순간이 결국 서비스품질을 결정하게 되고 이때를 '진실의 순간(Moment OF Truth: MOT)'이라고 정의하였다. 원래 결정적 순간은 스페인의 투우용어로서 투우사와 소가 일대일로 대결하여 투우사가 소의 급소를 찌르는 최후의 순간을 뜻하는데, 피하려고 해도 피할 수 없는 매우 중요한 순간을 의미한다.

리처드 노먼이 처음으로 제창한 용어인 진실의 순간은 이후 스칸디나비아항공사 사장인 얀 칼슨이 그의 저서 "고객을 순간에 만족시켜라 : 결정적 순간"에서 접촉 순간의 중요성을 강조한 이후 고객과의 접촉을 표현하는 대표용어로 굳어졌다.

얀 칼슨은 그의 책에서 스칸디나비아항공사 소속 한 명의 직원이 한 해에 천만 명의 승객과 접촉했다는 것을 강조한다. 이때 1회의 접촉시간이 평균 15초에 불과하였다. 따라서 1회 15초라는 짧은 시간을 통해 5명의 직원은 1년간 5천만 회의 스칸디나비아항공사 이미지를 고객들에게 새겨넣는 것이었다. 또한 종사원이 고객에게 어떠한 인상을 주는가가 항공사 전체 이미지에 영향을 미치고 그 기업의 성패를 가른다고 하였다. 이러한 결정적 순간을 항공사 경영에 도입한 얀 칼슨은 불과 1년 만에 스칸디나비아항공을 연 800만 달러의 적자로부터 7,100만 달러의 이익을 내는 흑자경영으로 전환시켰다.

실제로 수많은 서비스기업들이 스칸디나비아항공과 같은 상황에 직면하고 있다. 서비스를 경험하는 고객은 종업원 혹은 물리적 환경과 접촉하는 매우 짧은 순간에 그 서비스의 품질을 평가할 수 있다. 따라서 인적의존도가 높은 호텔산업에서도 서비스접점에서의 결정적 순간을 파악하고, 그 결정적 순간에 발생하는 임팩트(impact)를 알고 대응방안을 연구해야 한다.

2. 호텔서비스 흐름에 따른 MOT

호텔산업에서도 서비스 성과에 대한 고객 인식의 많은 부분이 서비스 제공과정에서 얻은 접촉과 밀접한 관련을 가지고 있다. 실제로 호텔서비스를 제공하는 과정에서 고객과 접촉하는 수많은 서비스접점이 발생하며, 서비스를 이용하는 고객들로서는 일련의 진실의 순간들을 경험하게 되고 이때 느끼는 이미지는 호텔 전체의 이미지로 대변된다.

예를 들면 고객이 호텔을 이용하는 경우, 고객은 사전에 정보를 얻거나 예약을 하기 위해 콜센터로 전화를 하게 된다. 이때 첫 번째 서비스접점이 형성되며, 이후 호텔에 도착해서는 도어맨, 벨맨, 프런트데스크 직원의 안내를 받게 된다. 객실에 투숙하는 동안에는 불편한 점에 대해 하우스키핑 직원과 통화를 하거나 룸서비스를 받기 위해 직원과 접촉한다. 그 밖에 호텔 내 식음료업장이나 부대시설 등을 이용할 때나 체크아웃을 할 때까지 수시로 서비스접점이 발생하며, 그때마다 고객들은 진실의 순간들을 경험하게 된다. 이때 수시로 생성되는 MOT에 대한 고객의 서비스 인지가 전체의 서비스품질을 평가하게 된다.

이외에도 결정적 순간이 중요한 것은 고객이 경험하는 서비스품질이나 만족도는 소위 '곱셈의 법칙'이 적용된다는 것이다. 곱셈의 법칙이란 각 서비스항목의 점수를 우수하게 받았어도 어느 한 항목에서 0점을 받았다면 그 결과는 0점으로 형편없는 서비스가 된다는 것이다. 즉 서비스 전체 만족도는 MOT 각각의 만족도 합이 아니라 곱에 의해 결정된다는 논리로써, 여러 번의 서비스접점 중 어느 한 접점에서 느끼는 불만족이 그 서비스 전체에 커다란 영향을 미칠 수 있다는 점을 시사하고 있다.

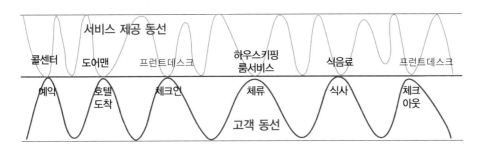

* 자료 : 채신석 외 2인, 호텔경영론, 백산출판사

그림 13-2 호텔서비스 흐름에 따른 MOT

3. 서비스접점에서 MOT관리

호텔은 서로 다른 인간들을 대상으로 서로 다른 인간들이 서비스를 제공하는 이

질적 특성이 있다. 그래서 동일한 서비스라도 고객의 인지와 기대에 따라 차이가 발생하거나, 종사원의 심리상태와 감정이 매일 다른 만큼 일정한 서비스품질을 유지하기가 어려운 특성이 있다. 따라서 MOT를 위해 서비스 프로세스를 적절하게 설계하고 서비스품질을 개선하기 위한 노력은 어렵지만 매우 중요한 일이다. 이에 따라 MOT의 효과적인 관리방안에 대해 살펴보면 다음과 같다.

1) 서비스 프로세스 표준화

호텔서비스는 고객과의 첫 접점에서부터 마감될 때까지의 서비스 과정(process)이 있고, 고객은 전 과정을 경험해야 그 대가를 지불한다. 따라서 고객과의 서비스접점에서 일관된 서비스를 제공하기 위해서는 서비스접점에서의 행동과 흐름을 표준화하거나 매뉴얼화하는 방법이 있다. 고객은 질서가 없고 우왕좌왕하는 서비스가 아니라 일관되고 세련된 절차의 서비스를 원하는 것이다. 예를 들면 대부분의 호텔레스토랑에서는 고객의 안내에서부터 환송까지 고객 응대 프로세스를 표준화하여 매뉴얼화하고 있는데 그 내용을 살펴보면 다음과 같다.

표 13-2 호텔식음료 서비스 매뉴얼 사례

서비스접점	프로세스 관리 내용
안내	• 밝은 얼굴로 맞이하고 적절한 인사말과 함께 예약여부를 확인한다. • 단골고객의 경우 이름이나 직함을 불러 친밀감을 표시한다. • 예약 여부를 확인하고, 예약고객은 준비된 테이블로 안내한다. • 예약고객이 아닌 경우 인원 수를 확인하고 원하는 테이블로 안내한다. • 고객보다 대각선 방향으로 2~3보 앞장서서 안내를 한다.
물 제공	• 고객이 착석하면 가장 먼저 물잔에 물을 채운다. • 물잔이 고객의 오른쪽에 위치하므로 고객의 오른쪽에서 오른손으로 따른다. • 한 잔의 물의 양은 2/3 정도 따른다. • 물을 따를 때 물 주전자가 물잔에 닿지 않도록 한다. • 고객이 퇴장할 때까지 물을 보충해 준다.
메뉴 제공	• 메뉴판의 청결상태를 확인한다. • 고객의 왼쪽에서 메뉴판을 제시하면서 "메뉴 보시겠습니까?" 하고 말을 건넨다. • 개인당 한 장씩 모두에게 주어야 한다.

주문받기	• 고객의 왼쪽에서 고객의 얼굴을 주시하면서 공손하게 받는다. • 양손에 주문지와 필기구를 들고 허리는 약간 숙여 받는다. • 주문은 연장자, 여성, 남성, 호스트 순으로 받는다. • 시간이 오래 걸리는 음식은 소요시간을 알려준다. • 주문받은 내용은 통일된 약자로 기재하고 주문내용을 복창하고 재확인하여 상호 간의 실수가 없도록 한다. • 주문이 끝나면 감사의 표시로 정중히 인사하고 물러난다.
서빙	• 음식과 음료는 고객의 오른쪽에서 오른손으로 서브한다. • 음식을 제공할 때는 갑작스러운 충돌을 방지하기 위해 "실례합니다. 주문하신 음식이 나왔습니다"라고 말하면서 제공한다. • 식사 후 빈 접시나 글라스는 고객의 우측에서 오른손으로 뺀다. • 빈 접시를 빼낼 때는 큰 접시부터 작은 접시 순으로 뺀다.
계산	• 계산서를 제공하기 전에 테이블 번호를 확인한다. • 제공된 품목과 수량 및 요금을 확인한다. • 캐셔에게 계산서를 발부받아 테이블 위에 정중히 제공한다. • 결제 시 현금, 신용카드, 수표, 객실후불 등을 확인한다. • 결제 후에는 감사의 인사말과 함께 만족여부를 여쭙고 환송한다.

2) 서비스시간 관리

고객은 서비스접점에서 고객이 몰리거나 이로 인해 시간이 지체될 경우 불만족할 뿐만 아니라 모든 접점의 흐름이 원활하지 못하게 된다. 실제로 고객들은 예약을 하기 위해 전화했을 때 계속 통화 중이거나, 음식이 나올 때까지 한참을 기다리는 동안 짜증을 내는 경우가 흔히 발생한다. 따라서 고객과의 서비스접점에서 고객들이 기다리는 시간을 관리해 주는 것은 고객불만을 사전에 예방할 수 있는 방법이다.

예를 들면 호텔이나 백화점 등에서는 엘리베이터 근처에 대형 거울을 설치하거나, 병원에서는 자동고혈압 측정기를 설치하거나 TV, 잡지 등을 비치하여 대기시간의 지루함을 관리하고 있다.

3) 고객참여를 유도

서비스접점에서 고객참여는 고객에게 재량권을 주어 자신이 받게 될 서비스의 최소한을 고객이 직접 담당하도록 하는 것이다. 이러한 방법은 고객이 서비스 생산과정에 참여하여 그것을 즐기거나 경제적 가치를 얻을 수 있는 분야에 효과적이다.

예를 들면 피자업체의 샐러드바 운영이나 셀프주유소 등이 해당될 수 있다. 최근 대부분의 피자가게에서는 샐러드바를 설치하여 피자를 기다리는 동안 셀프서비스를 통하여 고객을 서비스 프로세스에 참여시키고 있다. 이는 고객의 대기시간을 줄이면서 음식 선택의 만족감을 줄 뿐만 아니라 인적서비스의 공급도 조절할 수 있는 장점이 있다.

4) 서비스 프로세스의 경쟁적 전략

고객은 본인이 기대하는 서비스 수준이 있으며, 이를 충족할 때 만족하게 된다. 즉 어떤 고객은 가격이 비싸더라도 고급서비스를 원하거나, 어떤 고객은 서비스 수준이 낮더라도 저렴한 가격을 중시하는 고객이 있다. 이러한 상황에서 서비스기업은 자사의 환경과 시장환경을 고려하여 이 두 가지 전략 중 하나를 선택하여 서비스 프로세스의 초점을 맞추는 것이 필요하다. 즉 현재의 프로세스에 문제가 있다면 가격을 낮추어 원가주도 전략으로 프로세스를 개선할 것인지, 가격을 높여 차별화 프로세스로 개선할 것인지를 결정해야 한다. 예를 들면 레스토랑의 경우 프로세스의 선택기준은 다음과 같다.

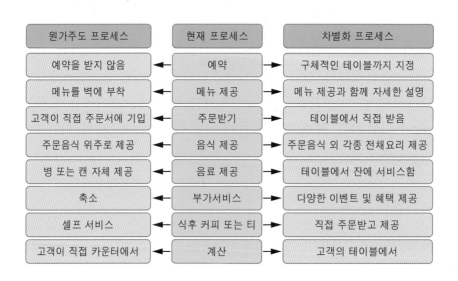

그림 13-3 레스토랑 서비스의 프로세스 개선 방향

제 3 절 서비스품질관리

1. 서비스품질의 개요

국제표준화기구(ISO)는 품질의 정의를 '소비자의 욕구를 만족시킬 수 있는 제품 또는 서비스의 전체적 특성'이라고 하였다. 이외에도 품질에 대한 정의는 여러 가지가 있으나 가장 보편적으로 사용되는 품질의 척도는 바로 고객의 '만족 정도'이다. 즉 상품이나 서비스에 대한 고객의 만족 정도가 그 상품이나 서비스의 품질이라는 것이다.

고객들은 서비스를 구매하기 이전에 서비스에 대한 기대를 가지게 되는데, 이러한 기대와 고객들이 실제로 제공받은 서비스에 대한 성과를 비교하여 서비스품질을 인식하게 된다. 그래서 서비스품질은 고객의 기대와 성과의 비교에 의해 결정된다. 기대된 서비스보다 제공(인식)된 서비스가 높으면 서비스품질은 높은 것이 되어 만족하게 되고, 기대된 서비스보다 제공된 서비스가 낮으면 서비스품질이 낮아서 고객이 불만족하게 되는 것이다.

이에 따라 서비스기업에서는 고객의 만족도를 높이고 유지하기 위해서 서비스품질을 관리해야 한다. 서비스품질관리는 경영혁신의 한 기법으로 '소비자의 욕구를 만족시킬 수 있는 제품이나 서비스에 대하여 어떤 표준이나 한계를 사전에 정해 놓고 이에 맞도록 어떤 행동을 제어해 나가는 관리적 활동'을 말한다. 그러나 품질은 기술자나 경영자에 의해 결정되는 것이 아니라 고객에 의해 결정된다는 점에서 결국 품질관리는 고객 중심 경영에 근거하고 있다.

기업은 서비스품질 향상으로 시장점유율을 확장할 수 있으며, 영업매출이 정체되거나 품질경쟁의 국면에 접어들게 되더라도 고객들은 동일 산업 내 경쟁기업 중 가장 좋은 고품질 서비스를 제공하는 기업을 선택하기 때문이다. 이 점이 서비스기업들이 품질관리에 중점을 두는 이유이다.

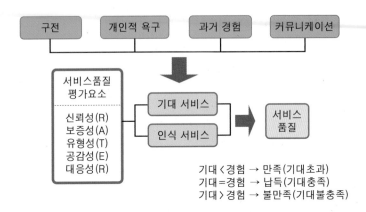

그림 13-4 서비스품질 모형

2. 서비스품질평가

서비스기업은 고객이 인식하는 서비스품질을 주기적으로 평가하고 자기 기업의 서비스 수준을 파악하여 관리할 필요가 있다. 고객들은 기업의 서비스품질을 평가할 때 한 가지 차원만 가지고 평가하지 않고 여러 요소에 근거하여 품질을 평가하게 되는데 이때 적용되는 품질평가요소에 대해 살펴보기로 한다.

서비스품질에 대한 평가 및 측정은 PZB(Parasuraman, Zeithaml, Berry, 1988)의 서브퀼(SERVQUAL) 모델에서부터 정형화되기 시작하였다. PZB연구팀은 연구 초기에 고객이 서비스품질을 평가하는 10가지 기준을 만들어 사용하였으나, 이후 연구에서는 5가지(신뢰성, 반응성, 확신성, 공감성, 유형성) 차원으로 통합하여 'SERVQUAL(Service+Quality)'이라는 명칭을 붙여 사용하였다. 서비스품질평가 (SERVQUAL)에 적용되는 5가지 주요 요인에 대해 살펴보면 다음과 같다.

신뢰성(reliability) 신뢰성은 5가지 차원 중 서비스품질을 지각하는 데 가장 중요한 요소이다. 신뢰성이란 호텔이 약속한 서비스를 정확히 제공하는 능력으로 서비스제공, 가격, 문제해결 등 직간접적으로 약속한 것을 제대로 이행하는 것을 말한다. 즉 이것은 계산을 정확히 하고, 고객의 주문을 정확히 기록하고, 지정된 시간에 정확히 서비스를 이행하는 업무수행 등과 관련된 것이다. 고객은 약속을 지키는 호텔과

거래하기를 원하며 특히 서비스의 핵심속성이나 서비스 결과와 관련된 약속일 경우 더욱 중요하게 작용한다.

반응성(responsiveness) 고객은 자신의 요구나 질문, 불만, 문제 제기 등에 대해 기업이나 종사원이 신속히 응대해 주기를 원한다. 즉 반응성은 고객의 요구에 즉각 반응하여 신속히 서비스를 제공하는 자세나 반응 정도를 말한다. 따라서 반응성은 고객의 요청이나 질문에 대한 대답 및 문제해결을 하는 데 소요되는 시간이라고 할 수 있다. 호텔은 반응성을 높이기 위해 숙련된 직원을 배치하거나 모든 부서의 서비스접점에서 신속하게 반응하는 고객응대능력을 갖추어야 한다.

확신성(assurance) 확신성(또는 보장성)은 고객이 호텔종사원의 능력이나 예절 등에 대해 확신을 가지거나 호텔에 대해서는 안전성이나 신용성에 대해 확신을 가지는 것을 말한다. 예를 들면 5성급 호텔을 이용하는 고객은 3성급 호텔보다는 객실이 좀 더 안전하고 종사원의 서비스품질이 우수할 것이라는 확신이 있기 때문이고, 소비자들이 백화점을 선호하는 것은 문제 발생 시 교환이나 환불이 보장된다는 확신이 있기 때문이다.

공감성(empathy) 고객은 서비스를 제공하는 기업이 자신을 이해하고 중요하게 대해주기를 원한다. 즉 공감성은 호텔이나 종사원이 고객의 불만이나 특별한 요구에 대해 공감하는 의사소통을 하고, 고객 개개인에 대해 배려하고 친절과 환대를 베푸는 것을 통해 고객에게 전달된다. 세계적으로 성공한 호텔기업들의 특징은 고객의 이름을 불러주거나 고객의 개별적인 욕구와 기호까지 파악하여 세심한 서비스를 제공한다는 것이다.

유형성(tangible) 유형성(또는 외형성)은 호텔기업이 가지고 있는 물리적 시설(건물, 인테리어, 가구, 기물)이나 종사원의 태도(유니폼, 외모, 첫인상), 커뮤니케이션 물품(홍보인쇄물, 홈페이지, 명함) 등과 같은 외형적 요소들이다. 고객들은 눈으로 직접 확인할 수 있는 외적 유형성을 통해 그 호텔의 수준이나 서비스품질을 예측하거나 평가하기도 하며, 방문고객들에게는 그 호텔의 이미지를 결정하는 중요한 요인으로 작용하기도 한다.

표 13-3 고객이 서비스품질을 평가하는 10가지 차원

10개 차원	정의	5개 차원
신뢰성	약속된 서비스를 정확하게 수행하는 능력 예) 서비스 수행의 철저함, 청구서 정확도, 정확한 기록, 약속시간 엄수 등	신뢰성
반응성	고객을 돕고 즉각적인 서비스를 제공하려는 의지 예) 서비스의 적시성, 고객의 문의나 요구에 즉시 응답, 신속한 서비스 　　제공 등	반응성
능력	서비스를 수행하는 데 필요한 기술과 지식의 소유 예) 서비스 수행능력, 직원의 업무지식 등	확신성
예절	고객과 접촉하는 종업원의 친절과 배려, 공손함 예) 고객에 대한 배려, 종사원의 정중한 태도	
신용도	서비스 제공자의 진실성, 정직성 예) 기업평판, 종업원의 정직성, 약속이행 등	
안전성	위험, 의심으로부터 자유 예) 물리적 안전, 금전적 안전, 비밀보장 등	
접근성	접근가능성과 접촉 용이성 예) 예약편리성, 대기시간, 접근시간 및 편리성	공감성
커뮤니케이션	고객의 말에 귀 기울이고, 고객에게 쉬운 말로 소통 예) 서비스에 대한 설명, 서비스비용의 설명, 문제해결 보증	
고객이해	고객과 그들의 욕구를 알려는 노력 예) 고객의 구체적 요구사항 학습, 개별적 관심 제공, 고객 인정 등	
유형성	서비스평가를 위한 외형적 단서 예) 물적 시설, 가구, 기물, 종사원 태도, 다른 고객 등	유형성

3. 서비스품질 개선

본 장에서는 서비스기업이 서비스품질을 개선할 수 있는 대표적인 방안 8가지를 제시하고 이를 살펴보면 다음과 같다.

서비스품질의 중요한 결정요소를 파악　서비스품질은 제공되는 서비스에 대해 고객이 느끼는 만족감의 정도로 결정된다. 따라서 서비스품질을 개선하기 위해서는 고객들이 어떤 서비스 요소를 중요하게 생각하는지를 먼저 파악해야 한다. 이를 기초로 기업의 서비스가 고객들에게 어떻게 평가되고 있는가를 살펴보아야 한다.

기업 내 품질문화를 정착 문화는 인간이 사회의 구성원으로서 그 집단에서 습득하여 계승하는 정신적, 물질적 양식이다. 문화는 소비와 행동에도 중요한 영향을 미치는데, 기업도 고품질 서비스를 유지하기 위해서는 서비스품질을 중시하는 기업문화를 구축하여 종사자들이 그 기업문화를 이해하고 실천하도록 해야 한다. 리츠칼튼호텔이나 포시즌스호텔의 탁월한 우월성은 고객을 중요시하는 기업문화에 있다.

고객기대 관리 고객은 제품이나 서비스를 구매할 때 원하는 기대만큼의 가격을 지불하게 되는데 이것이 곧 '가치'이다. 기대감은 구매와 만족에도 영향을 미친다. 호텔을 이용하는 고객은 수많은 업체 중 기대가 높은 호텔을 선택할 확률이 높고, 그 기대감을 충족하게 되면 만족하여 서비스품질을 좋게 평가한다. 또한 기업은 고객의 기대를 충족하기 위해 서비스품질을 관리하고 유지하려는 노력을 기울이게 된다. 하지만 고객에게 과대한 기대감을 주는 경우 실망이 클 수 있으므로 자제하도록 하고 적절한 기대감을 관리하는 것은 서비스품질을 개선하는 데 도움이 된다.

기업이미지 관리 이미지는 소비자가 제품이나 서비스 구매 시 특정 브랜드를 떠올리거나 인지해서 구매까지 이르게 하는 출발점이다. 예를 들어 콜라 하면 '코카콜라', 두통하면 '게보린'을 떠올리는 것은 브랜드 인지도와 이미지가 높아져 제품군을 대표하는 정도까지 발전한 경우이다. 즉 소비자는 이미지가 좋으면 제품의 품질도 좋다고 생각하기 때문에 품질관리를 위해서는 기업이미지를 관리해야 한다.

자동화 구축 호텔서비스의 특징 중 하나는 인적서비스 의존도가 높은 것이다. 하지만 인적서비스 활동 측면에서도 자동화가 가능한 부분은 자동화 시스템으로 대체할 때 서비스 제공 시의 실수나 잘못을 줄일 수 있으며, 이를 통해 고객만족도가 높아져 서비스품질을 높일 수 있다. 예를 들면 호텔들이 객실 내 자동온도 시스템을 도입하는 것은 고객마다 원하는 실내온도가 다르기 때문이다. 따라서 호텔은 자동화 시스템을 통해 개인의 취향을 만족시키거나 직원들과의 불필요한 마찰을 줄이고, 직원고용의 탄력성을 유지할 수 있다.

변화하는 고객 기대에 대응   고객의 기대는 고정된 것이 아니라 시간과 상황에 따라 변화한다. 일반적으로 고객의 기대는 두 가지 차원으로 변화한다. 한 가지는 '수준'이 높아지는 것이고, 또 한 가지는 '관점' 또는 '범위'가 변하는 것이다. 예를 들어 신용카드의 경우 '카드발행까지의 소요기간'은 수준으로 볼 수 있다. 예전에는 신청 후 1개월 정도이던 것이 최근에는 1주일 정도로 단축된 것은 고객 기대수준의 변화에 대응한 것으로 볼 수 있다. 한편 관점의 변화로는 호텔숙박카드 작성 시 과거에는 상세하고 명확한 것이 중요했는데 최근에는 기본적인 내용만 간단히 기재하는 것으로 관점이 바뀌고 있다. 호텔기업은 이와 같은 기대의 변화를 미리 예측하고 파악하여 그에 대응해야 한다.

공인된 평가결과를 제공   무형적 특성이 강한 환대산업에서 상품이나 서비스를 구매할 때 신뢰성은 중요한 결정요소이다. 따라서 기업이 소비자들에게 신뢰성을 줄 수 있는 긍정적인 평가결과들을 기업 스스로 제공할 필요가 있다. 가시적인 평가결과로 가장 좋은 예는 공인된 기관으로부터 상을 받거나 세계적인 국제회의 등을 개최하는 것이다. 예를 들어 '최우수 품질인증 호텔' '세계 100대 호텔 선정' 'APEC 정상회의 개최' 등은 소비자들로 하여금 그 호텔의 품질을 판단할 수 있는 평가요소로 작용한다.

유형적 요소를 관리   고객의 기대관리는 서비스 제공 이전의 기대를 보증하는 것이지만, 유형적 요소의 관리는 서비스 제공 중이나 이후의 이미지 형성과 관계가 있다. 호텔산업은 서비스의 무형성이 소비자 위험지각을 높이는 주요 원인이므로 이런 무형성을 낮출 수 있는 유형적 근거를 제시할 필요가 있다. 예를 들면 디럭스호텔에서는 호텔의 고급스러운 이미지를 관리하기 위해 종사원의 화려한 유니폼이나 깔끔한 외형적 태도를 통해 유형적 단서를 제공하거나, 호텔의 정문 앞에 고급 승용차를 의도적으로 주차시켜 고급호텔의 이미지를 관리하고 있다.

제4절 고객불만과 서비스회복

1. 고객불만의 확산경로

　고객들이 언제나 서비스에 만족하는 것은 아니다. 불만족한 고객을 효과적으로 관리하기 위해서는 고객이 왜 불평하는지를 이해할 필요가 있다. 고객은 기대하는 가치보다 지불하는 금액이 더 크게 느껴질 때나, 만족수준이 기대에 미치지 못하면 불만족하게 되고 이를 불평하게 된다. 고객불만은 곧 서비스 실패라고 할 수 있다. 서비스 실패(service failure)란 고객이 제기한 불평불만에 대하여 서비스업체가 적극적으로 회복노력을 하지 않아 고객이 이탈하는 것을 말한다.

　그러나 서비스기업에서 불평하는 고객이야말로 귀한 고객이라고 할 수 있다. 기업에 불평하는 고객은 적어도 회사의 서비스에 무엇이 잘못되어 있는지를 알려주는 소중한 정보를 제공하기 때문이다. 이는 곧 서비스회복의 기회가 될 수 있다. 그러나 서비스 실패를 경험한 고객 중 극소수의 고객만이 기업에 불평한다고 알려져 있다.

　실제로 미국 와튼스쿨의 '고객불만 연구보고서'에 의하면 1,186명의 소비자들 중 100명이 불만을 느꼈다면 그중 35명의 고객은 재방문하지 않는 것으로 조사되었다. 불만을 느낀 고객 가운데 직접 항의하는 고객은 단 6%에 불과했다. 반면에 불만을 참지 못하고 친구, 가족, 동료에게 적극적으로 알리는 고객은 31%에 달했다. 31%의 고객 중 8%는 1명에게, 또 다른 8%는 2명에게, 78%는 3~5명, 나머지 6%는 6명 이상에게 불만을 늘어놓는 것으로 밝혀졌다. 결과적으로 서비스에 불만족한 고객 100명 중 31명이 적어도 90여 명에게 불만을 전파하는 것으로 나타났다. 고객불만의 확산경로를 그림으로 살펴보면 다음과 같다.

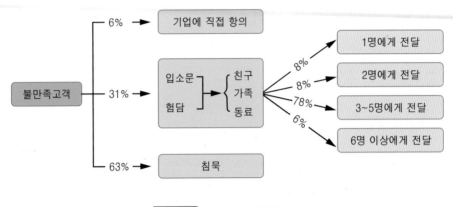

그림 13-5 고객불만의 확산경로

2. 고객이 불만을 말하지 않는 이유

고객이 기업의 제품이나 서비스 구매 시 어떤 불만을 느꼈는지, 개선할 점은 무엇인지를 말해준다면 그것만큼 다행스러운 것은 없을 것이다. 그런 이야기를 해준다는 것 자체가 기업에 관심과 애정이 남아 있다는 것을 의미하기 때문이다. 그러나 대부분의 고객들이 불만이나 개선점을 말해주는 것은 흔치 않은 일이다. 오히려 불만이 생기면 다른 경쟁사를 먼저 찾는 것이 고객의 심리이다. 즉 말하지 않고 바로 등을 돌리는 행동으로 본때를 보여주는 것이다. 와튼스쿨의 '고객불만 연구보고서'에서도 불만고객의 6%만이 기업에 항의하는 것으로 조사되었다.

그렇다면 고객들이 기업을 대상으로 불평에 소극적인 이유는 무엇일까? 대부분의 고객들은 항의서신을 작성하거나, 서류양식을 기입하거나, 전화하는 등의 활동에 시간을 할애하는 것을 원치 않으며, 설사 불평을 하더라도 기울인 노력에 비해 얻는 것이 적을 것으로 생각하기 때문이다. 어떤 때는 어디에 불평해야 할지를 모르기 때문에 불평을 하지 않거나, 자신들이 서비스 제공자에 비해 힘이 없다고 생각하거나 전문성이 떨어진다고 생각할 때도 불평을 자제할 것이다. 하지만 기업은 서비스회복을 위해서 고객이 왜 불만을 말하지 않는지를 먼저 이해할 필요가 있다.

고객이 불만을 말하지 않는 주요 이유

● 귀찮다.
● 불쾌한 것은 빨리 잊고 싶다.
● 어디에 말해야 할지 모르겠다.
● 이야기해 본들 소용이 없을 것 같다.
● 불만을 말하고 불이익이 올지 모른다.
● 까다로운 사람이라는 이미지를 주기 싫다.
● 번거롭고 시간과 수고의 낭비라고 생각한다.
● 시간이 지나고 나니 증거로 제시하기 모호하다.
● 차라리 한 번 손해 보고 앞으로 거래를 끊으면 된다.

3. 고객불평의 중요성

서비스 현장에서 바쁘게 근무하다 보면 고객의 불평을 듣고 요구사항을 처리하는 것이 생각만큼 쉽지 않은 일이다. 기업의 입장에서도 문제가 발생한 것이기 때문에 달갑지만은 않은 일이다. 하지만 서비스품질을 향상시키기 위해서는 고객들로 하여금 불평사항을 손쉽게 제기하도록 유도하는 것이 중요하다. 이에 따라 본 장에서 고객불평의 중요성에 대해 살펴보면 다음과 같다.

서비스 실패 고지와 개선 고객이 불평을 제기하면 서비스 실패의 원인이 무엇인지, 무엇을 개선해야 할지를 파악할 수 있으므로 고객불평은 기업에게 유용한 정보를 제공하는 것이다. 불평 없이 경쟁기업으로 옮겨 가는 고객에 비해 얼마나 고마운 고객인가? 고객의 불평을 통해 기업은 고객의 미충족욕구를 파악할 수 있으며, 서비스를 어떻게 개선할 수 있는가에 대한 중요한 자료를 수집할 수 있다. 즉 서비스과정에서 발생한 고객의 문제점을 해결할 수 있는 단서를 제공해 주는 것이 곧 고객의 불평제기이다.

서비스 자극과 적당한 긴장감 유지 서비스 현장에 근무하다 보면 서비스에 익숙해질수록 자칫 안일해지거나 무관심해지기가 쉽고, 이익이 되는 일과 그렇지 않은 일들을 구분하게 되어 타성에 젖는 경우가 발생한다. 또한 서비스 시스템이 미처 발견하지 못하거나 종사원이 전혀 인식하지 못해 무심코 지나가는 경우도 있다. 이럴 때 고객불평은 기업과 서비스 종사원을 자극시키고 적당한 긴장감을 유발하여 새로운 마음가짐으로 고객서비스에 임할 수 있게 도와준다. 이는 적당한 스트레스가 교감신경을 자극해 우리 뇌를 활성화시키기 때문이다.

따라서 고객불평을 부정적으로 느끼지 않고 긍정적으로 받아들인다면 오히려 좋은 서비스를 유지할 수 있을 것이다. 필자도 많은 학생들 앞에서 강의할 때 적당한 긴장감을 유지할 때 더 좋은 강의가 이루어짐을 경험한다.

서비스 회복을 통한 재구매율 증대 불만족 고객의 문제를 해결할 수 있다면 불만족 고객의 재구매율을 높일 수 있다. 시장에서 무관심보다 더 무서운 것은 없다. 항의하는 고객은 그래도 기업에 대해 애정과 기대가 남아 있는 것이다.

Technical Assistant Research Program의 '불만족 고객의 재구매 조사'에 의하면 불평을 토로하지 않는 고객의 재방문 확률은 9%에 머물고 있다. 이에 반해 불평을 하였으나 문제가 해결되지 않은 경우에 다시 이용할 확률은 19% 정도이며, 불평이 해결될 경우는 54%의 재방문 효과가 나타났고, 불평이 빨리 해결된 경우는 82%의 재방문 효과가 나타났다. 이러한 연구결과는 기업이 불만족 고객에게 불평을 토로할 기회를 많이 주는 것, 그 자체가 불만족 해소에 도움이 된다는 것을 시사하고 있다.

부정적 이미지 확산 방지 고객불평은 오히려 부정적인 구전 확산을 방지하거나 최소화할 수 있다. 대개 나쁜 입소문은 실제보다 과장되어 빠르게 전파되는 특성이 있다. 불만족한 고객의 6% 정도만이 기업에 항의하고, 나머지 84%의 불만족 고객은 기업에게 불평하지 않고 주변의 3명 이상에게 불만을 전파하여 이러한 입소문이 눈덩이처럼 빠르게 불어나기 때문이다.

이렇게 불평하며 다니는 고객은 테러리스트 고객에 비유될 수 있다. 여기저기 다니며 기업의 이미지를 확산시키지만 찾아내기 어려운 존재이다. 그래서 이런 부정적인 구전을 최소화하기 위해서는 불만족 고객이 직접 기업에 불평하도록 유도해야 한다.

4. 서비스회복

고객의 불평은 마케팅의 유일한 공식인 고객의 문제를 해결해 주는 단서를 제공해 준다. 심각한 문제일수록 잘 해결되었을 때 가장 영향력 있는 구전효과를 얻을 수도 있다. 이러한 서비스 실패로 인한 문제를 해결하려는 노력을 '서비스회복'이라고 한다. 서비스회복 노력은 고객만족에 중요한 역할을 하게 되는데, 본 장에서 효과적인 서비스회복 방법에 대해 살펴보기로 한다.

고객불평 유도 기업은 고객이 불평을 쉽게 할 수 있도록 해야 한다. 어떻게, 어느 장소에서, 누구에게 하는가를 충분히 공지하여 고객의 불평표출 자유를 극대화시켜야 한다. 불평하는 고객은 아직 그 기업에 기대하는 것이 있기 때문이다. 오히려 침묵하는 고객이 더 위험할 수 있다. 한 연구결과에 의하면 기업이 수신자부담 전화 서비스를 운영했을 때 고객불평이 약 두 배로 증가한 것으로 조사되었다. 이런 수신자부담 전화 외에도 SNS를 이용한 고객만족도 설문조사, 홈페이지, 건의함, 수취인엽서, 고객초청간담회 등을 이용해 고객불평을 유도해야 한다.

감정이입으로 접근 난감해 있는 고객에게 감정이입으로 접근해야 한다. 문제를 해결하기 전에 고객을 잘 이해하고 있다는 표현을 해주는 것이다. 예를 들어 "먼저 진심으로 사과드립니다" "그런 일이 있어 얼마나 당황하셨습니까?"와 같은 표현이 적합하다. 진심어린 감정이입은 동정심과는 다른 개념이다.

신속한 해결 합리적인 불평이 제기되었을 경우에는 일선에서 신속히 해결해야 한다. 고객은 문제를 즉석에서 신속하게 처리받기를 원한다. 몇 번의 불만전화를 건 후에야 겨우 문제가 해결되는 서비스회복은 바람직하지 못하다. 즉석에서 문제를 해결하는 방법으로는 환불, 교환 등이 있으며, 호텔의 경우에는 객실에서 문제가 발생하면 객실을 신속히 변경해 주거나 한 단계 업그레이드해 주는 방법 등이 있다.

고객불만 예고를 통한 선행서비스 고객이 불평한 후에 신속히 해결하는 방법보다 더 좋은 방법은 고객이 불평하기 진에 미리 예측하여 불평을 사전에 차단하는 방법일 것이다. 그렇게 하기 위해서는 과거에 고객들이 불평했던 자료들을 데이터베이스화해서 똑같은 불평이 발생되지 않도록 예측하여 사전에 방지하는 것이다.

예를 들면 에버랜드의 '고객불만예보제' 프로그램이 대표적이다. 에버랜드는 비가 온다는 일기예보가 있으면 지난해 비 온 날의 불만사항들을 일선 직원에게 통보하여 동일한 불만을 사전에 차단하고 있다. 신라호텔의 경우에도 1988년부터 HIS(Hotel Information System) 프로그램을 도입하여 운영하고 있는데, 이는 한 번 투숙했던 고객이 사용한 객실형태, 요구사항, 불만사항, 칭찬내용 등 모든 자료를 데이터베이스화해 향후 같은 고객이 투숙할 경우 고객이 원하는 서비스를 미리 제공하는 방법이다.

5. 고객불평 처리

1) 불평 처리 5단계

고의로 실수하기 위해 일하는 사람은 없을 것이다. 서비스는 사람이 하기 때문에 아무리 주의한다 해도 실수는 있기 마련이다. 하지만 이때 고객불평을 잘 처리한다면 서비스회복의 기회가 될 것이다. 이에 따라 고객불평 처리 5단계 과정을 제시하여 살펴보면 다음과 같다.

1단계 : 끝까지 경청 고객불평 처리의 첫 단계는 고객의 불평을 인내심을 가지고 끝까지 경청하는 것이다. 그럼으로써 고객의 불평내용과 원인에 대한 정보를 수집한다. 이때는 먼저 사과하거나 자기 의견을 개입시키지 말고 전체적인 이야기를 듣도록 한다. 경청할 때는 메모하면서 말이 다 끝날 때까지 정중히 경청하는 자세를 보여주는 것이 문제해결에 도움이 되며, 고객은 자신의 의견을 끝까지 경청해 주는 것만으로도 불만이 누그러질 수 있다. 특히 주의할 점은 고객에 대한 선입견을 버리고, 고객 입장에서 생각하고, 고객과의 언쟁을 삼가며, 고객의 감정상태와 화난 이유를 정확히 인지하는 것이 중요하다.

2단계 : 고객불평 재확인 및 인정 두 번째 단계는 고객이 화난 이유를 잘 듣고 이해한 내용을 고객에게 다시 설명해 줌으로서 고객의 불평을 인정해 주는 단계이다.

이때 중요한 것은 심문하거나 따지려는 느낌을 받지 않도록 조심해야 하고, 경청한 내용을 간단명료하게 정리하여 고객에게 다시 설명해 주면서 고객의 불만 원인과 그로 인한 불편함을 충분히 공감하고 인정한다는 인상을 고객에게 전달하는 것이다. 고객은 자기의 불만을 종사원이 형식적으로 듣지 않고 잘 이해하고 있다는 것을 확인하게 되면 조금은 안심하고 감정을 진정시키게 된다.

❋ **고객의 감정을 인정하고 동의해 주는 표현**

● 아~정말 죄송합니다. 그래서 화가 나셨군요!
● 맞습니다. 인정합니다.
● 아후~ 많이 속상하셨겠습니다.
● 그런 상황이었다니 화가 날 만합니다.
● 듣고 보니 고객님 입장 충분히 이해가 갑니다.
● 그 입장이 됐다면 저라도 화가 났을 겁니다.

3단계 : 정중한 사과 고객에게 사과할 때는 논쟁이나 변명은 피하고 정중하고 진심을 담아서 하되, 비굴하거나 쩔쩔매는 모습을 보여서는 안 된다. 또한 회사의 방침이나 회사 시스템 등 회사 탓으로 돌리거나 회사를 들먹이지 말고 "제가 사과드립니다"라고 직접적인 표현을 사용해야 의미가 강하게 전달되고 전문가다운 당당함이 나타난다. 진심어린 사과가 잘 전달됐을 때 고객은 마음을 가라앉히고 오히려 호감을 갖게 되는 반전을 기대할 수도 있다.

4단계 : 대안 제시 사과한 후에는 문제가 된 상황이나 원인에 대해 시정을 약속하고 고객이 수긍하고 받아들일 만한 보상책이나 해결책을 대안으로 제시한다. 이 단계는 고객의 문제를 해결하는 과정이기 때문에 고객에게 원하는 문제해결의 방법을 직접 물어보거나 특정 해결방안을 제시할 수도 있다. 이때 종사원은 사전에 할 수 있는 것과 할 수 없는 것에 대해 알고 있어야 하며, 성급한 대안 제시는 더 큰 불만을 진작시킬 수 있으므로 주의해야 한다.

대안 제시를 고객이 받아들이면 신속하고 정확하게 조치하고, 반대로 고객이 받아들이지 못하는 상황이라면 그에 상응하는 업그레이드 상품이나 추가적인 보상서비스를 제시하여 최대한의 성의를 표시해야 한다.

5단계 : 감사 고객이 대안을 받아들이고 문제가 해결됐을 때는 불만을 제기해 준 고객에게 감사의 인사를 전해야 한다. 고객으로부터 불평을 듣지 못했다면 기업이나 종사원에게 어떤 문제가 있었는지를 모르고 지나갈 수 있기 때문이다. 문제를 모르고 있다면 그 문제를 예방하거나 최소화하기 위한 어떤 조치도 취할 수 없었기 때문에 고객의 불평은 감사한 것이다.

2) 불평 처리 시 상황 대처

종사자가 고객의 불평을 업장에서 듣고 그 자리에서 곧바로 사과하더라도 고객이 수긍하는 자세를 취하지 않거나 감정을 진정하지 않을 때에는 즉시 상사에게 보고하거나 상황을 바꾸어 대처할 필요가 있다. 이러한 상황에 대처하는 방법으로써 두 가지를 제시하여 살펴보면 다음과 같다.

사람을 바꾼다 불평하는 고객을 대할 때는 해당 종사자가 그 자리에서 즉시 조치가 어렵다고 판단되면 사원에서 간부사원으로 사람을 교체하여 고객을 대하는 것이 좋다. 고객 입장에서는 사원보다는 상급자가 나타나 사과하고 신경을 써줌으로써 감정을 진정하게 되기 때문이다. 또한 영업장 직원에 대한 불만일 경우 해당 종사원의 담당구역을 바꾸어주는 것도 좋은 방법이다.

장소를 바꾼다 영업장에서 불평하는 고객의 경우라면 장소를 조용한 사무실 등으로 이동하여 모시는 것이 좋다. 영업현장에서 처리하게 되면 타 고객들에게 불편을 줄 뿐만 아니라 군중심리에 의하여 감정이 더 격화될 수 있기 때문이다. 따라서 장소를 변경하여 분리된 공간으로 안내하여 모시거나, 서서 대화하는 것보다는 앉아서 대화함으로써 감정을 진정시키도록 한다.

호텔용어

Service 서비스의 의미는 다양하게 나뉘는데, '타인을 위해 돕거나 시중들다', '값을 깎아주거나 덤으로 제공하다', '제품의 운반, 설치, AS 등 노무를 제공하다' 등으로 정의할 수 있다. 현대 들어 서비스의 경제적 가치가 인정되면서 금융, 의료, 유통, 법률, 교육, 호텔, 항공, 여행, 외식 분야에서 유상으로 제공되는 넓은 의미의 경제활동으로 인정받고 있다.

CS(Customer Satisfaction) 고객만족이란 고객이 상품이나 서비스 구매를 위해 지불한 비용보다 제공받은 제품이나 서비스 품질이 더 높다고 판단하여 만족한 상태를 말한다.

Encounter(서비스 접점) 서비스를 제공하는 과정에서 종사원과 고객은 필연적으로 대화하고 접촉하게 되는데 이때의 접촉과정을 서비스 접점이라 한다.

MOT(Moment Of Truth) 스웨덴의 경영학자인 리처드 노먼은 서비스 접점 시에 이루어지는 짧은 순간에 결국 서비스 품질이 결정되고, 이때를 진실의 순간이라고 정의하였다.

Service Quality 서비스 품질의 척도는 바로 고객의 만족 정도이다. 따라서 서비스 품질은 서비스에 대한 고객의 만족 정도라 할 수 있다.

Service Failure 서비스 실패는 고객이 제기한 불평불만에 대하여 서비스기업이 적극적으로 노력하지 않아 고객이 이탈하는 것을 말한다. 고객 불만이 곧 서비스 실패라고 할 수 있다.

Service Recovery 서비스 회복은 서비스 실패로 인한 고객 불만을 해결하고 고객 만족을 실현하여 고객 이탈을 방지하는 것을 말한다.

Checkpoint

- 감동적인 서비스를 받아본 적이 있다면 그 사례를 소개해 보세요.
- 본인이 타인을 위해 좋은 서비스를 제공하여 감동을 준 사례를 소개해 보세요.
- 고객불평처리 5단계 실습을 실행하기 위해 2인 1조로 구성하고, 한 명은 고객 역할을 하고 다른 한 명은 직원의 역할을 맡아 컴플레인 상황(예: 주문한 음식이 늦게 나온다, 객실 침대에 머리카락이 있다 등)을 설정하고 역할을 바꿔가며 실행해 보세요.
- 여러분이 고객으로 불만을 경험하였다면 직원에게 불만을 말하는 편입니까? 아니면 침묵하거나 주변에 입소문을 내는 편입니까? 그렇다면 불만을 얘기하는 고객은 진상 고객일까요? 아니면 호텔에 도움이 되는 소중한 고객일까요?
- 고객의 불만이나 문제를 해결해 주는 서비스 회복은 왜 중요할까요?

제14장

관리부서

제1절 인사관리
제2절 안전관리
제3절 회계관리

제 1 절 인사관리

1. 인사관리의 개요

호텔 인사관리의 목적은 인사관리를 통해 호텔의 경영목표를 달성하는 것이다. 호텔의 경영목표를 달성하기 위해서는 조직이 필요하며, 그 조직을 뒷받침하기 위해서는 적절한 인사시스템을 구축해야 한다. 호텔의 인사시스템이란 호텔의 경영목표에 적합한 종업원을 채용하여 교육시키고, 적재적소에 인원을 배치하는 것이다. 즉 종사원을 어떻게 선발하고, 어떻게 배치하고, 어떤 일을 하게 하며, 어떻게 업무능력을 향상시킬 것인가는 호텔 인사관리의 중요한 업무이다. 특히 인적서비스 의존도가 높아 인건비의 비중이 큰 호텔산업에서는 적정인원을 채용하고 유지하는 것이 필수적이다.

따라서 인사관리의 궁극적인 목표는 최적의 인원을 유지하고, 가용 인적자원을 최대한 활용하여 경영목표를 달성할 수 있도록 하는 것이다. 이를 실천하기 위해서는 인원계획에서부터 출발하여 인재채용, 급여체계, 교육훈련, 직무만족 수립, 인사고과, 노사관계 정립 등의 인사관리 업무를 차질 없이 수행해야 한다.

2. 인사관리의 주요 업무

1) 적정인원 산출

호텔 인사관리 업무의 첫 번째는 적정인원을 산출하여 채용하고 유지하는 것이다. 그러나 호텔의 인원계획은 제조업과 달라서 어떠한 공식에 의하여 계수화하기가 어렵다. 따라서 적정인원을 산정하기 위해서는 객실의 규모와 부대시설 등의 양적 측면과 조직 내부의 질적인 측면을 고려하여 보다 현실적인 적정인원을 산출하여야 한다. 따라서 호텔에서 적정인원을 산출할 때는 다음과 같은 사항을 고려해야 한다.

객실 및 부대업장의 규모　호텔의 전체인원을 산정하는 방법은 전통적으로 객실 당 1.5명 수준이었으나 부대업장의 규모나 수에 따라 증감이 발생할 수 있다. 〈표 14-1〉은 호텔마다 적정인원이 다르다는 것을 제시하고 있는데, 이러한 차원에서 서울 지역 특1급 호텔들은 오랜 기간 호텔의 규모와 서비스품질 등을 잘 유지하고 있다는 측면에서 호텔 인원계획의 지표로 삼을 수 있다.

표 14-1 **서울지역 5성급 호텔의 직원 현황**　　　　　　　　　　　(단위 : 명/실)

호텔명	정규직	계약직	직원합계	객실 수	객실당 직원 수
더 플라자	324	70	394	480	0.8
그랜드하얏트	850	100	950	605	1.6
신라	1629	–	1,629	511	3.2
그랜드인터컨티넨탈	820	588	1,418	541	2.6
웨스틴조선	634	739	1,373	456	3.0
임피리얼팰리스	242	78	320	200	1.6
그랜드워커힐	803	282	1,085	595	1.8
스위스그랜드	360	170	530	445	1.2

* 아르바이트, 인턴, 임시직 인원은 제외함

근무시프트　호텔에서 적정인원을 산출할 때는 직원들의 근무시프트(Shift)도 고려해야 한다. 근무시프트는 종사원의 근무조 또는 근무시간을 나타내는 것으로 일반적으로 3가지가 있다. 호텔의 각 영업장은 영업시간에 따라 인원을 2교대나 3교대로 운영하는 경우가 많으므로 각 영업장의 근무시프트를 고려해야 한다.

- A조(오전근무) : Morning Shift(07:00~15:00)
- B조(오후근무) : Afternoon Shift(15:00~23:00)
- C조(야간근무) : Evening Shift(23:00~07:00)

정규직·비정규직　호텔의 종사원은 정규직과 비정규직으로 구분한다. 정규직의 인건비가 높아 상대적으로 인건비가 낮은 비정규직을 적절히 채용하여 운영하는 것이다. 따라서 적정인원을 산출할 때에는 정규직과 비정규직의 인원규모를 사전에 파악하여 참고해야 한다. 비정규직은 근무시간이나 조건에 따라 연봉제, 계약직, 일용직, 파트타이머 및 아르바이트로 구분한다.

- 정규직 : 회사에서 일정한 절차를 통해 정식으로 채용하는 직원으로, 월급 외에 보너스, 의료보험, 산재보험 등 회사에서 제공하는 여러 가지 복리후생 혜택을 받게 된다.
- 계약직 : 보통 1년 단위로 계약을 하고 정규직보다는 고용이 불안정한 형태이며, 복리후생도 정규직에 비해서 제한적이다.
- 파견직 : 인력공급업체에서 파견되어 근무하는 방식으로 A호텔에서 근무하더라도 B업체에 파견되어 근무한다면, 파견근무자는 B업체로부터 급여 및 관리를 받게 된다.

예산대비 인원 추정매출액 대비 인건비 예산[1]이 목표수치를 넘지 않는 범위 내에서 인원 수를 결정한다.

분사·아웃소싱 호텔은 일부 영업장이나 시설관리 유지 등은 외부업체에 아웃소싱(Outsourcing)[2]하거나 분사(分社)[3]시켜 높은 인건비를 개선하기도 한다. 최근에는 특급호텔을 중심으로 단순업무는 아웃소싱 형태로 가면서 호텔의 인원규모를 축소하고 있는데, 〈표 14-2〉는 호텔의 아웃소싱 현황을 잘 보여주고 있다.

---

1) 인건비 예산 : 호텔마다 총매출액 대비 인건비 예산의 수치는 다를 수 있는데 평균적으로 35% 전후이다.
2) 아웃소싱(outsourcing) : 기업 내부의 프로젝트나 활동을 기업에 위탁해 처리하는 경영전략으로 기업의 감량화를 통한 가격경쟁력 확보와 생산성 향상을 위해 도입되었다. 아웃소싱은 제품의 생산, 유통, 포장, 용역 등의 업무뿐 아니라 경리, 이사, 신제품개발, 영업 등의 모든 분야에까지 확대되어 적용되고 있다.
3) 분사경영(break up) : 한 기업에 속한 특정 사업부문 내지 조직의 일부를 떼어내 독립회사로 분리시키고, 독립된 자회사 간의 경쟁과 협력에 의해 기업그룹 전체의 성장을 도모하는 것을 말한다. 분사경영의 장점으로는 조직을 작게 함으로써 환경변화에 유연하게 대처할 수 있으며 자율경영, 책임경영의 긍정적 효과를 극대화할 수 있다는 점이다. 단점으로는 분사화를 채택함으로써 사업을 하나의 단위조직에서 전개하는 것과 같은 통일된 힘이 결여되기 쉽고 본사의 자회사에 대한 통제와 조정능력이 약화된다는 점을 들 수 있다.

표 14-2 서울지역 5성급 호텔의 분사 및 아웃소싱 현황

구 분	JW 메리어트	롯데 서울	그랜드 인터컨티넨탈	웨스틴 조선	그랜드 워커힐	신라	그랜드 하얏트
청소	○	○	○	○	○		○
경비	○	○		○	○	○	
룸메이드	○	○	○	○	○	○	○
시설설비	○	○	○			○	○
주차관리		○	○		○		○
셔틀버스	○	○			○		
기물관리			○	○	○	○	○
쓰레기장	○	○		○	○		
소독관리	○	○		○			
연예연주	○	○	○		○		
세탁	○	○	○		○		
전산		○			○	○	
직원식당	○			○	○	○	○
디자인	○				○	○	

2) 종사원의 채용

호텔 인사관리 중 가장 중요한 업무는 채용업무이다. 처음부터 우수한 직원을 채용하고 유지하는 것이 호텔의 서비스품질을 유지하고 경영목표를 달성하는 데 가장 적합한 방법이기 때문이다. 호텔의 직원채용 선발절차는 다음과 같다.

모집방법　직접모집과 연고모집, 추천에 의한 모집 등으로 구분할 수 있는데, 직접모집은 광고매체를 통해서 모집하는 방법이고, 연고모집은 연고자의 소개로 채용하며, 추천에 의한 모집은 전문기관에 의뢰하여 선발하는 방법이다.

선발절차   직원을 채용할 때는 일반적으로 전문지식, 태도, 품성, 체력 등의 자격요건을 기준으로 선발한다. 신규로 개관하는 호텔에서는 대부분의 종업원을 일시에 채용하기 때문에 여러 가지 선발절차 등을 준수하여 실시하지만, 기존 호텔에서 결원에 대해 수시로 채용할 때는 인사부서 담당자와 담당부서장의 면접만으로 채용하는 경우도 많다.

면접   대부분의 호텔기업에서는 서류전형과 면접이 주요 선발수단으로 사용되고 있다. 면접을 통해 지원자의 용모, 태도, 경력, 성격, 가정환경 등을 파악하고 지원자의 인성과 호텔 근무에 적합한 전문지식 정도를 파악하게 된다. 따라서 면접에 임하는 지원자들은 다음과 같은 사항에 주의해야 한다.

면접 시 주의사항

1. 절대로 지각하지 마라
면접 당일에는 면접시간보다 미리 대기실에 도착하는 것이 좋다. 어느 기업에서건 지각, 조퇴를 일삼는 직원들은 필요 없는 존재로 간주되기 때문이다.

2. 대기실 착석
대기실에 진행요원이 없다고 하더라도 경망스런 행동은 금물이다. 마음을 차분히 가다듬고 면접 시 주의사항이나 본인이 면접 시 강조할 내용들을 다시 한 번 정리한다.

3. 입실할 때
본인 차례가 되어 호명하면 '예' 하고 명확하게 대답하고 들어간다. 문이 닫혀 있을 때는 상대에게 소리가 들릴 수 있도록 노크를 두 번 하고 대답을 듣고 들어간다. 면접실에 들어가서 가장 먼저 해야 하는 것은 깍듯한 인사이다. 공손한 자세로 인사를 한 후, 성명(수험번호)을 또렷이 말한다.

4. 의자에 앉을 때
면접실에 들어가서는 면접관이 앉으라고 하면 그때 앉는다. 허락 없이 앉으면 무례한 사람처럼 보이기 쉽다. 의자에 앉을 때는 의자 끝에 앉지 말고 깊숙이 들여 앉는다. 남자의 경우 무릎을 약간 벌리고 앉으며, 여자는 붙인다. 양손은 무릎 위에 가지런히 얹는다. 면접 시 지원자들은 예의바른 모습을 보여야 한다는 중압감에 마치 군대에 갓 입대한 신병처럼 등을 90도로 펴고 경직된 자세를 유지하는 경우가 많다. 이러한 자세는 긴장감을 유발하고 불편하게 보일 수 있으니, 예의바르면서도 편안함을 느낄 수 있는 본인만의 진지한 자세를 찾아야 한다.

5. 면접 시 태도와 행동

표정에 주의하라　지원자가 아무리 잘생기고 예쁘더라도 표정이 차갑거나 인상이 좋지 않다면 당연히 마이너스 요인이 될 것이다. 첫인상은 면접의 결과에 큰 영향을 미친다. 따라서 침착하면서도 밝은 표정으로 끝까지 예의를 지킨다.

외모와 의상에 신경 써라　면접 시 지원자의 머리스타일이나 옷차림도 중요하다. 머리는 염색을 하거나 너무 길지 않게 하고 단정하게 유지한다. 옷차림은 깔끔하고 튀지 않는 정장차림이 무난하다. 단정하고 깔끔한 정장은 사람들에게 신뢰감을 형성한다. 면접 시 깔끔한 외적 태도를 준비하지 않을 경우 면접관들은 지원자가 지금 가장 중요한 기회를 크게 신경 쓰지 않는 것으로 간주할 수도 있다.

질문에 당황하지 마라　면접관의 질문에 당황하지 말아야 한다. 면접관이 때로는 지원자의 태도를 보기 위해 압박질문을 하는 경우가 있는데, 지원자가 잘 아는 내용일 수도 있고 그렇지 않을 수도 있다. 그런 부담스러운 질문을 받더라도 우물거리지 말고 자신감을 가지고 이야기한다. 일단 질문에 대한 대답이 다소 빈약하더라도 당당하게 이야기한다.

과장과 거짓은 금물　질문사항에 대한 과장이나 거짓은 금물이다. 불필요한 사족을 달거나 수다를 떠는 것도 피한다. 늘어지는 설명보다는 결론을 말하고 나중에 부수적으로 설명을 덧붙이는 것이 좋다. 모르는 내용에 대해서는 솔직히 모른다고 답변을 하는 것도 용기 있는 태도이기 때문에 당황하지 말고 자신이 아는 범위 내에서 진솔하게 이야기를 하는 것이 중요하다.

신뢰를 보여라　사람의 내면을 들여다볼 수 있는 방법은 그 사람의 말투와 그 사람이 하는 말을 들어보는 것이다. 따라서 면접관에게 신뢰를 보이기 위해서는 말하는 방법도 중요하다. 어떤 사례를 말할 때에는 구체적인 사례를 가지고 논리적으로 이야기하고, 너무 잘 보이고 싶은 마음에 오버를 하는 것은 금물이다. 그렇다고 너무 소심하게 말하면 관심을 끌 수가 없다.

　역량평가 질문에는 단답형 대답을 피해야 한다. 예를 들어 "가장 힘들었던 경험은 무엇입니까?"라는 질문에 "저는 OOO가 제일 힘들었습니다"라고 단답형으로 대답하지 않는다. 이때는 왜 힘들었는지 그 이유를 간략히 설명하는 것이 좋다. 또한 토론 면접 시에는 팀워크도 평가하기 때문에 아무리 주장이 논리적이라 하더라도 혼자만 떠들면서 강하게 주장하는 것은 피한다.

6. 퇴실할 때

면접이 끝나고 일어설 때는 조용히 일어나 '감사합니다'라고 인사한다. 뒤돌아 나올 때는 당당한 자세로 문 앞까지 걸어와서 면접관들에게 목례를 하고 조용히 문을 닫고 나온다.

적성검사   호텔산업은 종업원이 고객이라고 하는 인간을 대상으로 서비스를 제공하는 산업이기 때문에 정신적으로 건전하고 적극적인 사고를 바탕으로 근무해야 한다. 그래서 호텔마다 차이가 있지만 일부 호텔에서는 이와 같은 특성을 감안하여 신체적·정신적 적성검사가 이루어지고 있다.

오리엔테이션   오리엔테이션은 신입사원들에게 그 회사의 규정이나 방침, 분위기, 구조 및 절차 등 제반사항을 소개해 주는 활동을 말한다. 이는 새로운 구성원들에게 새로운 조직에 적용하도록 하기 위한 일종의 사회화 과정(Socialization Process)의 출발점이라고 할 수 있다. 오리엔테이션을 잘 활용함으로써 신입사원이 회사의 업무에 적응하는 시간과 비용을 감소시켜 줄 수 있고 높은 성과를 거둘 수 있다.

3) 교육훈련

인사관리에서 또 하나의 핵심업무는 종사원의 교육과 트레이닝이다. 호텔기업이 종사원을 합리적으로 채용하였다고 반드시 유능한 인재를 확보한 것은 아니다. 신입 직원의 경우 직무에 적합한 전문적인 교육 및 훈련이 미비한 경우가 많기 때문에 해당 직무와 기업문화에 바로 적용하기가 쉽지 않다. 따라서 인사부서에서는 선발된 직원들이 내재된 능력을 발휘할 수 있도록 채용 이후에도 다양한 교육훈련을 실시하고 있다. 호텔에서 실시하는 교육훈련의 방식은 OJT교육, 강의식 교육, 시뮬레이션 교육 등이 있다.

OJT 교육   OJT(On The Job Training)는 직속 상사가 호텔업장에서 개별지도를 통해 교육시키는 것이다. 실제로 업장에 투입되어 서비스 방법과 업무요령 등을 올바르게 배우기 때문에 시간낭비나 불균형 없이 작업능률이 향상되는 효과가 있다. OJT 교육의 4단계는 다음과 같다.

- 제1단계(배울 준비를 시킨다) : 어떤 업무를 하는지 설명해 주고 그 업무에 대해서 어느 정도 알고 있는지 확인한다. 업무를 배우고 싶은 기분이 들도록 하고, 올바른 태도를 취하도록 한다.

- 제2단계(작업을 설명한다) : 중요한 업무를 하나씩 설명해 주고, 보여주고, 업무의 핵심을 강조한다. 교육생의 입장을 이해하고 능력 이상으로 시키지 않는다.
- 제3단계(시켜본다) : 업무를 시켜보고 관찰하면서 지도한다. 완전히 이해하여 올바르게 실행할 때까지 끈기를 가지고 지도한다.
- 제4단계(가르친 결과를 본다) : 업무에 종사시키면서 모를 때 답변할 사람을 지정해 두고, 차츰 지도를 줄여 나간다.

▲ OJT교육을 받고 있는 후배종사원들의 교육모습

강의식 교육　영화, 비디오, 강사에 의하여 이루어지는 교육으로서 특정한 주제를 다루는 데는 가장 경제적이고 능률적인 훈련방법이다. 그러나 강의가 일방적으로 진행되기 쉽기 때문에 피드백(Feedback)이 부족할 가능성이 크고 수강자가 열의를 갖고 하지 않는다면 전혀 실효를 거둘 수 없는 단점이 있다.

시뮬레이션 교육　시뮬레이션(Simulation)은 실제와 거의 똑같은 환경을 인위적으로 설정해 놓고 교육생들로 하여금 보다 안전한 조건하에서 실습과 시행착오를 통하여 직무수행에 필요한 기능을 습득하게 하는 교육방법이다.

▲ 호텔들이 내부교육 강화로 서비스 경쟁력을 높이고 있다(시뮬레이션 교육장면).

4) 임금관리

급여제도에는 여러 가지가 있으나 호텔에서는 통상적으로 기본급과 제 수당으로 구성된다. 종사원들에게 급여는 생계유지의 원천이자 사회적 신분을 규정하는 요소로 작용하며, 급여의 만족도는 종사자의 자질향상과 강력한 동기부여를 이끌어내는 요소이다.

- 급여 : 기본급, 시간외 수당, 직급수당, 직책수당, 특근수당, 봉사료 등이 포함된 급여이다.
- 상여금 : 호텔마다 연간 상여금의 폭이 다르고 지급방법 역시 기본급에 준해서 지급하는 경우와 제 수당을 합쳐 적용하는 경우가 있다.
- 기타 : 연·월차 수당, 유급휴가수당, 가족수당, 학자금 보조 등이 있다.

5) 복지후생

복지후생이란 기업이 종업원의 생활안정과 건강유지 등의 명목으로 제공하는 급여 이외의 부가적인 제반 급부를 말한다. 이것은 기업이 자체 부담과 책임하에 제공하는 복지로서 임금 이외의 수단에 의하여 종업원의 노동력을 확보하고 발전시켜 종업원의 능력을 최고로 발휘하게 하는 데 목적이 있다. 일반적으로 기업에서 실시하는 복지후생의 구체적인 형태는 다음과 같다.

(1) 복지후생의 형태

- 법정 복리후생 : 의료보험, 연금보험, 재해보험, 실업보험 등
- 생활시설 : 사택, 기숙사, 직원식당, 생활상담소 등
- 경제시설 : 소비조합, 생필품 할부 및 할인, 주택대금, 경조사금, 자녀육영대금, 재해위로금, 통근시설 등
- 보건·위생시설 : 의무실, 병원, 휴양소, 목욕탕, 이발소, 미용실 등
- 문화·체육·오락시설 : 도서관, 강연회, 체육시설, 각종 취미활동 지원 등

(2) 내부고객만족의 대안

근로생활의 비전 제시 근로생활의 질(Quality of working life)은 직장에서 일을 통하여 인생의 희망과 보람을 갖게 하는 것이다. 근로생활의 질을 결정하는 변수로는 적정하고 공정한 보수체계, 안전하고 즐거운 근로환경 조성, 개인능력을 발휘할 수 있는 기회제공, 성장과 안정을 위한 기회제공, 건전한 조직문화 구축 등을 들 수 있다.

내부 커뮤니케이션 강화 내부고객인 종업원의 만족은 곧 고객만족으로 연결된다. 따라서 인사관리자는 일에 대한 만족도, 직장에 대한 만족도, 근로조건에 맞는 만족도, 회사에 대한 만족도를 주기적으로 조사하고 제안제도, 고충상담실, 대화의 광장 등을 통하여 내부고객의 목소리를 개방적이고 진지하게 수렴해야 한다. 또한 열린 경영을 통하여 종업원에게 경영정보를 제공하고 경영계획과 의사결정 과정에 종업원이 참여할 수 있는 길도 마련해야 한다.

공정한 직무평가 공정한 직무평가를 위해서는 호텔조직 내의 여러 직무를 비교 평가하여 상대적인 가치를 정하고 동일노동, 동일임금의 원칙을 실현할 수 있는 직무체계를 확립한다. 또한 조직 내의 임금격차를 합리화함으로써 종업원 간의 이해를 증진시켜야 한다.

동기부여와 보상　동기부여란 조직의 경영층이 하부 종업원에게 일을 하고자 하는 의욕이 생기도록 영향력을 행사하여 조직의 목표달성을 위한 행동을 유발시키는 과정이다. 보상 역시 일정한 성과에 대하여 금전적 또는 비금전적으로 보상을 줌으로써 조직의 목표를 달성하고자 하는 방법이다.

제 2 절 안전관리

1. 안전관리의 개념

호텔기업이 고객의 생명과 재산을 보호하면서 편안한 휴식공간의 기능을 충실히 수행하기 위해서는 안전과 보안이 무엇보다 보장되어야 한다. 호텔안전관리의 대상은 사람, 장비, 환경이며, 이것이 잘 지켜졌을 때 호텔의 재무적 성과를 안정적으로 달성할 수 있게 된다.

따라서 호텔의 안전부서는 고객에게 안락한 호텔분위기를 제공하기 위해 꼭 필요한 부서이다. 안전부서의 중요 업무는 객실 키 관리, 소방관리 업무, 비상시 대피업무, 호텔직원의 안전교육업무, 고객소지품의 보호 및 분실물 처리업무, 호텔 내 CCTV 등의 경비업무 등이다. 이러한 업무들은 평상시에는 잘 드러나지 않는 업무이지만, 호텔 내에서 도난이나 범죄가 발생하거나 예기치 않은 긴급상황이 발생하면 안전부서의 역할이 필요하다. 따라서 호텔의 안전부서 직원들은 항상 신속하고 효율적으로 발생하는 상황에 대비하고 있어야 한다.

또한 호텔시설물이나 건물은 주변의 안전설비를 통해 정상적 활동이 아닌 무단 침입자나 각종 도난사고에 대해서 보호되어야 한다. 각종 외부 건물이나 시설물의 파손과 사고를 막기 위한 관리대책이 필요하며, 건물의 외부에는 경계를 나타내는 울타리, 관목, 숲, 경보기 등의 보호망을 설치하고, 특별한 조명시설이나 통제관리소 운영 등으로 시설의 파손과 사고를 미연에 방지해야 한다.

이에 따라 안전부서의 목표는 철저한 계획과 대비를 통해 발생될 수 있는 위급한 상황을 미리 예방하는 것이며, 불가피하게 이 같은 상황이 발생되는 경우에는 미리 신속히 대처하여 원만한 해결을 꾀하는 것이다. 오늘날과 같이 사건사고가 빈번히 발생하고 이에 관련된 법률적 소송이 자주 일어나는 사회에서는 잘 조직된 안전부서를 갖고 있는 것이 매우 중요하다.

2. 안전관리부서의 조직

안전관리부서의 조직은 호텔에 따라 영업부문에 편성되어 부총지배인의 지휘를 받거나, 관리부문에 편성되어 관리담당 임원의 업무지휘를 받는 경우도 있다. 안전관리부서장 아래에는 안전관리과장과 위험방지과장을 두게 된다.

안전관리과는 하부조직으로 오전조, 오후조, 야간조에 계장 또는 조장을 두어 일일 24시간 3교대로 근무를 하게 되며, 이들은 고객의 생명과 재산, 직원의 생명, 호텔의 재산을 안전하게 보호하기 위해 보안근무를 수행하게 된다. 위험관리과는 호텔의 인명과 재산을 안전하게 유지관리하므로 인력과 시설, 설비, 장비의 안전한 운영, 위험요소 제거 등에 주력하게 된다.

부서업무의 특성상 안전관리는 부서장의 책임하에 독자적으로 운영되며, 업무의 대상은 호텔을 방문하는 모든 고객, 호텔에 종사하는 모든 종업원, 그리고 호텔의 재산과 고객의 재산을 보호한다.

3. 안전관리부서의 주요 업무

1) 객실의 안전업무

호텔의 객실은 가장 빈번하게 범죄활동의 표적이 되는 곳으로서 호텔의 안전부서가 가장 신경을 기울이는 곳이다. 객실 내에 있는 비품 및 소모품들은 도난사건이 발생하기 쉽고 투숙객의 소지품 분실도 간혹 발생한다. 그리고 무엇보다 중요한 것은 객실이다. 투숙객을 노리는 범죄의 우려가 높은 곳이 바로 객실이기 때문이다.

따라서 호텔에서는 객실고객의 안전을 도모하기 위해 다양한 안전관리프로그램을 활용하고 있다. 예를 들어 대다수의 비즈니스호텔들은 귀빈층 투숙고객에게 귀빈층 라운지가 있는 층의 출입카드를 발급하고 있다. 또한 객실 내에서 방문자를 확인하기 위한 시스템, 불의의 사고에 대비한 비상벨 시스템, 이중잠금장치 등은 투숙고객을 안전하게 보호하기 위한 설비들이다. 이외에도 교환실, 프런트데스크, 로비, 엘리베이터, 객실복도 등의 안전과 경비 업무도 안전관리부서의 중요 업무이다.

▲ 호텔에서는 객실고객의 안전을 위해 전자카드키를 사용하고 있으며, 객실에서의 도난방지를 위해 객실마다 개인용 안전금고를 설치하고 있다(사진 : ① 카드키 도어록, ② 카드키, ③ 개인용 안전금고).

2) 호텔 공공장소 안전관리

호텔의 로비, 연회장, 주차장 등은 항상 개방되어 있어 누구나 출입이 가능한 곳이다. 가끔 소란스러운 사람들의 출입이나 불청객들의 갑작스러운 출입으로 로비 주변을 중심으로 안전문제가 발생하기도 한다. 호텔의 객실과 복도는 투숙객이 아닌 일반인에게 공개되는 장소가 아니므로 투숙객, 호텔직원 그리고 방문객 등을 제외하고는 출입을 제한시킬 필요가 있다. 만약 외부인들의 무단침입이 있을 경우에는 호텔 측이 퇴장시킬 수 있는 법적인 권한을 가지며, 이에 불응 시에는 관할 파출소에 신고하여 강제퇴장조치를 취할 수 있다.

그러나 공공장소인 호텔로비 등에서는 이 같은 조치를 적용시키기 어려워 항상 출입자들의 동태를 파악할 필요가 있다. 따라서 안전관리요원은 공공장소에서 고객의 흐름과 수상한 자들의 동태를 한눈에 파악할 수 있도록 근무에 임해야 한다.

3) 고객의 재산보호

호텔의 투숙객이나 각종 영업장을 이용하는 고객들은 항상 현금, 귀중품, 휴대품 등을 소지하고 있다. 호텔은 고객의 생명뿐만 아니라 재산도 보호해야 할 의무를 지니게 되므로 고객이 이용하기 편리한 시설과 설비를 마련하고, 이를 이용하게 해야 한다.

고객의 재산을 보호하기 위해서는 단순한 자물쇠만으로는 통제가 어렵기 때문에 객실에는 2중 안전망 장치 외에도 개인용 금고를 비치하고 있다. 객실 내 금고를 기피하는 고객들은 프런트데스크에 설치된 대형 귀중품 보관함을 이용할 수 있도록 하고 있다. 연회장 행사에 참석하는 고객을 위해 옷 보관실을 운영하는 것과 주차장에 차량을 보관하고 주차티켓을 발행하는 것은 이러한 제도의 일환이다.

4) 호텔의 재산보호

안전관리부서는 호텔의 다른 부서들이 진행하는 일상 업무처럼 호텔의 안전관리업무를 수행하는데, 이는 호텔의 인명과 재산을 보호하는 주된 업무이다. 호텔의 프런트데스크나 각 영업장에서는 항상 현금거래가 이루어지고 있으며, 호텔의 곳곳에는 금전가치가 높은 예술작품들이 산재되어 있다. 따라서 호텔도 은행처럼 주요 관리지점에 무인카메라, 비상벨 등을 설치하여 안전에 대비하고 있다.

그러나 문제가 발생할 수 있는 요인을 사전에 발견하고, 이를 제거하는 작업은 안전관리부서와 현업부서가 공동으로 추진해야 하는 업무이므로 항상 현장의 안전에 관심을 가지고 살펴야 한다.

5) CCTV 관리

호텔의 객실복도, 레스토랑, 로비, 주차장 등은 호텔자산으로 간주되나, 일반대중에게 개방되는 특성 때문에 불순자들의 통제가 매우 어려운 점이 있다. 따라서 이를 최대한 방지하기 위해 주요 장소의 출입문이나 사각지대 등에는 CCTV를 설치하여 안전관리요원들이 관리하고 있다.

객실에서는 종업원이 대기할 수 없는 객실과 인접한 통로 등에 CCTV 등을 설치하고, 현금을 취급하는 프런트데스크 등에는 카메라를 설치하여 통제실에서 모니터할 수 있는 효율적인 시스템을 운영해야 한다.

▲ 호텔에서는 주요 장소의 출입문이나 사각지대에 CCTV를 설치하고, 안전관리부서 내에 CCTV 상황통제실을 운영하고 있다.

6) 소방관리

호텔의 소방관리는 각종 방화, 소방시설 및 장비를 갖추고 끊임없는 교육훈련과 예방교육을 통해 안전의식을 고취시킴으로써 대형 사고를 예방할 수 있다. 호텔의 소방설비로는 각종 소화기, 자동화재경보기, 자동전기누전탐지기, 구조대, 구조사다리, 연결송수관, 방화벽, 스프링클러 등이 있다. 그러나 많은 종류의 장비가 갖추어져 있어도 이를 운전할 전문요원이 없다면 이들도 무용지물이므로 각종 위험물 취급관리자의 임명 및 유자격자 확보가 필요하다.

이외에도 호텔객실의 안쪽 문에는 화재 등의 비상시에 대피할 수 있는 대피요령 및 객실의 위치와 비상탈출구가 어느 쪽에 있는지를 쉽게 알아볼 수 있는 비상대피도를 부착해야 한다. 그리고 고객과 직원의 안전을 위해 간단한 화재안전계획 프로그램을 개발해야 하며, 이를 정기적으로 직원들에게 훈련시켜 비상사태에 대비해야 한다.

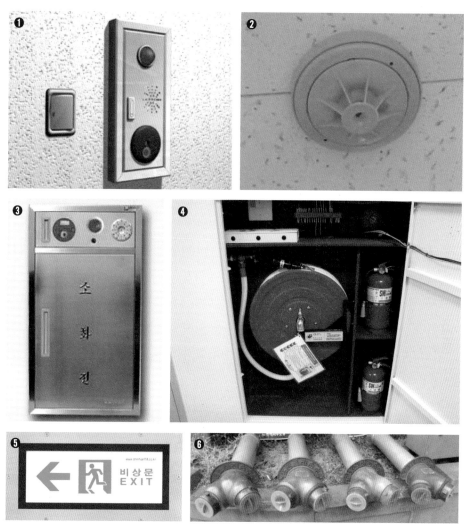

▲ 호텔의 소방안전시설물(① 화재경보기, ② 천장 스프링클러, ③ 옥내소화전함, ④ 소화전함 내부의 소방시설물, ⑤ 비상유도등, ⑥ 연결송수관)

제 3 절 회계관리

1. 회계의 개념

회계(Accounting)는 '경영의 언어'라고도 한다. 그것은 경제실체(기업)의 정보를 전달하는 기본적인 의사소통이기 때문이다. 훌륭한 의사결정은 회계정보의 적절한 분석을 필요로 하기 때문에 회계에 대한 훈련이 부족한 경영자는 의사결정 과정에서 적절한 요소들을 식별할 수 없으며, 효과적인 경영자로서의 기능을 다할 수 없기 때문이다. 회계는 다음의 두 정의가 중요시되고 있다.

첫째, 회계는 기업 등 경제적 실체의 재무상태, 경영성과, 현금흐름의 상황을 기록하여 재무회계(Financial Accounting)의 기초가 된다. 즉 회계에 의하여 기업의 자산, 부채, 자본의 증감변화와 수익, 비용의 발생을 기록하여 외부 이해관계자에게 외부보고(External Reporting)를 수행하는 것이다.

둘째, 회계는 기업의 경영자가 회계정보를 관리하면서 이용할 수 있어, 관리회계(Management Accounting)의 기초가 된다. 경영자는 기업목적(이윤극대화)을 달성하고자 경영계획을 수립하고 경영통제를 수행해야 하는데, 이를 위하여 회계정보를 이용한다. 이것은 내부 이해관계자인 경영자를 위해 회계가 내부정보에 이용되는 것을 가리킨다. 따라서 경영자는 회계에 의하여 효과적·효율적 경영을 추구할 수 있고, 경영자에 대한 업적평가(성과평가)도 가능하게 된다.

2. 호텔의 영업회계

영업회계는 거래의 발생이 곧 상품판매와 서비스의 제공에서 시작되는 수익계정의 가장 기초적인 단계의 처리과정이면서 호텔경영의 특수한 입장에서 고려하면 가장 중요한 수식처리이며, 영업분석, 고객 성향분석 및 예측 등에 대한 기본자료를 고객과 접촉함으로써 기록하고 회계처리한다.

영업회계는 객실회계(Front Casher), 식음료회계(F&B Casher), 여신회계(Credit Account), 야간회계감사(Night Auditing)로 업무분담을 할 수 있다.

1) 객실회계의 계정

(1) 차변 계정과목(Debits Accounts)

객실수입(Room Revenue)   투숙객의 객실요금으로서 수익 중 가장 큰 비중을 차지하며, 단기체재 고객과 장기체재 고객으로 나누어 매출집계를 한다.

봉사료(Service Charge)   고객에게 상품을 판매함에 있어 서비스 제공에 대한 대가로 판매금액의 10%를 부과하지만 종사원의 직접적인 서비스 행위가 제공되지 않는 부문의 매출은 봉사료가 부과되지 않는다.

부가가치세(VAT : Value Added Tax)   판매금액과 봉사료를 합산한 금액에서 10%를 부과하고 외교관 면세카드 소지 고객이나 주한외국군에 대해서는 부가가치세를 감면하며, 전화, 팩스, 전보요금에 대해서도 부과하지 않는다.

투숙객 식음료 수입(Restaurant Guest Ledger)   투숙객이 호텔 내의 식음료 영업장을 이용하고 발생시킨 금액으로 투숙객 원장(Guest Folio)에 전기(Posting)된 매출이다.

현금지급(Paid Out)   투숙객이 갑자기 현금이 필요할 때 차용해 주거나, 선수금의 잔액을 돌려줄 경우(Refund) 해당 고객원장에 전기하는 계정이자 현금을 차용해 줄 경우에는 호텔이 정한 규정의 범위에서 현금지급전표(Paid of Voucher) 등이 있을 때 이용된다.

잡수입(Miscellaneous Revenue)   특정한 계정과목이 없는 경우에 처리하는 계정으로 기물파손 변상비, 객실열쇠, 안전금고 열쇠, 분실비 등의 금액을 이 계정에 처리한다.

(2) 대변 계정과목(Credits Accounts)

선수금(Deposit) 선불이나 예약금을 미리 지불하는 경우에 처리하는 계정이다.

매출조정(Allowance) 호텔의 모든 수입은 1일 마감체계로 처리되는데, 마감이 완료된 수입의 잘못된 금액을 정정할 경우에 사용하는 계정으로 매출조정전표를 작성하여 총지배인까지 결재를 하여야 한다.

현금(Cash) 투숙객이 퇴숙할 때 대금의 지불을 화폐 및 수표로 결제할 경우 사용하는 계정으로, 수표를 취급할 때에는 수표 취급요령과 호텔의 규정에 따라 주의하여 처리해야 하며, 수표의 종류는 자기앞수표, 가계수표, 당좌수표, 외국의 수표 등이 있다.

신용카드(Credit Card) 고객신용의 일종으로 대금을 현금과 수표를 대신하여 결제하는 수단으로 통용되는 제3의 통화라고 할 수 있다. 신용카드의 취급 시 주의사항은 유효기간의 경과여부, 한도금액의 초과여부, 본인여부, 서명의 일치여부, 청구서의 금액과 카드전표 금액의 일치여부 등의 확인이다.

후불(City Ledger) 개인, 기업체, 여행사, 항공사 후불로 구분되며 사전에 여신계약을 한 경우나 여신지배인의 승인이 있을 경우에 이 계정에 처리한다.

표 14-3 객실부 수입과 지출

구 분	수입 / 지출	금액($)	점유율(%)
객실매출	객실 판매액	2,555,110	100.0
판매원가	인건비	335,160	13.9
	직원식사	10,220	0.4
	급료세금 및 후생복지비	76,653	3.0
	세탁비용	38,327	1.5
	기물 및 리넨	25,545	1.0
	커미션	3,316	1.5
	예약비용	17,886	0.7
	청소비용	7,665	0.3
	기타 비용	76,647	3.0
순이익	총 객실비용	646,425	25.3
	객실부 순수익	1,908,685	74.7

* 자료 : Power. T., Introduction to Management in the Hospitality, John Wiley & Sons, Inc., 1995, p. 265.

2) 식음료 회계

식음료 회계원은 접객원이 주문을 받아 계산서에 주문받은 내용을 건네주면 판매시점 정보관리(POS)[4]의 단말기를 사용하여 인원 수(Covers), 테이블번호, 내외국인의 분류, 품목, 수량 등을 입력시킨다. 이때 POS에 입력한 품목과 수량은 주방에 연결된 주방프린터를 통하여 주문서가 발행되며, 특이한 품목인 경우에는 따로 주문서에 기재하여 주방에 전달한다. 식음료 회계는 영업장 간 교대(Shift), 영업준비금(Fund), 빌(Bill)의 수불 발행 및 관리, 감사테이프 및 수불관리, 접대계산서 취급 및 현금입금, 식음료의 각종 일일 영업보고서 작성 등이다.

(1) 식음료 회계의 계정

호텔의 각 영업장에서 음식과 음료 등의 판매로 인하여 발생되는 수입계정을 현장에서 고객과의 접촉으로 관리하고 처리한다. 대변 계정과목은 음식, 음료, 기타로 나누어지며, 차변 계정과목은 현금, 신용카드, 투숙객 대내후불, 후불로 구분된다. 식음료 회계에서는 취소나 정정 등의 상황이 많이 발생되므로 계산상의 관리와 오류가 없도록 정확하게 처리한다.

(2) 식음료부서의 수입과 지출관리

식음료부서의 수입과 지출에 대한 분개를 미국 호텔 표준회계시스템의 사례를 들어 표로 나타내면 다음과 같다.

---

4) 판매시점 정보관리(POS : Point Of Sales)란 점포에서 매상시점에 발생한 정보를 컴퓨터가 수집할 수 있도록 입력하는 기기이나. 즉 온라인 시스템(On-Line System)으로서 현장의 각종 데이터를 거래발생과 동시에 직접 컴퓨터에서 전달하므로 수작업이 필요하다. 각 부서의 거래에 관한 모든 정보파악이 가능하다.

표 14-4 식음료부서의 수입과 지출

구분	수입 / 지출	금액 ($)	점유율 (%)	구분	수입 / 지출	금액 ($)	점유율 (%)
판매 매출	음식 판매액	1,031,382	72.9				
	음료 판매액	381,993	27.1		인건비	159,347	32.5
	총식음료 판매액	1,413,375	100.0		직원식사	21,201	1.5
판매 원가	음식원가	347,544	33.6		급료세금 및 후생복지비	101,763	7.2
	음료원가	81,046	21.4		음악 및 엔터테인먼트비	40,988	2.9
	총식음료원가	428,590	30.3	지출 내역	세탁비용	12,720	0.9
총 이익	총이익	984,785	69.7		주방연료	4,340	0.3
	연회장 대여 등 기타 수입	43,841	3.1		기물 및 리넨	26,854	1.9
	총이익과 기타 수입	1,028,599	72.8		청소용역	5,654	0.4
순 수익	총식음료 비용	746,262	52.8		면허비	2,826	0.2
	식음료부 순수익	282,337	20.2		기타 비용	70,669	5.0

* 자료 : Power, T., Introduction to Management in the Hospitality, John Wiley & Sons, Inc., 1995, p. 266.

3) 야간회계

호텔기업은 1일 회계 결산제도가 도입되어 야간회계원(Night Auditor)이 매일매일의 객실, 식음료, 기타 등에 대해 주간에 수납원이 처리한 각종 자료를 점검하고 모든 계정과목을 최종 검산 및 확정하고 마감한다. 즉 회계감사원은 객실 및 식음료부문으로 구분하여 객실 회계와 식음료 회계의 각 계정과목이 정확하게 포스팅(Posting)되었는지, 각 전표(Voucher)는 타당성 있게 승인을 받아 처리되었는지, 입금은 정확하게 시켰는지 등과 같은 모든 발생자료를 집계하고 잘못된 부분은 수정하여 처리한다.

야간회계 직원의 일반적인 직무로는 정산업무, 각종 보고서 작성업무, 빌 체킹(Bill Checking) 및 관리, 현금 및 외상매출의 분류와 관리, 수납관리 직무대행 업무 등이 있다.

호텔용어

Accounting 회계(업무), 회계처리의 뜻이다.

Outsourcing 아웃소싱이란 호텔에서 직접 해야 할 업무 등을 그 일에 특화된 업체 등에 위탁하여 맡기는 것으로써, 소위 '하청'이라고 한다.

OJT(On The Job Training) 현장실습교육을 말한다.

Simulation 시뮬레이션은 실제와 거의 똑같은 환경을 만들어 놓고 교육시키는 방법이다.

Service Charge 서비스 차지(봉사료)는 고객의 숙박이나 식음료에 대한 소비액에 일률적으로 10%의 금액을 팁 대신 추가 청구하는 금액이다.

VAT(Value Added Tax) 부가가치세는 판매금액과 봉사료를 합산한 금액에 10%의 세금을 부과하는 금액을 말한다.

Deposit 객실의 예약금 또는 선수보증금(Advance Deposit)을 말한다.

Checkpoint

● 여러분이 인사팀 직원으로 면접관이 된다면 직원 채용 시 중요하게 생각하는 3가지를 꼽아보고, 그 이유를 설명해 보세요.

● 면접 시뮬레이션 실습을 위해 4인 1조로 구성하고, 2인은 면접관의 역할을 하고 다른 2명은 지원자의 역할을 맡아 질문과 답변을 주고받고 서로 역할을 바꿔가며 실행해 보세요.

● 호텔의 안전관리를 위해 주요 출입장소나 복도 등 민감한 장소에도 CCTV를 적극적으로 설치하는 것이 필요할까요? 아니면 고객의 사생활 보호를 위해 CCTV 설치장소를 제한하는 것이 필요할까요?

참고문헌

단행본

김경환. 호텔경영학. 백산출판사, 2013.

박대환 외. 호텔경영론. 백산출판사, 2012.

박영배. 커피바리스타. 백산출판사, 2012.

오정환. 호텔산업의 왕자들. 기문사, 2002.

원홍석 외. 와인과 소믈리에. 백산출판사, 2012.

유도재. 리조트경영론. 백산출판사, 2013.

유도재·조인환. Hospitality Marketing. 백산출판사, 2012.

유도재·최병호. 호텔식음료실무론. 백산출판사, 2013.

이사도어 샤프. 사람을 꿈꾸게 만드는 경영자. 지식노마드, 2010.

이유재. 서비스마케팅. 학현사, 2011.

이정학. 호텔경영의 이해. 기문사, 2011.

정규엽. 호텔외식관광마케팅. 연경출판사, 2011.

조셉 미첼리. 리츠칼튼 꿈의 서비스. 비전과리더십, 2012.

채신석 외 2인. 호텔경영론. 백산출판사, 2015.

최병호·유도재. 호텔경영의 이해. 백산출판사, 2012.

자료 제공

JW메리어트호텔 홍보실

W서울워커힐호텔 홍보실

그랜드인터컨티넨탈 서울 파르나스 홍보실

그랜드하얏트호텔 홍보실

그랜드힐튼호텔 홍보실

롯데호텔 홍보실

리츠칼튼호텔 홍보실

문화체육관광부 자료공간

밀레니엄서울힐튼호텔 홍보실

쉐라톤그랜드워커힐호텔 홍보실

신라호텔 홍보실
앰배서더호텔그룹 홍보실
웨스틴조선호텔 홍보실
임피리얼팰리스호텔 홍보실
콘래드서울 홍보실
파크하얏트호텔 홍보실
포시즌스호텔 홍보실
한국관광공사 관광정보실
한국관광협회중앙회
한국관광호텔업협회

서비스 매뉴얼
그랜드인터컨티넨탈호텔, 식음료매뉴얼
그랜드하얏트호텔, 객실매뉴얼
그랜드힐튼호텔, 힐튼 스탠더드
롯데호텔, 식음료매뉴얼
르네상스서울호텔, 식음료매뉴얼
세종호텔, 식음료매뉴얼
쉐라톤워커힐호텔, 객실매뉴얼
신라호텔, 연회매뉴얼
웨스틴조선호텔, 객실서비스 직무교육

Andrew, W. P., & Schmidgall, R. S.(1993). Financial Management for the Hospitality Industry. Educational Institute : AH&MA.

Angelo, R. M., & Moll, S. V.(1994). Operation Controls for the Hospitality Industry. Educational Institute : AH&MA.

Bell, C. A.(February, 1993). Agreements with Chain-Hotel Companies. The Cornell HRA Quarterly. pp. 27-33.

British Institute of Management(1952). Job Evaluation : A Practical Guide in Personal Management Series.

Bugalis, D.(1998). Strategic Use of Information Technologies in the Tourism Industry. Tourism Management. 19(5) : 409-421.

Cline, R. S.(2001). Hospitality e-비즈니스 : The Future. Andersen Hospitality and Leisure Executive Report. 8(1) : 1-8.

Gee, C. Y.(2008). International Hotels : Development and Management(2rd ed.). Educational Institute : AH&MA.

Goleman, Daniel(Jan. 2004). What Makes a Leader? Harvard Business Review. pp. 82-91.

Gomes, A. J.(1985). Hospitality in Transition. Pannell Kerr Forster.

Gordon, Robert T., & Mark H. Brezinski(1999). The Complete Restaurant Management Guide. Sharpe Professional.

Hil, C. W. L., & G. R. Jones(1995). Strategic Management Theory : An Integrated Approach(3rd ed.). Boston : Houghton Mifflin.

Hotels Giants Survey(July, 1997). Hotels. p. 46.

Kasavana, M. L., & Brooks, R. M.(1995). Managing Front Office Operations(3rd ed.). Educational Institute : AM&MA.

Kasavana, M. L., & Cahill, J. J.(1997). Managing Computers in the Hospitality Industry(3rd ed.). Educational Institute : AH&MA.

Kasavana, Michael L., & Richard M. Brooks(2002). Managing Front Office Operations. Educational Institute, America Hotel and Lodging Association, 2002.

Kohr, Robert L.(1991). Accident Prevention for Hotels, Motels, and Restaurants. Van Nostrand Reinhold.

Kotler, P., Bowen, J., & Makens, J.(1999). Marketing for Hospitality and Tourism(2nd ed.). Prentice-Hall.

Kotler, Philip, Join T. Bowen, & James C. Makens(2006). Marketing for Hospitality and Tourism, Person Education International.

Kotschevar, Lendal H., & Richard Donnelly(1994). Quantity Food Purchasing. Macmillan Publishing Company.

Lee, D. R.(1985). How They Started : The Growth of Four Hotel Giants. The Cornell Hotel & Restaurant Administration Quarterly. 26(1) : 22-32.

Lewis, R. C., Chambers, R. E., & Chacko, H. E.(1995). Marketing Leadership in Hospitality : Foundations and Practices(2nd ed.). Van Nostrand Reinhold.

Lockwood, Andew, Michael Baker, and Andew Ghillyer(1996). Quality Management in Hospitality. Cassell.

Marriott International, Inc.(1997). Company Capsule. Hoover's Inc.

Marriott International, Inc.(May 30 1997). Value Line.

Marriott's 1B Global Reach(February 19 1997). USA Today. p. B1.

Miller, Jack E.(1992). Supervision in the Hospitality Industry. John Wiley & Sons, Inc.

Miller, Jack E., & David K. Hayes(1994). Basic Food and Beverage Cost Control. John Wiley & Sons, Inc.

Morse, J. J., & Wagner, F. R.(1978). Measuring the Process of Managerial Effectiveness. Academy of Management Journal. pp. 23-35.

Olsen, Michael, Joseph West, & Eliza Ching-Yick Tse(1998). Strategic Management in the Hospitality Industry. John Wiley & Sons, Inc.

Parrino, R.(1997). Spinoffs and Wealth Transfers : The Marriott Case. Journal of Financial Economics. 43 : 241-274.

Pernsteiner, C., & Rauseo, N.(2000). Transforming the Hospitality Industry into e-비즈니스. FIU Hospitality Review. 18(2) : 10-21.

Phillips, P. A., and L. Moutinho(1998). Strategic Planning Systems in Hospitality and Tourism. CABI Publishing.

Reynolds, William, and Michael Roman(1991). Successful Catering. John Wiley & Sons, Inc.

Roberts, M.(January 10-16 1998). Survey : Travel and Tourism. The Economist. pp. 1-16.

Rushmore, S.(1992). Hotel Investments : A Guide for Lenders and Owners. Warren Gorham Lamont.

Rushmore, S.(June 1997). Occupancy Build-up Rules Change. Lodging Hospitality. p. 17.

Stefanelli, John M.(1992). Purchasing Selection and Procurement for the Hospitality Industry. John Wiley & Sons, Inc.

Tanke, M. L.(1990). Human Resources Management for the Hospitality Industry. Delmar.

World Tourism Organization(1985). The Role of Transnational Tourism Enterprises in the Development of Tourism.

찾아보기

[ㄱ]

가격할인 361
가금류 246
가든파티 265
가족연회 파티 265
가족호텔업 26
강의식 교육 441
객실부서 126
객실예약 173
객실의 대형화 147
객실의 융통성 148
객실의 표준화 147
객실회계 451
거품가격 252
검수 209
경영전략 378
경영조직 123
경제적 환경 370
경품추첨 361
계약서 작성 268
계약직 436
계절메뉴 237
고객만족 전략 388
고객충성도 333
고용전략 389
공표요금 140
공항호텔 45
과실류 리큐르 307
관계마케팅 331
관광호텔업 25
관리부서 127
광고 353
교육훈련 440
구매 209
귀중품보관함 160

그릴 213
근무 시프트 435
금연객실 151
기대가격 251
기술적 환경 368
기업문화 395

[ㄴ]

노보텔 371
노쇼(No Show) 고객 61, 180
녹차 324

[ㄷ]

다운타운호텔 42
다중브랜드 전략 383
당직지배인 125
대불호텔 98
대추차 325
더블-더블베드 트윈 룸 133
더블 룸 131
데이터베이스 334
델리커테슨 219
도심지호텔 42
도어맨 169
도입기 338
독립경영 108
독일 와인 296
돼지고기 245
드라이 와인 287
등급분류 31
등급제도 31
등심스테이크 243

디럭스 룸 135
디자인 전략 392
디저트 247
디저트 와인 287
디테일 전략 394

[ㄹ]

라마다 월드와이드 93
라마다호텔 93
라인 와인 297
럼 305
레드 와인 285
레어(rare) 244
레지던스호텔 50
레지스트레이션 158
로고 343
로비라운지 280
로제 와인 286
롯데호텔 103
루아르 292
룸 메이드 196
룸서비스 220
룸 인스펙터 195
리넨 담당 198
리셉션 158
리조트호텔 44
리츠칼튼호텔 397
리큐르 306
리퍼럴경영 119
립스테이크 244

[ㅁ]

마리나베이샌즈호텔 347
마케팅 328
마케팅 믹스 331
마케팅부서 127
마키아토 322

맥도날드 63
맥주 299
맥주 서비스 299
메뉴 228
메뉴계획 209
메뉴의 가격결정 248
메독 289
메디텔 52
메리어트 인터내셔널 381
메리어트호텔 381
멤버십 바 281
면접 438
모방 광고 355
모젤 297
모젤와인 297
모카포트 319
모터로지 54
모터인 54
모터호텔 54
모텔 54
모토 401
무료요금 142
무형적 59
문화적 환경 374
물질적 설비 345
미국식 조식 230
미국 와인 298
미니바 담당 197
미드나이트 요금 142
미디엄(medium) 244
미디엄 드라이 와인 287

[ㅂ]

반도호텔 101
발포성 와인 287
방켓 256
버즈 알 아랍호텔 346
법적 환경 372
베네치아호텔 349

베드 앤 브렉퍼스트 53
베스트웨스턴호텔 94, 95
벨라지오 호텔 348
벨맨 170
보드카 305
보르도 288
보상후원 361
보조 서비스 336
보졸레 누보 290
볶기 314
본사직영체인 115
부르고뉴 290
부총지배인 125
분사·아웃소싱 436
분위기 연출 347
분할요금 144
불출 210
뷔페 메뉴 236
뷔페식당 217
브랜드 341
브랜드네임 342
브랜드 전략 341
브랜드 확장전략 383
브랜디 303
브랜디 등급 304
브런치 232
비교 광고 357
비발디파크 66
비발포성 와인 287
비수기 요금 142
비엔나커피 321
비즈니스센터 185
비즈니스호텔 47
비포 디너 칵테일 311

[ㅅ]
사이폰 319
상용호텔 78, 101
샐러드 246

샘플 360
생두 313
생선요리 241
생태적 환경 375
샤토 288
샴페인 292
샴페인 칵테일 312
샹파뉴 292
서비스 가치 405
서비스 보증 335
서비스 표준화 63
서빙 210
서퍼 칵테일 311
성공요인 379
성숙기 339
성장기 338
세미나 260
세자르 리츠 397
세탁실 199
세트메뉴 234
셀프서비스 223
셔벗 242
셰리 와인 295
셰프 드 랑 시스템 224
소멸성 61
소방관리 448
소피텔 371
손탁호텔 98
송아지 245
쇠고기 242
쇠퇴기 340
수상관광호텔업 25
수프 240
숙박등록카드 159
쉐라톤워커힐호텔 103
스위트 룸 137
스위트 와인 287
스카치 위스키 300
스타틀러 78
스탠더드 룸 134
스테이션 웨이터 시스템 224

스페인 295
슬로건 344
시뮬레이션 교육 441
시장침투가격 252
시티호텔 42, 75
식음료부서 126
식음료 회계 453
식후음료 248
신라호텔 103
실습생 208
심리적 가격 251
심벌 343
심벌연관 광고 355
싱글-더블베드 트윈 룸 132
싱글 룸 130

[ㅇ]

아르마냑 303
아메리카노 320
아메리칸 위스키 301
아메리칸 플랜 145
아웃사이드 룸 138
아이리시 위스키 302
아이리시커피 323
아이스커피 322
아일랜드 샹그릴라호텔 349
아코르 371
아페리티프 와인 286
안내업무 162
안내원 207
안다즈호텔 369
안심스테이크 243
안전관리 444
알자스 291
알코올성 음료 284
앙트레 242
애프터 눈 티 232
애프터 디너 칵테일 311
애피타이저 239

애피타이저 칵테일 311
야간회계 454
양고기 245
양조주 284
어드조이닝 룸 140
어메니티 150
업그레이드 요금 144
에너지 스타 376
에스프레소 320
에스프레소 추출법 319
엑스포 262
여성 전용층 151
연출믹스 345
연출믹스 전략 345
연회 256
연회메뉴 235
연회서비스 259
연회예약 259, 267
연회장 기물 271
연회판촉 259
영국식 조식 230
영빈관 103
영업회계 450
오리엔테이션 440
오션월드 66
오크우드프리미어 50
온돌 룸 134
옵셔널 요금 144
와인 284
와인스튜어드 208
우롱차 324
워커힐호텔 102
워크숍 260
워터드립 318
원두 314
월도프아스토리호텔 349
웨스틴조선호텔 48
웨이터 208
웨이트리스 208
웰던(well done) 244
위스키 300

위치 전략 391
위탁경영 111
윈덤그룹 93
유러피언 플랜 145
유럽식 조식 230
유스호스텔 55
유자차 325
육류요리 242
음료 278
음료의 분류 279
이그제큐티브 룸 136
이그제큐티브 플로어 164
이미지 광고 355
이비스 371
이질성 63
이탈리아 293
이탈리아 와인 293
이탈리안 레스토랑 212
인구통계적 환경 369
인사관리 434
인사이드 룸 139
인삼차 324
인적서비스 64
인적판매 362
인터컨티넨탈호텔 83, 85
인포메이션 클럭 162
일식당 216
일품요리 235
임차경영 122

[ㅈ]

저장 210
전략경영 378
전시회 261
전화교환실 186
정규직 436
정보전달 광고 355
정식메뉴 234
정찬파티 263

제품다발가격 251
제품수명주기 337
제품전략 337
조리 210
조리부서 127
조선철도호텔 100
조선호텔 103
조식 229
조식뷔페 231
조주(칵테일) 310
종자류 리큐르 309
중식당 215
쥬메이라호텔 69
증류주 300
진 304

[ㅊ]

차 323
철도호텔 100
체인경영 109
체크아웃 업무 163
체크인 158
초과예약 180
초과요금 143
촉진가격 250
촉진믹스 353
촉진전략 353
총지배인 125
추종가격 250
축제메뉴 236
출장연회 파티 265
취소요금 143

[ㅋ]

카운터서비스 223
카지노호텔 49
카페 218

카페라테 320
카페모카 321
카페오레 321
카푸치노 321
칵테일 310
칵테일 리셉션 파티 264
칼루아커피 322
캐나디안 위스키 302
캐러밴 72
캐러밴서리 72
캐릭터 룸 152
캡틴 207
커넥팅 룸 139
커머셜 요금 141
커피 312
커피숍 281
커피추출 316
컨벤션 261
컨벤션호텔 48
컨시어지 171
컨퍼런스호텔 48
코냑 303
코트야드 386
콘티넨탈 플랜 145
쿠폰 360
크랩 칵테일 311
크레도 401
클럽메드 62

[ㅌ]

터미널호텔 46
터키식 커피 317
테마파티 266
테이블 배열 271
테이블 와인 286
테킬라 306
트레몬트하우스 76
트리플 룸 132
트윈 룸 131

특별메뉴 238
특별요금 140, 142
특별 조식 231
티본스테이크 244

[ㅍ]

파견직 436
파크하얏트호텔 33
판매저항 229
판매촉진 360
판촉지배인 330
팝 바 282
패밀리서비스 223
패키지 요금 142
평선 룸 256
페어몬트호텔 376
페어필드 인 386
펜션 53
포럼 261
포뮬 원 371
포시즌리조트 발리 348
포시즌 조지생크호텔 350
포시즌호텔 387
풀코스메뉴 234
프랜차이즈 113
프런트데스크 158
프런트오피스 156
프렌치 레스토랑 211
프렌치 프레스 318
프리미엄 360
프리미엄 가격 250
플라자호텔 103
플랑베서비스 222
플래터서비스 222
플레이트서비스 222
피트니스센터 186

[ㅎ]

하얏트리젠시인천 354
하얏트호텔 88
하우스맨 198
하우스 유즈 144
하우스키퍼 192
하우스키핑 192
한국전통호텔업 26
한식당 214
할인요금 141
합작투자경영 120
핸드드립 318
향초류 리큐르 308
헤드웨이터 시스템 224
호스텔업 27
호스페스(Hospes) 18
호스피티움 72
호텔(Hotel) 18
호텔마케팅 328
호텔식당 204
호화호텔 77
혼성주 306
홀드 룸 요금 143
홀리데이인호텔 113
홍보 357
홍차 324

화이트 와인 286
확장전략 382
환불/교환 362
황금표준 400
회계 450
회계관리 450
휴양콘도미니엄업 28
힐튼 월드와이드 81
힐튼호텔 81

[A B C …]

EAST 204
EFL 164
FIT 182
GRO 172
Hof 75
Hospice 19
Hospital 19
Hospitality Industry 18
Hostel 18
Inn 18
OJT 교육 440
W호텔 33
Youth Hostel 18

저 / 자 / 소 / 개

● 유도재

저자는 호텔 및 리조트기업의 객실부서와 세일즈마케팅부서에서 10년간 근무하였으며, 세종대학교 호텔경영대학원에서 경영학 박사학위를 취득하였다. 한국여성경제인협회 창업스쿨과 서울시청 공무원연수원 전문강사로 활동하였으며, 이후 경기대학교, 세종대학교 등에서 호텔관광경영학과 겸임교수를 역임하였다. 현재 백석예술대학교 관광학부 교수 겸 백석대학교 관광아카데미 교수로 재직 중이다. 주요 저서로는 호텔경영의 이해, Hospitality Marketing, 리조트경영론 등이 있으며, 관심분야는 호텔기업의 경영전략 및 전략적 제휴 등이다.

호텔경영론

2014년 1월 20일 초 판 1쇄 발행
2023년 8월 10일 제3판 1쇄 발행

지은이 유도재
펴낸이 진욱상
펴낸곳 백산출판사
교 정 성인숙
본문디자인 이문희
표지디자인 오정은

등 록 1974년 1월 9일 제406-1974-000001호
주 소 경기도 파주시 회동길 370(백산빌딩 3층)
전 화 02-914-1621(代)
팩 스 031-955-9911
이메일 edit@ibaeksan.kr
홈페이지 www.ibaeksan.kr

ISBN 979-11-6639-364-8 93320
값 35,000원